페니키아
카르타고
이야기

Phoenicia Carthago

페니키아
카르타고
이야기

전설로 사라진 역사,
그리스-로마 문명의 라이벌

한종수 지음

일러두기

1. 본문에 등장하는 외국 인명, 지명 등은 일일이 원어를 병기하지 않았다. 대신 찾아보기에 원어를 같이 실었다.
2. 외국 인명, 지명 등의 한글 표기는 국립국어원의 외래어 표기법을 따랐으나 일부는 국내에서 통용되는 표기를 따르거나 원음에 가깝게 표기했다.
3. 지은이 주석은 * 표시를 붙여 모두 각주로 처리했다
4. 단행본, 정기간행물, 서사시 등은 《 》, 영화, 시 등은 〈 〉로 표기했다.

고대 지중해하면 사람들은 무엇을 떠올릴까? 피라미드로 상징되는 이집트 문명, 크레타섬을 중심으로 발전한 에게 문명, 호메로스의 《일리아스》와 《오디세이아》, 그리스 신화, 아테네와 스파르타를 위시한 그리스의 폴리스, 대등대와 대도서관으로 상징되는 고대의 메트로폴리스 알렉산드리아, 그리고 지중해를 자신들의 바다로 만든 고대 지중해 세계의 끝판왕 로마 등일 것이다. 독실한 그리스도교 신자라면 바오로(바울)의 4차례에 걸친 대여행을 생각할 수도 있겠다. 당연한 생각이다. 하지만 그들 못지않게 활약했고, 몇 세기 동안 그들을 압도했던 세력이 있었다. 바로 페니키아인들이다.

고대 지중해의 역사를 거시적으로 보면 동쪽의 메소포타미아와 이집트에서 시작된 문명이 서쪽으로 전파되어간 과정이라고 할 수 있다. 이렇게 이야기하면 시칠리아와 남부 이탈리아, 남프랑스에 식민도시들을 건설했던 그리스인들을 먼저 떠올릴 수 있겠지만 원조는 페니키아인이었다. 카르타고가 서지중해에 있었고, 카디스, 카르타헤나, 말라가, 칼리아리, 몰타, 팔레르모, 리스본, 바르셀로나 등이 그들이 건설한 도시였다. 심지어 이탈리아 중부의 패자 에트루리아인도 카르타고와 동맹을 맺어, 로마의 본거지였던 이탈리아에도 페니키아인들의 흔적이 남았다. 하지만 결국 그들은 그리스-로마 세계에 패하고 페니키아 본토의 티레와 그 후신이라고 할 수 있는 카르타고를 잃고 역사 저편으로 사라졌다. 알파벳의 발명자임에도 자신들의 기록을 거의 남기지 못했다는 아이러니 또한 그들의 존재를 희미하게 만드는 데 결정적인 역할을 했다. 이러한 이유로 우리나라에서도 페니키아인의 역사는 로마사나 고대 서양사의 조연으로만 만날 수 있을 뿐이며, 그것도 포에니 전쟁 시기에만 한정되어 있다. 그나마 시오노 나나미의 《로마인 이야기》를 통해 카르타고가 꽤 널리 알려졌지만, 사실 역사서로는 부실하다. 필자 역시 능력은 부족하지만 페니키아인들의 역사를 우리나라 독자들에게 알리는 일이 의미 있는 작업이라고 생각하여 무모해 보일 수도 있는 일에 나섰다.

이제 정치·경제적으로는 그리스-로마 세계, 종교적으로는 이스라엘의 최대 강적이었던 페니키아인들의 역사를 만나보자.

9장 · 2차 포에니 전쟁

10장 · 마지막 번영

11장 · 포에니의 바다가 사라지다

1장

페니키아의
탄생과 발전

페니키아, 역사의 무대에 다시 등장하다

19세기 초까지만 해도 그리스와 로마를 제외하면 유럽인들에게 밝혀진 고대 문명은 이집트와 페르시아 정도여서 성서에 등장하는 고대 제국들은 말 그대로 전설 속의 나라들로 여겨질 수밖에 없었다. 하지만 1840년대에 들어 아시리아 제국의 수도 니네베가 발굴되고, 계속해서 수메르 문명, 바빌론, 트로이아와 미케네가 모습을 드러내면서 고대 제국들은 전설이 아닌 역사의 세계가 되었다. 페니키아 문명 역시 덜 주목받았지만 서서히 그 존재를 드러냈다.

사실 페니키아의 기원은 불확실하다. 많은 학자들이 페니키아의 유적 발굴과 언어에 대한 연구를 병행하며 그 면모를 밝히려고 노력하고 있지만 여전히 많은 것을 알지 못한다. 그럼에도 지금까지 밝혀진 바에 따르면, 페니키아는 뛰어난 항해술과 상술을 기반으로 기원전

1200~800년에 황금시대를 구가했다. 주역은 비블로스, 시돈, 티레, 아라두스(아르와드 또는 아르바드), 베리투스* 등 5개 도시. 아코(아크레) 역시 주요한 역할을 담당했다.

페니키아의 영향력은 지금의 시리아 해안에서 레바논 해안 전역, 그리고 이스라엘 북부 해안에 미쳤지만 정치적 통일은 한 번도 이루지 못했다. 이러한 정치적 분열은 그들의 라이벌이었던 그리스 역시 마찬가지였지만, 단 한 번에 그쳤을지언정 힘을 모아 자신들을 방어했던 그리스와 달리, 페니키아는 자체 방위 능력을 갖추지 못했다. 심지어 자신들을 아우르는 공통의 이름조차 갖지 못했고, 도시명으로만 불렸다(종교와 관습, 그리고 자신들의 최고 발명품인 알파벳은 공유했다).

1855년, 레바논의 항구도시 시돈에서 고대 시돈 왕의 석관이 발견되었다. 멀리 이집트에서 가져온 검은 현무암으로 만든 이 석관의 주인공은 기원전 5세기의 에슈무나자르 2세였다. 당시 유럽 학계는 크게 놀랄 수밖에 없었다. 석관의 주인은 분명 시돈 왕이었지만 양식은 15쪽의 사진에서도 확인할 수 있듯 전형적인 이집트 석관처럼 보였기 때문이다. 뚜껑 부분을 인물 형상으로 만든 것, 머리 형태, 턱수염, 가슴을 가리는 장식 등이 이집트의 석관과 거의 같았던 것이다. 다만 뚜껑과 몸체 부분에 촘촘하게 새긴 문자가 이집트의 신성문자가 아닌 페니키아 문자라는 것만 달랐다.

더 큰 난제는 시기였다. 이 석관을 만든 기원전 5세기에는 시돈도 이집트도 페르시아 제국의 속주와 속국에 불과했고, 이집트는 교역을 제외하면 시돈에 별다른 영향을 미치지 못했다. 이런 시대에 왜 시돈

---

* 레바논 수도 베이루트의 옛 지명으로, 페니키아어로 '우물' 또는 '물의 도시'라는 뜻이다.

왕의 석관을 이집트 양식으로 만들었을까, 하는 의문이 생겨날 수밖에 없었다.

석관의 비문은 오늘날 남아 있는 페니키아 문자 기록 가운데 가장 긴 것으로도 유명하다. 알파벳의 기원이 된 페니키아 문자는 이 석관이 발견되기 1세기 전인 1738년, 프랑스 학자이자 수도자였던 장자크 바르텔레미가 해독한 바 있었다. 그가 해독한 비문은 1694년 몰타섬에서 발견되었고, 프랑스어로 시프^{Cippe}라는 이름이 붙은 트로피 모양의 석조 기념물에 새겨져 있었다. 따라서 시돈의 비문은 곧 내용이 밝혀졌다. 비문의 일부는 파라오의 관에 새겨져 있는 내용과 거의 비슷했다.

●— 에슈무나자르 2세의 석관.

나는 시돈의 왕 에슈무나자르다. 나는 이 무덤 속 석관 안에 누워 있다. 왕이건 평민이건 누구든지 내 안식처를 열어보거나 옮기는 자에게는 신들의 저주가 내릴 것이다.

레바논의 베이루트와 티레 중간에 있는 항구도시 시돈은 기원전 2000년대부터 지중해 해상무역으로 크게 번성했던 도시국가였다. 19세기, 당시 기준으로 남아 있던 책 가운데 유일하게 중동에서 씌어진 고대 문헌인《구약성서》〈창세기〉에 티레에 관한 기록은 없지만 시돈은 언급되어 있을 정도다(〈창세기〉 10장 19절에 가나안의 경계에 대한 기록이 나온다).*

시돈에서부터 그라르 쪽으로 가자까지 이르고, 소돔과 고모라와 아드마와 츠보임 쪽으로는 레사에 이르렀다.

시돈의 부유함은 고대 세계에 널리 알려져 있었다. 땅 밑에 많은 보물들이 묻혀 있다는 전승도 있었다. 이러한 구전이 전혀 근거 없는 이야기가 아니라는 정황도 이미 에슈무나자르 2세의 석관이 발견되기 3년 전에 나왔다. 1852년 우연히 땅속에 묻혀 있던 납상자 3개가 시돈에서 발견되었는데, 알렉산드로스 대왕 때 주조한 순금 주화가 상자마다 1,000개 이상 들어 있었던 것이다. 이러한 발견이 시돈 부근에서 계속 이어지자 유럽인들은 자연스럽게 레바논 지역에 고고학적 관심을 갖게 되었다. 이때 위대한 백부 나폴레옹 1세와 마찬가지로 고고학에 남다른 관심을 갖고 있던 나폴레옹 3세가 등장한다.

1860년 오스만튀르크가 레바논 산악지대에 사는 드루즈파를 사주하여 동방 가톨릭을 믿는 마론인들을 학살하는 사건이 벌어졌다. 희생자가 무려 3만 명이 넘었다. 이 소식은 유럽을 경악시켰고, 특히 가톨릭의 종주국이자 보호국임을 자부하던 프랑스인들을 격분시켰다. 위대한 백부의 후광으로 황제까지 되었지만 그 그늘에서 벗어나고자 했던 나폴레옹 3세에게도 이 사건은 매우 좋은 기회였다. 레바논-시

---

* 이 책에서 인용하는 성서의 판본은 가톨릭 주교회의 번역본임을 밝힌다.

리아, 즉 레반트 지방은 백부가 원정을 했지만 정복하지 못했던 곳이고, 프랑스가 주력이었던 십자군의 흔적도 많이 남아 있는 곳이었다. 대표적인 존재가 바로 프랑스인이 주축이었던 성 요한 구호기사단의 아성이자 지금도 건재한 '크라크 데 슈발리에'다. 그러니 레반트 지방에 대한 원정은 프랑스 국민들의 마음속 깊은 곳에 묻혀 있던 그 무엇을 자극했고, 많은 지지를 받았다. 프랑스의 대문호 귀스타브 플로베르가 페니키아인들의 국가 카르타고를 무대로 그의 대표작 가운데 하나인 《살랑보》를 발표한 것도 이 시기다.

한편 플로베르 외에도 프랑수아 샤토브리앙, 폴 발레리 등의 쟁쟁한 프랑스 작가들이 카르타고의 유적을 방문하여 글을 남겼고, 아프리카의 대시인이자 세네갈 대통령이었던 레오폴 세다르 상고르도 튀니지를 방문하여 장시長詩 〈카르타고 애가〉를 썼다. 세네갈 역시 프랑스 식민지였고, 상고르도 아카데미 프랑세스의 회원이었다는 사실을 상기해보면 페니키아-카르타고와 근현대 프랑스의 관계는 꽤나 특별하다고 할 수 있다.

세계 최고最古의 도시 비블로스

나폴레옹 3세는 레반트 원정에 당시 저명한 고대 근동 언어학자이자 성서학자이며 환속 사제였던 조제프 에르네스트 르낭을 딸려 보냈다. 로제타석을 가져와 고대 이집트 연구에 결정적인 공헌을 한 백부를 의식한 조치였음이 분명하다.

당시 37세의 한창 나이였던 르낭은 프랑스 군대를 동원하여 발굴을 시작했다. 오늘날의 고고학 입장에서 보면 그야말로 대경실색할 일이었지만 당시의 고고학은 그야말로 땅속에 묻힌 '보물 찾기' 수준을 넘지 못했다. 하지만 기술적인 면에서는 시대적 한계로 '무식'할 수밖에 없었어도 지역을 고르는 르낭의 눈만은 정확했다. 그는 비블로스에 주목했다. 그리고 그곳에서 많은 유물을 발견했는데, 가장 귀중한 발견은 역시나 '비블로스의 여인'으로 불리는 발라트 게발 여신상이었다. 르낭은 이 유물을 이집트의 여신이라고 생각했지만 훗날 페니키아의 여신이라는 사실이 밝혀졌다(이 여신상은 레바논이 아닌 르낭의 모국인 프랑스 루브르 박물관에 보관되어 있다).

르낭은 그 외에도 레바논 일대를 발굴하면서 5,000개가 넘는 페니키아 문자 기록을 찾아내 이를 1864년 《페니키아 탐험》으로 엮었다. 이 책은 오늘날까지도 페니키아 연구에 귀중한 자료가 되고 있다. 당대의 베스트셀러이자 지금도 널리 읽히는 《예수의 생애》의 저자이기도 한 르낭은 페니키아 문명의 최초 발굴자로서 그 이름이 여전히 빛나고 있다.

제대로 불이 붙은 페니키아 연구와 발굴은 반세기 이상 프랑스가 독점하다시피 했다. 1차 대전이 끝나고 전승국이 된 프랑스는 레바논과 시리아를 아예 오스만튀르크로부터 빼앗아 통치했다. 그리고 이 땅의 주인이 되자마자 '대박'을 터뜨렸다.

전쟁이 끝난 다음 해인 1919년, 고대 이집트 전문가이자 고고학자인 피에르 몽테가 레바논에 도착했다. 그는 많은 인부들을 고용하여 이제는 '주바일'이라는 새로운 이름을 가진 비블로스 주변을 3년 이상 열심히 '파헤쳤다'. 농토 외의 모든 땅을 팠다는 소문이 돌 정도였다. 그 결과 그는 이집트의 신성문자가 새겨진 많은 유물을 찾을 수 있었다. 하지만 이는 비블로스와 이집트의 교역이 활발했다는 증거로는 충분했지만 아직 '화끈한' 무언가가 더 필요했다.

1923년 봄 어느 날 아침, 흥분한 아랍인 인부가 그를 깨웠고, 항구 남쪽의 절벽 쪽으로 데려갔다. 밤새 내린 비로 땅이 꺼져 있었다. 깊이가 12미터가 넘었고, 안에 동굴이 있었다. 누가 보아도 자연적으로 만들어진 것이 아니었다. 그리고 그 속에 묘실이 있었다. 고고학자로서 최고의 순간을 맞은 몽테는 황홀경을 느끼며 묘실로 들어갔다. 그곳에는 거대한 석관들이 있었고, 바닥에는 부장품들이 흩어져 있었다.

몽테와 동료들은 수 주에 걸쳐 9개의 석관을 찾아냈다. 하지만 이미 네크로폴리스, 즉 사자死者의 도시는 원래의 모습이 아니었다. 4개의 묘실은 이미 고대 시대에 도굴되었고, 심지어 다섯 번째 묘실에서는 1851년에 영어로 쓴 종잇조각까지 나왔다. 그럼에도 불구하고 이 발견의 가치는 대단했다. 은그릇과 은으로 만든 샌들, 은거울, 금으로 장식된 흑요석 병, 다양한 청동기 그리고 인골이 출토되었기 때문이기도 하지만 가장 중요한 보물은 5호 묘실에 안치되어 있던 석관이었다. 석회암으로 만든 이 석관에는 정교한 부조가 있었는데 놀랍게도 이집트와 히타이트 두 제국의 양식을 모두 볼 수 있었고, 페니키아를 일으킨 자주색 염료의 흔적도 찾을 수 있었다. 고대 국가, 그것도 세 나라의 흔적을 모두 찾을 수 있다는 것 자체도 놀라웠지만 더 놀라운 발견은 석관을 덮고 있던 더러운 흙을 털어내자 나타났다. 가장 오래된 형태의 페니키아 문자로 새긴 비문이 그 모습을 드러낸 것이다. 170개의 글자와 38개의 단어로 이루어진 비문의 내용은 대체로 다음과 같다.*

----

* 아히람 왕의 석관은 '다행스럽게도' 프랑스가 아닌 베이루트에 있는 레바논 국립박물관 1층 중심에 전시되어 있다.

●— 아히람 왕의 석관으로 에슈무나자르 2세의 석관과는 한눈에도 완전히 다른 양식임을 알 수 있다.

비블로스의 왕이자 아히람의 아들 이토바알이 아버지를 위해 영원한 휴식처로 만들었다. 언젠가 지배자나 총독 또는 군대의 사령관이 비블로스를 공격하고 관을 연다면 그들의 왕좌는 전복되리라. 비블로스는 평화를 잃으리라!

이 비문을 보면 아히람은 추장이나 족장급이 아니라 거의 황제에 가까웠던 대군주라는 느낌을 준다. 아히람이 재위했던 시기는 기원전 13세기라는 설과 기원전 10세기 설이 있다. 부조는 기원전 13세기 스타일이지만 비문의 내용은 기원전 10세기라는 것이다. 만약 기원전 13세기가 맞다면 그 유명한 람세스 2세와 동시대인 셈이다. 어쨌든 이로써 처음에는 발라트 게발이라고 불렸지만 예리코(여리고)와 어깨를 나란히 하는 세계에서 가장 오래된 도시, 최소 항구도시 가운데 가장 오래된 도시인 비블로스가 다시 세계사에 등장하게 되었다.

몽테의 뒤를 이어 발굴을 주도한 인물은 고고학자 모리스 뒤낭이었다. 몽테 후임으로 레바논에 온 그는 1928년부터 1970년대 중반까지 거의 반세기 동안 비블로스를 중심으로 레바논 지역의 발굴과 연구에 전념해 기원전 4500년 이전의 신석기시대까지 올라가는 비블로스의 역사를 밝혔다. 현재는 기원전 8800~7000년까지 올려 잡고 있는데, 다만 지속적인 거주는 기원전 5000~4500년부터일 것으로 보고 있다. 뒤낭은 1930년대에 관광 진흥 정책을 세운 식민지 당국의 적극적인 지원으로 가옥을 매입하고 철거해가면서 넓은 지역에서 발굴을 진행했다. 그와 함께 '세계에서 가장 오래된 도시'가 된 비블로스도 자연스럽게 유명해졌다.

신석기시대 촌락에 이어 기원전 2900년경에 건설된 것으로 추정되는 도시도 발굴되었다. 성벽으로 완전히 둘러싸인 이 도시의 가옥은 목조가 아닌 석조였고, 청동기와 도기가 많이 발굴되었다. 사각형 망루와 함께 항구 쪽에는 서문, 내륙 쪽에는 동문이 있었다. 구불구불한 중앙로를 중심으로 가옥 사이로 2차선 도로가 연결되어 있는 시가지와, 오수와 빗물을 바깥으로 배출하는 배수 시설도 확인되었다. 또한 발굴된 무덤에서 나온 풍부한 부장품으로 미루어 당시 비블로스 주민이 부유했고, 그 부를 지키기 위한 방어 시설들이 필요했을 거라는 추정을 할 수 있었다.

이집트 고왕국 시대의 파라오인 쿠푸, 카프레(카푸라), 멘카우레(멘카우라), 사후레(사후라), 우나스 재위 시절의 상형문자 기록도 발견되었다. 그중 하나가 기원전 2600년경에 재위한 스네프루 파라오 시대 한 서기의 기록이다. "통삼나무를 실은 배 40척을 끌고 옴." 레바논 삼나무(백향목)를 어떤 방법으로 이집트까지 운반했는지에 대해서는 알려져 있지 않지만 루브르 미술관에는 이라크 코르사바드에서 출토된 '목재 수송·양륙도'가 소장되어 있다. 기원전 8세기 아시리아 시대의 것으로 추정되는 이 그림에는 4, 5명이 노를 젓는 배가 4, 5개의 삼나무를 싣고 2, 3개의 통나무를 끌면서 항해하는 모습이 묘사되어 있다. 목재를 싣지 않은 지휘선도 있는 것으로 보아 선단을 이루고 있었음을 알 수 있다. 이와 비슷한 조직적 목재 수송이 이집트와의 교역에서도 이루어졌을 것으로 보인다. 브라이언 페이건은 당시의 풍경을 약간의 상상력을 동원해《인류의 대항해》에서 다음과 같이 생생하게 묘사했다.

기원전 2600년 레바논, 비블로스. 향기로운 삼나무 목재가 작은 항구의 석재 부두 위에 쌓여 있다. 나일강에서 온 바닥이 평평한 화물선은 갑판이 부두의 석재 상단과 거의 같은 높이에 위치한 채 부두와 나란히 떠 있다. 땀투성이 선원들과 목재 일꾼들은 부두 쪽으로 목재를 쉴 새 없이 굴린 다음, 지렛대로 조심스레 움직여 경사로를 따라 내려 보낸 후 섬유와 가죽으로 꼰 밧줄로 단단히 묶어 선창에 집어넣는다. 위쪽에서는 선장이 무게가 고르게 분산되도록 각각의 통나무를 조심스레 배치하면서 작업을 지시한다. 새하얀 짧은 치마를 입은 이집트 고위 관리가 멀찌감치 떨어져 선적 작업을 주시하는 가운데 그 옆의 서기는 통나무의 길이를 하나하나 세심하게 기록 중이다. 선장이 큰 소리로 외친다. 배에 짐이 다 실렸다. 선원들은 경사로를 해체해 배에 실

●── 비블로스 유적지. 완연한 도시의 모습을 보여주고 있다. 성벽은 무려 기원전 2900년경에 만들어진 것이다. 페니키아의 도시들은 십자군 시대에도 항구로 사용되었는데, 그때 만들어진 성벽이 '최근의 것'으로 취급된다고 하니 역사의 깊이가 차원이 다름을 알 수 있다.

은 다음 장대로 짐이 가득한 배를 항구에서 밀어낸다. 몇몇 노잡이들이 최저 타효 속력이 날 만큼 노를 젓자 선장은 호송 선단의 다른 배들을 기다리기 위해 연안 가까이에 닻을 내린다. 그동안 또 다른 빈 배가 부두에 닿고 선적이 재개된다.

고대 이집트인들은 바다로 나가는 배를 목적지에 상관없이 무조건 '비블로스 배'라고 불렀다고 하니 두 나라의 교역이 얼마나 활발했는지 알 수 있다. 비블로스로 가는 이집트의 대표적인 수출품이 파피루스였고, 비블로스란 이름이 여기서 파생된 것도 그 증거라고 할 수 있다(바이블Bible의 어원도 뿌리가 같다). 비블로스인들은 이집트의 소금 호수에서 결정이 큰 소금을 가져다 물에 녹인 다음 증발시켜 정제염도 만들었다. 지중해 연안은 절벽이 많은 탓에 소금을 생산할 수 있는 곳이 많지 않아 소금이 귀했기 때문이다(삼나무나 소금 모두 장기간 변질되지 않아 장거리 수송에 적합했다).

하지만 번영하던 도시에 큰 사건이 벌어지는데, 비블로스를 수호하던 바라트 신의 신전이 기원전 2300~2200년경에 일어난 모종의 '폭력적 사건'으로 인해 심하게 파괴된 것이다. 파괴자들은 시나이반도 쪽에서 북진한 셈족 계열의 유목민인 아모리족으로 추정된다. 아마도 비블로스는 여호수아가 이끄는 이스라엘인들의 공격을 받고 무너진 1,000년 후의 예리코와 비슷한 운명에 처했던 것으로 보인다(비블로스와 나란히 세계에서 가장 오래된 도시라는 타이틀을 가진 예리코는 사해의 소금으로 도시를 일으켰다고 알려져 있다).

이 사건으로 비블로스의 원주민이었던 '게발인'이 사라지고 아모리인들과의 융합으로 페니키아인의 선조격인 '카나안^{Canaan}(가나안)인'들이 탄생한다. 근대 고고학자들은 페니키아인이 자신들을 카나안인이라는 의미의 '케나아니^{Kenaani}'라고 칭했다고 보고 있다. 이미 배를 타는 데 익숙했던 게발인과 유목민인 아모리인의 융합은 역사상 최초의 해양 민족을 낳은 최고의 조건이 되었을지도 모를 일이다. 어쨌든 비블로스의 '파괴적인 사건'으로 백향목이라고도 불리는 레바논 삼나무의 이집트 공급은 중단되었다. 이를 두고 이집트의 한 현자는 "아무도 북쪽의 비블로스로 배를 타고 가지 않는다. 우리의 사제들은 삼나무로 짠 관에 묻혔고, 귀족들은 삼나무에서 나오는 기름으로 방부 처리되었는데, 이제 우리의 미라에 쓸 그 나무들이 없으니 어찌 해야 할까?"라고 한탄했다.

한편 페니키아 교역소 유적이 팔레스타인 남부는 물론이고 나일강 삼각주, 멤피스 같은 나일강 중류 지방에서도 발굴되는 것 역시 당시 두 나라의 교역이 얼마나 활발했는지 보여주는 증거라고 할 수 있다.

페니키아의 백향목

여기서 잠시 세계 최고의 도시였던 비블로스, 아니 페니키아를 세웠다고 해도 과언이 아닐 백향목에 대해 살펴보고 넘어가자. 필자의 상상력이 가미된 것이긴 하지만 '정복'이었든 '이주'였든, 시나이반도의 불모지에서 북상해온 유목민들에게 가장 인상적인 광경은 해발 2,000미터가 넘는 레바논산맥에서 울창하게 자라던 삼나무 숲이었을 것이다. 최대 높이 40미터, 둘레 4미터까지 자라며 최대 수령 3,000년을 자랑하는 이 침엽수는 당시에는 레바논과 지금의 튀르키예(터키) 서남부 산지에서만 자랐다. 지중해에서 오는 비구름이 산맥을 넘으면서 비를 뿌리는 환경은 빨리 곧게 자라는 삼나무 성장에 가장 이상적인 조건이었다. 이런 환경에서 자란 백향목은 재질이 치밀하고 나뭇결이 곧아 부식이나 해충에 강할 뿐 아니라 손질을 가할수록 윤기가 나는 우수한 방향 목재였다.

백향목은 2,000년 동안 지중해 세계 최고의 목재였고, 지중해와 오리엔트 세계의 궁전이나 신전 등 최고의 건물을 지을 때 사용되었다. 메소포타미아와 이집트 문명은 잘 알려진 대로 티그리스·유프라테스강과 나일강이 만들어낸 충적토 덕분에 성장할 수 있었다. 하지만 농사에 매우 유리한 충적토는 좋은 나무가 자랄 수 있는 토양은 아니었다. 그렇기에 두 문명 세계는 백향목이 나는 것을 무척 부러워했고, 특히 메소포타미아인들은 그 숲을 '신들의 집'이라고 부를 정도였다.

세상에서 가장 오래된 이야기인 《길가메시 서사시》에서도 이 숲이 중요한 무대로 등장한다.

기원전 2600년대 고왕국 제4왕조의 창시자인 스네프루 파라오 시대의 기록을 보면 당시에도 이 삼나무 40척 분량을 이집트까지 실어왔고, 왕궁의 문짝이나 가구, 3척의 배를 건조하는 데 사용한 것을 알 수 있다. 수단의 황금, 시나이반도의 구리와 터키석 못지않게 레바논 산맥에서 자라는 삼나무는 이집트 문명을 지탱하는 중요한 자원이었다. 고대 이집트에 많던 아까시나무와 야자수는 재목으로 쓰기에 마땅치 않았기 때문이다.

삼나무는 목재로서의 가치뿐 아니라 엷은 갈색을 띠고 좋은 향을 풍기는 수액에 방부제 성분까지 들어 있어, 미라를 만드는 데도 꼭 필요해 가치가 더 높았다. 파라오의 관 역시 이 나무로 만들었다. 백향목은 마스트를 비롯하여 배를 만드는 데도 최고의 목재였다(이런 점들 때문에 페니키아는 이집트인들에게 '삼나무의 고원'이라고 불렸다).

《구약성서》는 솔로몬이 예루살렘 성전을 지을 때도 이 목재를 많이 사용했다고 기록하고 있다(《구약성서》에서 이 나무에 대해 언급하는 횟수는 70번이나 된다). 특히 《구약성서》 3대 예언서 가운데 하나인 〈에제키엘(에스겔) 예언서〉 31장에는 이 나무에 대한 찬사가 상당히 길게 쓰여 있는데, 그중 일부를 소개한다.

보아라, 젓나무, 레바논의 향백나무를!
가지가 멋지게 우거져 숲처럼 그늘을 드리우고
키가 우뚝 솟아 그 꼭대기가 구름 사이로 뻗어 있다.
(……)

●— 2,000년간 지중해 세계 최고의 목재였던 백향목. 레바논 삼나무라고도 불리는 이 나무는 티레의 자주색 염료와 함께 페니키아 최고의 상품이었다. 오른쪽은 레바논 국기.

하느님의 동산에 있는 향백나무들도 그것과 견줄 수 없고
방백나무들도 그 가지들에 비길 수 없으며
버즘나무들은 그 줄기만도 못하였다.
하느님의 동산에 있는 어떤 나무도 아름다운 그 모습에 비길 수 없었다.

솔로몬 왕조보다 1,500여 년 후에 생겨나는 첫 이슬람 세습 왕조인 우마이야 제국이 레바논산맥 건너편의 다마스쿠스를 수도로 삼으면서 궁전과 모스크를 세울 때도 이 삼나무가 사용되었다.*

---

* 백향목의 중요성을 보여주는 또 다른 사례로 레바논 국기를 들 수 있다. 레바논 국기에는 이 삼나무가 새겨져 있는데, 《꾸란》 구절이나 초승달, 별이 새겨져 있는 다른 중동 국가들의 일반적인 국기와는 많이 다르다. 지금은 남벌로 인해 레바논산맥 정상의 극히 일부 지역에만 남아 있어 국가뿐 아니라 국제기구의 보호까지 받고 있는 이 나무가 없었다면 페니키아는 존재할 수 없었을 것이다.

티레의 등장과 자주색 염료 그리고 역청

이제 페니키아의 핵심 도시이자 '카르타고 제국'의 모⁰도시이며 그리스 신화 속 인물인 에우로페('유럽'의 어원이 되었다)의 고향이기도 한 티레에 대해 알아보자. 시돈의 남쪽 40킬로미터 지점에 건설된 티레는 기록에 의하면 시돈에서 탈출한 유민들이 건설했다. 티레는 섬과 '우슈'라고 불리는 정면의 해안으로 이루어진 '이중 도시'로, 섬에는 맑은 물이 나오는 샘이 있어 생활하는 데 큰 불편은 없었다.

고고학자들의 노력으로 티레에서도 비블로스에 뒤지지 않은 시기에 만들어진 것으로 보이는 상당한 수준의 건축 유물이 발굴되었다. 하지만 그 시기를 특정해줄 만한 문자 기록이 발견되지 않아 '가장 오래된 도시'라는 타이틀은 차지할 수 없었다. 그럼에도 티레는 비블로스를 능가하고 시돈과 쌍벽을 이루는 페니키아의 간판 도시로 올라선다.

기원전 2000~1600년 사이 알 수 없는 이유로 섬에 있던 시가지를 포기하고, 주민들이 해안 쪽으로 이주했다. 하지만 기원전 1600년 이후 다시 섬으로 이주했는데, 백향목과 쌍벽을 이루는 최고의 상품인 자주색 염료를 발견했기 때문이다. 이 염료는 무렉스 브란다리스Murex brandaris와 푸르푸라 하이마스토마Purpura haemastoma라는 두 종류의 조개(정확하게 말하면 고동이나 달팽이에 가깝다)에서 얻는데, 매우 짙은 자주색을 띤다. 그리스인들은 이 색을 포이닉스phoinix라고 불렀으며, 페니키아와 포에니라는 이름도 여기에서 유래했다.

전설에 의하면, 한 목동의 개가 바닷가에서 바다달팽이를 먹다가 주둥이가 빨개졌다. 목동은 개가 다쳤다고 생각해서 천으로 주둥이를 닦다가 즙 때문에 그렇게 되었다는 사실을 알게 된다. 전설은 주인공

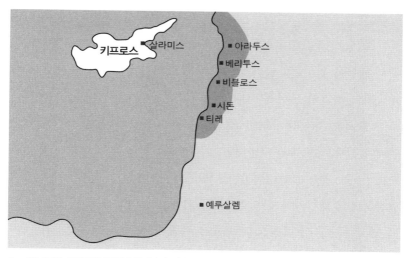

●── 페니키아 도시들은 뛰어난 항해술과 상술을 기반으로 기원전 1200~800년에 황금시대를 구가했다. 그중에서도 투톱은 시돈과 티레였다.

을 목동에서 멜카르트 신으로 바꾼 다음 그가 약혼녀인 요정 티레와 해변가에서 개를 데리고 산책하다가 그 사실을 알게 되는 신화로 변신한다. 티레 요정은 멜카르트 신에게 그 즙으로 자주색 옷을 만들어 달라고 한다. 전설과 신화가 어느 정도 사실에 기반한 것이라면 고대 세계 최고의 산업을 일으킨 계기는 아마도 이 우연한 발견 덕분이었던 것으로 보인다(바다달팽이를 소금물에 넣어 열흘 동안 가열하면 아가미샘에서 누르스름한 액체가 흘러나오는데, 햇볕에 말리면 자주색으로 변한다. 이것을 다시 끓여 부피가 16분의 1이 되도록 졸인다. 이런 식으로 1리터의 염료를 얻기 위해서는 12만 마리의 바다달팽이가 필요하다. 오늘날에도 레바논 해안에서는 50미터 이상 쌓인 바다달팽이 껍질이 발견되곤 한다. 한편 이 염료를 제작할 때 나오는 악취가 지독했기 때문에 도시 부근에는 공장을 짓지 않았다고 한다).

현재 이 염료의 가격은 1그램당 약 3,000달러를 호가할 정도라고 하는데, 당대에도 고가의 사치 품목이었다. 훗날 황제와 제왕이 입는 옷의 색깔이 된 이 염료 덕분에 티레는 오랫동안 번영을 누렸다. 로마 제국의 전성기인 오현제 시대의 마지막을 장식한 마르쿠스 아우렐리우스 황제는 자신의 유명한 책《명상록》에 자줏빛 천을 보면 달팽이 피에 담갔던 양모에 불과하다고 생각하라는 구절을 남겼는데, 역설적으로 이 염료가 그만큼 귀했다는 방증이기도 하다. 한편 염료 산업이 발전하면서 페니키아에는 자연스레 의류 제조업이 발달했고, 그와 함께 원시적인 유리 제품도 제조되기 시작했다(유리와 관련한 보다 상세한 내용은 뒤에서 다루도록 하겠다).

백향목과 자줏빛 염료 같은 화려한 상품보다는 덜 알려졌지만 페니키아에는 또 하나의 천연자원이 있었다. 바로 그 유명한 노아의 방주에도 사용되었다는 천연 방수제 역청이었다. 천연 타르의 일종인 역청은 가까운 사해에서 쉽게 구할 수 있었고, 이를 뱃바닥에 발라 누수를 방지했다. 한 프랑스 학자가 "나는 그들이 바다에서 성공한 이유가 배의 틈새를 메우는 데 역청을 사용한 덕분이라고 믿는다"고 말했을 정도로 역청은 페니키아인들의 성공에 커다란 역할을 했다. 페니키아인들은 건물 외벽과 지붕에도 역청을 사용했다. 하지만 이 액체는 인화성이 강한 특성 때문에 그들의 도시에 대재앙을 불러오는 데도 한몫했다.

고대 오리엔트와 페니키아의 격변

비블로스가 아모리인들의 손에 넘어가고, 그 과정에서 가나안(카나안)인이 형성되며 시돈이나 우가리트 같은 도시들이 만들어지는 시기에 중동에서는 엄청난 일들이 벌어진다.

　기원전 17세기 중반 가공할 신무기인 전차를 장비한 힉소스인들이 이집트를 정복하고 100년 이상 지배하는 대격변이 일어난다. 하지만 이집트인들은 결국 그들을 타도하고, 이집트의 나폴레옹이라고 불리는 투트모세 3세(기원전 1469~1425년 재위)가 등장한다. 거의 매년 감행한 원정으로 가나안인들의 연합군을 물리치고 유프라테스강 상류까지 정복한 그는 이곳에 3개의 속주를 두었는데, 그중 하나의 이름이 가나안이다.* 하지만 이집트는 속주의 수도를 제외하고는 현지인들에게 폭넓은 자치를 허용하고 종주권을 행사하는 정책을 폈기에 가나안인들은 이집트의 영향을 깊이 받으면서도 나름의 문화를 만드는 데 성공한다(한편 투트모세 3세의 후계자 가운데 한 명이 기원전 1370년에 비블로스를 포위해 항복시켰는데, 인류 최초의 해상봉쇄가 이때 일어난다).

　기원전 14세기에는 인류 최초의 국제화 시대도 열렸다. 기원전 14세기에 페니키아의 교역이 어느 정도 활발했는지를 보여주는 증거 가운데 하나가 기원전 1316년경 지금의 튀르키예 울루부룬에서 난파된 페니키아 상선이다. 1984년 발견된 이 상선에 실린 전체 화물의 무게는 15톤으로, 그중 10톤은 구리와 주석**이었고, 적어도 9개 지역의 화물이 함께 실려 있었다. 그중에는 하마의 이빨로 만든 정교한 나팔과 24개나 되는 돌닻도 있었다.

　문헌적 증거는 이보다 100년 전에 발견되었다. 1887년, 이집트의

---

* 페니키아가 목표이거나 이곳을 통과한 원정만 17차례에 달했다. 그때마다 백향목을 공물로 받아갔다.
** 구리는 키프로스산임이 밝혀졌고, 주석은 튀르키예 중부 내지 아프가니스탄산으로 추정된다.

텔 엘아마르나Tell el-Amarna에서 발굴된 점토판들이 그것이다. 발굴된 지역의 이름을 따 '아마르나 문서'라고 불리는 이 귀중한 자료는 아멘호테프 3세(기원전 1390~1352년 재위)와 아멘호테프 4세(이크나톤 또는 아케나톤으로 더 유명하다. 기원전 1352~1335년 재위), 투탕카멘에 걸친 약 25년 동안 이집트 파라오가 주변 국가의 왕들과 주고받은 외교 서신이다. 당시 국제어였던 아카드어로 씌어진 이 서신은 크게 두 종류이다. 하나는 파라오에게 종속된 왕들의 편지이고, 다른 하나는 바빌로니아, 아시리아, 미탄니, 히타이트처럼 파라오와 대등한 관계에 있던 중동 국가 왕들의 편지이다.

후자의 문서들은 외교 관례에 따른 의례적인 인사와 '형제'로서의 대등한 관계를 강조하는 장광설이 대부분을 차지한다. 정치적 대화는 극히 적고, 대신 상대와의 우호관계를 위해 보내는 엄청난 양의 선물이나 정략결혼*, 사절단의 예방 등이 주된 내용이다. 이와 달리 전자의 문서들은 종속관계이기에 '종'을 자처하며 충성심을 나타내는 의례적인 인사로 시작된다. 왕들은 주로 자신들의 충성심을 과장해서 표현하고, 위대한 파라오만이 보내줄 수 있는 금이나 군대 등 자신들이 필요로 하는 것들을 부탁한다. 그러나 이집트의 통치력이 점차 약해지면서부터는 시리아와 가나안의 무정부적 상황과 난세를 틈탄 왕들의 불충스러운 행동이나 반역을 준비하는 모습 등도 엿보인다. 이때 주목할 만한 인물이 티레의 왕 아비밀쿠이다.

아비밀쿠는 티레의 육지 지역인 우슈가 라이벌 도시 시돈에게 점령당하고 식수와 생필품이 부족할 정도로 궁지에 몰리자 파라오 이크나

---

* 페니키아인들은 정략결혼에 수반되는 값진 선물의 수송을 맡았던 것으로 보인다.

톤에게 편지를 보냈다. 이것이 149번째 아마르나 문서다. 아비밀쿠는 이 편지에서 "나의 왕, 나의 태양"이라고 존칭한 이크나톤에게 그의 발 아래 일곱 번이나 엎드린다면서 국정 위기와 '동족'인 시돈의 침략을 막아달라고 호소했다. 하지만 새로운 일신교를 만드는 '종교 개혁'에 몰두하고 있던 이크나톤에게 그의 편지는 아무런 관심도 받지 못했다.

당시 가나안의 정세는 매우 긴박했다. 비블로스 역시 확장일로에 있던 아무르족에게 정복되었고, 리브하다(리브아디) 왕은 이집트에 충성을 바쳤지만 아무런 도움도 받지 못하고 죽음을 맞이했다. 하지만 아무르도 아나톨리아 쪽에서 급속히 팽창하던 히타이트 제국에 의해 정복되고, 일대의 유력 왕들도 차례로 히타이트의 지배로 들어가면서 이집트의 패권은 급속하게 무너졌다. 이에 페니키아 도시들은 이집트에게서 도움을 받을 수 없다는 사실을 깨닫고 대부분 이집트의 영향력에서 이탈했다. 이는 이크나톤의 대표적인 실정이다.

하지만 이 시기에 주목해야 할 도시는 티레도 비블로스도 시돈도 아닌 우가리트였다. 앞서 이야기한 아비밀쿠의 편지에는 가나안 전체의 정세에 대한 정보가 담겨 있는데, 그중에서도 가장 흥미로운 것이 지금의 시리아 해안도시 라타키아 북쪽 10킬로미터 지점에 있던 고대 항구도시 우가리트에 대한 것이다. 아비밀쿠의 또 다른 편지에는 우가리트의 왕궁이 모종의 이유로 절반이나 불타버렸다는 내용이 담겨 있다.

국제 상업도시 우가리트

라스 샴라Las Shamra, 즉 '회향의 언덕'이라고 불리는 우가리트의 유적은 아마르나 문서처럼 우연히 농부에 의해 발견되었다. 지금껏 후기 청동기시대까지 5개의 문화층이 발견되었는데, 이집트와 히타이트의 영향을 받았고, 기원전 14세기에 최절정에 달했다는 사실이 증명되었다.

당시의 우가리트는 일곱 가지 문자와 네 가지 언어가 사용될 정도로 많은 외국 상인들이 거주하는 국제 상업도시였다. 우가리트는 아나톨리아와 메소포타미아, 가나안, 크레타를 중심으로 한 에게 문명권, 이집트를 연결하는 요충지였다. 특히 키프로스의 구리, 이집트의 황금, 킬리키아의 은, 동방에서 오는 주석이 우가리트에서 가공되어 수출되었다. 물론 금속뿐 아니라 노예, 도자기, 곡물, 기름, 조각상, 포도주 등도 거래되었다. 이 도시야말로 다가오는 철기시대에 전성기를 맞는 페니키아 도시들의 원형이었다고 해도 과언이 아니다.

현재 미넷 엘베이다^{Minet el-Beida}라고 불리는 외항을 비롯해 150개의 마을을 거느렸던 우가리트는 약 2,000제곱킬로미터의 영토에 5만 명의 인구를 자랑했다. 90개의 방이 있는 왕궁과 신전, 도서관이 있는 도심에는 일반 시민의 집도 많았다. 아크로폴리스에 해당하는 바알 신전 주변에서는 돌닻이 많이 발굴되었다. 무사히 귀항한 데 대한 감사의 표시로 신에게 올린 공물일 것이다.

하지만 이러한 유물들보다 몇십 배 중요한 발견은 국제도시 우가리트의 서기들이 이루어낸 놀라운 발명품이다. 응접실이 딸린 몇 개의 작은 방에서 수천 점의 점토판 문서가 나왔는데, 다른 쐐기문자들과 달리 30개의 자모 체계를 갖춘 문자(알파벳)로 된 문서들이었다. 500종 이상의 문자 체계를 익혀야 하는 메소포타미아의 복잡한 쐐기문자를 완전히 일신한 그야말로 '문자혁명'이었다. 시를 비롯한 문학 작품과 가나안 신들에 대한 이야기도 대거 발굴되었는데, 시들은 《구약성서》에 많은 영향을 주었던 것으로 보인다.

●— 우가리트 유적. 한눈에 보아도 상당한 규모임을 알 수 있다. 우가리트는 다른 페니키아 도시들과 달리 파괴된 후에 재건되지 못했다.

우가리트가 멸망한 것은 기원전 1190~1185년 사이에 있었던 '바다 민족'의 침략 때문이었을 것으로 추측된다. 무너진 성벽, 불에 탄벽돌과 회반죽, 잿더미 등 "도시 전역에서 파괴와 화재의 흔적이 발견"되었기 때문이다. 반면 이유는 알려지지 않았지만 다른 가나안의 도시들은 용케 살아남았고, 우가리트 알파벳을 계승하여 페니키아 알파벳으로 발전시켰다.

철기시대로의 격변

청동기시대가 막을 내리고 철기시대로 진입하면서 페니키아인으로 변신한 가나안인들은 고대의 대항해시대를 연다. 청동기시대의 종말에 대해서는 지금까지도 정설이 없다. 대지진이나 기후변동, 전염병의 창궐, '바다 민족'의 침입 등 외적 요인이 있었겠지만 피지배 민족의 반란 같은 내부적 원인도 복합적으로 작용했다고 보는 쪽이 실상에 가까울 것이다.

지중해 세계에서 이 정도의 격변은 1,600년 후의 로마 제국 멸망을 들 수 있을 만큼 쉽게 찾아볼 수 없는 사례였다. 이러한 격변으로 구리와 주석 공급으로 얽혀 있던 중동의 여러 국가와 도시 사이의 네트워크는 거의 붕괴되었다. 대신 철기를 독점하다시피 하던 히타이트의 붕괴로 제철 기술이 주변 국가로 전파되었다.

동방에서는 미탄니 왕국이 몰락하고 아시리아가 일시적으로나마 강성해졌으며, 남부 바빌로니아에서는 엘람이 득세하면서 수백 년을 이어오던 카시트 왕국이 붕괴되었다. 그와 함께 그 유명한 함무라비 법전이 전리품으로 전락하여 엘람의 수도 수사로 옮겨졌다.

그리스 본토와 크레타섬도 궁전들이 무너지고 미케네 역시 멸망했다. 이런 시기에 가나안만 예외일 수 없었다. 이스라엘인들의 '이주'가 시작되었기 때문이다.

이스라엘인들의 이집트 탈출 이야기는 〈탈출기Exodus〉 덕에 워낙 유명하지만 일부 학자들은 진위 자체를 의심한다. 최소한 "장정만 60만"이었다는 기록을 믿을 수 없다는 것에는 의견을 같이한다. 이스라엘인들의 가나안 정착에 대해서도 정설은 없고, 《구약성서》에 나오는 정도의 규모는 아니지만 그와 맥을 같이하는 '군사적 정복설' 외에 '평화적 침투설', '내부 변혁설', '주변 유목민 정주설' 등이 난립한다. 앞의 두 가설은 외부에서 이주했다는 것을 전제로 한 것이고, 뒤의 두 가설은 그에 반대되는 입장에 서 있다.

사실 이 논쟁을 정리하는 것만으로도 책 한 권 분량은 충분하겠지만 이 글의 주제는 어디까지나 페니키아이므로 그에 대한 이야기는 그만 줄이도록 하자. 다만 이스라엘이라는 이름이《구약성서》외의 기록으로 처음 등장하는 시기가 그 유명한 람세스 2세의 아들 메르넵타 치세 6년(기원전 1208년)으로, 가나안 원정 당시 상대 중 하나였다는 점을 밝혀둔다. 아마 이때부터 이스라엘은 부족연합을 이루고 위기 때 '판관' 또는 '사사'라고 불리던 군사 지도자의 지휘를 받는 체제를 이룬 듯하다. 하지만 이스라엘인들이 차지한 곳은 주로 내륙의 산악지대였고, 해안가에는 새로운 민족이 자리 잡는데, 바로 팔레스타인의 어원이 되는 필리시테(블레셋)인들이었다. 이들은 앞서 말한 '바다 민족'이거나 그들과 깊은 관련이 있는 민족으로 보인다.

이 격변기에 페니키아 도시들도 큰 혼란에 휩싸인다. 교역을 비롯한 산업 활동이 중단되어 큰 어려움을 겪는데, 기원전 11세기부터는 다시 부흥하기 시작한다. 그에 비해 종주국 이집트는 말이 아니었다. 기원전 12세기부터 만성적인 한발로 인한 흉작과 유능한 지도자의 부재로 계속해서 쇠퇴했다. 이후 이집트는 페니키아에 대한 종주권을 상실하고 중요한 교역 상대국으로만 남는다.

한편 이 시기와 겹치는 이집트 제20왕조 마지막 파라오인 람세스 11세의 시대, 이집트의 수도 테베에 있던 아문 신전의 사제 웬아문은 파라오 다음가는 자리에 있던 대사제 헤리호르의 지시를 받고 선박을 건조하기 위한 백향목을 구하기 위해 비블로스로 향한다. 이때 남긴 보고서가 바로《웬아문 항해기》다. 당시 이집트는 본토조차 혼란에 빠져 파라오도 사제들과 권력을 나누어 다스려야 할 정도로 약해져 있었다.

웬아문은 먼저 이집트 내의 항구인 타니스로 가서 두 달을 머물며

배편을 알아보고, 가나안 출신의 선장 멘게베트의 배를 구한다. 지중해 연안을 항해하여 체케르족이 사는 도르^{Dor}항에 도착한 웬아문은 그곳의 왕인 베데르에게 청해 식량을 공급받는다. 그는 도르를 출발하여 마침내 비블로스에 도착하지만 이때는 이미 금과 은을 모두 잃어버린 상태였다.

비블로스의 왕인 자카르바알은 웬아문을 냉담하게 대했다. 이에 웬아문은 급히 이집트에 지원을 요청했고, 이집트는 금, 은, 린넨 옷, 린넨 담요, 소가죽, 밧줄 그리고 갖가지 생선을 보내어 자카르바알의 비위를 맞췄다. 그제야 자카르바알은 백향목 벌채를 허락하며 300명의 일꾼과 300마리의 황소를 제공했다. 그해 겨울 레바논산맥에서 벌목된 백향목들은 다음 해 6월까지 바다로 운반되었다. 《웬아문 항해기》에는 당시 자카르바알이 회계장부를 가져오라고 하는 장면이 나오는데, 비블로스의 행정이 잘 이루어졌다는 증거로 보인다(이 과정에서 또다른 흥미로운 장면이 나오는데, 바로 자카르바알이 '무두트'를 소집했다는 것이다. 무두트는 일종의 의회로, 이에 대해서는 페니키아의 '정치와 행정'을 살펴보면서 좀 더 상세하게 다루도록 하겠다).

파피루스의 훼손으로 완전하지는 않지만 《웬아문 항해기》를 통해 최소한 이집트와 비블로스가 공동으로 투자한 '합작 해운 회사'가 존재했다는 사실과 쇠락한 이집트의 위상을 볼 수 있다. 이후 이집트는 예전의 영광을 다시 회복하지 못하고 기울어갔지만 페니키아는 전성기를 맞는다.

2장

페니키아의
황금시대

페니키아의 황금시대가 시작된 이유는 단순히 이집트의 쇠퇴와 백
향목, 자줏빛 염료 덕만은 아니었다. 지중해의 주요 상품인 소금과 포
도주, 올리브는 기후와 토양에 크게 좌우된다. 따라서 자연스럽게 교
역이 이루어졌는데, 페니키아인들이 연결고리 역할을 했다. 그들은
자국산 백향목과 염료뿐 아니라 키프로스에서 구리와 토기, 이집트
에서 곡물과 파피루스, 소금, 크레타에서 토기, 에게해 섬들에서 흑요
석 무기와 도구를 수입하여 인근 지역에 되팔았다. 하지만 페니키아
인들이 이런 '공정거래'만 한 것은 아니었다. 때로는 해적질도 서슴지
않았고, 이스라엘인들을 비롯해 주위 민족들을 습격하여 노예로 팔았
다. 《구약성서》에 등장하는 아모스 예언자의 기록(〈아모스서〉 1장 9~
10절)에서 이런 정황을 알 수 있다.

그들이 형제 계약은 기억하지도 않고 사로잡은 이들을 모조리 에돔에게 넘겨버렸기 때문이다. 그러므로 내가 티로* 성벽에 불을 보내리니 그 불이 성채들을 삼켜버리리라.

페니키아의 장자 시돈

페니키아의 도시 가운데 '투톱'은 시돈과 티레였다. 시조격인 비블로스는 두 도시에 비하면 평범한 항구도시로 밀려나 향후 역사에서 별다른 역할을 하지 못한다.

고대의 작가들은 시돈을 "티레의 모母도시"라고 불렀고, 흔히 페니키아 전체를 뜻하는 의미로 사용하기도 했다. 이로 미루어볼 때 역사적으로 시돈은 최소한 청동기시대까지는 티레보다 우세했던 것으로 추정된다. 페니키아어로 '어장'을 뜻하는 시돈은 섬에 건설된 티레와 달리 배후에 비옥한 해안평야가 있었고, 베카고원을 경유하는 내륙 통로가 연결되어 지리적으로도 유리했다. 다만 현재 사이다^{Saida}라고 불리는 시돈은 2015년 우리나라와 레바논의 월드컵 예선이 열릴 정도로 티레보다 훨씬 인구가 많은 도시이기에 발굴이 어려울 수밖에 없다. 따라서 이 도시에 대한 기술은 '유력한 추정'을 넘어서지 못하고 있는 실정이다.

시돈은 앞서 언급한 아마르나 문서나 호메로스의 작품들에도 등장했고, 신약시대에 와서도 복음서와 〈사도행전〉에 언급될 정도로 대단한 도시였다. 고대 시돈 사람들은 호메로스의 표현대로 손재주가 매우 뛰어나 금은 세공품과 여인들이 수놓은 옷을 지중해 세계에 널리

---

*《구약성서》에서는 티레를 '티로'라고 불렀다.

퍼뜨렸다. 또 시돈에서 발굴된 유골에는 놀랍게도 금을 사용하여 치아를 치료했던 증거가 남아 있는데, 이렇듯 시돈 사람들은 인류 최초로 치의학을 발전시킨 공로자이기도 하다. 하지만 뭐니뭐니해도 시돈의 최대 공헌은 역시나 오늘날 알파벳의 원형이 된 페니키아 문자를 지중해 세계 모든 민족에게 전파한 것이다.

페니키아 알파벳

해상무역에 나선 페니키아인들은 여러 민족의 언어를 접할 수밖에 없었다. 하지만 기존의 설형문자나 이집트 신성문자로는 표기가 너무 번거로워 장부나 문서를 쓰기 어려웠다. 당연히 쉽고 빠르게 표기할 수 있는 문자의 필요성이 증가했다. 결국 기원전 11세기 중반 페니키아인들은 우가리트 문자를 개량하여 22개의 알파벳으로 구성되고, 왼쪽에서 오른쪽으로 쓰는 페니키아 문자 체계를 만들었다. 물론 페니키아 문자 역시 M은 물, A는 소를 나타내는 상형문자에서 파생되었고, 여러 한계가 있었던 것도 분명하지만 누가 봐도 획기적인 발명이었다.

편리한 것은 누가 강요하지 않아도 쓰기 마련이다. 이때부터 페니키아 알파벳은 설형문자의 제국 메소포타미아와 상형문자의 제국 이집트에 예속되지 않은 대부분의 지중해 문화권에 전파되었다. 나일강 유역에서도 페니키아어 비문이 발견되었고, 심지어 종교적으로 완전히 대척점에 있던 이스라엘인들조차 이를 받아들여 히브리 문자를 만들 정도였다. 더욱이 페니키아인들의 식민지 건설과 해상무역은 이 문자 체계의 전파를 더욱 가속화했다. 틀림없이 페니키아 배에는 문자를 읽고 쓸 줄 아는 이가 타고 있었을 것이고, 당연히 그는 계산을

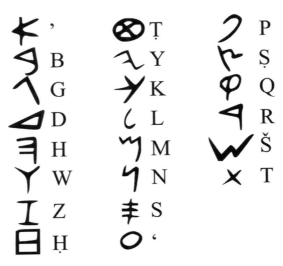

●— 페니키아 알파벳. 페니키아인의 이 새로운 문자는 지중해 문화권을 넘어 세계 수많은 언어에 영향을 미쳤다.

하고 장부를 쓴 다음 돌아가서 배 주인과 화물 주인에게 보고했을 것이다.*

　미케네 문명의 멸망과 더불어 자신들의 문자를 잃은 그리스인들도 페니키아 문자를 받아들여 개량했고, 호메로스의 작품을 낳았다. 페니키아 알파벳은 에트루리아 문자를 통해 라틴 문자에도 영향을 미쳤다. 나중에는 아랍 문자와 인도 문자에도 큰 영향을 미치니, 결국 동아시아 문자를 제외한 전 인류의 어머니 문자인 셈이다.

　아이러니한 것은 (또한 아쉬운 것은) 알파벳의 발명자인 페니키아임에도 자신들의 역사 기록과 장편 문학은 남기지 못했다는 사실이다.

---

* 카르타고에도 전문 번역가 계급이 있었다. 그들은 노역을 면제받았고, 신분을 표시하기 위해 머리를 밀고 앵무새 문신을 새겼다. 한 가지 언어만 번역하는 사람은 날개를 접은 앵무새 문신을, 두 가지 이상을 할 수 있는 사람은 날개를 편 앵무새 문신을 했다는 사실이 흥미롭다.

물론 고도의 문명을 이룬 그들에게는 공문서를 보관하는 제도가 있었다.** 하지만 그들이 사용한 '종이'는 파피루스나 양피지 같은 섬세한 재질이었고, 이집트와 달리 습도가 높은 페니키아 기후로 인해 모두 소실되고 말았다. 삼나무를 키워 페니키아를 일으킨 기후가 페니키아의 역사를 지워버린 셈이다. 페니키아인들이 워낙 좋은 터에 도시를 세워 지금도 그 자리에 현대 도시들이 있다는 점도 페니키아 역사를 복원하는 데 큰 장애다. 그런 이유로 지금 남아 있는 페니키아 관련 기록은 대부분 그리스, 이집트, 이스라엘, 로마의 것이고, 짧은 비문을 통해서만 페니키아인들의 목소리를 직접 들을 수 있다.

티레와 이스라엘 왕국의 밀월

수교는 물론 국경조차 폐쇄되어 있는 지금의 이스라엘과 레바논의 상황을 보면 도저히 상상할 수 없겠지만 3,000년 전 티레와 이스라엘은 밀접한 관계였다.

기원전 11세기 말 페니키아의 다른 도시들보다 우위에 선 티레는 아비바알 왕이 이스라엘 왕 다윗과 우호관계를 맺으며 육지 쪽의 위험을 없애고 적극적으로 바다로 진출했다. 두 나라의 우호관계는 아비바알의 아들 히람 1세(기원전 980~947년 재위)와 그 유명한 '지혜의 화신' 솔로몬(기원전 970~931년 재위) 시대에 와서 더욱 돈독해진다. 사돈 관계이기도 했던 두 왕은 정치, 경제, 기술 면에서 활발한 교류

** 《유대전쟁사》로 유명한 플라비우스 요세푸스는 티레인들이 일상사와 공적 사건을 기념하기 위해 기록을 많이 남겼으며, 공문서도 세심하게 보존했고, 그들이 보관한 문서 중에는 놀랍게도 솔로몬과 히람 1세가 교환했던 많은 편지도 있다고 썼다. 최소한 페니키아의 기록이 로마 시대까지는 남아 있었다는 증거이다.

를 하며 두 나라의 번영을 이끌었다.

　히람 1세의 치세는 예외적으로 기록이 남아 있는 시대이기도 한데, 《구약성서》〈열왕기〉가 그것이다. 부왕의 염원이었던 성전 건축에 나선 솔로몬에게 페니키아의 삼나무와 그들의 기술은 반드시 필요했다. 솔로몬은 그 대가로 대량의 밀과 양질의 올리브유를 티레에 보냈다. 두 나라는 일종의 '경제협력'을 맺은 것이다. 여기서 주목할 부분은 티레의 기술자들이 20년에 걸친 대공사에서 큰 역할을 했다는 사실이다. 〈열왕기〉의 시기와 동일한 시기를 다루는 〈역대기 하〉의 3장 14절 내용대로라면 성궤를 모시는 지정소의 장막조차 페니키아 제품일 가능성이 크다. 청색과 붉은색, 자주색 실로 짰다고 했는데, 자주색 실의 염료는 말할 것도 없이 페니키아에서 왔을 것이기 때문이다. 당시 페니키아의 기술력이 이스라엘보다 월등했다는 증거이자 유일신 야훼의 성전이 이교도들에 의해 건설되었다는 아이러니를 보여주는 이야기이기도 하다. 하지만 이 성전은 잘 알려진 대로 기원전 586년, 신바빌로니아의 네부카드네자르 2세에 의해 파괴된다.

　히람 1세와 솔로몬의 공동 사업은 이뿐이 아니었다. 두 왕은 공동으로 선박을 건조하여 홍해를 통한 해외무역을 활성화했다. 솔로몬은 지금의 에일라트 항구 부근에 있는 에시온게벨을 제공했는데, 이곳의 조선 사업에도 티레인들의 기술이 결정적인 역할을 했다. 이 과정에서 시바 여왕과 황금 도시 오빌의 전설이 생겨났다. 오빌은 수단이나 소말리아 해안 또는 아프리카 동해안 어느 곳으로 추정되는데, 일부는 인도로 보기도 한다. 〈열왕기 상〉에는 금 420탈렌트를 오빌에서 실어왔다는 기록이 있는데, 13톤에 해당하는 엄청난 양이다.*

　성서의 영향으로 히람 1세는 솔로몬의 '물주'이자 조력자 정도로 알려졌지만 이 합작으로 그가 얻은 것도 많다. 이스라엘은 한 번도 대제국이었던 적이 없지만 적어도 솔로몬 시대에는 주변의 여러 소왕국을 거느린 '작은 제국'이었다. 특히 헤르몬(헐몬)산 남쪽의 마아카 왕국과 동서남북으로 교역로가 열려 있는 단 지역의 지배는 페니키아, 특히 티레의 교역에 큰 도움을 주었다. 실제로 솔로몬이 제공한 안정적인 교역로를 통해 티레인들이 마음 놓고 시리아, 메소포타미아 지역과 교역할 수 있었다는 사실이 고고학적 발굴을 통해 증명되고 있다. 여기에 솔로몬의 본거지인 유다 지역을 통해 티레인들은 향신료와 희귀 광석의 보고인 아라비아에도 접근할 수 있었다.

두 왕의 공동 사업에 대한 기록은 《구약성서》밖에 없기에 한계가 있다. 하지만 여러 정황으로 보았을 때 정치적으로는 이스라엘에 다소 유리했던 것으로 보이지만 평등한 입장에서 상호 호혜적인 관계였던 것으로 보인다. 티레는 내륙 통상로의 안전과 배후의 군사적 안정, 그리고 백향목의 대금이 밀과 올리브유였다는 사실에서 알 수 있듯 농산물을 확보했고, 이스라엘은 티레의 상업과 기술 노하우를 제공받았기 때문이다.

대항해시대와 교역 거점 건설

〈열왕기 상〉 10장 22절에는 금과 은, 상아, 공작새와 원숭이를 실어오는 타르시스 상선대가 등장하는데, '타르시스'에 대해 많은 설이 있지만 광물이 풍부한 스페인 남부의 '타르테소스'라는 학설이 유력하다.

---

* 19세기 호주에서 골드러시가 일어났을 때 황금 사냥꾼들은 천막 도시를 세웠는데, 그 이름을 오빌이라고 지었다.

그렇다면 페니키아인들은 그곳까지 진출했던 것일까? 답은 '아니, 더 멀리까지 진출했다'이다.

네아폴리스(나폴리), 비잔티움(이스탄불), 마살리아(마르세유), 타렌툼(타란토), 시라쿠사이(시라쿠사)……. 그리스인들이 지중해 각지에 건설한 도시들이다. 기원전 8~6세기에 그리스 본토와 소아시아 연안의 도시들이 모도시의 내분과 인구 과잉 때문에 해외로 진출한 결과이기도 하다. 하지만 그리스인들의 지중해 세계에서의 활약은 역사의 절반에 불과하다. 페니키아인들은 그리스인들보다 먼저 해외에 식민도시를 건설했고, 이들이 건설한 카디르(지금의 카디스), 카르타헤나, 바르셀로나, 말라가, 리스본*, 탕헤르, 리비아의 트리폴리, 사르데냐의 칼리아리, 시칠리아의 팔레르모 등은 지금도 건재하다. 또한 지중해의 큰 섬인 키프로스는 '실 삼나무', 시칠리아는 '시클리(팽이)를 가진 사람', 사르데냐는 '신이 최초로 표시한 발자국'이란 뜻의 페니키아어에서 유래했고, 발레아레스의 어원도 페니키아의 최고신 바알이며, 스페인 역시 사판Sapan, 즉 '토끼가 많은 땅'에서 나왔다. 이런 점을 보아도 페니키아인이 지중해 간선 항로를 개척한 사실을 잘 알 수 있다. 여기에 파괴된 도시까지 나열하면 그 유명한 카르타고 외에도 우티카, 시칠리아의 모티아, 이비사, 릭수스 등 그리스인의 도시들보다도 많다. 하지만 이 항구도시들은 교역 거점일 뿐이었다. 페니키아인들은 힘들고 많은 시간이 필요한 내륙 진출과 개척에는 관심이 없었다. 그 때문에 내륙에서 일어나는 정치적, 군사적 풍파와 거리를 둘 수 있었지만 그 반대급부로 영향력을 행사할 수도 없었다(시칠리아만 예외

---

* 페니키아어로 '안전한 항구'를 뜻하는 '알리스 웁보Allis Ubbo'에서 유래했다.

였다). 다만 섹시(지금의 알무네카르)나 아브데라(지금의 아드라)처럼 농업 위주의 정착지가 아예 없던 것은 아니었다.

눈에 띄는 점은 페니키아가 이탈리아, 특히 중북부에는 거의 진출하지 않았다는 사실이다. 이탈리아 중부 카이레(체르베테리) 해안가의 작은 마을 푸니쿰에 거점을 두었다는 것 정도가 밝혀졌을 뿐이다.

그리스인들의 도시가 대부분 동지중해와 흑해에 있었던 것과 달리 페니키아인들이 건설한 도시는 대부분 서지중해와 대서양 연안에 있었다는 사실을 보면, 그들의 항해술이 얼마나 뛰어났는지 짐작할 수 있다. 특히 카디르의 경우는 스트라본과 플리니우스 같은 로마의 역사가와 지리학자들이 트로이아 멸망 전후에 건설되었다고 주장할 정도로 유구한 역사를 자랑한다. 또 다른 전승에 의하면 카디르는 카르타고와 같은 해에 건설되었다고 하는데, 사실 여부를 떠나 이런 의문이 들 수 있다. 즉 상식적이라면 페니키아인들은 북아프리카 해안을 따라 동에서 서로 새 도시를 만들며 정착했을 것이고, 카르타고나 우티카가 카디르나 말라가보다 먼저 건설되었을 것이다. 하지만 금속의 보고인 스페인에 먼저 도시가 건설되고 나중에 중간 거점으로 도시가 생겨났을 가능성도 무시할 수는 없다. 결국 지금은 어느 쪽이 옳다고 말할 수 없는 상황이고, 페르낭 브로델의 표현대로 고고학만이 그 답을 줄 수 있을 것이다.

현재 페니키아인들의 서지중해, 대서양 연안 '정복'은 현대 학자들 사이에서 기원전 12세기 설과 기원전 9, 8세기 설이 부딪치고 있지만 최소한 기원전 12세기에 동지중해로 진출했던 '정황'만은 분명하다. 이 시기는 앞서 이야기한 청동기시대에서 철기시대로의 대격변기와 일치한다. 따라서 가나안인들은 거주 지역의 축소, 인구 과잉 등의 이유로 이 격변기에 바다로 나가 '페니키아인'으로 변신한 것으로 보인다. 그들은 이 시기에 알파벳이 준 영향보다는 덜하겠지만 하드웨어 방면에서도 대발명을 이룬다. 바로 2,500년 이상 지중해를 지배할 '갤리선'을 세상에 내놓은 것이다.

페니키아인이 만든 또 하나의 걸작

한 세대 가까이 한국인들에게 '최고의 고전 명화'로 자리 잡은 대작 〈벤허〉 때문인지 갤리선 하면 '노잡이 노예가 비인간적으로 혹사를 당하는 배'라는 이미지가 강하다. 정도의 차이는 있겠지만 대부분의 세계인도 비슷한 느낌을 가지고 있을 것 같다. 물론 그런 '선입견'도 상당 부분은 사실이다. 하지만 갤리선이 항상 그렇게만 운영되었다면 아무리 옛날이라도 2,500년 이상 지속해서 지중해를 주름 잡는 배가 될 수는 없었을 것이다. 따라서 일단 '노예 노잡이 배'라는 선입견을 지우고 갤리선 이야기를 시작할 필요가 있다.

세상일이 다 그렇지만 페니키아인들이 어느 날 갑자기 갤리선을 발명한 것은 아니었다. 바구니에 가까운 보트나 통나무배, 카누 같은 원시적인 '배'들을 제외하면 인류 최초의 선박으로 인정받는 배는 그 유명한 쿠푸 왕의 대피라미드 옆에 있던 석실에서 발견되었다. 완전히 산산조각이 나 있었지만 그곳에서 발견된 많은 나뭇조각들을 모으니 길이 22미터, 폭 2.8미터의 날렵한 배가 나타났던 것이다! 물론 이 배는 이집트인들의 배답게 실용성보다는 종교적인 상징성을 담고 있었다. 고대 이집트에서는 파라오가 죽으면 태양신 라와 하나가 되고, 파라오의 혼은 배를 타고 천공을 항행한다고 믿었기 때문에 파라오 생전에 쓰인 배를 만들어 부장한 것이다. 재질도 페니키아 삼나무였다.

이 태양의 배는 피라미드 옆 박물관에 전시되어 있는데, 돛대는 달려 있지 않고 양쪽으로 노만 다섯 개씩 달려 있다. 날렵한 외형이 갤리선 의 선조임을 짐작하게 한다.

이어 기원전 1500년경 하트셉수트 여왕 시기에 길이 25미터, 폭이 6~7미터에 달하며, 돛대와 26개의 노를 갖춘 대형 선박이 지금의 소 말리아로 추정되는 푼트 지방으로 원정을 떠났다는 기록과 부조가 발 견되었다. 어쩌면 이 배는 이집트인이 아니라 비블로스인을 비롯한 가나안인들이 파라오의 명령으로 만들었을지도 모르지만 자세한 경 위는 알 길이 없다. 그리고 기원전 12세기경 람세스 3세가 앞서 이야 기한 '바다 민족'과 치른 전쟁을 기록한 부조에 돛대와 다수의 노를 갖춘 '군함'들이 등장한다. 결국 이 배들이 갤리선의 원형이 된다.

백향목이라는 최고의 선박용 자재를 가진 페니키아인들은 타고난 엔지니어이기도 했다. 그들은 풍력을 더 효과적으로 이용할 수 있는 돛과 보다 많은 노를 단 배를 개발하기 위해 전력을 기울였다. 그리고 결국 사람으로 치면 척추에 해당되는 용골과 갈비뼈에 해당하는 빔과 프레임으로 선체의 뼈대를 만들어 원양항해에 적합한 배를 만드는 데 성공한다(좌현과 우현에 각각 25개의 노가 달려 있었다). 심지어 일부 선 박에는 조개 등 배를 손상시키는 해양생물이 달라붙지 않게 배 바닥 에 얇은 납판을 부착하기도 했다. 이는 거의 2,000년 후 대형 범선이 나타나면서 다시 등장하는 기술이었다.

페니키아인들이 개발한 '극초기 갤리선'은 기원전 9세기부터 노를 이층으로 배치하는 대형 바이렘^{Bireme}식 갤리선으로 진화하여 보다 안정감 있는 항해가 가능해졌다. 군함으로 만들어진 갤리선은 충각을 장비하기 시작했다. 하지만 아쉽게도 다른 분야와 마찬가지로 페니키

●— 로마의 고대 갤리선. 로마의 부조인데, 영화 〈벤허〉에 나온 갤리선과 같은 형식이다.

아인들이 어떻게 배를 건조했는지 알 수 있는 문헌 자료는 현재 전무하다. 그러면 어떻게 이 정도의 정보라도 알 수 있었느냐, 하는 질문이 나올 수 있다. 발굴된 석관의 부조와 주조화폐에 새긴 갤리선 모양 그리고 20세기 중반 들어 발달한 수중 고고학 덕분이다. 최소 50톤에서 최대 200톤 규모의 난파 갤리선들이 지금의 이스라엘 해안에서 몰타, 튀니지, 시칠리아, 프랑스, 키프로스, 튀르키예, 에게해 등에 이르기까지 지중해 전역에서 발견되었다. 연대상으로 기원전 2200년까지 거슬러 올라가는 배도 있다. 싣고 있던 화물도 도자기, 공예품, 대리석 조각, 유리 제품, 무기 등 다양했는데, 대부분 레바논 삼나무로 만들어진 배라는 사실이 확인되었다. 모두 페니키아에서 건조된 것은 아니더라도 나무를 수입해서 건조한 셈이므로 페니키아를 중심으로 한 지중해 교역망의 규모가 컸을뿐더러 교역이 활발했다는 증거라고 할 수 있다.

페니키아인들은 풍향과 조류를 면밀하게 검토하여 본토에서 서쪽으로 갈 때는 키프로스-그리스-이탈리아-사르데냐-발레아레스제도-스페인 항로를, 귀국할 때는 북아프리카 해안을 이용하는 안전한 항로를 개척하는 데 성공했다. 그래서인지 《박물지》로 유명한 플리니우스는 "이집트인은 왕조를 만들었고, 그리스인은 민주주의를 만들었으며, 페니키아인은 상업을 만들었다"는 명언을 남기기도 했다.

페니키아인들의 선박 관리 능력은 거의 1,000년 후의 인물인 그리스 역사가 크세노폰에게도 깊은 인상을 주었다. 그는 "내가 이제껏 본 것 가운데 가장 완벽하게 정돈되어 있던 것은 페니키아의 돛배였다"면서 "배의 삭구와 무기, 선원들이 쓰는 기구, 그리고 선주들이 자신의 이익을 위해 직접 운송하는 물품"이 적은 공간에 얼마나 잘 적재되고 비치되어 있는지를 기록했다. 크세노폰은 항구의 하역과 선적이 얼마나 잘 이루어지는지에 대해서도 기록을 남겼다. 닻에 납을 씌워 무게를 증가시키는 기술을 개발한 것도 페니키아인이었다.

지중해는 페니키아인들의 바다였다. 그들은 자신들의 시대를 맞아 지중해 중간 지점에 그 시기에 어울리는 대도시를 새롭게 건설했다. 그 유명한 카르타고다.

티레의 패권 장악과 번영

페니키아의 전성기 초반, 즉 기원전 12세기 말에서 기원전 11세기까지는 티레보다 시돈이 우세했던 것으로 보인다. 《구약성서》의 〈판관기〉, 〈사무엘서〉는 물론 《웬아문 항해기》와 아시리아 왕 티글라트필레세르 1세의 비문을 보아도 시돈의 우위는 명확해 보인다. 시돈이 이런 우위를 누릴 수 있었던 이유는 무엇보다 정치적 분열로 경제력과 군사력이 모두 약화되어 아시아 방면의 종주권을 완전히 잃어버린 이집트의 쇠퇴 때문이었다. 물론 두 도시 모두 통상 의존도가 높았지만 섬에 시가지를 두고 내륙 운송로는 하나밖에 없는 티레가 더 심할 수밖에 없었다. 그에 비해 비옥한 해안평야를 끼고 여러 내륙 운송로가 있던 시돈은 위기를 더 잘 견딜 수 있었다. 실제로 시돈식 토기가 시리아에서 이집트까지 광범위하게 발굴되는 등 시돈의 영향력이 갈릴레아 일대까지 미쳤다는 증거가 계속 나오고 있다. 하지만 앞서 이야기했듯 이스라엘과의 협력으로 돌파구를 연 티레가 기원전 11세기가 끝나갈 무렵부터 시돈을 제치고 주도권을 장악한다. 에게해-그리스 일대에서 발굴되는 토기 등의 유물도 티레 쪽이 훨씬 많다. 이후 건설된 페니키아 해외 식민지의 대부분이 티레 작품인 것도 이와 무관하지 않다. 그중 하나가 북아프리카에 건설된 우티카이다.

기원전 9세기에 이르면 티레의 해상 통상 범위는 점점 확대되고, 마침내 90년에 걸친 히람 왕조를 무너뜨리고 왕위에 오른 엣바알 1세(기원전 878~847년 재위)는 시돈의 왕까지 겸하기에 이른다. 그는 《구약성서》에서 가장 악명 높은 악녀 이제벨(이세벨) 왕비의 아버지이기도 하다. 그렇다고 두 도시국가가 합쳐진 것은 아니다. 17세기 초, 스튜어트 왕가가 스코틀랜드와 잉글랜드 두 왕국의 왕을 겸한 것과 비슷한 일종의 '동군연합'이었다. 티레의 발전이 얼마나 눈부셨는지를 잘 보여주는 증거라고 할 수 있다. 이렇듯 티레를 중심으로 한 페니키아의 도시들은 본토에 새로운 도시를 건설하는 한편, 서지중해에도 다수의 식민도시를 만들어 사실상 지중해를 '페니키아의 바다'로 만들었다. 그리스인들도 그들의 뒤를 따르는데, 이와 관련하여 프랑스

의 대역사가 브로델이 《지중해의 기억》에서 밝힌 인상적인 감상을 소
개한다.

페니키아인은 동지중해 연안 지대에 뿌리를 두었고, 그리스인은 에게
해와 그리스 중부의 해양도시 코린토스를 출발점으로 두었다. 둘 모두
발전된 문명을 갖고 있었으며, 이런 점에서 강한 나라가 약한 나라를
지배하고 교화한다는 식민지 개척의 일반 법칙에 부합된다. 이 경우
힘은 문명, 도시들 간의 연대, 금속을 다루는 기술 거래와 시장의 장악
력을 뜻한다. 당시 중동에서 배를 띄우는 것은 오랜 세월이 지난 뒤—
기원후 15세기와 16세기 바다의 위대한 발견 이후—막강한 군사력을
지닌 유럽에서 배를 출발시킨 것과 비슷했다. 그러나 고대 세계에서
식민지 개척자들은 먼 지역 해안에 전초기지와 도시를 세울 때 아스
텍, 마야, 잉카 또는 무굴 제국처럼 발전된 문명 세계의 저항에 부딪히
지 않았다.
그러나 근대의 유럽처럼 고대의 동양은 먼 거리까지 그들의 힘을 과
시하면서 그들의 내적 분열과 이해다툼, 뿌리 깊은 증오심까지 동시에
전파했다. 식민지 개척자와 상인들은 그 땅에서 큰 어려움 없이 그들
의 뜻을 이룰 수 있었고, 곳곳에 도시를 세웠지만 이 축복받은 땅들은
경쟁 관계에 의해 분열되면서 전쟁에 휘말렸다.

페니키아인들이 계속해서 서쪽으로 진출했던 이유는 무엇일까?
2,000년 후 페니키아인들이 만든 식민지의 후손, 즉 포르투갈인과 스
페인인이 동방 항로와 신대륙을 '발견'한 이유가 단순한 호기심 때문
이 아니었던 것처럼 그들 역시 찾고자 하는 것이 있었다. 바로 금속이

었다. 기원전 9~8세기, 고대 오리엔트에서는 금화와 은화가 대거 유통되었고, 왕실과 사제 등 지배 계급은 자신들의 권위를 과시할 목적으로 많은 금속을 사용했다. 게다가 철기시대로의 진입은 군사 장비의 철기화는 물론이고 사회적으로도 금속에 대한 더 많은 수요를 만들었다.

또한 기원전 1000년 이후로 은이 상거래의 표준 교환 수단이 되면서 금, 구리, 주석과의 교환 비율이 정해지고, 셰켈이라는 표준 은전도 등장한다. 페니키아인들은 은이 풍부한 틴토강 유역과 인접해 있는 이베리아반도 남단 과달키비르강 하구에 카디르를 건설한다. 틴토tinto는 스페인어로 '붉다'는 뜻인데, 고대부터 금과 은, 구리를 채굴하여 강물이 강한 산성을 띠었기 때문이다. 여담이지만 리오틴토는 세계 최대의 규모를 자랑하는 광산 기업의 이름이기도 하다.

서유럽 최초의 도시로 일컬어지는 카디르는 하구의 섬들 위에 건설되었고 이 때문에 그리스인들은 복수형을 붙여 카디스라고 불렀다. 지금은 섬들이 연결되어 반도화되어 있다. 페니키아인들은 직접 은을 채굴하기보다는 포도주와 올리브유, 잡화를 가져다 원주민들과 교환하는 방식을 택했다. 고대의 골드러시, 아니 실버러시의 종착점인 카디르는 이에 그치지 않고 페니키아인들의 대서양 진출 거점이 된다. 2,500년 후 콜럼버스는 두 번째와 네 번째 신대륙 항해를 이곳에서 시작하는데, 은의 산지로 페니키아인들을 불러들인 스페인이 금과 은을 얻기 위해 신대륙을 정복했으니 역사란 참 알 수 없다. 한편 최근에는 히람 1세와 동맹을 맺은 이스라엘인들이 그때부터 스페인에 진출했다는 설도 힘을 얻고 있다.

페니키아의 다양한 산업

페니키아인들은 유능한 상인이자 선원이었지만 농업과 제조업에도 능했다. 밀과 보리 등 곡물 생산에 일가견이 있던 그들은 카르타고 배후지에 대규모 농장을 만들어 상업 작물인 올리브와 무화과, 포도를 재배했다. 식용과 조명용으로 사용된 올리브유와 포도주는 최고의 상품 중 하나였다. 상등품 포도주 5리터가 황소 한 마리와 거래된 적도 있었다.

제조업도 당대 최고 수준이었다. 장기인 조선업은 물론이고 앞서 이야기한 자주색 염료 산업, 상아와 보석을 가공한 공예품도 최고의 품질을 자랑했다. 인류 최고의 발명품 중 하나인 유리도 페니키아인들이 발명했다는 설이 있다. 유리 발명에 대해 처음 기록한 문서는 플리니우스의 《박물지》인데, 그 기록과 주변 상황을 간추리면 다음과 같다.

이집트인들은 미라 보존 재료 중 하나로 천연소다를 사용했다. 어느 날 이를 실어나르던 페니키아 상선이 지중해 연안 강 하구에 이르러 식사 때가 되자 취사 준비를 했다. 하지만 주위는 모래사장이고 솥을 걸 만한 돌이 없어 배에 적재한 소다 덩어리를 가져다 솥을 걸고 요리를 했다. 그런데 불길이 세지면서 녹은 소다가 모래와 섞였다. 이때 처음 보는 반투명의 액체(보석물)가 몇 줄기 흘러내렸는데 이것이 유리의 기원이라는 것이다.

사실 이 이야기는 자주색 염료의 발견처럼 반 이상 전설화된 것으로 보이며, 실제 유리의 발명은 이집트나 메소포타미아라고 주장하는 학자들도 있다. 하지만 그 시기에 만들어지고 발견된 유리 공예품이 대부분 페니키아 양식이다보니 페니키아 기원설이 주류를 이룬 것으로 보인다. 어쩌면 발명은 이집트인들이 했지만 고대의 '이코노믹 애니멀'인 페니키아인들이 상품화에 성공하고 그럴듯한 '발명 신화'를 만들어냈는지도 모르겠다. 모세는 〈신명기〉 33장 19절에서 모래에 감추어진 보배를 예언했는데 혹 유리를 가리키는 것인지도 모르겠다.

이렇듯 1차산업(농업), 2차산업(제조업), 3차산업(상업)을 모두 갖춘 페니키아, 특히 티레는 절정의 번영을 구가했다. 훗날 에제키엘은 그의 예언서 27장에 그 모습을 잘 묘사해놓았다.

너에게는 온갖 재물이 많아 타르시스가 너와 무역을 하였다. 그들은 은과 쇠와 주석과 납을 주고 네 상품들을 가져갔다. 야완, 투발, 메섹도 너와 장사를 하여, 노예와 구리 연장을 주고 네 물품들을 가져갔고, 벳토가르마에서는 말과 군마와 노새를 주고 네 상품들을 가져갔다.

드단 사람들도 너와 장사를 하였고, 또한 많은 섬이 너의 중개상으로 일하면서, 그 대가로 너에게 상아와 흑단을 지불하였다. 너에게는 온갖 제품이 많아서 아람도 너와 무역을 하여, 석류석, 자홍 천, 수놓은 천, 아마포, 산호, 홍옥을 주고 네 상품들을 가져갔으며, 유다와 이스라엘 땅도 너와 장사를 하여, 민닛 밀, 기장, 꿀, 기름, 유향을 주고 네 물품들을 가져갔다. 너에게는 제품도 많고 온갖 재물이 많아, 다마스쿠스도 헬본 포도주와 차하르의 양털을 가져와 너와 무역을 하고, 단과 야완 머우잘도 너와 상품을 교환하였는데, 그들이 네 물품 값으로 가져온 것은 망치로 두드린 쇠, 계피, 향초였다. 드단은 말을 탈 때 안장에 까는 천을 가져와 너와 장사를 하고, 아라비아와 케다르의 제후들도 너의 중개상으로서, 새끼 양과 숫양과 숫염소를 가져와 너와 무역을 하였으며, 스바와 라마 상인들도 너와 장사를 하여, 온갖 최고급 향료와 보석과 금을 주고 너의 상품을 가져갔다.

하란과 칸네와 에덴, 그리고 스바의 상인들과 아시리아와 킬맛도 너와 장사를 하였는데, 그들은 화려한 의복, 수놓은 자주색 옷, 여러 색으로 짠 융단, 단단히 꼰 밧줄을 너의 시장으로 가져와서 너와 장사를 하였다. 그리고 타르시스의 배들이 너의 물품들을 싣고 항해하였다.

해석하면 이렇다. 타르시스의 은과 철, 납, 주석 외에도 야완(이오니아)과 캅카스 일대의 산악 민족인 투발과 메섹인들에게서 노예와 청동기가, 유다와 이스라엘에서는 밀과 기장, 꿀, 기름, 유향, 아라비아 반도 중부의 드단에서는 말안장에 까는 천, 아라비아와 케다르(지금의 요르단 일대)에서는 양과 염소, 세바와 라마(지금의 예멘)에서는 향료와 보석, 황금, 다마스쿠스에서는 포도주와 양모가 들어왔고, 지금의 이라크 북부인 하란과 아시리아에서는 화려한 의복과 융단, 단단한 밧줄을 가지고 티레와 교역을 했다는 것이다. 말 사육지로 유명한 벳 토가르마(지금의 아르메니아)와는 군마와 노새를, 아마도 로도스로 추정되는 '섬'과는 상아와 흑단을 거래했다. 이집트의 곡물을 식량이 부족한 그리스 남부로 실어날랐다는 정황도 있으며, 심지어 나일강 삼각주에서 대량으로 재배되던 양귀비 즙, 즉 아편을 크레타섬과 그리스, 서지중해 지역에 팔기도 했다.* 현대의 대형 종합상사를 방불케 하는 거래 목록이 아닐 수 없다.

페니키아인들이 거래하는 지역과 품목은 이렇듯 다양했다. 하지

---

* 아편은 이미 기원전 3400년경, 수메르인들이 '기쁨의 풀'이라는 이름으로 뿌리까지 갈아 주스처럼 마셨다고 하며, 이집트 의학서에도 그 기록이 남아 있다.

만 이게 다가 아니었다. 엘바섬에서 채굴되는 철광석, 브리타니아 남서부 콘월 지역의 주석, 스칸디나비아와 발트 해안의 모피와 호박*을 입수하여 거래할 정도로 광범위했다. 이는 기원전 4세기 로마의 시인 아비에누스가 그의 시 〈오라 마리티마〉에서 기원전 5세기의 페니키아 기록을 인용함으로써 확인되었다. 카르타고의 항해사 히밀코가 브리타니아로 가는 항로를 알아냈고, 그곳에서 교역을 했다는 내용이다. 브리타니아에서 페니키아인들이 주석 대금으로 현지인들에게 준 것 중에는 닭도 있었다.

한편 기원전 600년경, 이집트의 파라오 네코 2세는 아프리카가 완전히 바다로 둘러싸여 있다는 풍문을 듣고, 페니키아 선원들을 고용해 이를 확인해보려고 했다. 그는 고대의 이사벨라 여왕이나 항해왕자 엔히크(엔리케)라고 불려도 될 것이다. 네코 2세의 의뢰를 받고 해안선을 따라 항해를 시작한 페니키아인들은 1년 이상의 긴 항해 끝에 리비아로 귀환하는 인류 최초의 아프리카 일주 항해를 이루어냈다. 하지만 이 기념비적인 사건은 묻혀버리고 말았다. 페니키아 쪽의 기록은 사라지고 당시 그들과 경쟁했던 그리스 학자와 역사가들의 기록만 남았는데, 그리스인들이 이들의 주장을 거짓말이라고 단정 지었기 때문이다. 이 항해에 대한 '소문'을 기록한 헤로도토스는 "해가 오른쪽에 떠 있다는 게 말이나 되는가?"라는 소감까지 남겼는데, 역설적으로 이런 기록 때문에 현대에 와서는 페니키아인들의 항해가 진실로 여겨진다. 적도를 지나 남반구로 들어가면 해가 오른쪽에 있기 때문

---

* 그 유명한 투탕카멘 왕의 무덤에서도 호박으로 만든 장신구가 발견되었으며, 앞서 다룬 울루부룬 난파선에서도 호박 구슬이 나왔다.

이다. '팔방미인' 페니키아인들의 단점 중 하나가 문학적 재능의 부족인데, 이 항해를 《오디세이아》처럼 잘 엮었다면 일부라도 후세에 전해졌을지 모르겠다.

　페니키아인들은 기항한 적이 있는 포구, 별과 바람, 조수 같은 항해상의 비밀과 지식을 철저하게 지켰다. 해도나 항해 기구가 따로 없던 시대에는 노련한 항해자들이 실제 관측했던 것들을 다음 세대로 물려주는 전승이 항해술의 기초를 이루었기 때문이다. 초기에 그들은 오랫동안 육지를 안표眼標 삼아 주간에만 항해했다. 하지만 머지않아 '작은곰자리' 성좌를 이용하여 야간에도 항해할 수 있게 되었다. 페니키아인들은 이 성좌를 '마차'라고 불렀다. 성좌와 관련된 많은 신화를 가진 그리스인도 당연히 별을 항해에 이용했다(작은곰자리는 '포이니케(페니키오)'라고 불리게 된다). 이런 천문학 지식은 분명 메소포타미아에서 온 것이겠지만, 전래된 경위와 페니키아인들이 이를 항해술에 활용한 경과는 알 길이 없다. 다만 그토록 뛰어난 항해술을 보유한 페니키아인들도 지금은 '미스트랄'이라고 부르는 초속 30~40미터의 폭풍이 부는 겨울철에는 항해를 삼갔다.

멜카르트의 기둥

페니키아인들이 믿는 신들 중에는 멜카르트가 있었다. 이 신의 원형은 《길가메시 서사시》의 주인공이자 반인반신인 길가메시이다. 길가메시가 페니키아화된 존재가 멜카르트이고, 그리스 세계로 전래되어 헤라클레스로 변신했다.

　페니키아인들은 지중해의 서쪽 끝, 즉 지금의 지브롤터해협 양쪽에 솟아 있는 산을 '멜카르트의 기둥'이라고 불렀다. 그들은 멜카르트 신이 서쪽 끝의 땅을 갈라 해협을 만들고 배가 대서양으로 빠져나갈 수 있도록 다시 붙지 않게 양쪽에 기둥을 박았다는 신화를 만들었다. 멜카르트는 과달키비르강을 거슬러 올라가 지금의 세비야를 건설했다는 전설도 남겼다.

후발 주자인 그리스인들은 이를 '헤라클레스의 문' 또는 '헤라클레스의 기둥'이라고 불렀다. 괴력을 지닌 반인반신의 헤라클레스가 머리와 몸이 세 개인 거대한 괴물 수소를 잡기 위해 스페인으로 갔을 때, 바다의 신 포세이돈과 땅의 여신 가이아 사이에서 태어난 안타이오스가 통과시켜주지 않자 그를 물리쳤는데, 이를 기념하기 위해 두 기둥을 세웠다는 것이다.

두 민족은 비슷한 전설을 가지고 있지만 페니키아 쪽이 먼저임은 분명하다. 아마 헤라클레스와 안타이오스의 싸움은 두 해양 민족의 분쟁을 신화화한 것이라고 보아도 좋을 것이다. 어쨌든 시간이 흐르면서 멜카르트와 헤라클레스는 동일시되기에 이르고 많은 이야깃거리를 남겼다.

페니키아 번영의 중심인 티레의 수호신이 바로 이 멜카르트였다. 신전은 규모도 크고 화려하기 그지없어 로마 시대까지 전 지중해와 오리엔트 지역에 명성이 자자했다. 로마의 시인 호라티우스는 다음과 같은 기록을 남겼다. "나는 많은 사람들이 바친 봉헌물로 장식된 성소를 보았다. 그중에서도 두 개의 기념 기둥이 가장 눈에 띄었다. 하나는 순금으로, 하나는 에메랄드로 만들어 밤에도 반짝반짝 빛을 냈다."

현대의 학자들은 이 두 기둥이 진짜 금과 에메랄드였는지 의문을 품는다. 일부에서는 에메랄드 기둥을 녹색 유리 기둥 안쪽에 불을 피운 것이라고 보는데 그럴듯한 가정이지만 확인된 것은 아니다. 멜카르트 신전 외에도 당시 기준으로 고층인 21미터 이상의 건물이 많았던 티레는 앞서 이야기했듯 섬에 세워진 도시였다. 이 때문에 독일의 다큐멘터리 제작자이자 작가인 게르하르트 헤름은 티레를 고대의 맨해튼이라고 표현했다.

티레는 선박도 화려하게 꾸민 듯하다. 예언자 에제키엘은 티레의 배 갑판에는 상아가 박혀 있고, 차일을 자줏빛 천으로 만들었다고 기록했다. 라이벌 시돈도 티레 못지않은 아름다운 도시를 만들었지만 스타일은 완전히 달랐다. 시돈은 거대한 성벽과 건물, 화려함에서는 티레에 미치지 못했지만 대신 녹지 공간과 화원이 많았다. 그리스인들이 '꽃이 만발한 도시'라고 불렀을 정도였다. 페니키아는 대역사가 아널드 토인비가 티레와 시돈, 비블로스 등이 연결된 페니키아 해변을 인류 최초의 메갈로폴리스라고 불렀을 정도로 거칠 것 없는 황금시대를 구가했다.

페니키아의 성공 이유

페니키아인들이 이렇듯 놀라운 성공을 거둘 수 있었던 이유는 무엇일까? 타고난 자질도 있겠지만 무엇보다 그들의 체제에서 답을 찾아야 할 것으로 보인다. 바로 해양 도시국가라는 점이다. 현대의 민주주의와는 거리가 멀지만 의회가 있는 도시국가나 지파 공동체의 자치제도 아래 살던 민족들은 절대 군주나 봉건제도하의 나라들 국민보다 자유롭고 진취적일 수밖에 없었다. 비블로스에서 시작하여 베네치아의 멸망으로 끝나는 지중해 도시국가들은 결국 유럽과 아시아에서 일어난 대제국들에 압도되어 사라져버리지만 그들은 결코 잠시 반짝한

●— 페니키아 상인과 교역항. 상아, 융단, 모피, 포도주, 밧줄 등 다양한 상품들이 거래되었다.

존재들이 아니었다. 짧게는 수백 년, 길게는 1,000년 이상 유지된 이
도시국가들은 현대의 우리에게 엄청난 유산을 남겼다. 무엇보다 정복
과 무력, 종교가 최고의 가치였던 시대에 교역을 통한 부의 증대를 추
구했으며, 육지가 아닌 바다로 진출해 새로운 세계를 개척해나갔다는
사실은 인류 역사의 큰 흐름 중 하나가 되었다.

또 하나 짚고 넘어가야 할 것은 페니키아인들은 훗날 세계 곳곳에
나타나는 아르메니아인, 유대인, 화교, 인도인 등 상인 유민 집단의
원형이기도 했다는 사실이다. 이들 상인 유민 집단은 외국에 살면서
도 자신들의 정체성을 강하게 유지했는데, 원조격인 페니키아인들도
종교나 문화 면에서 강력하게 자신들의 정체성을 지켜나갔다.

페니키아의 성공에는 지리적인 이점도 빼놓을 수 없다. 육로로 보

면 페니키아는 동쪽의 아르메니아, 아시리아, 메소포타미아, 페르시아, 그리고 더 멀리 인도에서 오는 물품의 서쪽 종점이었다. 아람인 당나귀 대상들이 상품을 실어날랐다. 페니키아 항구에는 이 대상들과 당나귀 몰이꾼, 여러 나라에서 온 선장과 선원, 무역상들이 다양한 언어로 대화를 나누었다. 아마 인류 최초의 코스모폴리탄적 도시였을 것이다.

페니키아는 아라비아와 홍해 연안의 자원에도 접근하기 쉬웠다. 이 상품들은 페니키아 항구에 모였다가 지중해 각지로 팔려나갔다. 물론 반대의 경우도 마찬가지였다.

해양 도시국가의 선구자였던 페니키아의 전성기는 길게 유지되었다. 하지만 세상일이 그러하듯 영원할 수는 없었다. 오리엔트에서 대제국들이 발흥하기 시작했고, 바다에서는 그리스인들이 라이벌로 등장했다. 이제 그들은 완전히 새로운 시대를 맞이해야 했다. 그리고 그와 함께 한 번도 통일된 국가를 이루지 못했던 페니키아인들도 이제 진짜 전쟁, 외교전, 경제 전쟁을 치러야 했다.

3장

제국 사이의
페니키아

초강대국 아시리아 시대의 페니키아

아시리아. 인류 최초의 군국주의 국가로 악명 높은 이 제국은 기원전 2500년경에 일어나 페니키아 못지않은 역사를 가진 유서 깊은 나라다. 지금의 이라크 북부에 자리 잡고, 긴 역사를 가졌지만 명군을 만나 몇 번 반짝했던 시절을 제외하면 결코 고대 오리엔트의 중심 국가라고 볼 수 없었던 아시리아는 아슈르단 2세(기원전 934~912년 재위)가 아람인과 산악 민족 제압에 성공하면서 오리엔트의 중심 국가로 떠올랐다. 그의 뒤를 이은 아다드니라리 2세(기원전 912~891년 재위)는 정복 사업을 지속하면서도 사회 각 부문의 개혁에 성공했으며, 그의 손자인 아슈르나시르팔 2세(기원전 883~859년 재위) 또한 지중해 연안과 이집트 변경까지 정복 활동을 벌였을 정도로 강성한 군주였다. 아시리아는 페니키아 도시들에 금과 은, 구리, 백향목, 상아, 진귀

한 동물들을 공물로 바치게 했는데 이들을 지배하게 된 상징으로 바닷물에 무기들을 씻었다는 기록도 있다.

이후 내부 분열과 전염병의 유행으로 국력이 일시적으로 쇠퇴하지만 아다드니라리 3세(기원전 811~783년 재위)가 즉위하고 내부 분열을 수습하면서 아시리아는 다시 당대 최고의 강대국으로 올라선다. 이후 티글라트필레세르 3세(기원전 745~727년 재위)가 군대 개혁에 성공하면서 다시 정복에 나서는데, 이때부터 정복지의 중앙집권적 속주화와 정복민의 강제 이주라는 전에 없던 '폭압적인 정책'을 실시한다. 그런 와중에 기원전 740년 아시리아의 징세관이 티레에서 살해당하는 사건이 벌어지기도 한다.

사료 부족으로 자세한 자초지종까지는 알 수 없지만 페니키아 도시들 역시 이런 역사적 태풍을 피해가지 못했다. 기원전 738년경에 이르면 비블로스를 제외한 북부 페니키아 도시들은 아시리아의 속주로 전락하고 만다. 다행히 티레는 어느 정도 정치적 독립을 유지할 수 있었지만 발굴된 아시리아 사료에 의하면 막대한 공물을 바치고 얻었던 '자유'로 보인다. 이 공물을 바친 티레의 왕은 기원전 739년부터 10년간 재위했던 히람 2세였다. 2년밖에 왕위를 누리지 못한 히람 2세의 후계자도 티글라트필레세르 3세에게 무려 150탈렌트에 달하는 금을 바쳐야 했다. 하지만 티레를 비롯한 페니키아의 자유는 더 강력한 제국을 추구한 아시리아 군주에게는 허용할 수 없는 것으로 비쳤다.

기원전 8세기 말, 티레와 시돈의 왕인 엘룰라이오스(기원전 729~694년 재위)는 아시리아에 의해 비극적인 상황을 맞이한다. 아시리아 기록에서는 룰리Luli라고 불리고 유대 쪽 기록에도 등장하는 인물이다. 기원전 701년 아시리아의 센나케리브 왕이 페니키아 대원정을 시작

●── 왕좌에 앉아 있는 센나케리브. 센나케리브는 '정의의 왕'이라는 의미이다. 성서에서는 '산헤립'이라는 이름으로 등장한다.

하자 공포에 휩싸인 페니키아의 도시들은 차례차례 티레의 영향권에서 벗어나 아시리아에 무릎을 꿇었다. 이 과정에서 150년 이상 지속된 티레와 시돈의 동군연합 역시 붕괴된다. 티레의 몰락은 거기서 그치지 않았다. 티레의 직접적인 영향권에 있던 아코는 물론 육지 영역인 우슈까지 아시리아의 영향력 아래 들어갔고 겨우 섬 정도만 유지할 정도로 궁지에 몰렸다. 엘룰라이오스는 5년 동안 농성을 하며 버텼지만 물 부족으로 그 이상의 저항은 포기할 수밖에 없었다. 이 사건은 앞으로 페니키아의 대도시들이 오리엔트의 대제국과 제왕들을 상대로 벌일 수성전의 시작이 된다.

엘룰라이오스는 전통적으로 페니키아 영향력 아래 있던 키프로스로 탈출했다. 하지만 그곳 역시 이미 아시리아의 직접적인 지배가 시작되어 페니키아인들에게 안주할 만한 땅은 아니었다. 19세기 후반 엘룰라이오스의 피란을 묘사한 부조가 아시리아의 수도 니네베를 발굴한 오스틴 헨리 레이어드에 의해 세상에 공개되었다. 센나케리브의 궁전에서 출토된 이 부조는 아쉽게도 지금은 어디론가 사라졌지만 그것을 모사한 그림이 남아 대영박물관에 전시되어 있다. 부조에는 엘룰라이오스는 등장하지 않지만 왕자로 보이는 아이를 유모가 배에 태우는 장면이 나온다. 어쨌든 그는 그 섬에서 비참한 최후를 맞이한다.

센나케리브는 엘룰라이오스 대신 투발을 시돈의 꼭두각시 왕으로 삼았다. 그 후 20년가량은 페니키아 도시들과 아시리아의 긴장 관계를 보여주는 사료가 존재하지 않는다. 다만 후계자 쟁탈전 끝에 왕위에 오른 에사르하돈이 기원전 677년, 반기를 든 시돈을 공격하여 파괴하고 시돈의 왕 아브디밀쿠티를 처형했다는 기록이 있는 것으로 보아 그사이에도 긴장 관계가 유지되었던 것으로 보아야 할 것이다. 하지만 한번 크게 당한 티레는 아시리아의 패권 아래 그들이 정한 틀 안에서 교역을 하며 명맥을 유지했다.

표면상으로는 아시리아에 굴복했지만 페니키아 도시들은 계속해서 독립을 추구했다. 그리고 그 배후에는 '한물간' 강대국 이집트가 있었다. 결국 이집트의 지원을 받은 티레가 다시 반기를 들자 아시리아의 왕 에사르하돈은 화근을 뿌리째 뽑기 위해 기원전 671년 이집트 원정을 감행한다. 그는 일시적이지만 하이집트의 수도 멤피스를 함락했다. 그의 후계자 아슈르바니팔도 기원전 667년과 663년 두 번의 원정으로 상이집트의 수도 테베까지 정복했다. 기원전 667년 원정에는 시리아와 페니키아, 팔레스타인의 왕 22명이 지원했는데, 군함과 노잡이 그리고 공물을 제공한 비블로스와 아라두스의 왕도 명단에 있었다.

아슈르바니팔은 티레의 '배신'도 용서하지 않았다. 결국 해상봉쇄까지 당한 티레는 물자 부족으로 기원전 664년 항복한다. 그로 인해 티레의 왕 바알 1세의 딸을 비롯한 왕족 여성들이 인질 겸 첩으로 아시리아의 수도 니네베로 끌려갔다(일부는 서지중해에 있는 티레의 식민 도시로 이주했을 것으로 보이지만 자세한 정황은 알 수 없다).

하지만 영원할 것 같던 아시리아의 패권도 마지막 명군 아슈르바니

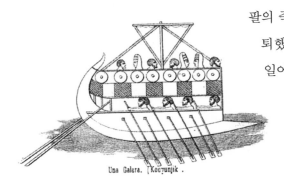

팔의 죽음 이후 급속하게 쇠퇴했다. 각지에서 반란이 일어났고, 이집트도 프삼티크의 영도 아래 기원전 639년 독립했다. 파라오가 된 프삼티크 1세는 페니키아인들을 주축으로 한 함대와

●── 티레인들의 피란 모습을 보여주는 니네베 부조의 일부이다. 노의 숫자를 줄여 묘사했지만 기본적인 형태는 알 수 있다.

선단을 만들어 적극적으로 국제무역에 나섰다. 그에 반해 급속히 무너지기 시작한 아시리아는 메디아와 신바빌로니아 연합군의 공격을 받고 기원전 612년 수도 니네베가 함락되면서 사실상 멸망하고, 3년 후에는 잔존 세력까지 뿌리가 뽑힌다.

아시리아가 무너지던 기원전 7세기의 마지막 사반세기는 페니키아인에게 자유와 휴식의 시대였다. 앞서 이야기한 아프리카 일주도 이 시기에 일어났다. 하지만 자유의 시기는 짧았고, 또 다른 제국의 위협을 받는다. 《구약성서》에서 가장 유명한 제왕 가운데 한 명인 네부카드네자르 2세가 등장했기 때문이다.

신바빌로니아 시대의 페니키아

아시리아를 멸망시키고 바빌론을 다시 오리엔트의 중심으로 끌어올린 신바빌로니아 제국의 시조 나보폴라사르의 아들 네부카드네자르 2세는 제국에 반기를 든 세력에 대해 가차 없이 철권을 휘둘렀다. 대표적인 희생양이 유다 왕국이었다. 유대인들은 기원전 586년 예루살

렘이 함락되면서 바빌론으로 끌려가 그 유명한 바빌론 유수가 시작되는데, 사실 '바빌론 유수'는 유대인만의 전유물은 아니었다.

네부카드네자르 2세의 다음 목표는 티레였다. 티레인들은 예전처럼 섬으로 후퇴하여 항전했는데, 자세한 내용은 알 수 없지만 그 전보다 철저하게 준비한 듯하다. 플라비우스 요세푸스의 기록에 따르면 포위전이 무려 13년이나 계속되었기 때문이다. 하지만 이번에도 티레는 굴복할 수밖에 없었다. 티레의 왕 엣바알 3세는 왕위를 꼭두각시인 바알 2세에게 내어주고, 왕족·상류층과 함께 바빌론으로 끌려갔다. 시돈 역시 같은 신세였다. 페니키아판 '바빌론 유수'인 셈이다(엣바알 3세는 바빌론에서 유다 왕국의 마지막 왕 치드키야를 만났을 것으로 보인다).

이 시기 티레는 정치적으로 큰 변화를 맞는다. 10년의 재위 후 바알 2세가 세상을 떠나자 강력하다고 할 수 없지만 그래도 세습 왕정이었던 정치체제가 5명의 재판관이 다스리는 '과두정치'로 바뀐 것이다. 물론 신바빌로니아의 통제 아래 있었고 기간도 길지 않았지만 놀라운 변화였다. 하지만 기원전 562년 네부카드네자르 2세가 세상을 떠나고 신바빌로니아 제국이 혼란에 빠지자 티레의 왕정도 부활한다. 자세한 내막은 알 수 없지만 신바빌로니아 권력 교체에 영향을 받았던 것으로 보인다.

그러나 새로 티레의 왕이 된 바알에세르 3세는 1년 만에 세상을 떠났고, 왕가 지지자들이 왕족인 마카르바알을 바빌론에서 데려와 왕으로 추대했지만 그 역시 4년 후 세상을 떠나고 만다. 마카르바알 사후 그의 동생 히람 3세가 20년간 티레를 지배하는데, 그사이 신바빌로니아에서 엄청난 격변이 일어난다. 종교에만 관심을 두고 정치에 무관

●— 바빌론으로 끌려가는 유대인. 유대인들의 '바빌론 유수'에 대해서는 잘 알려져 있지만 페니키아인 역시 같은 고초를 당했다는 사실은 잘 알려져 있지 않다.

심했던 나보니도스 때문에 제국의 통치가 이완되었고, 그사이 급성장한 페르시아가 기원전 539년 바빌론을 함락하며 새롭게 오리엔트의 주인이 된 것이다. 이제 페니키아는 새로운 시대를 맞이하는데, 페니키아 입장에서는 다행스럽게도 페르시아는 아시리아나 신바빌로니아와 달리 '착한 괴물'이었다.

페르시아 패권 아래서의 부흥

이란고원에서 일어나 바빌로니아를 정복한 페르시아 제국의 시조 키루스 2세(키루스 대제) 시절에 페니키아가 어떤 정치적 상황에 놓였는지 알려주는 기록은 없다. 다만 페르시아에 공물을 바쳤던 왕들의 명단 가운데 '북쪽 바다(지중해)의 궁전에 사는 왕들'이 포함되어 있다는 기록이 있는 것으로 보아 페니키아는 자발적으로 공물을 바치고 페르시아 패권 아래로 들어갔던 것으로 추정된다. 그 시기에 대해서는 학자들마다 의견이 다르지만 기원전 525년 키루스 2세의 후계자 캄비세스 2세가 이집트 원정을 시작하기 전이었던 것으로 보인다. 티레가 제공한 함대가 나일강 삼각주 공격에 중요한 역할을 했다는 헤로도토스의 기록이 있기 때문이다. 그 덕분에 페르시아는 멤피스 공략에 결정적인 발판을 마련할 수 있었다. 결국 페르시아는 이집트 정복에 성공하고 아시리아에 이어 두 번째로 전 오리엔트를 통일하는 위업을 달성한다. 또한 아시리아와 달리 두 세기나 그 상태를 유지하는 데 성공한다.

페르시아는 페니키아의 공헌을 잊지 않았다. 새로 정복한 동지중해 일대를 지배하기 위해서는 페니키아의 해군과 해운력이 절대적으로 필요했기 때문이다(페르시아인들은 바다에 대해 무지했다). 더구나 경제 지향적인 페니키아인들의 성향은 제국의 패권에 위협이 되지 않았다(당시에는 국제무역을 한 국가가 독점한다는 발상 자체가 없었다). 그 덕분에 페니키아 도시들은 제국의 행정구역에 속했지만 실질적으로는 동맹국에 가까운 지위를 누렸던 것으로 보인다. 물론 공물과 세금은 바쳤는데, 그 양이 어느 정도였는지는 자료가 없어 알 수 없다. 다만 페니키아의 함대를 페르시아가 마음대로 사용했다는 기록이 있는 것으로 보아 이런 군사적 공헌으로 금전적 의무를 상쇄했을 수도 있다. 따라서 아주 부담이 되는 수준은 아니었던 것으로 보인다.

페니키아는 페르시아 패권 아래 제2의 전성기라고 할 만한 호황을 누렸다. 유대인들의 해방이 상징하듯 페르시아의 관용은 '고대의 이코노믹 애니멀' 페니키아인들에게 날개를 달아주었다. 어찌 보면 실 크로드를 완전히 통일한 몽골 제국 아래에서 경제적 실권을 장악했던 위구르인들을 연상하게 한다. 페니키아인들은 고향으로 돌아온 유대 인들이 반드시 해야 할 예루살렘 성전 재건에도 그들의 조상처럼 도 움을 줬다. 〈에즈라기〉에는 "시돈인들과 티로인들에게는 먹을 것과 마실 것과 기름을 주어, 페르시아 임금 키루스가 그들에게 허가한 대 로, 레바논에서 향백나무를 베어 바닷길로 야포까지 가져오게 하였 다"는 구절이 있다(3장 7절).

페르시아 시대의 페니키아 도시 가운데 가장 잘나갔던 곳은 시돈이 었다. 티레는 네부카드네자르 2세의 13년 포위로 입은 타격에서 쉽게 회복하지 못했다. 페르시아 총독이 머무는 곳도, 군대 주둔지도, 페르 시아 황제의 행궁도 시돈에 있었다. 하지만 결정적으로 시돈의 우위 를 알 수 있는 것은 페르시아 황제의 얼굴이 새겨진 은화였다. 이 은 화는 페니키아 도시 가운데 오직 시돈만이 발행할 수 있었던, 그들에 게 주어진 특권을 상징했다. 이 은화는 지금도 다른 페니키아 도시들 의 경화에 비해 훨씬 많이 발견된다.

내륙 교통로가 다른 페니키아 도시들에 비해 훨씬 발달한 것도 시 돈이 대제국 시대에 번영할 수 있었던 충분한 이유가 될 것이다. 시돈 에서 1킬로미터 정도 떨어진 곳에 위치한 에슈문 신전 유적은 그때의 영화를 증명한다. 또한 당시의 최신 발명품인 삼단노선을 가장 먼저 도입한 도시도 시돈이었던 것으로 보이는데, 시돈의 삼단노선은 페르 시아 해군(정확하게 말하면 페니키아 해군) 가운데 가장 빠르고 전투력 이 강했다. 한편 시돈과 티레, 그리고 당시 떠오르고 있던 아라두스는 공동으로 트리폴리스라는 새로운 도시를 건설하여 공동 수도로 삼는다. 레바논의 중요 도시인 트리폴리가 이때 시작된 것이다.

1장에서 이집트식으로 만들어진 에슈무나자르 2세의 석관을 보고 프랑스인들이 당혹스러워했다는 이야기를 했는데, 고고학적 증거들이 발굴되면서 이 의문은 상당 부분 해소되었다. 페르시아 패권 시기에 페니키아와 이집트 사이의 통상이 다시 활발해졌고, 이집트 수도 멤피스는

●— 키루스 대제는 '고레스'라는 이름으로 성서에 등장하며, 중동 고대 문명이 발굴되기 이전부터 서구인들에게 익숙한 제왕이었다.

해군기지이자 페니키아의 이집트 통상 본부가 되었다. 이런 상황에 날개를 달아준 인물이 페르시아 황제이자 이집트 제27왕조의 2대 파라오이며 캄비세스 2세의 후계자였던 다리우스(다레이오스) 1세였다. 그는 네코 2세가 포기한 나일강과 홍해를 잇는 운하를 건설하여 지중해와 페르시아 간의 항해를 가능하게 했다. 다리우스 1세의 비문에는 이런 문구가 있다.

다리우스 황제가 말하노니, 나는 페르시아다. 페르시아 밖에서 나는 이집트를 정복했다. 나는 페르시아에서 시작해 이집트로 흐르는 강의 운하 건설을 명했다. 나의 명대로 운하가 만들어졌고, 내가 원한 대로 이 운하를 통해 배가 이집트에서 페르시아까지 가게 되었다.

이 운하의 건설로 페니키아의 교역은 더 활발해졌는데, 아카바만

입구에서 발굴된 페니키아 비문이 이를 증명한다. 이렇듯 페르시아와 페니키아는 궁합이 잘 맞았다. 다만 이집트를 정복한 캄비세스 2세가 내친김에 카르타고 정복까지 시도했을 때는 불협화음이 일었는데, 동족을 공격할 수 없다는 페니키아인들의 반대 때문이었다. 결국 카르타고 정벌은 이루어지지 않았다.

4장

그리스인과의 전쟁과 페니키아 본토의 쇠락

바다의 라이벌

아시리아와 바빌로니아 같은 거대한 제국들 사이에서 힘겹게 버티던 시기 페니키아인들은 바다에서도 강적을 만나는데, 바로 그리스인이 었다. 고대 내내 끊이지 않고 활동했던 페니키아인과 달리 미케네 멸망 이후 몇 세기 동안 사라졌다가 다시 등장한 이들은 지중해 전역에서 상권과 해상 패권을 두고 페니키아와 싸우는데, 페니키아 본토가 쇠퇴한 후에는 카르타고가 그 상대가 된다.

에게해 인근의 작은 섬과 본토 해안선을 따라 거주하던 그리스인들은 본능적으로라도 바다로 진출할 수밖에 없었다. 해안가를 따라 가늘고 긴 농경지를 경작하던 소규모 도시들은 생필품을 자급자족해야 했고, 사치품을 쓰기에는 가난했다. 포도주와 올리브유, 흑요석 정도를 제외하면 수출 품목이 별로 없는 데다 잘 닦인 대상로도 없었기 때문에 티레나 시돈처럼 내륙 대제국의 부가 그들에게는 전달되지 않았다. 하지만 아테네(아테나이)와 코린토스(코린트) 같은 도시국가가 막 성장하기 시작한 초창기에도 교역은 어느 정도 이루어지고 있었다. 그리스 세계 하면 연상되는 이미지 중 하나인 중장보병에게는 철과 청동이 필요했고, 점차 향수와 향료, 티레산 자줏빛 옷, 북아프리카 키레네산의 맛좋은 야채 같은 비싼 식품, 원숭이와 흑인 노예 같은 기호품에 돈을 쓸 수 있는 부유한 시민들도 늘어났다.

초창기에 그리스 도시국가들은 주로 이집트와 페니키아, 소아시아 서쪽 해안에 자리 잡은 식민지 도시들과 교역했다. 그들은 처음에는 페니키아인들에게 의존했지만 점점 직접 교역에 뛰어들었다. 또한 페니키아인들과 마찬가지로 새로운 땅과 시칠리아, 남부 이탈리아 등에 수많은 식민지를 개척했다. 주로 식량이 부족한 모도시를 위한 농업 기지였다. 하지만 그들도 상업의 매력을 알고부터는 식민도시를 무역 중심지로 성장시켰다.

기원전 600년경, 그리스인들은 그들의 앞마당인 에게해와 이오니아해에서 페니키아인들을 몰아냈다. 이로 인해 페니키아인들은 크레타와 키프로스의 기반을 잃었다. 그리스인들에게 페니키아인은 이코노믹 애니멀을 넘어 '사기꾼'에 가까운 존재였다. '페니키아'라는 말 자체도 그리스인들에 의해 후세인들에게 전해져 굳어진 것인데, 앞서 말했듯이 이 고유명사는 페니키아인들의 염료 색깔에서 유래된 것이다. 즉 그리스인들에게 페니키아인은 물건의 한 종류로 정의될 수 있을 만한 '천박한 민족'이었던 것이다. 이를 잘 보여주는 것이 《오디세이아》에 등장하는 오디세우스의 충직한 부하 에우마이오스의 일화다.

에우마이오스는 오디세우스의 궁에서 돼지를 치는 노예였다. 하지만 원래는 왕족 출신으로 그의 아버지 크테시오스는 시리에섬을 다스리는 왕이었다. 에우마이오스가 아직 어릴 때 페니키아 상인들의 배가 섬에 도착했는데, 선원 한 명이 크테시오스의 궁에서 일하던 페니키아 출신의 여자 노예를 유혹하여 함께 배를 타고 도망치는 일이 벌어졌다. 그때 여자 노예가 어린 에우마이오스를 속여 배에 태웠다. 하지만 6일 뒤 여자 노예는 바다에 빠져 죽고 에우마이오스는 오디세우스의 아버지 라에르테스에게 노예로 팔려가는 신세가 되었다. 에우마이오스는 라에르테스의 궁에서 오디세우스·크티메네 남매와 함께 자라면서 충실한 하인이 되었다. 고대 그리스인들의 세계관을 농축한 《오디세이아》에서 보여주는 페니키아인의 이미지는 이렇듯 부정적이었다.

《인류 이야기》 등 다수의 저작을 남겨 우리나라에도 잘 알려진 헨드리크 빌렘 반 룬은 《배 이야기》에서 미국 남부의 농장주들이 노예상들에게 '상품'을 사기는 했지만 그들을 경멸하여 결코 한자리에서 먹고 마시지는 않았다는 사실에 빗대 그리스인들이 페니키아인들을 어떻게 생각했는지 분석했다. 그리스인들은 《일리아스》, 《오디세이아》에서 볼 수 있듯 아킬레우스 같은 전사를 찬양하고 상인을 천시했다. 헤르메스가 도둑의 신이자 상인의 신인 것은 그들의 사고에서는 당연한 일이었다. 물론 그리스인들도 나중에는 알아주는 '장사꾼'이 되고, 페니키아인과 많은 상품을 거래하면서 '윈윈'하지만 상당히 오랜 시간 동안 두 민족이 적어도 표면상으로는 완전히 다른 가치관을 가지고 살았다는 것은 분명하다.

페니키아인 중에는 노예 상인뿐 아니라 짝퉁 제조업자들도 있었다.

당시 인기 있던 이집트 양식을 그대로 베낀 '짝퉁 테라코타 사발'을 만들어 비싸게 팔았다고 하니 그리스인들에게 페니키아인은 대체로 사기꾼 내지 악한의 이미지일 수밖에 없었다. 물론 이런 부정적인 이미지만 있는 것은 아니었다. 《오디세이아》에서 스파르타 왕 메넬라오스는 오디세우스의 아들 텔레마코스에게 페니키아산 항아리를 선물하면서 최고의 제품임을 보증한다. '메이드 인 페니키아'가 지중해 세계 최고의 제품이었다는 의미이니, 페니키아인들은 명품과 '짝퉁'을 모두 만들었던 셈이다.

페르시아 전쟁의 발단이 페니키아?

페르시아 학자들에 따르면 페르시아 전쟁의 원인은 페니키아인에게 있었다. 페니키아 상인들이 그리스 아르고스에서 이오 공주를 비롯해 여성들을 납치하여 이집트로 데려갔는데 이것이 페르시아와 그리스 간 재난의 발단이라는 것이다. 그 후 그리스인도 티레에 상륙하여 티레 왕의 딸 에우로페를 납치해갔다고 한다. 그로부터 40~50년이 지났을 때, 트로이아 왕 프리아모스의 아들 파리스가 이 이야기를 듣고 그리스인들이 보상하지 않았으므로 자신도 그리해도 된다고 확신하고 그리스에서 자신의 아내가 될 여자를 납치해오리라 생각했다고 페르시아인들은 전한다.

고대인으로서는 초인적이라고 할 수 있는 박람강기를 바탕으로 고대 그리스, 아니 서구 세계의 첫 역사가라는 영광을 따낸 헤로도토스도 그의 기념비적 저작인 《역사》의 첫 단락을 책의 핵심인 동서 대전, 즉 페르시아 전쟁의 발단은 '여성 납치'에 있었다고 주장하며 시작한다. 페니키아인이 시작한 여성 납치 때문에 아시아와 유럽의 동서 충

●— 에우로페의 납치를 묘사한 유화. 이 납치 사건은 티치아노, 루벤스, 렘브란트, 마티스 등 쟁쟁한 대화가들이 다양한 구도와 화법을 사용하며 그릴 정도로 매우 유명한 신화이다.

돌이 벌어졌고, 결국 대전쟁으로까지 이어졌다는 '절세미인 납치사'로 책의 문을 연 것이다. 그 유명한 트로이아 전쟁의 원인이 된 헬레네 납치도 그 연장선상에 있다는 의미이다.

물론 헤로도토스가 이렇게 '순진'하게 생각했을 리 없다. 시작을 좀 더 극적으로 보이게 하려는 의도에서 그런 것으로 보인다. 하지만 그렇다고 전혀 역사적 사실을 반영하지 않았다고도 볼 수 없다. 필자는 이 책의 머리말에서 "고대 지중해의 역사를 거시적으로 보면 동쪽의 메소포타미아와 이집트에서 시작된 문명이 서쪽으로 전파되어간 과정"이라고 말했는데, 묘하게도 신화에서 나오는 절세미인 납치사가 문명의 전파 과정과 겹친다. 그중 가장 유명한 이야기라면 역시 유럽의 어원이 된 티레의 공주 '에우로페의 납치'일 것이다. 렘브란트, 티치아노, 루벤스, 고야 등 쟁쟁한 대화가들의 작품 소재가 되기도 한

이 신화는 페니키아가 그리스 문명 발전에 어느 정도로 영향을 미쳤는지 알 수 있는 좋은 예이기도 하다.

에우로페는 티레의 왕 아게노르의 딸이었다. 그리스인의 신화에 따르면 아게노르는 바다의 신 포세이돈과 에파포스(이집트 왕)의 딸 리비아의 아들이다. 절세미녀였던 에우로페는 멋진 황소로 변신한 제우스에게 속아 크레타섬으로 납치되어 세 아들까지 낳는데 그중 하나가 바로 미궁으로 유명한 크레타의 왕 미노스이다. 이 신화는 결국 크레타섬에서 시작된 그리스 문명이 페니키아에서 왔음을 의미하는 것인데 이야기는 여기서 끝나지 않는다.

분노한 아게노르는 네 아들에게 딸을 찾아오라고 명한다. 이에 장남인 포이닉스는 리비아를 거쳐 카르타고로 갔다가 본국으로 돌아왔고, 둘째인 킬릭스는 소아시아로 갔다가 킬리키아를 건국하고 그들의 조상이 되었다. 셋째인 타소스는 에게해 섬들로 갔다가 그리스인들이 '티레의 헤라클레스'라고 부른 멜카르트 신의 상을 세우고 그 섬에 자신의 이름을 남겼다. 키클라데스제도에서 두 번째로 큰 이 섬은 고대에 금광으로 유명했다. 하지만 가장 주목해야 할 인물은 막내 카드모스였다. 그는 동생을 찾아 길을 떠났다가 도저히 행방을 알 수 없자 아폴론 신전에서 신탁을 구한다. 태양의 신 아폴론은 제우스가 범인이니 동생 찾는 일은 그만두고 대신 도중에 암소를 만나면 따라가다가 암소가 눕는 곳에 도시를 세우라고 일러준다. 과연 카드모스는 암소를 만났고, 암소가 누운 장소에 이르는데 바로 그곳이 나중에 아테네와 스파르타 다음가는 도시가 되는 테베(테바이)의 터전이 된다.

카드모스는 부하들에게 제물을 바칠 때 쓸 물을 길어오게 했다. 하지만 부하들이 샘물을 지키던 용에게 살해되자 그 용을 죽이고 이번에는 아테나 여신의 지시에 따라 용의 이빨을 땅에 뿌렸다. 그러자 땅에 떨어진 용의 이빨에서 무장한 전사들이 솟아나왔다. 이에 카드모스가 전사들에게 돌을 던지자 서로 죽이고 죽는 싸움을 하더니 다섯 명만 남았다. 이들은 카드모스를 도와 테베를 세우고 테베 귀족의 조상이 된다. 헤로도토스에 의하면 카드모스는 알파벳을 그리스에 전한 인물이며, 그의 외손자는 술의 신 디오니소스다. 페니키아인이 그리스에 포도주 문화를 전해준 사실을 '신화화'한 것으로 보인다.

결국 그리스 문명은 페니키아인이 전해준 것에서 시작된 셈이다. 당시 그리스인들은 우리 조상들이 기자나 허황옥 전설을 만들었듯이 자신들의 문명이 당대 최선진국에서 왔다는 신화를 만들어냈다. 하지만 미국이 영국을 물리치고, 일본이 한국을 침략했듯이 세월이 지나면 아들격인 문명이 모태 문명과 싸우는 것이 인류의 문명사이다. 페니키아와 그리스도 예외는 아니었다.

이오니아 봉기와 페니키아인

여기서 잠시 지금은 튀르키예에 속하는 에게해 연안의 이오니아 이야기를 해보자. 기원전 12세기로 거슬러 올라가면, 외국의 침략과 인구과잉 때문에 많은 그리스인들이 위험을 무릅쓰고 본토를 떠나 에게해 주변이나 동지중해 연안에 수많은 식민도시를 건설했다. 이런 이유로 이오니아의 여러 도시가 아테네를 모도시로 여겼다. 하지만 환경의 힘에 의해 이 땅에도 새로운 세계관이 생겨났다.

시작은 기원전 6세기, 소아시아 연안의 그리스 항구도시 밀레토스였다. 이오니아는 2세기 동안 그리스 본토보다 학문은 물론 도시화나 경제적인 면에서 모두 우월했다. 그중 중심 도시인 밀레토스는 에게해와 흑해의 해상무역을 주도하며 많은 식민도시를 건설했다. 당연히 페니키아인과도 충돌했을 것이다. 이오니아는 경제력과 문화 면에서 번영을 누렸지만 그리스 본토와 달리 아시아 대륙과 육지로 연결되어 있다는 치명적인 '안보상의 약점'도 안고 있었다. 즉 아시아 쪽에 대제국이 들어서면 아무리 번영한 도시국가라고 해도 막아낼 힘이 없었다. 아시리아와 신바빌로니아에게 당한 페니키아 도시들과 같은 처지였던 것이다. 이오니아 문명을 번성시켰던 지리상의 이점이 안보나 국방 면에서는 오히려 커다란 위협 요소였다. 실제로도 이오니아가 번영하고 있을 때 대륙에서는 페르시아가 급부상하면서 중동의 여러 국가를 멸망시키며 대제국을 건설하고 있었다.

이오니아 도시국가들이 완전한 자주권을 누리고 있던 것은 아니다. 지역 맹주 리디아에게 명목상의 지배를 받고 있었기 때문이다. 리디아는 세계 최초로 주화를 만들어 사용했으며 마지막 왕 크로이소스가 '세상에서 가장 부유한 자'를 자처했을 만큼 번영하는 나라였다. 하지만 팽창하던 페르시아가 리디아를 정복하려고 했고, 이오니아의 도시국가들에게도 동참을 요구했다. 하지만 그들은 머뭇거리다 때를 놓치고 말았다. 리디아는 기원전 546년 멸망했는데, 페르시아의 키루스 황제(키루스 2세)는 리디아처럼 명목상의 지배로 만족하지 않았다. 이오니아의 그리스인들은 페르시아의 통치를 받게 되었고, 황제는 도시마다 참주를 세워 영향력을 행사했다.

자유민의 정서를 간직한 이오니아인들은 먼 곳의 전제군주가 임명한 참주의 지배를 수치로 여겼다. 게다가 페르시아의 영향력이 커질수록 해상무역에서 자신들의 비중이 줄어들었기에 위기감을 느꼈다. 정복욕에 불타 유럽의 트라키아, 아프리카의 리비아, 아시아의 인도까지 영토를 확장했던 페르시아 황제들은 전비를 충당하기 위해 피지배민들에게 많은 조공을 요구했다. 이런 이유로 페르시아와 참주에 대한 이오니아인들의 분노는 바짝 마른 장작더미처럼 한 점의 불씨에도 활활 타오를 상황이었다. 하지만 반란의 계기는 다소 엉뚱했다. 기원전 499년, 에게해 남쪽 낙소스섬에서 내란이 일어나 그곳 귀족들이 밀레토스로 망명했다. 그들은 밀레토스 참주 아리스타고라스에게 섬으로 돌아갈 수 있게 군대를 빌려주길 청했다. 아리스타고라스는 낙소스 반란을 진압하고 전리품을 챙길 요량으로 페르시아 총독 아르타프레네스에게 군함 200척을 빌렸다. 아마 이 배들은 페니키아인들의 소유였을 것이다. 하지만 낙소스로 가는 도중 아리스타고라스와 페르시아 장군 사이에 불화가 생겼고, 낙소스인들의 저항까지 거세어 원정은 실패하고 말았다.

아리스타고라스는 원정 비용을 대느라 큰 빚을 진 데다 페르시아의 불신마저 사자 차라리 시민 편에 서서 반기를 들기로 결심했다. 그는 참주 자리를 버리고 밀레토스에 '이소노미아^{isonomia}(평등권)'를 선포했다. 안 그래도 외세와 독재가 지긋지긋했던 밀레토스 시민들은 즉각 민주정을 수립하고 페르시아에 독립을 선포했다.

밀레토스의 반란은 인근으로 퍼져나가 다른 도시 민중들도 봉기하여 참주를 내쫓았다. 아르타프레네스가 이를 진압하려고 하자 아리스타고라스는 그리스 본토로 달려가 지원을 요청했다. 그러나 스파르타나 아르고스 등의 반응은 시큰둥했다. 그때만 해도 본토의 그리스인들은 페르시아를 머나먼 야만인들의 나라라고 생각했고 거기서 일어나는 일에 별 관심이 없었다. 오직 에게해 일대의 정세에 밝아 페르시아의 서진西進을 경계하던 아테네와 인근 에우보이아(에비아)섬의 에레트리아만이 반란을 지원하기 위해 함대를 보냈다. 그들의 주력함인 삼단노선이었다.

"이오니아에 자유를! 페르시아에 죽음을!"이라고 외친 이오니아와 본토의 연합군은 에페소스에서 합류하여 페르시아 총독부가 있는 사르디스로 진격했다. 전광석화 같은 공격에 사르디스는 변변한 저항조차 하지 못하고 함락되었다.* 하지만 연합군이 사르디스 점령의 기쁨을 누리기도 전에 페르시아 기병들이 들이닥쳤다. 참패한 연합군은 서둘러 철수했고, 사기가 꺾인 아테네 함대는 본토로 돌아갔다. 하지만 반란은 확대되어 카리아와 키프로스섬에서도 봉기가 잇따랐다. 키프로스인들은 이오니아인들에게 구원을 청했고 이오니아인들은 원병을 보냈다. 자신이 지배하던 그리스 세계가 페르시아에 등을 돌리자 다리우스 황제(다리우스 1세)는 사위들에게 대병력을 주어 반격에 나섰다. 키프로스에서는 육지와 바다에서 모두 전투가 벌어졌는데, 바다는 물론 페니키아인들이 맡았다.

해전이 벌어진 곳은 키프로스 동부의 살라미스였다(기원전 497년). 공교롭게도 17년 후 벌어질 대해전의 지명과 같다. 바다의 여왕 티레와 시돈이 주력이 된 페니키아 해군은 이 해전에서 불명예스럽게도 패하고 만다. 하지만 다행이랄까, 이오니아인들이 빨리 전장에서 이탈하는 바람에 완전한 궤멸은 모면했다. 그에 반해 육지에서는 페르시아군이 승리를 거뒀고 키프로스 해방군의 지도자들도 전사했다. 키프로스는 1년 만에 다시 페르시아 손에 들어왔다. 이때부터 이오니

---

* 그 와중에 페르시아인들의 대모신大母神인 키벨레의 신전까지 전소되었다. 나중에 이 이야기를 들은 다리우스 황제는 분노에 치를 떨며 시종에게 하루 세 번씩 "황제시여, 아테네를 잊지 마십시오!"라고 외치게 했다고 한다.

아는 수세에 몰렸고, 아리스타고라스도 반대파에 의해 쫓겨난 뒤 살해되었다.

페르시아 입장에서 가장 중요한 곳은 밀레토스일 수밖에 없었다. 페르시아는 대군을 동원해 수륙 양면으로 공격에 나섰는데, 살라미스에서 패한 페니키아인들이 가장 적극적이었다. 이오니아인들은 육지에서는 수성전으로 버티고 바다에서 결전을 벌이기로 했다. 아무래도 살라미스에서의 승리와

●— 사르디스는 이후에도 여러 번 파괴되고 복구되는 과정을 거치며 7세기까지 번영했다. 하지만 이후로 쇠퇴하여 작은 마을로 전락했다. 전반적으로 경제력은 뛰어났지만 군사력이 빈약했던 도시였다.

부족한 지상군이 이런 선택을 하게 만들었을 것이다.

페르시아와 이오니아의 최후 결전 무대는 밀레토스 연안의 라데섬 근해였다. 기원전 494년, 사모스, 레스보스, 키오스, 밀레토스 등 이오니아 연합군 함대는 353척, 페니키아가 주력인 페르시아 함대는 600여 척으로, 이오니아 연합군이 비록 열세였지만 해볼 만한 싸움이었다. 그러나 이미 연합군 내부에서 동요가 일고 있었다. 항복하면 아무런 피해도 입지 않겠지만 저항하면 본인은 목숨을 잃고 가족은 노예로 팔려갈 거라는 페르시아 참주들의 밀서가 조용히 각 함대 지도자들에게 전달되었던 것이다.

가장 많은 전함을 보유한 사모스인들이 슬그머니 도망쳤다. 함대의

주축이 전열에서 이탈하자 이번엔 레스보스인들이 뒤따랐고, 순식간에 전력 균형이 확 기울어졌다. 배수진을 친 밀레토스를 비롯하여 열세의 연합군은 용감하게 싸웠지만 역부족이었다. 승리한 페르시아군은 육지와 바다에서 밀레토스를 포위해 함락했다. 밀레토스의 성인 남자들은 대부분 죽고 여자와 아이들은 노예 신세가 되었으며, 소년들 일부는 거세되어 환관이 되었다. 이때 그리스에 앙심을 품은 페니키아 선원들이 살인과 약탈을 저지르며 쌓인 원한을 풀었다고 한다. 봉기가 일어난 지 6년 만이었다. 페니키아 입장에서는 최대의 라이벌 하나를 제거한 셈이었다. 하지만 그들도 똑같은 참사를 당할 운명이라는 것을 이때는 알지 못했다.

숙적 아테네의 부상

이오니아 봉기에 아테네가 개입함으로써 그리스 침공에 명분이 생긴 다리우스 황제는 응징을 결의하고 라데 해전 다음 해인 기원전 493년에는 에게해의 많은 섬을, 그다음 해에는 마케도니아까지 정복했다. 그러나 아토스산 인근 해역에서 폭풍을 만나는 바람에 함대의 절반을 잃고 말았다.

페르시아는 기원전 491년 그리스 각지로 사절단을 보내 복종의 의미로 흙과 물을 보내라고 요구했다. 이에 많은 도시들이 복종했는데 아테네와 스파르타는 사절을 죽이기까지 하면서 저항 의사를 강력하게 밝혔다.

다리우스 황제가 가만히 있을 리 없었다. 다음 해 600척의 갤리선과 15,000~20,000명 규모의 원정군을 파견했다. 이 원정군은 로도스, 사모스, 낙소스를 거쳐 에우보이아섬에 상륙하여 7일 만에 에레트리

●── 마라톤 전투는 아테네가 그리스 세계 최강자로 부상하는 결정적인 계기가 되었다.

아를 점령한 뒤 아티카반도로 기수를 돌려 9월 1일에는 마라톤 지역에 상륙한다.*

　마라톤 경기의 유래가 된 이 전투의 결과는 유명하다. 아테네군은 192명의 전사자를 냈고, 페르시아군은 6,400여 명의 전사자를 냈다. 아테네의 압승이었다. 아마도 페니키아인이 주력이었을 페르시아 함

---

* 이 전투에 대한 기록은 오로지 아테네 측의 것만 남아 있고 페르시아 쪽의 것은 없어 이 전투에서 페니키아가 어떤 역할을 담당했는지는 알 수 없다. 역사가들은 600척의 배 중 절반 이상을 페니키아가 담당하지 않았을까, 추정할 뿐이다.

대는 생존자들을 태워 철수할 수밖에 없었다. 페니키아 입장에서만 보자면 불명예스럽긴 하지만 희생자가 거의 없는 전쟁이었다. 하지만 10년 후에는 그렇게 되지 않았다.

아테네의 해군 확장과 페니키아의 출정

페니키아는 인류 최초로 해군을 만든 나라였다. 그들은 정렬된 노와 충각을 갖춘 갤리선을 개발하여 지중해를 주름잡았다. 하지만 그들의 해군이 인적, 물적 자원을 어떻게 조달했는지 알려주는 자료가 소실된 탓에 역사에 기록된 해군의 시작은 아테네에서 찾을 수밖에 없다.

마라톤 전투와 살라미스 해전 사이 10년, 아테네는 도시 인근에서 라우리온(라우리움) 은광이 발견되면서 자금을 비축한 데다 일이 잘 되려는지 테미스토클레스라는 선견지명을 갖춘 인물이 등장했다. 아테네는 그의 주장대로 은광에서 얻은 수입의 대부분을 삼단노선 100척을 건조하는 데 사용했다. 그 결과 아테네는 기존에 보유한 함대를 합쳐 200척의 대함대를 보유하게 되었다. 이는 아테네를 제외한 나머지 전체 그리스 도시국가가 보유한 함대와 맞먹는 숫자였다.

해군은 예나 지금이나 군사력으로서의 가치뿐 아니라 교역을 촉진하고 보호하는 역할을 한다. 아테네를 시작으로 카르타고, 로마, 베네치아, 포르투갈과 스페인, 네덜란드, 영국, 미국 등 대부분의 패권국들이 강력한 해군을 보유했으며, 루이 14세와 나폴레옹의 프랑스, 독일 제2제국, 러시아-소련, 현재의 중국 등 기존의 해상 패권국에 도전하는 국가들도 예외 없이 강력한 해군을 육성했다.

기원전 490년에 다리우스 1세의 군대가 마라톤에서 참패한 후, 부왕의 설욕을 벼르던 크세르크세스 1세는 사상 유례 없는 대군을 동원했다. 헤로도토스는 육군만 170만 명이었다고 하는데 이는 심하게 과장된 숫자이고 학자들은 20만 명 정도로 보고 있다. 물론 그것도 엄청난 병력이었다. 바다 쪽으로는 1,207척의 삼단노선이 동원되었다고 하는데 이는 사실에 근접한 것으로 보인다. 페니키아는 그중 300척을 제공했고, 병사들은 그리스와 비슷한 모양의 투구를 쓰고 테가 없는 방패와 투창으로 무장했으며, 아마포로 만든 가슴받이를 입었다. 시돈의 왕 테트람네스토스와 티레의 왕 마텐, 아라두스의 왕 메르발로스 등 페니키아의 왕들도 직접 자신들의 함대를 이끌고 참전했다(그들은 어전 작전회의에서 상석에 앉았다고 한다).

페니키아 함대 역시 삼단노선이었다. 길이는 40미터 정도로 비슷했지만 선원과 화물을 더 싣기 위해 폭이 5.5미터 정도인 그리스 배보다 넓었다고 한다. 페니키아의 공헌은 이뿐이 아니었다. 페르시아 제국은 물살이 거센 헬레스폰트해협(다르다넬스해협)에 두 개의 밧줄로 이어진 부교를 2개 만들어 아시아와 유럽을 연결하는 엄청난 역사를 이루어냈는데, 페니키아인들도 이 일에 한 축을 담당했다. 길이가 무려 1.6킬로미터에 달했던 이 부교에 사용된 굵은 밧줄은 페니키아에서 제공한 아마포와 이집트산 파피루스로 만들었다. 기술자들 역시 페니키아인과 이집트인이 대부분이었다.*

기원전 480년 5월, 크세르크세스 1세는 헬레스폰트해협 부근의 아비도스에 도착했다. 이때는 이미 마케도니아를 비롯한 그리스 북부가

---

* 크세르크세스 1세는 파도가 거세기로 유명한 아토스반도에 운하까지 뚫었다. 헤로도토스는 이 전례 없는 토목사업을 두고 "짐작건대 자신의 힘을 보여주고 후세에 기념비로 남기고 싶어 순전히 과시욕에서 운하를 파도록 명령한 것 같다"고 기록했다. 이 운하가 그 뒤로 그다지 쓰이지 않은 것으로 보아 헤로도토스의 기록이 과장은 아닌 듯하다.

●— 페니키아인들은 페르시아 제국이 헬레스폰트해협에 아시아와 유럽을 연결하는 부교를 건설하는 데 한 축을 담당했다.

페르시아에 복속된 상태였다. 페니키아인들이 세웠다는 전설을 가진 테베도 굴복했다. 아테네가 있는 아티카반도와 스파르타가 있는 펠로 폰네소스반도를 제외하면 사실상 페르시아는 그리스 본토의 절반을 점령한 상태에서 전쟁을 시작하는 셈이었다(그들이 보내준 함선 120척 이 더해져 페르시아 함대는 1,300척이 넘었다). 크세르크세스 1세는 그리스 병사나 함선을 잡으면 자신의 대군을 보여준 다음 풀어주는 여유까지 부렸다. 고도의 심리전이었다.

크세르크세스 1세는 흰 대리석으로 만든 언덕 위 옥좌에 앉아 해군을 제공한 나라들의 대표들이 치른 '조정 경기'를 관람하기도 했다. 각국을 대표하는 삼단노선 중 우승은 시돈이 차지했다. 하지만 페니키아가 주력이 된 페르시아 함대는 문제가 많았다. 우선 규모가 너무 크다보니 온갖 어중이떠중이들이 모여 있었다. 밀레토스 함락으로 완전히 굴복했다고 하지만 같은 그리스 핏줄인 이오니아인들은 충성심에 문제가 있었고, 페니키아 다음으로 큰 비중을 차지하는 이집트인들도 미더운 존재는 아니었다. 더구나 해군을 확장하면서 여러 민족에서 마구잡이로 입대시킨 탓에 뱃사람으로서의 자질이 의심스러웠다. 또한 규모가 너무 크다보니 정박할 항구를 찾는 것도 불가능했다. 여기에 결정적으로 크세르크세스 황제가 자신의 동생 4명을 해군 최고 지휘관으로 임명하는 바람에 해군에 대한 통제력은 강화됐지만 함대의 기동성과 지휘의 전문성은 약화될 수밖에 없었다. 이런 문제들은 결국 이후 닥칠 재앙의 원인이 되었다.

어쨌든 크세르크세스 1세는 부교를 건너 유럽 대륙에 발을 디뎠고, 다음 달인 6월 트라키아의 도리스코스에서 시돈의 배에 옥좌와 금색 차양을 설치하고 승전을 위한 관함식을 열었다. 그들의 목표는 당연하게 10년 전 굴욕을 안긴 아테네였다.

아르테미시온 참사

페르시아 육군은 트라키아, 마케도니아, 올림포스산을 거쳐 테살리아로 들어가는 그리스 북부를 통과한 뒤 그 유명한 테르모필레(테르모필라이)협곡에서 멈추었다(영화 〈300〉으로 유명한 스파르타의 레오니다스 왕이 이곳에서 그리스군 7,000명과 함께 전설적인 전투를 벌였다). 페르시아 해군은 육군에 속도를 맞추느라 출정을 미루고 있었다. 다만 정보를 파악할 필요는 있었기에 정찰대를 파견했다. 가장 숙련된 시돈의 함대에서 차출된 10척이 빠른 속도로 남하했다. 정찰대는 3척의 소규모 그리스 정찰대와 조우하자 우수한 항해술을 뽐내며 순식간에 제압했다. 아테네 함선만이 겨우 해안가로 피신하여 육로로 탈출했다. 이 사실을 안 그리스 주력함대는 결전을 예상하며 페르시아 주력함대를 기다렸으나 나타나지 않자 근방 고지들에 정찰병과 봉화대를 설치하고 칼키스로 후퇴했다. 그리스 해군의 실질적인 총사령관 테미스토클레스는 일단 안전한 정박지인 칼키스에서 병사들에게 휴식을 주며 촘촘한 정찰망을 통해 페르시아 주력함대가 나타나면 즉각적으로 반응하는 전략을 구사했다. 페르시아 함대가 에우보이아섬 바깥쪽으로 돌아 남하할 경우에도 칼키스에 있는 편이 유리했다. 전체적으로 보았을 때 그리스군은 육지에서는 테르모필레, 바다에서는 아르테미시온(아르테미시움)에서 방어선을 친 상황이었다.

페니키아가 중심이 된 페르시아 대함대 역시 육군과 그리 멀지 않은 연안을 따라 다시 항해를 시작했다. 하지만 세피아스곶에서 3일 동안 불어닥친 엄청난 폭풍을 만나 함대의 3분의 1에 해당하는 400척을 잃었다. 이 중 페니키아의 손실이 어느 정도였는지는 알 수 없다. 다른 나라나 민족보다 항해에 능했으니 상대적으로 피해가 적었겠지만 꽤 큰 손실을 입었을 것이다. 그런데 피해가 이렇게 컸던 이유는 왜일까? 항해에 능했던 페니키아인이 포진해 있었음에도 말이다. 정확한 이유는 알 수 없겠지만 몇 가지 추정은 해볼 수 있다. 우선 에게해를 비롯한 그리스 연안에 대한 정보가 부족했다. 또한 바다에 대해 전혀 모르는 크세르크세스 황제의 동생 4명이 해군 사령관을 맡고 있었다는 사실도 이유 중 하나가 될 것이다. 이 참사 소식은 그리스군에게도 전해졌다. 그리스인들은 바다의 신 포세이돈에게 감사를 드렸다. 하지만 그럼에도 불구하고 페르시아 함대는 여전히 그리스군의 두 배가 넘었다.

페르시아 해군은 200척의 분함대를 편성하여 에우보이아섬을 우회한 뒤 그리스 함대를 포위하기로 하고 실행에 옮겼다. 그리스 해군 사령부는 이오니아 출신 탈영병의 증언으로 이 사실을 알고 격론을 벌였지만 결국 지략가인 테미스토클레스의 안을 채택했다.

테미스토클레스의 작전은 이랬다. 아테네 함대 중 53척이 아티카반도와 에우보이아섬 남단을 경비하고 있는데, 적 분함대가 에우보이아섬을 우회하여 남하하는 시간을 감안하면 당장 회군할 필요는 없다. 오히려 회군하면 앞뒤로 페르시아 해군에게 포위되어 궤멸될 수도 있었다. 따라서 페르시아 주력함대를 선제공격하여 발을 묶어놓은 다음, 밤을 틈타 남하하여 예비함대와 합류해서 페르시아 분함대를 분쇄하고, 다시 돌아와 페르시아 주력함대를 막아내자는 것이었다.

그리스 함대는 오후 늦게 페르시아 해군이 정박해 있던 해안가로 천천히 접근했다. 페르시아 해군은 소수에 불과한 그리스 해군의 도발에 잠시 놀랐지만 곧 응전에 나섰다. 초반 잠시 고전했던 페르시아 해군은 점차 대형을 갖추면서 수적 열세인 그리스 해군을 포위했다. 그러나 테미스토클레스는 이러한 상황에 대비해 미리 준비해놓았던 전법으로 적의 작전을 분쇄했다.

당시 페르시아 함대의 주력은 폭풍우로 인해 손상된 함선을 수리하며 결전에 나서지 않았다. 그사이 에우보이아섬을 우회하던 페르시아 분함대가 또다시 폭풍우에 궤멸되고 말았다. 이에 53척의 아테네 분함대가 본대에 합류했다. 이제 페르시아 함대는 700척, 그리스 연합함대는 300척이 되었다. 비록 2 대 1의 차이였지만 그리스 함대의 사기는 높았다. 좁은 해협만 막으면 되기 때문이었다.

오후 늦게 그리스 연합함대는 페르시아의 킬리키아 소함대를 포착하고 그들을 격파했다. 페르시아 함대가 구원에 나섰지만 도착하기 전에 날이 저물었다. 페르시아 해군은 그리스 해군의 치고 빠지는 전법에 계속해서 당한다면 자멸할 수도 있다는 생각에 초조해졌고, 선제공격에 나섰다.

날이 밝자 페르시아 해군은 반달 모양의 진형을 갖추고 그리스 해군을 공격했다. 그리스군도 곧장 응전했다. 이제까지와는 다르게 전투는 아침 일찍 시작해서 해가 지기 직전까지 치열하게 진행되었다. 양쪽의 피해 규모는 비슷하거나 약간이나마 그리스 해군이 더 컸던 것으로 보인다. 해전이 시작될 당시 아테네 해군의 규모는 200척이었는데 얼마 후 벌어지는 살라미스 해전에서는 180척이었기 때문이다. 그때까지 나포한 페르시아 함선을 감안하면 대체적으로 그리스 해군 전체로는 50척가량을 상실한 것으로 보인다. 양쪽 함대의 규모를 생각하면 그리스 쪽의 패전이라고 해도 무방할 것이다. 그나마 그리스 입장에서 다행인 것은 표류한 선원들을 구조할 수 있어서 함선 손실에 비해 인적 손실이 적었다는 것이다.

해전의 결과를 본 에우보이아인들은 피란 준비를 시작했다. 그리스 해군 사령부도 항전이냐 철수냐를 두고 격론을 벌였다. 하지만 오래가진 않았다. 해전과 같은 날 벌어진 레오니다스 왕과 그의 부대 전투가 장렬한 옥쇄로 끝났다는 소식이 전해졌기 때문이다. 테르모필레가 뚫린 이상 아르테미시온 해협 방어는 아무런 의미가 없었다. 그리스 해군은 밤을 틈타 에우보이아 피란민을 최대한 수용하여 철수했다. 날이 밝자 페르시아 해군은 비문을 발견했다. 비문에는 다음과 같은 글귀가 새겨져 있었다.

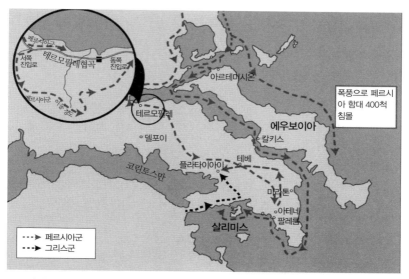

●─ 기원전 480년의 테르모필레 전투와 살라미스로의 이동.

이오니아인들이여, 지금 당신들이 하는 일은 정당하지 않소. 당신들의
조상에 대해 전투를 벌이고 있고, 그리스를 노예로 하려고 하지 않소.
우리 진영으로 이탈하는 것이 최선이나 그게 가능하지 않다면 최소한
전투 중에 옆으로 비켜나 있으시오. 그리고 카리아인들에게도 그리하
라고 간청하시오. 만약 이 중에서 아무것도 할 수 없고 보다 큰 힘에
당신들이 결박되어 있으며 전투 중에 우리 쪽으로 이탈할 수 없다면,
우리가 다가갔을 때, 일부러 겁쟁이처럼 행동하시오. 우리의 핏줄이 같
고, 이렇게 그리스 본토와 페르시아 야만인들이 싸우게 된 이유는 당
신들에게서 비롯된 것을 기억하면서 말이오.

비문의 마지막 문장은 이 모든 것이 이오니아 반란에서 비롯되었다
는 사실을 가리킨다. 테미스토클레스도 이오니아인들이 반란을 일으

킬 것이라고는 기대하지 않았다. 하지만 최소한 크세르크세스 황제의 마음은 흔들 수 있다고 보았다. 그답다고 할 교묘한 심리전이었다.

살라미스 결전 전야

아테네인들은 자신들의 도시는 물론이고 아테네를 둘러싸고 있는 아티카 지방 사람들까지 데리고 가까운 살라미스섬으로 피란했다. 그사이 페르시아군은 남진하여 텅 빈 아테네를 점령하고 도시에 불을 질렀다. 페르시아 함대는 인근 팔레론(팔레룸)만에 자리를 잡고 크세르크세스 1세의 명령을 기다렸다.

크세르크세스 1세는 마라톤의 복수를 하면서 부왕의 염원은 어느 정도 풀었다. 하지만 원정이 완성된 것은 아니었다. 모든 그리스인이 항복한 것은 아니었기 때문이다. 앞으로 어떻게 할 것인가? 시기도 문제였다. 벌써 9월 중순이었다. 한 달만 더 지나면 대규모 함대의 항해는 어려운 상황이었다.

펠로폰네소스반도의 맹주 스파르타로 가는 너비 6.4킬로미터의 코린토스지협에는 이미 방벽이 구축되어 있었다. 테르모필레보다 훨씬 넓지만 방비도 잘되어 있었고, 그 가공할 스파르타 중보병을 비롯하여 더 많은 그리스 병사들이 지키고 있었다. 결국 그리스 연합함대를 격파하는 것이 최선이었다. 그것을 통해 제해권이 확보되면 그리스 육군이 코린토스지협에 집중되어 있는 상황이 오히려 페르시아군에게는 유리했다. 언제라도 상륙할 수 있는 페르시아군의 위협 때문에 그리스 동맹군이 분산되어 방어가 약해질 수밖에 없기 때문이다. 또한 해전에서의 승리는 아테네 다음가는 규모의 코린토스 함대도 사라진다는 의미로, 관대한 조건만 제시하면 코린토스를 연합군에서 이탈시킬 수도 있었다. 이런 식으로 하나씩 도시들을 이탈시키고 고립된 스파르타를 항복시키거나 전멸시키면 전쟁은 끝나는 것이다. 결론을 내린 크세르크세스 1세는 해군 지휘관들을 불러 회의를 열었다.

함대에서 차지하는 비중대로 페르시아 해군 지휘관들이 착석했고 발언을 시작했다. 당연히 시돈의 왕 테트람네스토스가 첫 번째였는데, 당장 결전을 벌이자고 했다. 다음 순서인 티레의 왕 마텐도 같은 의견이었다. 그들은 이미 폭풍우와 아르테미시온 해전으로 막대한 손실을 입었다. 게다가 하루하루 전쟁이 길어질수록 전쟁 비용 또한 늘어나는 상황이었고, 무엇보다 주업인 교역을 하지 못하고 있었다. 만약 당장 결전을 벌이지 않으면 어디선가 겨울을 보내야 했다. 그들에게는 이 모든 것이 수지타산이 안 맞는 일이었다. 게다가 그들의 눈에 크세르크세스 1세는 결전을 원하고 있었다. 하지만 유일하게 여자의 몸으로 참전한 할리카르나소스의 여왕 아르테미시아 1세가 조기 결전에 반대했다. 그리스의 항해술이 더 우월하고, 이집트, 키프로스, 이오니아 등 믿을 수 없는 자들이 너무 많다는 이유에서였다. 그녀는 대안으로 함대를 펠로폰네소스반도로 이동시키자고 제안했다. 크세르크세스 1세는 여왕의 의견을 고마워하면서도 의견은 따르지 않았다.

크세르크세스 1세 역시 이집트, 키프로스, 이오니아인들을 신뢰하지 않았다. 하지만 그 이유로 더 조기 결전을 원했다. 그의 군대는 자신이 관전하는 자리에서만 최선을 다한다는 현실을 그는 잘 알고 있었다. 게다가 유일하게 믿을 수 있는 페니키아인들이 조기 결전을 원하고 있었다. 사실 그들도 전쟁이 더 길어지면 어찌될지 모를 일이었다. 그리고 언제까지 이 대군을 협소한 아티카반도에 머물게 할 수도 없었다. 1년 이상 대제국의 수도를 떠나 있는 점도 불안 요소였다. 결

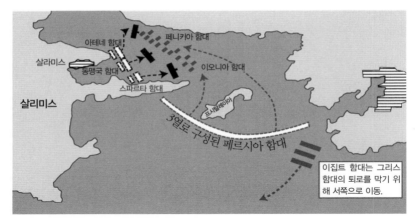

●— 살라미스 해전도(기원전 280년).

국 운명의 9월 23일, 페르시아의 대함대가 살라미스 쪽으로 움직이면서 세기의 대해전이 시작되었다.

크세르크세스 1세는 완벽한 승리를 원했기에 그리스 함대의 퇴로는 이집트 함대를 보내 막고, 물에 빠져 표류해올 그리스인들을 살육하기 위해 육군을 살라미스 앞의 프시탈레이아섬에 상륙시켜놓기까지 했다. 페르시아는 전 함대를 3열로 구성하여 우익은 페니키아 함대, 좌익은 이오니아 함대, 나머지는 중앙에 배치했다. 가장 우익에 있는 페니키아 함대가 선두에 섰다. 페르시아 함대는 일자 형태로 살라미스해협에 들어섰다. 크세르크세스 1세가 산봉우리 옥좌에서 보고 있었기 때문에 함장들은 노잡이들을 재촉하여 속도를 높였다. 저 멀리서 일단의 그리스 함대들이 후퇴하고 있는 듯이 보였다. 선두에 선 페니키아 함선들은 속도를 높였다. 따르던 함선들도 뒤처지지 않기 위해 속도를 높였다. 이제 페니키아 함대는 살라미스해협의 물길이 엘레우시스로 향하는 지점까지 도착했다.

페니키아인들에게도 역사적인 순간이었다. 그들은 수세기 동안 지중해 최강의 해상 국가로 군림했다. 그런데 그리스인들이 등장했고, 두 세대 전 카르타고가 포카이아인들과 해전을 치렀다. 십수 년 전에도 키프로스에 있는 같은 지명의 살라미스와 라데섬에서 해전을 치렀다. 승패는 1승 2패였다. 하지만 이번 같은 총력전은 아니었다. 페니키아인들은 반드시 민주주의라는 요상한 제도와 많지 않은 함대를 지닌 그리스인들을 박살내겠다는 결의를 다졌다.

그리스 함대는 페르시아 함대를 좁은 해협으로 끌어들이고 자신들에게 유리하게 바람의 방향이 바뀌기를 기다리며 계속 후퇴했다. 그리고 마침내 풍향이 유리하게 바뀌자 그리스 함대의 좌익을 맡은 아테네 함대가 함수를 돌려 페니키아 함대로 돌진했다. 아테네의 삼단노선이 충각으로 페니키아 함선의 선미를 절단했다. 이 충돌이 대해전의 시작이었다. 아테네 함선들이 달려들었고, 모든 전선으로 전투가 확대되었다. 화살과 투창이 난무하고 고함과 비명이 좁은 해협의 공기를 뒤흔들었다.

페르시아 함대는 바로 앞의 자기편 함선과 연쇄적으로 충돌하며 대형이 엉클어졌다. 또한 전투 초반에 페르시아 함대의 사령관 중 한 명인 크세르크세스 1세의 동생 아리아비그네스가 전사하면서 지휘 체계가 더욱 혼란에 빠지며 사기도 떨어졌다. 페니키아인들이 자랑하는 항해술도 좁은 해협에서는 소용이 없었고, 그리스 함대의 단단한 대열이 틈을 허용하지 않았다. 바람도 점점 페니키아 함대에 불리하게 불었다. 육지를 등진 채 포위된 페니키아 함대는 아테네 해군의 충각 공격을 받고 가라앉았고, 많은 병사와 노잡이들이 익사했다.

그리스 함선에 승선한 중무장 보병들도 맹활약했다. 그들은 자신들

●── 살라미스에서의 역사적인 대해전은 페르시아의 참패로 막을 내렸다. 살라미스 해전 이후 아테네는 막강한 해군력을 바탕으로 오랫동안 지중해의 강자로 군림할 수 있었다.

의 함선이 충각으로 페르시아 함선의 측면을 강타하면 곧바로 적 함선에 올라타 육박전을 벌였다. 한 척에 40명 정도 탑승한 페르시아군은 일부가 청동 흉갑을 입었을 뿐 대부분 아마포나 모직, 가죽으로 된 가벼운 군복을 입고 있어 일방적으로 당하는 경우가 많았다. 게다가 깊숙한 내륙에서 온 병사들은 수영에 익숙하지 않아 물에 빠지면 익사하는 경우가 많았다.

　페르시아 함대는 허리가 절단된 상황이 되었고 이로 인해 대형 또한 엉망이 되었다. 반면 그리스 함대는 전투대형을 유지해가며 바람의 이점과 노의 추진력을 더해 페르시아 함대를 해안가 쪽으로 더욱 밀어붙였다. 가장 선두에 있던 페니키아 함대가 함수를 돌려 해협을 빠져나가려고 했지만 이는 전 함대에 혼란만 가중시켰다.

대패와 후유증

역사적인 대해전은 페르시아 함대의 참패로 끝났다. 그들이 잃은 배는 200여 척에 달했다. 그에 반해 그리스 함대의 손실은 40여 척에 불과했다. 인명 손실은 적게 잡아 1만 2,000명, 많게는 2만 명이 넘었을 것으로 추정된다. 이 중 페니키아 함대의 손실이 얼마였는지는 알 수 없다. 다만 살아남은 배들은 그들의 도시로 돌아갔고, 시돈과 티레, 아라두스의 왕들도 포함되어 있었을 것이다. 세 왕 가운데 전사자나 포로가 나왔다면 헤로도토스가 빼놓았을 리 없기 때문이다. 살아남은 그들이 크세르크세스 1세를 만났는지, 페니키아 왕들과 함대가 살라미스 해전 이후 무엇을 했는지에 대해서도 따로 기록이 없어 알 길은 없다. 다만 또 하나의 굴욕이 이어졌다는 것만은 분명하다. 3척의 페니키아 삼단노선이 거의 멀쩡한 상태로 나포되었는데, 그리스인들은 한 척은 지금도 그 일부가 남아 있는 수니온곶의 포세이돈 신전에, 다른 한 척은 또 다른 포세이돈 신전에, 그리고 나머지 한 척은 살라미스섬의 수호신이자 트로이아 전쟁의 영웅 아이아스에게 바쳤던 것이다.

한편 전투가 끝난 뒤 몇몇 페니키아 함장들은 패인을 이오니아인들에게 돌리며 그들이 겁먹고 제대로 싸우지 않아 졌다고 주장했다. 하지만 언덕 위 옥좌에서 이오니아인의 배들이 그리스인들의 배를 나포하는 장면을 지켜봤던 크세르크세스 1세는 오히려 이 말에 크게 분노하며 명예로운 자에 대해 중상모략을 했다는 이유로 페니키아 함장들을 참수했다. 이후 돈독했던 페르시아-페니키아 관계는 크게 악화된다.

페니키아와 그리스의 계속되는 전쟁

그리스인보다 훨씬 긴 항해의 역사를 자랑하는 페니키아인이 오히려 참패를 당한 이유는 무엇일까? 현존하는 살라미스 해전 기록이 전부 그리스 쪽의 것이고 페르시아나 페니키아 기록은 전무하기에 그에 대한 진실은 기적적인 발굴이 이루어지지 않는 이상 알 길이 없다. 앞서 벌어진 아르테미시온 참사 때처럼 에게해에 대한 정보 부족과 바다에 대해 잘 모르는 페르시아 왕족들의 지휘권 행사가 내부 요인, 테미스 토클레스의 지략과 그리스인들의 절박함이 외부 요인이었다고 추정할 뿐이다.

이유야 어쨌든 엉망이 된 페니키아 함대는 다음 해 이어진 전쟁에는 참전하지 못했다. 페니키아 함대 없이 치른 3차 원정에서 페르시아는 그리스 본토에서의 플라타이아이 전투와 이오니아 미칼레곶에서의 지상전과 해전에서 그리스 연합군에 연전연패했다. 그로 인해 이오니아는 그리스 세계로 복귀했다.

한편 살라미스 해전이 있던 해(기원전 480년)에 카르타고군도 시칠리아에서 벌어진 히메라 전투에서 그리스계인 시라쿠사(시라쿠사이)에게 참패를 당했다. 헤로도토스는 페르시아와 카르타고 연합에 대해 따로 다루지 않았지만 본토 페니키아인들이 카르타고에 손을 내밀어 좌우에서 그리스 세계를 협격하려는 시도는 극히 자연스러운 일이라고 할 수 있다.[*]

---

[*] 톰 홀랜드는 《페르시아 전쟁》에서 그리스인들은 간교한 페니키아인, 특히 카르타고의 모도시인 티레가 크세르크세스 1세를 부추겨 동서 양 방면에서 대전쟁을 일으켰다고 생각했지만 그것은 지나친 음모론적 시각이며, '왕 중의 왕' 크세르크세스 1세는 다름 아닌 자기 자신을 위해 전쟁을 일으켰다고 밝혔다.

기세가 오른 아테네는 비잔티온(비잔티움) 등 페르시아 항구도시들을 공격했고, 아예 델로스 동맹을 결성했다. 아테네의 장군 키몬은 기원전 466년, 300척의 대함대를 이끌고 소아시아 남부의 에우리메돈강 입구로 나아갔다. 페니키아가 주력이 되고, 키프로스와 카리아가 가세한 페르시아 함대는 그리스 함대보다 많은 340척이었다. 하지만 규모가 훨씬 우세했던 살라미스에서도 패했던 터라 홈그라운드라고 해도 승리를 장담하기 어려웠다. 결국 페르시아 함대는 200척가량이 나포되고 나머지도 대부분 파괴되는 대패를 당하고 만다. 아군의 패배를 모르고 뒤늦게 달려온 페니키아 함대 80척도 거의 전멸당했다. 페르시아 육군 역시 참패를 면치 못했다.

연전연승으로 자신감에 찬 아테네는 기원전 460년, 이집트 귀족인 이나로스가 페르시아 황제이자 파라오인 아르타크세르크세스 1세에 대항하여 일으킨 봉기를 지원했다. 이를 위해 페니키아의 작은 항구도시 도르를 중간 기지로 확보했다. 아테네와 이나로스의 이집트 봉기군은 같은 해 벌어진 파프레미스 전투에서 페르시아군을 상대로 승리를 거두고 이집트의 상당 지역을 장악하는 데 성공한다. 이때 페니키아 도시들도 함대를 보내 싸운 것으로 보이지만 어느 정도의 손실을 입었는지는 알 수가 없다. 일반적으로 페르시아 전쟁을 페르시아의 제국주의에 맞선 그리스 도시국가들의 저항으로 보고 있지만 자세히 살펴보면 아테네를 위시한 그리스 세계 역시 제국주의적이긴 마찬가지였던 것이다.

페르시아도 손을 놓고 있지만은 않았다. 《영웅전》에도 이름을 올릴 만큼 명군이었던 아르타크세르크세스 1세가 대대적인 반격에 나섰던 것이다. 아테네와 이나로스 연합군은 페르시아의 대공세에 점점 밀려나더니 5년 뒤 나일강 삼각주의 프로소피티스섬에서 포위되었다. 페르시아의 대군은 공병대가 수로의 물을 뺀 뒤 들이쳐 연합군을 전멸시켰다. 페니키아의 삼단노선 함대들도 나일강 동단에 매복해 있다가 아테네의 구원 함대를 공격하여 실로 오랜만에 대승을 거두었다. 이집트 근해는 페니키아가 훨씬 잘 알고 있었기 때문일 것이다.

하지만 아테네는 포기하지 않았다. 실각했던 키몬이 다시 돌아와 아테네군의 지휘권을 잡았다. 그는 200척의 함대를 지휘하여 키프로스에 자리를 잡고, 다시 이집트를 노렸다. 그는 200척 가운데 60척을 이집트에 보내 페니키아가 중심이 되고 킬리키아가 보조 전력이었던 페르시아 함대를 격파했다. 하지만 키몬은 얼마 후 세상을 떠났다. 기원전 450년의 일이었다. 이렇게 되자 기원전 449년, 아테네와 페르시아는 이오니아의 자치 보장, 비무장지대 설정, 이집트 등 페르시아 영토에 대한 아테네의 공격 포기 등을 골자로 한 화약和約을 맺었다. 그와 함께 이집트는 다시 페르시아 지배하에 들어갔다. 하지만 연이은 참패로 페르시아 제국의 장악력은 예전 같지 않았다. 다만 그리스 도시국가들이 자멸한 셈인 펠로폰네소스 전쟁이 페르시아의 지배를 좀 더 유지시켜주었다. 이 전쟁 기간 동안 스파르타와 비밀협정을 맺은 페르시아는 직접 행동에 나서는 대신 양 세력의 전력이 소모되도록 방관하는 태도를 취했다. 이때 147척에 달하는 페니키아 함대는 존재만으로 아테네에 위협이 되었는데, 역시 에게해까지 진출하지는 않았다.

그리스 세계의 자멸에도 페르시아의 쇠락이 확연해지자 페르시아를 등에 업고 번영을 누리던 페니키아 도시들의 생각도 달라지기 시작했다. 특히 아르타크세르크세스 3세의 고압적인 태도에 불만을 가지고 있던 시돈은 기원전 351년 이집트와 힘을 합쳐 페르시아에 반기를 들었다. 시돈에 설치된 페르시아 황실 시설을 파괴하고 주재원들을 잡아 처형까지 한 것이다. 하지만 아르타크세르크세스 3세는 실력 있는 군주였다. 그는 단호한 보복을 가해 시돈을 유린했을 뿐 아니라 시민들까지 노예로 팔아버렸다. 그리고는 시돈을 기지로 삼아 마지막 이집트 토착인 파라오인 넥타네보 2세를 쫓아내고 다시 이집트를 지배하에 두었다.

그렇지만 페르시아는 시돈의 상업적 가치까지 포기하지는 않았다. 도시를 재건하고 친페르시아파 왕족을 왕으로 세운 뒤 시돈에서 주조하던 화폐를 다시 발행했다. 이 과정에서 티레를 비롯한 페니키아의 다른 도시들은 무익한 저항을 포기하고 다시 페르시아 패권 아래로 들어갔다. 하지만 그 역시 오래가지는 않았다. 불과 10여 년 만에 엄청난 재앙을 당하는데, 바로 마케도니아의 사자왕 알렉산드로스의 등장 때문이었다.

티레 공방전

기원전 334년, 마케도니아의 젊은 왕 알렉산드로스가 헬레스폰트해협을 넘어 전설적인 동방 원정을 시작했다. 소아시아의 그라니코스강에서 첫 승리를 거둔 알렉산드로스는 지금의 튀르키예 일대를 휩쓸고 내려가 이수스에서 페르시아 황제 다리우스 3세의 대군을 격파했다. 그와 함께 페니키아와 이집트로 가는 길이 열렸다. 비블로스, 시돈, 아라두스 등 페니키아의 주요 도시들이 성문을 열고 새로운 정복자를 맞이했고, 황금 왕관을 바치며 그를 새로운 주인으로 인정했다. 기원전 333년 가을에 벌어진 일이었다.

특히 페르시아에게 크게 당한 트라우마가 있던 시돈은 시민들까지 나서서 페르시아가 임명한 권력자들을 내쫓고 알렉산드로스를 맞이했다. 물론 세 도시의 함대도 페르시아를 떠나 알렉산드로스 편에 섰다. 대왕은 애인이자 친구인 헤파이스티온에게 시돈의 새로운 왕을 선택하게 했다. 이에 헤파이스티온은 왕가의 자손이었지만 영락하여 정원사로 일하던 아브달로니무스를 지명했다.*,**

대왕은 투항한 도시에는 경제활동의 자유를 보장해주고 동맹국으로 받아들였다. 페르시아와의 결전을 위해 내륙으로 진격하기 전에 후방, 즉 동지중해 일대의 안전을 확보해야 했기 때문이다. 그러나 한 도시만은 예외였는데 바로 티레였다. '투항'하기로 결정했으면서도 수호신인 멜카르트 신전에서 제사를 올리겠다는 대왕의 요청을 거부했기 때문이다. 멜카르트 신은 그리스의 영웅이자 반인반신인 헤라클레스와 동일시되었고, 헤라클레스의 자손임을 자부하던 대왕 입장에서는 신전에서 제사를 지내는 게 당연한 일이었는데도 이런 모욕을 당하자 이집트 정복 전에 후방의 안전을 위해서라도 티레를 정복하지 않을 수 없다고 판단했던 것이다. 하지만 이는 표면적인 구실에 불과한 듯하다. 티레는 마케도니아와 페르시아의 정면충돌을 틈타 정치적인 독립을 꾀했고, 이를 허용하면 다른 도시에도 좋지 않은 예를 만들

---

* 아브달로니무스가 정원사였다는 사실은 당시 시돈의 원예가 수준급이었다는 정황 증거이기도 하다.
** 1887년 오스만 제국의 저명한 화가이자 고고학 거장인 오스만 함디 베이Osman Hamdi Bey는 시돈에서 농민들의 제보를 받고 예술적으로 매우 훌륭한 석관을 여럿 발굴했다. 이 석관에 사자 사냥을 하는 대왕의 모습이 새겨져 있어 알렉산드로스 대왕의 석관으로 알려졌지만 사실은 아브달로니무스가 주인공이고, 대왕과 헤파이스티온이 돕는 구도이다. 아마도 아브달로니무스는 대왕과 헤파이스티온을 자신의 석관에 등장시켜 권위를 과시하고자 했을 것이다.

수 있었기에 티레 공략을 결심했다고 보는 것이 맞을 것이다.

화려한 전적의 대왕이었지만 그가 가장 고전했던 티레 공방전은 기원전 332년 1월 시작되었다(묘하게도 알렉산드로스는 대원정을 시작하기 전 티레의 왕자 카드모스가 건설했다는 테베를 초토화했다). 티레 입장에서는 아시리아의 센나케리브, 신바빌로니아의 네부카드네자르 2세에 이어 세 번째 거물을 상대하는 셈이었다.

티레섬은 본토에서 700~800미터 떨어져 있었고, 바다는 얕았지만 거의 진흙탕에 가까웠으며, 수심도 섬 근처로 가면 5~6미터에 달했다. 알렉산드로스는 바다를 메워 둑길을 만들어 티레섬을 공략하기로 결심했다. 문제는 바다의 길이와 깊이도 그렇지만 45미터에 달하는 티레의 성벽을 공격하기 위해서는 그보다 높은 공성탑을 여러 개 만들어 운반해야 한다는 점이었다. 그 정도의 공성탑을 나르기 위해서는 둑길의 넓이가 60미터는 되어야 한다는 계산이 나왔다. 이 계산을 해낸 인물은 티레를 정복한 사나이라고 불리게 되는 펠라 출신의 디아데스였다. 일설에 의하면 그는 알렉산드로스의 부왕 필리포스 2세의 공성탑을 제작했던 테살리아의 폴리이도스의 제자였다.

네부카드네자르 2세가 공격했을 때 티레 시민들이 포기한 육지 쪽 시가지에는 그때까지도 잔해가 많이 남아 있었다. 하지만 이것들로만은 원하는 자재들을 충당할 수 없어 대왕은 육지 쪽 도시의 주민들을 쫓아내고 집들을 부숴 바다를 메우는 자재로 사용했다. 주위 마을에서 나무와 돌을 징발하고 인력을 강제로 동원했음은 물론이다. 백향목들도 베어 공성탑의 자재로 썼다. 페니키아를 일으켰던 나무가 페니키아 최고의 도시를 파괴하는 데 쓰이는 아이러니가 벌어진 것이다.

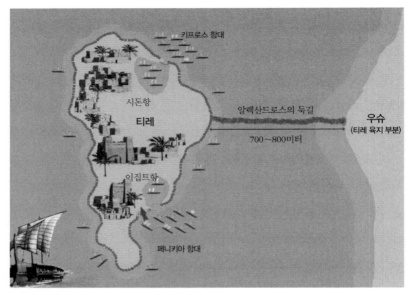

키프로스 함대

시돈항
티레
알렉산드로스의 둑길
우슈
(티레 육지 부분)
700~800미터

이집트항

페니키아 함대

● — 알렉산드로스와의 공방전 당시 티레(기원전 332년).

　대왕의 부하와 인부들은 말뚝을 지층에 박고 돌을 달아 고정한 후 모아온 자재들로 바다를 메웠다. 이 기막힌 광경을 지켜보던 티레 시민들은 "포세이돈을 이길 수 있다고 생각하는 모양이지?"하며 비웃었지만 둑길이 점점 길어지자 마냥 두고만 볼 수 없었다. 티레군은 성벽 위에서 투석기로 둑길 공사를 하고 있는 인부들에게 돌을 쏘아댔다. 바다에서도 83개의 노가 달려 있으며, 쇠뇌와 투석기로 무장하고 궁수대를 태운 갤리선으로 그들을 공격했다. 심지어 군대를 상륙시켜 건설자재를 가져오는 보급부대를 공격하여 쫓아내기도 했다.

　이 무렵 카르타고 대표단이 멜카르트 신에게 바치는 연례행사에 참석하기 위해 티레에 도착했다. 태연히 행사를 치른 카르타고 대표단은 함대와 구원병을 보내 모도시 티레를 지키겠다고 약속했다.《페니키아인》을 쓴 독일 작가 게르하르트 헤름은 이를 2차 대전 당시 모국인 영국의 방위를 약속한 미국을 연상시킨다고 썼다. 실제로 카르타고가 약속대로 티레에 구원병을 보냈다면 공방전은 더욱 길어졌을 것이다. 하지만 카르타고는 시라쿠사와의 전쟁으로 여유가 없어 미국처럼 모도시를 지키지는 못했다. 다만 피란민을 수용했는데, 티레의 지도자들은 본격적인 전투가 시작되기 전 부녀자와 노인들 일부를 배에 태워 안전한 카르타고로 피신시켰다. 그 과정에서 티레의 부와 정보의 상당량이 카르타고로 옮겨졌을 것이다.*

알렉산드로스 역시 가만히 있지 않았다. 직접 현장에 나가 공사를 감독했고, 둑길도 점점 티레섬 가까이 접근해갔다. 공성탑의 제작도 착착 진행되었다. 공성탑은 '당연히' 성벽보다 높아야 하기에 무려 55미터에 달했고, 내부는 20개의 층으로 나뉘어 있었다. 화공에 대비하여 탑 전체를 석회로 코팅했고, 각 층마다 물을 넣은 양동이를 준비했다. 물론 각 층마다 쇠뇌와 활을 쏠 수 있는 창문이 있었다. 가장 무서운 무기는 공성탑 꼭대기에 있는 투석기와 거대한 파성추였다. 투석기는 양가죽 지붕으로 덮여 있었고, 밧줄과 롤러로 작동되는 파성추는 넓은 받침대 위에 놓여 있었다. 그야말로 당대 과학기술의 총화라고 할 수 있는 괴물 중의 괴물이었다.

둑길이 절반 이상 완공되자 거대한 공성탑이 삐걱거리며 공사 중인 둑길로 들어섰다. 이 광경을 본 티레 시민들은 그야말로 '멘붕'에

---

* 그에 반해 시돈, 비블로스, 아라두스 그리고 페니키아인들의 영향력 아래 있던 로도스와 키프로스는 마케도니아를 지원하기 위해 수백 척의 함대를 동원해 티레의 함대를 요새화된 두 항구에 가두었다(티레는 남북으로 두 곳에 항구를 가지고 있었는데, 북쪽은 시돈 항구로 불렸고, 남쪽은 이집트 항구라고 불렸다). 다만 동족의 고난에 마음 아파하는 일부 시돈인은 티레 방어전에 참가했다.

빠졌는데, 성벽보다 높은 위치에서 쏘아대는 바위와 불덩이가 도시에 공포와 파괴를 일으켰기 때문이다. 물론 티레인들도 가만히 보고 있지만은 않아서 성벽 위에서 투석기로 반격을 가했지만 괴물을 쓰러뜨리지는 못했다.

공사는 순조롭게 진행되었고 난공불락의 티레도 함락이 머지않은 듯 보였다. 하지만 이때 대반전이 일어났다. 달이 보이지 않은 어두운 밤, 티레의 3단 갤리선 두 척이 역청과 나프타 등 가연성 물질을 가득 실은 커다란 화공선火攻船을 몰고 둑길로 접근했다. 말 수송선을 개조한 화공선에는 거대한 대들보 두 개가 툭 튀어나와 있었다. 이 대들보들에도 역청과 나프타가 가득찬 거대한 바구니들이 달려 있었다. 갤리선들은 둑길로 접근하다가 적당한 위치에서 화공선에 불을 붙인 다음 줄을 끊어 풀어놓았다. 불이 붙은 화공선은 관성에 의해 앞으로 나아갔고 두 갤리선은 양쪽으로 빠져나갔다. 화공선이 둑길에 부딪히자 바구니들이 떨어지며 폭발하면서 불을 일으켰고, 공성탑으로 옮겨 붙었다.

마케도니아 병사들이 불길을 잡기 위해 뛰어왔지만 두 갤리선에서 뛰어내린 티레의 병사들이 그들을 막았다. 잠시 후 화공선이 굉음을 내며 산산조각이 났다. 불길은 더 거대해졌고, 두 공성탑도 불길에 휩싸였다. 티레 시민들은 성벽 위에서 환호를 보냈다. 둑길에 올라선 티레 병사들이 악에 받힌 마케도니아군에게 전멸당하고 두 갤리선도 격침되었지만 분풀이에 불과할 뿐 티레의 완벽한 승리였다. 현장에 온 알렉산드로스는 허탈해하는 부하들에게 명령했다. "다시 만들어라."

마케도니아군의 불운은 여기서 그치지 않았다. 파도가 거세지면서 애써 만든 둑길도 많이 파손되었던 것이다. 하지만 알렉산드로스는 굽히지 않았다. 그리스에서 더 많은 과학자들을 데려와 파도의 힘을 계산해서 새로운 둑길 공사를 재개했고, 새로 만든 공성탑은 육지가 아닌 물 위에 띄웠다. 정확하게 말하면 두 척의 전함을 연결해 그 갑판 위에 세운 것인데, 공성선이라고 부를 수 있는 새로운 장비였다. 공성선은 집요한 공격으로 티레 시민들의 집중력을 떨어뜨렸다.

티레 시민들도 가만히 당하고만 있지 않았다. 해초와 겨를 잔뜩 넣은 자루를 성벽에 쌓아 파성추의 위력을 완화했고, 잠수부를 보내 공성선의 닻줄을 잘라버렸다. 일격을 당한 마케도니아군은 닻줄을 쇠사슬로 바꾸었다. 한편 해상 공성탑은 배 위에서 흔들릴 수밖에 없었기 때문에 공격에 한계가 있었다. 따라서 지상 공성탑도 다시 제작되었다.

성벽 높이와 같은 공성탑 층에는 용수철이 달린 투석기와 둥근 돌과 가연성 물질로 뭉친 큰 공을 쏘는 노포가 배치되었고, 성벽 밑 층에는 성문을 불태우기 위한 보병들이 배치되었다. 티레인은 투석기로 공성탑에 반격을 가하면서 청동 그릇에 달군 모래를 성벽 밑까지 접근한 마케도니아군에게 쏟아부었다. 뜨거운 모래는 갑옷 사이로도 파고들었기에 마케도니아군은 갑옷을 벗어던질 수밖에 없었고, 그사이 성벽 위에서 날아오는 화살을 맞고 쓰러졌다. 티레의 노포에서 쏘는 갈고리나 작살을 맞고 쓰러지는 병사들도 많았다. 겨울이 끝나갈 무렵 둑길이 완성되어 공성탑의 공격력이 강해졌음에도 티레는 여전히 견고했다.

페르시아 함대가 에게해에서 활동을 시작했다는 소식이 티레인들에게 전해졌다. 게다가 심각할 정도는 아니었지만 여전히 페르시아에 충성하면서 백향목 벌채를 방해하는 자들도 있었기에 티레 시민들은

●── 티레 공방전 당시 벌어졌던 공성전의 모습을 보여주는 그림이다. 고대 과학전을 일부나마 알
수 있게 해준다.

희망을 버리지 않았다.

상황이 이렇자 알렉산드로스 진영에서도 무력에만 의존하지 말고 네부카드네자르 2세처럼 해상봉쇄를 하거나 협상을 하자는 의견이 나왔다. 하지만 알렉산드로스는 이미 많은 사상자를 낸 이상 더더욱 이 도시를 굴복시켜야만 한다는 결심을 굳힐 뿐이었다. 공격은 더욱 더 집요해졌고, 여기저기서 성벽이 허물어졌다. 티레 시민들은 그 틈을 흙으로 메웠다. 그들은 칼날을 단 긴 장대로 파성퇴를 지탱하는 밧줄을 잘랐다. 커다란 삼지창과 갈고리 쇠팔을 주조하고 커다란 그물을 만들어 성벽을 오르는 적군을 찌르고 밀어냈다. 공방전은 끝이 없

는 듯했다.

하지만 오랜 전투에 티레인들은 지쳐갔고, 점차 알렉산드로스 쪽으로 추가 기울어졌다. 알렉산드로스는 무조건 항복을 통보하고 이틀간의 말미를 주었다. 하지만 티레인들은 이를 받아들이지 않았다. 사흘째 되는 날 아침, 바다와 둑길을 통한 마케도니아군의 마지막 대공세가 시작되었다. 남쪽 항구(이집트 항구) 부근의 성벽이 허물어지면서 30미터나 되는 커다란 구멍이 뚫렸다. 티레인들은 필사적으로 방어에 나섰다. 이때 놀랍게도 알렉산드로스가 직접 전투에 뛰어들었다. 한 목격자는 "직접 눈으로 봤음에도 사실로 믿지 못할 대단히 용감한 행동이었다"고 증언했다. 이때 대왕을 호위했던 인물 가운데 한 명이 훗날 이집트의 주인이 되는 프톨레마이오스이다.

그사이 알렉산드로스 진영의 해군도 더욱 거세게 티레를 밀어부쳤다. 처절한 시가전이 벌어졌고, 티레 시민들이 거의 맨주먹으로 적병에 맞섰지만 중과부적이었다. 여자와 아이들은 멜카르트 신전으로 몸을 피했다. 이 신전만큼은 알렉산드로스가 건드리지 않겠다고 약속했기 때문이다(약속이 지켜져 시돈과 카르타고의 배를 타고 피란했다는 의견도 있지만 대부분 노예로 전락했다는 주장도 있다).

7개월간 육상은 물론 해상, 수중 등에서 입체적으로 벌어진 장렬한 공방전 끝에 결국 티레는 함락되었다. 티레인 8,000여 명이 죽고, 지도자급 2,000여 명이 포로로 잡혀 페니키아 전통인 십자가형에 처해졌다. 노예로 전락해 팔려나간 자도 3만 명에 달했다. 티레 방어에 참여했던 일부 시돈인의 운명도 같을 수밖에 없었다. 다만 육지 쪽 티레, 즉 구시가의 시민들은 무사할 수 있었다.

평소 포로들에게 관대했던 알렉산드로스 대왕이 왜 티레에만 이토록 잔혹했을까, 하는 의문이 들 수밖에 없다. 7개월간의 항전도 큰 이유겠지만 그것만은 아니었다. 알렉산드로스는 육지의 제왕으로서 바다의 여왕인 티레를 정복했고, 그러한 현실을 모두에게 똑똑히 보여주기 위해 그렇게까지 한 것이었다. 그리고 약 200년 후, 티레가 그랬던 것처럼 지중해의 여왕 카르타고 역시 육지의 왕자 로마에게 똑같은 비극을 당한다.

티레의 몰락과 카르타고의 부상

티레에 입성한 알렉산드로스는 멜카르트 신전에 제사를 올리고 성대한 열병식과 관함식을 열었다. 또한 신전 안에서 여러 체육 경기를 열어 승리를 자축했다. 비록 알렉산드로스의 전투 중 가장 힘겨운 승리였지만 티레 공방전은 과학이 뛰어났던 그리스 문명의 승리이기도 했다. 알렉산드로스가 고대 그리스 최고의 철학자이자 과학자였던 아리스토텔레스의 제자였다는 사실은 매우 상징적이라고 할 수 있다.

당시의 거대한 파괴로 지금의 티레에는 페니키아 시절의 유적이나 유물이 거의 남아 있지 않다. 그렇게 고대 페니키아의 영광도 사실상 끝이 났다. 몇 년 후 페르시아 정복을 완수하고, 인도 정복을 미완성으로 마친 알렉산드로스는 바빌론을 수도로 정하고 그곳에 머물렀다. 당시 기준으로 전 세계라고 할 만큼 많은 나라에서 사절들을 보내 대왕을 찾았는데, 그중에는 카르타고도 있었다.

알렉산드로스는 멈추지 않았다. 그는 서방 원정, 즉 이탈리아, 시칠리아, 카르타고 원정에 착수하며 그에 대한 준비를 시작했다. 카르타고는 공포에 떨었고, 대왕 주변에 하밀카르라는 첩자를 심어 대왕의 동태를 살폈다. 하지만 카르타고 입장에서는 다행스럽게도 대왕이 열병으로 급사하면서 모도시 티레가 당한 운명을 200년 정도 미룰 수 있었다.

대왕의 사후, 페니키아 본토의 도시들은 이집트 프톨레마이오스 왕조의 지배하에 들어갔다. 거의 1,000년 만에 다시 이집트의 지배를 받게 된 것인데, 다만 이때의 이집트는 파라오가 있긴 해도 마케도니아와 그리스인들이 지배하는, 과거와는 완전히 다른 나라였다.

이때부터 페니키아인들은 그리스 문명, 정확하게 말하면 헬레니즘을 받아들이기 시작했다. 그리스인과의 결혼도 늘어났다. 하지만 그것이 본격화된 시기는 프톨레마이오스 왕조로부터 페니키아 도시들을 빼앗은 셀레우코스 제국의 지배가 시작된 기원전 298년부터라고 할 수 있다. 지속적인 헬레니즘화로 시돈의 경우는 아예 그리스 도시로 인정받아 올림픽 출전 자격을 얻을 정도였다. 종교도 헬레니즘화 과정에서 점차 융합되었다. 이전의 규모에는 미치지 못했지만 티레도 재건되었는데, 알렉산드로스의 둑길이 점점 넓어지면서 완전한 육지 도시가 되었다. 페니키아 문자가 새겨진 당시 비문이 이를 증명한다. 하지만 신도시 알렉산드리아와 안티오키아 등이 무역 중심지가 되면서 티레뿐 아니라 페니키아 도시들의 영광은 옛 이야기가 되었다.

셀레우코스 제국은 페니키아 도시들에 자치를 허용했다. 정치체제도 민회가 있는 공화정으로 바꾸었는데, 그 수반을 수페트라고 불렀다(카르타고 정부 수반의 호칭 역시 수페트였다). 하지만 안티오코스 7세 사후 셀레우코스 제국의 분열 양상이 심각해지면서 페니키아 도시들의 독립 움직임도 일어났다. 결과는 좋지 못했다. 페니키아 도시들을 비롯해 오리엔트의 대부분이 잠시 아르메니아 왕 티그라네스 2세의 통치를 받다가, 폼페이우스 장군이 지휘하는 로마군에게 정복당하는 신세가 된 것이다(페니키아 도시들은 시리아 속주에 포함된다). 하지만 페니키아, 즉 포에니의 지중해 패권은 티레의 멸망 이후에도 한 세기 반 이상 지속된다. 본토의 재앙으로 카르타고가 지중해의 여왕 자리에 올랐기 때문이다.

카르타고가 어떻게 티레를 대신하게 되었는지는 분명하지 않다. 카르타고와 인접한 우티카는 카르타고보다 오래된 도시인 데다 비슷한 지리적, 지형적 조건을 가지고 있었지만 카르타고와 같은 영향력을 다른 페니키아 도시들에 끼치지 못했다. 자연스레 맹주 역할은 카르타고의 몫이 되었는데, 이에 대한 가장 유력한 가설은 티레 등의 페니키아 도시들이 대제국들의 공격을 받을 때 우수한 인적 자원이 카르타고에 대거 망명하면서 다른 도시를 뛰어넘는 규모로 팽창했다는 것이다. 하지만 이 역시 기적적인 발굴로 그에 대한 증거가 나오지 않는 이상 확실한 이유라고는 할 수 없을 것이다.

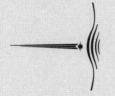 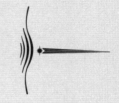

페니키아인의 이모저모

정치와 행정

도시국가 연합체적 성격의 페니키아는 기본적으로 각각의 도시를 각각의 토착 세습군주가 지배하는 체제였다. 하지만 왕의 권력은 토착 귀족 엘리트와 강대한 상인 귀족들에 의해 견제되어 이집트 파라오나 고대 오리엔트 군주들이 누리던 절대 권력과는 거리가 멀었던 것으로 보인다. 그저 세습이 가능한 시장 정도로 보는 것이 옳을 것이다.

왕 이외에 정치세력이 있었다는 증거는《웬아문 항해기》에 나오는데, '무두트'라고 불린 의회가 그것이다. 비블로스의 왕 자카르바알은 체케르인들의 웬아문 인도 요구를 의회에 상정하여 거절한다. 장로 또는 원로들의 모임으로 보이는 이 의회는 아시리아 왕 에사르하돈과 티레의 왕 바알 1세가 맺은 조약에서도 등장한다. 부유한 원로들로 구성된 의회가 왕과 동등한 위치에서 왕에게 영향력을 행사하는 '견제 세력'으로 작동했음을 암시하는 내용이다. 또한 시민권을 가진 민회가 있었다는 기록도 있는데, 법안 제출권이 있었는지, 왕과 의회에 대해 어느 정도의 발언권이 있었는지는 확인할 수 없다.

학계 일부에서는 지중해 연안의 식민도시들에 당시 새롭게 등장한 그리스어를 쓰는 민족들이 포함되어 있었으며, 페니키아인들은 이 식민도시들에 세 단계로 구성된 정부를 구성하도록 영향력을 행사했다고 보고 있다. 행정기관, 입법 제안을 작성하는 원로원, 주권을 지닌 민회가 그것이다. 이런 정부 구조는 당시로서는 매우 복잡하고 세련된 것이었다. 즉 그리스 세계에 회의체 정부를 소개한 존재가 바로 페니키아인이었다는 것이다. 사실이라면 알파벳은 물론이고, 민주주의 역시 페니키아인의 작품이라는 의미이다. 하지만 이것이 사실이라고 할지라도 최소한 페니키아 본토 도시들의 최종 결정권은 왕에게 있었을 것으로 보인다. 그 증거 중 하나가 페니키아 도시들의 왕이 신과 인간의 중개자 역할을 했다는 점이다. 왕의 이름에 바알, 에슈문, 멜카르트, 아슈타르테 같은 신의 이름이 많이 등장한다는 사실이 이를 잘 보여준다.

한편 페니키아인들의 정치와 행정사를 보면서 절대 잊지 말아야 할 것이 있다. 정도의 차이는 있지만 이집트, 아시리아, 바빌로니아, 페르시아 그리고 마케도니아-그리스에 이르기까지 그들 역사의 60퍼센트 이상을 제국의 속주나 속국, 잘 봐줘도 하위 동맹국 신세로 보냈다는 사실이다.

식민지의 정치와 행정

고고학적 증거와 정황, 다른 민족들이 남긴 기록을 살펴보면 페니키아인들은 식민지 건설 초기에는 원정대의 리더를 중심으로 한 '개척단'이 식민지를 관리하다가 시간이 흐른 뒤 모도시에서 파견한 총독이나 지사가 우두머리를 맡는 식민지 정부를 설치한 것으로 보인다(증거 중 하나가 키프로스에서 발굴된 한 쌍의 청동 주발이다. 이 주발에는 기원전 8세기 중반 히람 2세가 키프로스 총독에게 보냈다는 내용의 페니키아어 명문이 있다). 그러다가 앞서 이야기한 대로 '민주화'가 진행되었을 수도 있고, 아니면 도시마다 정치제도에서 차이가 있었을지도 모르겠다.

건설 초기 식민지 입장에서는 재정적으로 독립하기 어렵기 때문에 모도시와의 관계가 중요할 수밖에 없다. 신전이 그들의 관계를 이어주는 중요한 매개체가 되었다. 티레의 경우, 티레의 지원을 대가로 식민도시들은 매년 국고 수입의 10퍼센트를 티레의 주신인 멜카르트 신전에 바쳤다고 하는데, 놀랍게도 이 전통은 헬레니즘 시대까지 이어졌다.

군대와 방어 시설

페니키아 군대, 정확하게 말하면 페니키아 도시들의 군대, 특히 육군의 규모와 구성에 대해서는 알려진 것이 거의 없다. 그나마 부조나 여러 정황 증거로 보아 경무장 보병이 주력이었고, 전차대와 궁수부대가 존재했던 것으로 보인다. 기원전 7세기에 조성된 무덤에서는 창과 단검 등의 철제 무기가 발굴되었는데, 이를 통해 당시에도 철제 무기가 보급되었다는 것을 짐작할 수 있다. 하지만 페니키아군의 주력은 역시 해군이었다. 페니키아 군함의 속도와 민첩함은 고대 지중해 세계에서 유명했고, 대표적인 군함은 역시 갤리선이었다. 페니키아 갤리선 함수에는 충각이 달려 있었고, 파괴력을 극대화하기 위해 충각을 청동으로 덮었다.

페니키아 도시들의 육군과 해군이 어떤 식으로 충원되었는지는 알려진 바가 없다. 다만 후계 국가라고도 할 수 있는 카르타고가 해군은 자국민으로, 육군은 용병으로 충원했던 사실에 비추어 최소 해군은 자국민으로 채웠을 가능성이 높다. 하지만 페니키아-카르타고 해군은 아쉽게도 고대 대해전에서 거의 승자가 되지 못했다. 무척이나 아이러니한 일이다.

페니키아 도시들은 비록 패하긴 했지만 아시리아, 바빌로니아, 페르시아, 마케도니아 등 그야말로 세계를 주름잡은 쟁쟁한 제국들을 상대로 길게는 십수 년, 짧게는 7개월간 강력한 농성전을 벌였다. 카르타고 역시 로마의 맹공을 3년간 견뎌냈다. 거대한 성벽 등의 견고한 방어 시설이 있었기에 가능한 일이었다. 막대한 부를 지키기 위해서는 거대한 성벽이 반드시 필요했을 것이다. 그러면 그 흔적들은 남아 있을까? 아쉽게도 페니키아의 양대산맥이었던 티레와 시돈에는 전혀 남아 있지 않다. 그나마 비블로스에 페니키아 시절의 성벽이 남아 있는데, 두께가 25미터에 달한다. 기나긴 페니키아인의 역사 내내 티레나 시돈보다 한 수 아래로 평가받던 비블로스가 그 정도였던 것으로 보아 두 도시의 성벽이 얼마나 대단했을지 짐작이 된다.

한편 항구를 둥글게 만들어 방어 시설 내에 두는 폐쇄 항이 있었다. 마치 먼 미래의 우주 항을 연상시키는 항구였다. 현재는 시돈 등에 그 흔적만이 남아 있을 뿐이다. 카르타고는 이를 더욱 발전시켜 최고 수준의 폐쇄 항을 만들어냈다.

학문

페니키아의 학문 역시 한정된 자료에서 얻은 편린들로 추정할 수밖에 없지만 서구 문명의 핵심이 된 고대 그리스 철학과 과학에 강력한 영향을 미친 것으로 보인다. 실례로 "유럽 최초의 과학자"로 불리며, 버트런드 러셀에게 "서양 가문의 아버지"라는 찬사까지 받았던 탈레스의 아버지는 페니키아 귀족이었다.

탈레스는 페니키아 혈통답게 젊은 시절에는 상인으로 많은 재산을 모았다. 점성술을 통해 날씨를 예측할 수 있었던 탈레스는 마을을 돌아다니며 올리브 압착기를 미리 사놓았다가 올리브가 풍년이 들어 많은 사람들이 압착기를 원할 때 높은 가격으로 다시 팔아 큰 수익을 남겼다. 훗날 아리스토텔레스는 그가 그렇게 행동한 것은 돈을 벌기 위해서가 아니라 과학의 유용성을 증명하기 위해서였다고 평했다.

탈레스는 이집트로 유학하여 경험적이고 실용적인 지식을 바탕으로 수학과 천문학을 공부했다. 이때 그는 그림자를 이용하여 피라미드의 높이를 계산했고, 기원전 585년 5월 28일에 소아시아 중부 지역에서 볼 수 있었던 일식을 예언하여 사람들을 놀라게 했다. 헤로도토스는 200년 후 이 사실을 기록에 남겼다. 자석이 금속을 끌어당기는 작용도 그가 발견했던 것으로 전해지며, 물질을 문지르면 나오는 정전기 현상도 발견했다. 탈레스는 다방면에서 뛰어난 재능을 발휘하여 철학자이자 수학자, 천문학자, 공학자, 정치가로서 능력을 발휘했으며, 일식 같은 초자연적인 현상과 신화로 설명하던 여러 주제를 과학과 철학의 방법으로 설명한 최초의 인물이기도 했다.

탈레스는 만물의 근원을 찾으려고 노력한 최초의 철학자이기도 했다. 그는 사물의 기초가 되는 물질의 근원을 '물'이라고 생각했으며,

사람들이 살고 있는 땅 역시 물 위에 떠 있다고 생각했다. 사실 수소는 우주의 75퍼센트를 구성하고 있고, 인간의 몸을 구성하는 수분의 비율도 비슷하니 아예 틀린 말이라고는 할 수 없다.

피타고라스의 아버지 므네사르코스 역시 티레 출신으로 이집트, 그리스, 이탈리아, 에게해 등지를 돌아다닌 무역상이었다고 한다. 피타고라스가 고향 사모스섬을 떠난 것은 18살 때였다. 소아시아 연안의 밀레토스로 간 피타고라스는 탈레스와 아낙시만드로스를 만났다고 한다. 철학자들은 그의 천부적인 재능을 알아보고 그를 아꼈는데, 특히 탈레스는 피타고라스의 재능을 인정하고 자신이 가지고 있던 모든 지식을 전수해주었다고 한다.

파타고라스는 당대 최고의 학자였던 탈레스의 수제자로 만족하지 않았다. 지식과 진리를 향한 그의 여정은 페니키아 도시뿐 아니라 이집트, 바빌로니아 등으로 이어졌다. 그는 가는 곳마다 성직자와 과학자로부터 종교적 비전을 전수받고 지식을 배워 수학을 숭배하는 종교 집단의 지도자로 말년을 보냈다고 하는데, 훗날 카르타고에는 피타고라스학파의 학교가 들어섰다.

탈레스와 피타고라스. 대부분의 사람들이 그리스인으로 알고 있는 사제지간의 대학자들이 페니키아 혈통이었다는 사실은 이 해양 민족의 학문 수준이 매우 높았다는 사실을 방증한다. 또한 두 대가만큼 명성이 있던 것은 아니지만 하스드루발이라는 카르타고 학자가 고향에서 몇 년간 페니키아어로 철학을 가르치다가 클리토마쿠스로 개명하여 그 유명한 아카데미아의 지도자가 된 예도 있다. 이렇게 보면 페니키아인들은 물건뿐 아니라 학문의 중계도 실행했으며, 상당한 발전을 이루었다고 보아야 할 것이다.

종교

페니키아인의 종교는 죽었다가 부활하는 신을 중심으로 하며, 희생제와 장례 의식을 중시했다. 이집트와 이스라엘, 메소포타미아 등 교역 상대국의 종교에서 큰 영향을 받았는데, 중정中庭을 중심으로 지어진 거대한 신전들은 중요한 공공의식에 사용되었다.

페니키아인의 종교는 그들의 오랜 역사에서 약간의 변화가 있었지만 청동기에서 철기 시대로 변하는 격변기를 제외하면 극적 변동은 없었다. 다른 나라들처럼 페니키아인의 종교도 다신교였고, 신들은 모든 도시에서 숭배되었지만 도시마다 주신은 달랐다.

티레는 히람 1세 시기에 멜카르트가 주신으로 완전히 자리 잡았다. '깨달음'이라는 뜻을 가진 이 신을 모시는 축제는 전 시민적 행사가 되었고, 왕의 권력을 지켜주는 강력한 힘이 되었다. 남신 멜카르트의 짝이 되는 여신은 아슈타르테였다.

시돈의 주신은 여신 아슈타르테와 미소년으로 묘사되는 남신 에슈문이었다. 두 신의 이름은 우가리트의 문서에도 등장하는데, 기원전 2000년까지 거슬러 올라가며, 기원전 14세기에 작성된 이집트 의학서에도 주문 형태로 나온다.

비블로스는 발라트 여신이 주신이었고, 남신은 바알이었다. 이 중 주목할 만한 존재가 《구약성서》에서 저주의 대상으로 자주 등장하는 바알이다. 어원이 '주인'인 바알은 우가리트가 발굴되어 신상과 문서들이 햇빛을 보기 전까지는 부정적 이미지만 가지고 있던 신이다.

바알은 가나안-페니키아 다신교의 최고신 엘과 그의 아내인 아셰라트 사이에서 태어났다. 엘이 카시우스산에서 70명의 신이 모이는 총회를 주관하고 풍년 때만 모습을 나타내는 정도의 역할만 한 데 비해 바알은 구름과 비를 움직여 가나안의 풍요와 생명력을 주관했다. 바알은 '풍요'를 관장하는 역할 덕분에 매우 인기 있는 신이 되었다.*

바알의 악명은 신전 창녀 때문에 더 높아졌다. 바알 신전 창녀들과의 성교는 다산과 풍요를 상징하고 신과 인간의 합일을 추구하는 종교의식이었는데, 이 때문에 《구약성서》의 예언자들에게 극렬한 비난을 받았다. 하지만 이를 역으로 생각하면 그만큼 이스라엘인들에게 바알은 매력적인 신이었다는 의미로 볼 수 있다. 바알은 페니키아-가나안인들에게 거의 주신의 지위로까지 격상되었다.**

페니키아인의 종교를 진정으로 악명 높게 만든 이유는 신전 창녀보다도 인신 공양, 그것도 친자식, 그것도 유아를 불살라 바치는 의식 때문이었다. 이 끔찍한 의식은 《구약성서》에도 여러 번 등장하는데, 이에 대한 진위, 그리고 설사 유아 인신 공양 행위가 있었다고 하더라도 일상적으로 행해졌는지, 아니면 심각한 국난이나 자연재해 등 특수한 경우에만 이루어졌는지에 대해서는 역사학자들 사이에서 지금까지도 논란거리이다.

1921년, 미국 발굴단이 카르타고에서 놀라운 유적을 발견했다. 2만여 개에 달하는 작은 점토구이 용기 안에 숯처럼 까맣게 탄 어린이들의 유골이 담겨 있는 것을 발견한 것이다! 이 유적에는 〈예레미야서〉 19장에 나오는 '살육의 골짜기-토펫'의 이름이 붙었다.

---

* 티레의 공주 이제벨을 왕비로 맞은 북이스라엘 왕국의 아합 왕은 수도 사마리아에 바알 신전을 세웠는데, 외관이 예루살렘 성전과 흡사했다고 한다. 예루살렘 성전이 티레 기술자들의 손으로 세워진 사실을 감안하면 당연한 결과일지도 모른다.

** 페니키아-카르타고 세계에서 가장 유명한 이름이라고 할 수 있는 한니발은 '바알의 은총'이라는 뜻이다. 한니발의 동생 하스드루발의 페니키아 발음인 아즈루바알Azrubaal도 '바알의 도움'이라는 의미이다(하스드루발은 라틴식 발음). 바알의 영향력이 페니키아 세계에 크게 미쳤음을 보여주는 예다.

그들은 바알의 산당들을 세우고 저희 자식들을 불에 살라 바알에게 번제물로 바쳤는데, 이는 내가 명령한 적도 말한 적도 없으며, 내 마음에 떠오른 적도 없는 일이다. 그러므로 이제 그날이 오고 있다. 주님의 말씀이다. 그때에는 이곳이 더 이상 토펫이나 벤 힌놈 골짜기가 아니라 살육의 골짜기라 불릴 것이다.

이 유적의 발굴로 페니키아인의 인신 공양은 명확한 사실로 여겨졌다. 하지만 훗날 고성능 검측 기계들이 개발되면서 정밀한 측정이 이루어지자 기존의 상식은 심각한 의문에 부딪혔다. 유골 중 상당수가 양이나 조류, 작은 동물의 것이었고, 사산한 태아들의 유골도 있었기 때문이다. 동물들의 유골은 유대인처럼 페니키아인도 동물을 번제물로 바쳤다는 유력한 증거이기도 했다(병사病死로 추정되는 유골도 많았다). 그렇다면 이 끔찍한 인신 공양 의식은 병이나 사고로 죽은 아이들을 위한 특별한 의식이 아니었을까, 하는 반론이 힘을 얻었다. 일부 학자들은 병약한 유아들을 버렸던 스파르타식 관습이 좀 더 극단적인 형태로 나타난 것에 불과하다고 주장했다.

여전히 인신 공양설이 강력한 가운데 이 의식을 인구 조절책으로 보는가 하면, 몇몇 유력한 가문이 지배했던 페니키아 세계에서 각 집안이 동등한 희생을 치른다는 공유 의식의 필요성 때문이었다고 보는 학자도 있다. 심지어 유아 인신 공양을 귀족 가문의 '특권'으로 보는 학자들도 있다.

인신 공양 의식의 진위 여부를 떠나 문화적 이질감이 페니키아인들의 종교와 의식을 실제보다 공포스럽게 보이게 했다는 것은 분명하다. 정보 교류와 교통이 극도로 발전한 현대에서도 종교와 민족적인 편견으로 인한 참사가 여전한데 고대에는 이런 현상이 더 심각했을 것이기 때문이다. 더구나 포에니(페니키아-카르타고) 세계의 적은 서구 문화의 양대 축을 이룬 헬레니즘-로마 세계와 일신교의 기초가 된 헤브라이즘 세계였다. 페니키아인들은 그들의 강력한 적이었고, 따라서 그 세계의 종교를 사교로 몰고 간 것은 지극히 당연한 결과가 아닐 수 없다. 더구나 페니키아인들은 자신들의 기록을 후세에 남기지 못했다.

일상생활

페니키아인들은 금전 외에도 의상이나 헤어스타일, 향수, 보석, 과자 등에 탐닉했다. 하지만 술은 즐기지 않았고, 그리스인들과는 달리 자신들의 육체에 관심을 보이지 않았다. 따라서 포에니 세계에는 놀이와 운동이 거의 없었다. 그래서인지 그들의 신상은 그리스와 달리 모두 옷을 입고 있는 모습이다. 또한 일부일처제였으며, 도를 넘은 축첩 행위나 하렘이 있었다는 증거는 지금까지 발견되지 않았다. 남자들은 대부분 턱수염을 길렀고, 이 또한 늘 면도하고 다니는 로마인들과는 상반된 모습이었다. 외모부터 지향하는 바가 달랐던 페니키아인과 로마인의 대립은 어쩌면 운명적인 것이었는지도 모르겠다.

5장

카르타고의 탄생과 발전

카르타고의 건국신화

재색을 겸비한 티레의 공주 엘리사^{Elissa}는 페니키아 제일의 갑부인 아게르바스와 결혼했다. 그런데 남편의 재산을 통째로 차지하려는 오빠 피그말리온이 그녀의 남편을 살해했다.*

　엘리사는 피그말리온을 반대하는 귀족, 의회 의원들과 함께 티레를 떠나 일단 키프로스로 갔다. 그곳에서 그녀는 사제들의 협력을 받아 80명의 키프로스 여인을 자신의 부하들과 혼인시키고 새로운 땅을 찾아 서쪽으로 떠났다(키프로스 여인들은 신전 창녀일 가능성이 높다). 이것이 사실이라면 극초기 카르타고인들의 혈통은 부계는 티레지만 모계는 키프로스인 셈이다.

---

* 피그말리온은 기원전 831~785년 티레를 지배한 실존 인물이다.

서쪽으로 방랑하던 엘리사 공주는 지금의 튀니지 땅에 도착하여 망명을 요청하고 근거지를 요구했다.* 그곳은 티레의 지중해 교역망에서 중간 지점에 해당하는 곳이었다. 짓궂은 추장 이아르바스는 엘리사에게 황소 한 마리 가죽으로 덮을 수 있는 땅만 주겠다고 했다. 이에 총명한 공주는 황소 가죽을 실처럼 가늘게 잘라 언덕 하나를 둘러쌌다. 이 언덕이 고대 지중해 세계 최고의 도시 가운데 하나인 카르타고의 기원이 되었는데, 언덕의 이름은 그리스어로 '가죽'이라는 의미의 비르사Byrsa가 되었다(비슷한 발음의 보르사Borsa가 페니키아어로 '성채'를 의미하니 이 지명은 일종의 말장난에 가까운 셈이다). 엘리사는 카르타고의 시조가 되었고, 한니발을 낳은 바르카 가문은 그녀를 자신들의 조상이라고 믿었다.

비르사 언덕은 카르타고의 성지가 되어 이곳에 에슈문 신에게 바치는 최고의 신전이 지어졌다. 3차 포에니 전쟁 당시 철저하게 파괴되어 흔적이 거의 남아 있지 않지만 이 언덕은 카르타고의 분위기를 느낄 수 있는 몇 안 되는 곳 중 하나다. 카르타고의 어원은 '새로운 도시'란 의미의 카르트하다시트Kart-Hadasht에서 유래한 것인데, 카르트하다시의 라틴어 발음이다. 이렇게 보면 완전히 패망한 나라는 이름조차도 정확히 전해지지 않는 셈이니 새삼 카르타고의 가혹한 운명에 가련함을 느낀다. 한편 알렉산드로스 대왕이 자신이 건설한 신도시들에 모두 알렉산드리아라는 이름을 붙였지만 이집트의 알렉산드리아만 남은 것처럼 카르트하다시트 역시 페니키아인들이 식민도시에 붙

---

* 엘리사의 별칭인 디도는 라틴 계열 저자들에 의해 사용되었는데 '방랑자' 또는 '집시'를 의미한다.

●── 황소 가죽을 실처럼 가늘게 잘라 카르타고의 터전을 마련하는 엘리사.

인 일반적인 이름이었지만 튀니지의 카르타고만 유명해져서 고유명
사로 굳어졌다는 설도 유력하다.

카르타고 건설 시기는 기원전 814년으로 본다. 로마가 기원전 753
년에 건설되었다고 하니 약 반세기 이상 앞선 셈이다. 물론 두 나라의
기원 연대 모두 믿을 만한 것은 아니지만, 최소한 카르타고가 로마보
다 먼저 건국되었고 국가 체계도 먼저 세웠음은 분명하다.

여기서 빼놓을 수 없는 이야기가 《신곡》에서 단테와 함께 지옥과
연옥을 여행하는 베르길리우스의 대서사시 《아이네이스》일 것이다.
트로이아가 몰락한 뒤 유일하게 살아남은 아프로디테의 아들이자 트
로이아의 장군 아이네이아스가 유민을 이끌고 새로운 땅을 찾아 유랑
하다가 카르타고의 여왕 엘리사를 만나 잠시 사랑에 빠지지만 결국
그녀를 버리고 길을 떠나 로마를 건국한다는 내용이다. 물론 100퍼센

트 허구이다. 트로이아 전쟁과 카르타고 건국은 시기적으로도 300년 이상 차이가 나기 때문이다. 그 점을 감안하고 베르길리우스가 상상한 아이네이아스와 엘리사의 만남을 들어보자.

유랑하던 아이네이아스는 풍랑을 만나 아프리카 북부 해안에 도착했다. 그는 숲에 들어가 사슴을 사냥하여 지친 부하들을 달랬다. 식사가 끝나자 그는 절친한 친구 아카스테와 정찰하다가 왕궁을 발견하고 안으로 들어갔다. 디도(엘리사) 여왕이 한창 카르타고를 건설하고 있는 현장이었다. 아이네이아스는 그녀에게 자신의 신분을 밝히고 그간의 모험을 이야기했다. 그녀는 이미 트로이아 전쟁과 그의 활약상을 들어 알고 있었다. 그녀는 아이네이아스에게 호감을 보이며 모든 편의를 제공하겠다고 약속했다. 그걸 보고 아프로디테와 헤라 여신이 이들을 맺어주기로 했는데, 마침 아이네이아스도 트로이아 탈출 과정에서 아내 크레우사와 헤어져 생사를 알 수 없는 상황이었다. 그러나 두 여신의 속셈은 달랐다. 아프로디테는 아들 아이네이아스의 신변 안전을 위해서였고, 헤라는 얄미운 아이네이아스를 아예 그곳에 눌러앉게 할 심산이었다. 그때 아이네이아스가 정박한 배에 전령을 보내 아들 아스카니오스를 데려오라고 지시했다. 에로스가 어머니 아프로디테의 부탁을 받고 아스카니오스의 모습으로 변신했다. 아이네이아스는 그를 안고 얼렀다. 그걸 보고 디도도 아이를 안아보고 싶어했다. 그 순간 에로스가 그녀의 심장에 황금 화살로 상처를 냈다. 그때부터 아이네이아스에 대한 디도의 마음은 손님에 대한 호의에서 불타는 사랑으로 바뀌었다. 아이네이아스를 일행에게 보내고 애를 태우던 디도는 동생 안나에게 속마음을 털어놓았다. 동생은 기뻐하며 이제 그만 고인이 된 형부를 잊고 새 출발을 하라고 권고했다.

어느 날 아이네이아스를 위한 사냥대회가 벌어졌다. 헤라의 부탁을 받은 제우스가 주변에 아무도 없고 두 사람만 있을 때 갑자기 소나기를 퍼붓게 했다. 둘은 비를 피해 근처 동굴로 들어갔다. 좋은 기회라고 생각한 디도가 사랑을 고백하자 아이네이아스도 내심 그녀를 사랑했기에 그녀의 구애를 받아들였다. 그날부터 두 사람은 연인이 되었다. 아이네이아스는 더 이상 출항할 생각을 하지 않고 아예 그곳에 눌러앉을 듯 보였다. 하지만 소문의 여신 파마가 가만히 있지 않았다. 그녀는 재빨리 근처 누미디아 족장 이아르바스에게 날아가 고자질을 했다. 디도에게 청혼했다가 거절당했던 이아르바스는 그 이야기를 듣고 질투심에 분노했고, 자신의 수호신인 제우스에게 기도하며 원망했다. 제우스는 그의 분노를 달래주고 싶었지만 본분을 잃고 있는 아이네이아스가 더 안타까웠기에 아들이자 전령의 신인 헤르메스를 불러 아이네이아스에게 자신의 말을 전하라고 명했다. "아이네이아스! 너는 지금 무엇을 하고 있느냐? 내가 너를 전쟁터에서 두 번이나 구해주고 폭풍우에서도 몇 번이나 구해준 것은 거기서 살라는 뜻이 아니었다. 너는 나를 위해 새로운 도시를 건설해야 한다. 당장 배를 타고 떠나거라!"

헤르메스는 날개 달린 신발을 신고 빠르게 아이네이아스에게 날아갔다. 아이네이아스는 완전히 카르타고인이 된 듯했다. 그는 디도가 만들어준 옷을 입고 궁전 건축을 감독하고 있었다. 헤르메스는 다른 사람이 보이지 않게 그에게 다가가 귀에 대고 제우스의 말을 전했다. 아이네이아스는 그제야 정신을 차렸다. 그는 당장 믿을 만한 부하들을 불러 은밀히 출항 준비를 하라고 시킨 다음 디도에게 알리지 않고 훌쩍 떠나버렸다. 디도는 아이네이아스가 말없이 떠나자 배신감

● — 엘리사와 아이네이아스.

에 치를 떨었다. 며칠 동안 괴로워하던 그녀는 안나를 불러 궁정 마당에 장작을 쌓으라고 말했다. 그러고는 아이네이아스가 남겨둔 무기와 옷 그리고 함께 쓰던 침대도 태우라고 했다. 장작에 불이 활활 타오르자 그녀는 갑자기 화염에 싸인 침대 위로 몸을 던졌다. 정말 눈 깜짝할 사이였다. 안나가 언니를 잡으려고 손을 뻗었지만 소용없었다. 디도는 불에 타들어가며 자신을 배신한 아이네이아스를 향해 나의 자손과 당신의 자손은 상대방 중 하나가 사라질 때까지 싸울 것이라고 저주했다. 이 말대로 훗날 카르타고와 로마는 한쪽이 멸망할 때까지 싸운다. 결국 로마가 카르타고를 초토화하고 그 땅에 소금을 뿌린다.

아우구스투스 시대에 씌어진 베르길리우스의 이 작품은 승리자 로마가 다시 한 번 카르타고의 상처에 '소금'을 비빈 것에 지나지 않는다. 로마의 기초를 세운 남자가 무려 여왕의 위치에 있는 여자를 버렸다는 우월감과 엘리사의 '분신'에서 암시하듯 포에니 세계의 '소신공양'에 대한 경멸이 포함되어 있는 정치적 선전이라고 해도 과언이 아니기 때문이다. 더구나 누미디아 남자와 카르타고 여자의 '염문'은 포에니 전쟁의 한 고비를 이루는 실화를 아득한 과거로 돌려 '연출'한 것에 지나지 않는다. 여담이지만 셰익스피어와 동시대에 활동했던 영국 작가 크리스토퍼 말로도 《아이네이스》를 기초로 《디도, 카르타고의 여왕》이라는 희곡을 남겼는데, 사랑에 눈이 멀어 국정을 소홀히 하고 결국 자살하는 '엘리사'를 반면교사로 하여, 미혼으로 나라를 다스린 엘리자베스 여왕의 현명함을 간접적으로 찬양했다. 일부에서는 당시 패권을 다투던 영국과 스페인의 관계를 로마와 카르타고에 비유했다고도 한다. 어쨌든 포에니 세계는 이러저런 방식으로 끊임없이 유럽인들에게 소환되었다. 그만큼 카르타고와 로마가 벌인 전쟁이 후세에 깊은 인상을 주었다는 증거이기도 할 것이다. 그렇다면 이 유명한 베르길리우스의 '상상'을 제거한 실제 엘리사 여왕의 망명과 건국의 실상은 어떠했을까?

엘리사 전설의 진상

아이네이아스 전설과는 별개로 다른 전설에서 엘리사는 아프리카 왕이아르바스에게 청혼을 받는다. 거절할 경우 티레인들을 전멸시키겠다는 위협과 함께. 그녀를 따라온 장로들은 여왕의 남편인 멜카르트 신전의 대사제 아게르바스의 이름을 길게 부르며 결혼하면 안 된다고 호소했다. 그러자 그녀는 장작을 산처럼 높게 쌓아올리고 희생 제물을 바치다가 검을 들고 그 꼭대기에 올라 "그분이 있는 곳으로 가겠습니다!" 하고 외치고는 검으로 자신의 목을 쳐 스스로 목숨을 거두었다. 이로써 카르타고는 지켜졌고, 그 후로 그녀는 카르타고의 여신 반열에 오른다.

이렇게 보면 엘리사의 망명에는 세 가지 포인트가 있다는 사실을 알 수 있다. 첫째, 카르타고는 티레의 식민도시이지만 티레의 왕이 만든 '정규 식민지'가 아니라 왕에게 박해받은 왕녀가 만든 도시라는 점이다. 그런 점에서 티레인들이 같은 북아프리카에 건설한 아우자*나 우티카와는 달랐다.

둘째, 카르타고의 건설자들은 본토 티레인보다 종교적 '정통성'을 더 강력하게 주장했을 가능성이 크다. 엘리사는 남편이 살해당한 왕의 누이였을 뿐 아니라 멜카르트 신전 대사제의 부인이었다. 즉 그녀

---

* 티레인이 북아프리카에 건설한 최초의 식민도시로 정확한 위치는 알려져 있지 않다.

●── 엘리사의 죽음. 그림 아래쪽의 여성은 동생 안나이다. 묘하게도 〈겨울왕국〉의 두 주인공 엘사
와 안나의 이름과 흡사한데, 이 전설에서 영감을 얻었는지도 모르겠다.

는 부당하게 죽은 사제의 부인으로서 죽은 남편의 후계자였다. 전설에서 그녀는 티레를 탈출할 당시 멜카르트 신에게 희생 제물을 바치고 가호를 빌었는데, 독해하기에 따라서는 제사 기구를 가지고 떠났다고 해석할 수도 있다. 즉 그들이 멜카르트 신앙의 본산을 카르타고로 옮겼다는 의미로 받아들일 수도 있는 것이다. 앞서 알렉산드로스의 티레 공격 때 카르타고인들이 피란민만 받아들였을 뿐 직접 개입은 삼갔다고 했는데, 어쩌면 멜카르트 신앙의 완벽한 '본거지'가 되기 위한 '의도적인 불개입'이었을지도 모를 일이다. 또한 다른 관점에서 보면 청교도들의 아메리카 정착 과정에서 볼 수 있듯 의도된 '건국 신화'일 가능성도 높다. 아메리카 대륙, 특히 북아메리카는 이미 스페인인들에게 알려져 있었고 또 일부는 정착해 있었는데도 의도적으로 '필그림 파더스'의 '메이플라워호' 전설을 만들어냈듯이 말이다.

마지막으로, 고대판 필그림 파더스의 지도자 엘리사는 아프리카 왕의 부인이 되는 대신 멜카르트 신전 대사제의 부인으로서 죽었다는 점이다. 그리고 그녀의 이러한 희생은 신생 도시 카르타고의 이념이자 정신이 되었다. 이 신화는 카르타고는 물론 포에니 세계 전역에서 오랫동안 남아 있었다. 놀랍게도 로마 제정 후반기 티레에서 주조된 화폐에 멜카르트 신에게 제물을 바치는 엘리사의 모습이 새겨져 있었다는 사실이 이를 증명한다.

카르타고는 한 여장부에 의해 창건되었다. 고대 지중해 세계의 국가나 도시의 창업자가 여성인 경우는 카르타고가 유일하다. 그런 점에서 오히려 엘리사의 전설은 사실일 가능성이 높다.

카르타고의 위치

카르타고는 기원전 8세기 후반에 지중해 유수의 도시로 올라설 정도로 빠르게 성장했다. 하지만 이 시기에는 아직 페니키아인들이 건설한 수많은 식민도시 중 하나일 뿐이었다. 카르타고의 위치가 페니키아인들의 무역망 중간 지점에 있다고는 하나 우티카 역시 비슷했다. 입지 조건도 페니키아인의 일반적인 원칙—강과 바다가 만나며 수심이 비교적 얕고 곶이 튀어나와 있어 만이 형성되는 지점에 항구 건설—을 충실히 따르고 있었다. 카르타고는 티레나 시돈처럼 계절, 풍향, 방향에 따라 쓸 수 있는 여러 개의 항구를 만들었다. 고고학자들은 이런 자연적 환경과 인공 환경을 '페니키아의 풍경'이라고 부른다. 그리고 무엇보다도 카르타고는 페니키아인들을 여러 번 괴롭혔던 아시아 내륙의 외세로부터 안전한 곳에 자리하고 있었다. 한편 지리적 위치뿐 아니라 하드웨어 측면에서도 엘리사의 위치 선정은 탁월했다고 할 수 있는데, 인근 튀니스만, 정확하게 말하면 지금의 알하우아리아 지역에 이상적인 건축용 석재인 석회암이 풍부했기 때문이다.

여러 번 이야기했지만 페니키아인들의 기록은 남아 있는 것이 거의 없고 그리스-로마인과 아시리아, 이집트, 유대인들의 기록이 대부분인데, 이들은 본토 페니키아인과 카르타고인을 구분하지 않았다. 특히 그리스-로마인들은 더욱 그랬다. 로마인들이 카르타고와 벌인 고대의 세계대전을 카르타고 전쟁이 아니라 '포에니 전쟁'이라고 불렀다는 것이 좋은 증거이다. 그런 의미에서 보면 카르타고는 적어도 초반기에는 포에니 세계에서 압도적인 존재는 아니었다고 볼 수 있다.

어쨌든 카르타고가 건설된 시점은 동서 지중해를 촘촘하게 연결하는 페니키아인들의 교역 네트워크가 완성되기 전임은 분명하다. 카르타고는 교역 중심지로 성장했고, 본토의 쇠퇴와 더불어 포에니 세계의 맹주로 떠오르는데, 모도시와 달리 '준제국'으로 발전했다.

카르타고의 대두

페니키아인의 교역을 한마디로 표현하면 '중금주의重金主義'라고 할 수 있다. 이베리아반도 등 변방의 미개발지에서 무지한(?) 원주민을 상대로 그들의 흥미를 끌 만한 자신들의 공예품이나 비교적 싼 상품을 주고 동방에서는 고갈되기 시작한 금과 은, 구리 등의 금속을 얻는 방식이었다. 피레네산맥에서 목동의 부주의로 산불이 난 적이 있는데, 이때 산불이 은맥을 건드려 은이 용암처럼 흘러내렸다는 기록이 있을 정도이니 세상 물정 모르는 원주민들을 상대로 페니키아인들이 얼마나 많은 이득을 얻었을지 짐작이 된다.

그런데 싸다고는 해도 공예품들을 생산하는 공장은 페니키아 본토에 있었다. 아무래도 물류 거리가 길다보니 카르타고에 정착한 페니키아인들 입장에서는 중계지에 머무는 대신 카르타고에 공장을 세워 원주민들과 '직거래'를 하는 편이 더 많은 이득을 취할 수 있었다. 그와 함께 자연스레 포에니 세계의 교역망 중심지는 티레 등의 페니키아 본토 도시가 아닌 카르타고로 옮겨졌다(카르타고의 '생산기지화'는 아시리아, 신바빌로니아와의 전쟁으로 페니키아 본토가 쇠퇴하던 시기와도 겹친다).

카르타고가 본토를 대체할 가능성은 기원전 7세기 이후 현실화되었다. 카르타고 전승에 의하면 기원전 654년, 고고학적으로는 기원전 6세기경 발레아레스제도 이비사섬에 식민지를 건설했다는 증거로 이를 확인할 수 있다.* 카르타고는 서지중해에 자신들의 교역망을 형성했다. 어쩌면 티레를 탈출한 엘리사 여왕의 이야기는 티레와 카르타고의 주도권 경쟁을 '전설화'한 것인지도 모르겠다. 하지만 카르타고가 자유를 되찾기 위해 현대적 의미의 '식민지적 예속관계'를 깨뜨릴 투쟁을 전개할 필요는 없었다.

카르타고 '제국'의 형성

카르타고는 티레를 기점으로 하는 지중해 광물 교역망을 자신들이 중심이 되는 형태로 바꾸면서 기원전 6세기에는 독자적인 서지중해 교역망을 형성한다. 여기서 주목해야 할 점은 이 시스템이 다른 페니키아 도시들의 그것과는 달리 군사적인 성격을 지니고 있었다는 것이다. 기존의 페니키아 도시들과 식민도시의 관계는 아무래도 본토 쪽에 심리적인 우월감은 있었지만 수평적인 관계였던 것으로 보인다. 하지만 카르타고는 점차 자신들을 정점으로 한 일극 체제를 구축했고, 일부 학자들은 이를 '카르타고 제국'이라고 부른다. 카르타고가 지배했던 사르데냐 등에서 앞서 이야기한 '유아의 무덤'인 토펫도 많이 발굴되었고, 카르타고의 주신 가운데 하나인 타니트 여신을 모신 신전의 흔적도 곳곳에서 나온다는 점이 그 증거다.** 무엇보다 카르타고 유적에서 발견된 석재들이 시칠리아 서부와 사르데냐 등 카르타고 제국 내에서 가져온 것들이라는 사실이 증명되었다. 다른 제국들처럼 노예 등 예속적 노동력을 동원하여 건설했을 것이라는 추정도 충분히 가능하다(카르타고인들은 그들이 필요한 배의 목재를 주로 사르데

---

* '발레아레스'라는 이름은 페니키아의 최고신 바알의 이름에서 유래했다고 한다.
** 타니트 여신은 옛 카르타고 땅에 자리 잡은 튀니지의 어원이기도 하다.

냐에서 구했다고 한다).

카르타고는 아마도 서지중해에 산재한 기존의 페니키아 식민도시들을 자신들의 패권하에 집어넣고 새로운 도시들을 건설하면서 '제국'을 건설했을 것이다. 물론 그 자세한 과정은 알 길이 없다. 하지만 그들의 힘은 리비아에서 서아프리카에 이르렀다. 카르타고인들은 본토 페니키아인 못지않은 상인이자 항해자였다. 그들은 자신들의 '대항해시대'를 열어나갔다. 마치 영국을 모태로 한 미국이 더 강성해져 세계의 바다를 지배하듯이 말이다.

그리스인과의 투쟁

카르타고의 역사, 특히 기원전 6세기 이후의 역사는 어쩔 수 없이 그리스-로마인들과의 투쟁, 그것도 대규모 전쟁이 많은 부분을 차지한다. 그리스인들과의 충돌이 먼저였다. 이 사실은 역시 그리스인들과 라이벌 관계였고, 사소한 무력 충돌은 있었지만 적어도 역사 기록에 대규모 전쟁 같은 정면충돌이 없었던 다른 페니키아 도시들과 큰 차이를 보인다. 이런 차이는 앞서 이야기했듯이 카르타고가 본토 도시들과 달리 군사적 성격을 지닌 패권 국가였고, 그리스인들이 빠른 속도로 서지중해로 진출했기 때문에 발생했다고 보아야 할 것이다.

우선 그리스인들의 앞마당인 동지중해에서 페니키아인들이 밀려나기 시작했다. 그들은 크레타와 키프로스에서 축출당했고, 그리스인들이 리비아 해안의 키레네에 거점을 마련하는 것도 막지 못했다. 점차 충돌은 서지중해로 확대되었다. 서지중해로 먼저 진출한 그리스 도시국가는 이오니아의 포카이아였다. 페르시아가 이오니아 지역을 정복했을 때, 포카이아 시민들은 복속을 거부하고 코르시카섬으로 이주했다. 당시 코르시카섬의 이름은 키르노스였고, 그들이 건설한 새 도시의 이름은 알랄리아였다. 포카이아인들은 이에 멈추지 않고 거의 같은 시기에 엘레아학파로 유명한 남이탈리아의 엘레아와 프랑스의 마살리아(마르세유)를 식민도시로 건설했다(마살리아는 페니키아어로 '정착'이란 뜻인데, 아마 페니키아인들이 먼저 발견했지만 지명의 뜻과 달리 알 수 없는 이유로 '정착'하지 않은 듯하다). 카르타고인들은 이를 방관하지 않았다. 그들은 마살리아 건설을 무력으로 방해했다. 기원전 540년경 이탈리아반도의 동맹국인 에트루리아와 연합하여 100척이 넘는 대함대로 공격한 것이다. 하지만 알랄리아 앞바다에서 벌어진 해전에서 카르타고는 겨우 60척밖에 안 되는 포카이아 함대에 패배했다. 기존의 수상 백병전이 아닌 함수에 충각을 달고 키잡이의 기술로 적함을 들이받아 격침하는 포카이아의 혁명적 전술에 당한 것이다(포카이아 함대도 심각한 수준의 손실을 입었다). 하지만 해전에서 패배했음에도 카르타고인들은 이미 거점화된 이비사섬을 더욱 강화하는 전략으로 포카이아인들의 스페인 진출에 대비했고, 이를 통해 포카이아인들의 승리를 사실상 무력화했다. 그리고 이런 과정을 통해 비록 마살리아와 가까운 스페인 동북부, 즉 지금의 카탈루냐 일대는 포카이아인들의 세력권이 되었지만 훨씬 더 넓은 동남부 일대는 계속해서 카르타고의 세력권으로 남았다.

카르타고가 활발하게 해외 진출을 시도한 이유는 신바빌로니아의 네부카드네자르 2세에게 모도시 티레가 점령되었기 때문이다. 당시에는 티레의 식민도시였던 카르타고는 상황이 급변하자 본격적으로 자주 국가, 아니 제국으로의 변신을 꾀했다. 그리고 그런 카르타고의 운명을 결정할 지역은 지중해에서 가장 큰 섬이자 지중해의 패권을 노리는 국가라면 반드시 차지해야 할 시칠리아였다.

시칠리아를 둘러싼 지중해 민족들의 각축

투키디데스에 의하면 시칠리아에 가장 먼저 들어온 민족은 이베리아 반도에서 넘어온 시카노이인이다. 하지만 그 후에 이탈리아에서 넘어온 시켈로이인들이 시카노이인들을 서남부로 몰아내고 중앙부와 북쪽 해안을 장악했다. 트로이아 유민들이라고 알려진 엘리모이인들도 섬의 서쪽에 자리 잡았다. 페니키아인들은 그들답게 시칠리아 내륙 깊숙이 진출하는 대신 최서단의 모티아를 비롯하여 섬과 곶에 식민도시를 건설하고 교역에 나섰으며, 엘리모이인과는 동맹을 맺었다.

당시 시칠리아에는 빈 땅이 많았다. 그런 이유로 기원전 8세기 들어 그리스인이 대거 이 섬으로 이주했다. 그들은 낙소스를 시작으로 시라쿠사이(이하 시라쿠사), 셀리누스, 겔라(지금의 젤라), 메가라히블라이아 등의 식민도시를 건설했고, 원주민들이 내륙으로 밀려나면서 해안 지역은 거의 그리스화되었다. 그중 가장 중요한 도시이자 지금도 큰 도시로 건재한 시라쿠사는 기원전 734년 코린토스인들의 이민에 의해 건설되었는데, 이 시기는 공교롭게도 카르타고의 본격적인 식민도시 건설 시기와 겹친다. 이후 페니키아인들과 그리스인들은 시칠리아를 중심으로 지중해 각지에서 충돌했던 것으로 보이지만 기원전 580년까지는 구체적인 역사 기록이 남아 있지 않다. 재미있는 사실은 카르타고나 시라쿠사 모두 모도시 티레와 코린토스를 능가하는 대도시로 발전했다는 것이다.

기원전 580년, 이오니아 출신의 야심가 펜타틀로스가 좋게 말하면 모험가, 나쁘게 말하면 해적 내지 불한당 등을 모아 시칠리아 서부의 페니키아 식민지를 기습했다. 이 시기에 티레는 13년간에 걸친 네부 카드네자르 2세의 포위 공격을 당하고 있어 머나먼 시칠리아까지 도울 여유가 없었는데, 아마도 이 기회를 노렸던 것으로 보인다.

페니키아인들이 엘리모이인들과 연합하여 맞서자 펜타틀로스 일당은 동족의 도시인 셀리누스에 지원을 요청했다. 하지만 승리는 페니키아-엘리모이 연합군에게 돌아갔고, 펜타틀로스는 전사했다. 이 전쟁에 카르타고가 개입했다는 기록은 없다. 하지만 40년 후 앞서 이야기한 알랄리아 해전을 치르는 것으로 보아 그사이에 크고 작은 충돌이 있었을 것으로 보인다. 마르쿠스 유니아누스 유스티누스의 기록(정확하게는 그나이우스 폼페이우스 트로구스의 저작을 요약한 책)에 의하면, 카르타고는 기원전 6세기 전반에 시칠리아에서 승전을 거듭했다. 하지만 전장이 사르데냐로 옮겨가면서 상황이 급변하여 군대의 태반을 잃었다. 여러 정황상 카르타고가 기원전 6세기 이후 시칠리아에서 벌어진 전쟁에서 큰 역할을 했던 것은 분명해 보이며, 시칠리아 서부는 카르타고화되었다. 한편 유스티누스의 기록에 따르면 사르데냐 전투를 지휘했던 카르타고 측 패장의 이름은 말코스이다.

말코스의 쿠데타

유스티누스는 말코스와 관련하여 음침하고 참혹한 이야기를 소개한다. 말코스는 시칠리아 북서부를 손에 넣고 아프리카인들과의 전쟁에서도 성과를 거두었지만 사르데냐에서의 패전 책임을 지고 살아남은 군대와 함께 추방당했다. 분노한 병사들은 본토의 사자들을 앞에 세우고 사면을 요구했지만 받아들여지지 않았다. 결국 그는 군대를 이끌고 카르타고에 상륙하여 "조국을 찾기 위해 왔다!"면서 도시를 포위하고 보급로를 끊었다.

거의 같은 시기에 말코스의 아들이자 사제였던 카르탈로는 아버지가 시칠리아에서 얻은 전리품의 10분 1을 티레에 바치기 위해 떠난 상태였다. 그는 귀국하여 아버지의 진중으로 들어가 자신은 효도보다 종교적 의무를 우선하겠다고 선언했다. 아버지의 분노를 산 그는 며칠 후 사제의 예복과 관을 갖추고 카르타고 성문 앞에 나타났다. 말코스는 아들을 잡아다 복장 그대로 십자가에 달아 죽였다. 그러고는 도시를 함락한 뒤 10명의 원로원 의원을 죽이고 권력을 장악했다. 하지만 그는 왕위를 노렸다는 죄로 고발되었고 결국 처형되고 말았다. 유스티누스는 아들 살해와 국가 전복이라는 이중의 대죄에 대한 대가를 치렀다고 기록했다.

정확한 역사서라고는 할 수 없지만 이 기록에는 주목할 만한 점이 적지 않다. 그중에서도 그리스와 지중해 패권을 두고 싸우던 기원전 6세기에 카르타고는 해외 원정군을 지휘하는 장군과 원로원 등의 권력 기구가 상호 불신과 갈등 관계에 있었다는 사실을 알 수 있다. 카르타고는 군대의 지휘관들을 혹독하게 대했다. 승리를 너무 많이 거두면 독재자가 되려는 야심을 품고 있다고 고소를 당하여 법원에서 문책을 당하는 경우도 있었다. 반대로 크게 패하면 십자가에 못 박혀 죽을 가능성이 컸다. 따라서 때로는 중대한 시기에 노련한 지도자를 잃는 상황이 벌어지기도 했다. 이런 고질적인 악습이 기원전 6세기에도 벌어지고 있었던 것이다. 결국 이러한 악습은 로마와의 운명적인 결전에서 치명적인 약점으로 작용한다.

카르타고는 적어도 당시에는 왕정이 아니었고 원로원을 중심으로 한 과두 내지 귀족 정치체제였던 것으로 보인다. 다만 일부 연구자들은 말코스^{Malchus}가 개인의 이름이 아니라 페니키아어로 왕을 뜻하는 '밀쿠^{Milku}'의 변형이라고 주장한다. 카르타고사의 대가 샤를 피카르가 대표적인데, 그는 '말코스 사건'을 왕이었던 말코스가 아들을 제물로 바친 종교적 의식으로 보고 있다. 어쨌든 이 일화가 카르타고의 제국화와 군사화 과정에서 일어난 정치적 갈등을 보여주었다는 것만은 분명하다.

마고 왕조의 서지중해 패권 장악

말코스의 실각 후, 카르타고의 권력을 장악한 인물은 마고였다. 유스티누스는 그를 군사대국이기도 한 카르타고 제국의 건설자로 보고 있다. 기원전 550~530년까지 20년 동안 카르타고를 지배한 마고는 자신의 지위를 두 아들 하스드루발과 하밀카르에게 물려줬고, 결국 손자에까지 이어졌다. 이 때문에 상당수의 역사가들은 이 가문이 명실상부한 왕조였는지 확실하지는 않지만 '마고 왕조'라고 칭한다.

약 70년간 이어진 '마고 왕조' 시대는 페니키아-카르타고 세력과 범그리스 세력의 싸움이 절정에 이른 시기였다. 앞서 말한 포카이아인들과의 알랄리아 해전은 그 시작이었다. 카르타고는 지금의 이탈리아 토스카나 지역을 지배하던 에트루리아인(에트루스키)들과 동맹을 맺었다. 아리스토텔레스도 《정치학》에서 이 두 나라의 동맹을 언급하는데, 자세한 내용을 소개하지는 않았지만 통상과 군사동맹이 그 골자라고 기록했다. 알랄리아 해전에서도 두 나라는 힘을 합쳤다.

1964년 이탈리아 체르베테리 에트루리아 유적에서 기원전 6세기에 만든 것으로 보이는 세 개의 황금판이 발굴되었다. 피르지라고 불리는 항만 지역에서 나온 이 황금판은 이곳의 지배자였던 테파리에 벨리아나스가 페니키아 세계의 아슈타르테 여신과 동일시되는 에트루리아의 여신 우니에게 바친 것이다. 황금판에는 페니키아어와 에트루리아어가 둘 다 새겨져 있고, 우니 여신에게 바치는 제사에 페니키아 사제가 직접 참여했다는 사실도 밝혀졌다. 이는 페니키아의 종교가 에트루리아 정치에도 영향을 미쳤다는 놀라운 증거이다! 따라서 두 나라의 동맹은 아리스토텔레스가 기록한 통상과 군사뿐 아니라 문화와 종교에 이르기까지 훨씬 더 다양했다고 봐야 할 것이다.

카르타고가 에트루리아에 금과 은, 주석을 공급하고 철과 구리를 수입했다고 보는 역사가들도 많다. 마고의 아들 하스드루발과 하밀카르 시대에는 두 나라의 동맹 관계가 더 깊어졌고, 포카이아인 제압에도 성공하여 사르데냐를 회복했으며, 코르시카와 스페인에서도 그들을 축출했다. 카르타고 해상제국은 마살리아를 제외한 서지중해가 카르타고의 호수가 되면서 기원전 3세기까지 서지중해의 교역을 거의 독점하기에 이른다.

카르타고인들이 다루는 품목은 페니키아 본토에 못지않게 다양했다. 아프리카의 곡물과 스페인의 금속류는 기본이었고, 이탈리아의 나뭇진과 코르시카의 꿀, 아크라가스에서 가까운 에트나화산의 유황, 발레아레스제도의 가축, 여러 지역에서 생산되는 다양한 포도주, 향료, 향수, 갖가지 동물 가죽 등이 카르타고의 교역 품목이 되었다.

로마와의 조약 체결

당시 카르타고 해상 패권의 실상을 잘 보여주는 것이 로마와의 첫 조약이다. 에트루리아계 왕들이 지배하던 로마는 '거만한 타르퀴니우스'를 타도하고 공화정으로 전환했다. 역사가 플리니우스는 로마가 공화정 원년에 카르타고와 조약을 체결했다고 전한다. 아마도 에트루리아와 동맹 관계에 있던 카르타고는 그 전까지는 에트루리아계 왕들이 지배하던 로마와 조약 같은 특별한 조치를 취할 필요성을 느끼지 못했지만 정권은 물론 정체까지 바뀌자 조약이 필요했던 것으로 보인다.

유일하게 플리니우스만이 전하는 이 조약은 그 진위에 대해 많은 논쟁이 있었다. 그러나 이 조약이 카르타고와 로마의 세력권을 설정하고, 상대의 세력권에서 활동해야 할 경우의 금지 사항을 명문화하여 서로 충돌을 피하고 공존을 꾀할 수 있게 해주었다는 것만은 분명하다. 또한 조약은 카르타고와 로마의 통상 조건을 정하는 경제조약의 성격은 있었지만 군사동맹적 의미는 전무했다. 즉 훗날 숙명적 라이벌이 되는 두 나라가 당시에는 전혀 적대감이 없었다는 증거이기도 하다.

문제는 쌍방의 세력권이었다. 카르타고는 앞마당인 아프리카는 물론이고 사르데냐와 시칠리아 서부를 자신들의 세력권으로 설정했고, 로마의 배가 카르타고 근처로 항해할 때에도 '아름다운 곳'을 넘어서는 안 된다는 제한을 두었다. '아름다운 곳'은 카르타고 동쪽의 본곶이라는 설이 유력한데, 현재는 튀니지의 중요한 관광지이기도 하다. 카르타고 북서쪽의 파리나곶이라는 설도 있다. 이 설이 맞다면 카르타고와 범페니키아 세력이 장악하고 있던 이베리아반도 동남부와 지브롤터해협으로는 접근하지 말라는 의미이다. 또한 로마와 그 동맹국이 교역을 하려고 이 영역으로 오는 경우 포고관과 서기가 입회해야 하며, 그렇지 않은 경우에는 무효로 하지만, 사정상 관리들이 입회하지 못하는 경우에는 카르타고 정부가 상품의 대금 지급을 보증한다는 내용도 있다. 대신 로마 지배하의 라틴 도시에 대한 카르타고의 공격을 금지하고, 로마 지배하에 있지 않은 라틴 도시에 대해서도 개입을 금지하며, 라틴 지역에서 카르타고 요새를 건설해서는 안 되고, 무장한 카르타고인이 라틴 지역에서 밤을 보내서도 안 된다는 조항이 들어가 있었다. 즉 로마 입장에서 자신들이 세력을 확대해야 하는 라틴 지역(지금의 이탈리아 중부)에 카르타고가 거점을 만드는 것을 방지하기 위한 조항이었다. 따라서 전반적으로 카르타고에 유리한 조약이었지만 당시 이탈리아에서의 세력 확대가 최우선 과제였던 로마 입장에서도 결코 불리한 내용은 아니었다. 서지중해의 패권자가 카르타고라는 사실을 떠오르는 신흥 세력에게 인정받은 조약인 셈이었다.

페르시아 전쟁 전야

기원전 5세기 초반, 즉 마고 왕조의 전성기 시절, 아케메네스 왕조 페르시아가 당시 문명의 중심이던 오리엔트를 통일하는 엄청난 사건이 벌어졌다. 키루스 2세와 캄비세스 2세의 뒤를 이은 다리우스 대왕(다리우스 1세)은 거대한 통치 기구를 만들고 페니키아 도시들도 제국의 일원으로서 중요한 역할을 맡게 했다. 대왕은 카르타고에도 사신을 보내 자신의 뜻을 전했다. 유스티누스의 기록에 따르면 인신 공양 금지, 개 식용 금지, 매장 대신 화장을 하라는 내용이었다. 하지만 가장 중요한 것은 곧 시작할 그리스 침공전에 참가하라는 요구였다. 아마도 티레를 점령한 페르시아 입장에서는 카르타고를 속국의 속국 정도로 보지 않았을까 싶다. 전략적으로도 그리스를 좌우에서 협공하는 셈이었으니 충분히 할 만한 요구였다. 하지만 카르타고는 다른 요구는 수락했지만 파병은 거절하고 사실상 중립으로 남았다. 당시 카르타고는 인접한 여러 민족과 충돌하고 있었기 때문에 여력이 없었다. 카르타고 건국신화에서도 알 수 있듯 아프리카에는 원주민이 있었고, 이들과의 크고 작은 충돌이 없을 수 없었다. 또한 이베리아반도의 카디르 등 페니키아-카르타고 교역망에 포함되어 있던 원주민들도 포카이아인을 필두로 한 타민족과 접촉하면서 새로운 세계에 눈을 뜨고 있었다. 심지어 그리스인들은 카르타고 본토에서 멀지 않은 리비아에 자신들의 도시(키레네)를 건설할 정도였다. 게다가 제아무리 강력한 페르시아 제국이라도 그리스보다 카르타고를 먼저 칠 수는 없었다. 어쨌든 마라톤 전투로 유명한 1차 페르시아 전쟁은 카르타고와 무관하게 지나갔다. 하지만 다음 전쟁은 그럴 수 없었다. 그리고 운명의 기원전 480년이 다가왔는데,* 시라쿠사와 일곱 차례에 걸쳐 대전쟁을 치르리라고는 누구도 상상하지 못했다.

1차 시칠리아 전쟁

그리스의 역사가 디오도로스 시켈리오테스(시켈로스)는 다리우스의 후계자 크세르크세스 1세가 카르타고에 사절을 보내 페르시아가 그리스 본토를 공격하는 동안 카르타고는 시칠리아의 그리스인을 공격해달라는 내용의 약속을 요구했다는 기록을 남겼다. 이 기록은 같은 그리스 역사가 에포로스가 기원전 4세기에 남긴 사료에 근거한 것으로 보인다. 에포로스의 저작은 단편적으로만 남아 있는데, 그에 따르면 크세르크세스 1세는 원정을 준비하던 중에 페르시아인과 페니키

---

* 기원전 480년 이전의 카르타고사는 불명확한 부분이 많지만 이후로는 비록 그리스와 로마의 기록이기는 해도 상당히 명확해진다. 프랑스의 한 카르타고 전문가는 "기원전 480년 이전의 카르타고 사료는 없는 것과 마찬가지다"라고 했을 정도다.

●── 시칠리아는 7차례나 벌어진 카르타고-시라쿠사 전쟁의 주전장이었다.

아인으로 구성된 사절을 카르타고에 파견했고, 함대를 최대한 동원하여 시칠리아를 침공해서 그리스인들을 무찌른 다음 펠로폰네소스반도로 진출해달라고 요청했다. 페르시아 입장에서는 카르타고가 그리스 본토로 진격하지 못하더라도 시칠리아의 그리스 도시들이 모국을 지원하지 못하게만 해도 남는 장사였다.

에포로스와 디오도로스는 그리스 본토와 시칠리아에서 거둔 이중의 승리를 과장하기 위해 그런 기록을 남겼을지도 모른다. 사실 노벨문학상 수상자이기도 한 독일의 대역사가 테오도어 몸젠은 디오도로스를 "형편없는 작가"라고 혹평한 바 있다. 하지만 그리스인이 동서양 방면에서 대승리를 거둔 것은 틀림없는 사실이고 카르타고와 페르시아의 기록은 남아 있지 않으니 두 기록의 명확한 진위는 알 수 없는 일이다.

경위야 어쨌든 카르타고는 시칠리아 원정을 준비했다. 페르시아의 요청도 요청이지만 그럴 만한 사정도 있었다. 시칠리아의 그리스 도시들이 본토처럼 분열되어 있어서 그동안은 카르타고에게 큰 위협이 아니었지만 묘하게도 그때는 그렇지 않았다. 시칠리아 남동부의 작은 폴리스인 겔라 출신의 겔론(겔론 1세)이라는 인물이 이 도시를 장악한 데 이어 시칠리아 그리스인들의 최대 도시인 시라쿠사마저 내분을 틈타 손에 넣었기 때문이다. 그는 이에 멈추지 않고 인근 폴리스인 카마리나와 메가라히블라이아를 정복하고 파괴했다. 그러고는 두 도시의 상류층과 겔라의 상류층 절반을 시라쿠사로 이주시키고, 두 도시의 평민과 노예들은 외국으로 팔아치우는 '도시 대개조'를 감행했다. 겔론은 단순히 큰 폴리스의 참주가 아니라 여러 폴리스의 상류층으로 구성된 거대한 시민단 위에 군림하는 독재자가 된 셈이었다. 상황이 이렇게 변하자 그리스 본토에서도 겔론에게 원군을 요청하는 사절단을 보냈다. 그러자 겔론은 2만 명의 중장보병과 기병 2,000명, 200척의 함선 등 대규모 병력을 파견할 용의가 있다면서도 대신 그리스 총사령관직을 자신에게 맡겨야 한다는 조건을 내걸었다. 아무리 궁박한 처지에 처했다고 하더라도 스파르타인이나 아테네인이 받아들일 수 있는 요구가 아니었다. 구원병 파병은 무산되었다.

페르시아와 그리스 본토의 전쟁과 별개로 겔론의 대두는 카르타고에게 큰 위협이었다. 그리스령 시칠리아가 통일될 우려가 있을 뿐 아니라 겔론 이전에 시라쿠사를 지배했던 가모로이는 마고 왕조 카르타고와 협력 관계였고, 여기에 카르타고의 왕 하밀카르의 어머니가 시라쿠사 출신이라는 헤로도토스의 기록이 있는 것으로 보아 카르타고와 시라쿠사는 밀접한 관계였는데 사정이 완전히 달라진 것이다. 게다가 카르타고 입장에서는 겔론의 등장 외에도 출병을 해야 할 또 다른 이유가 있었다. 시칠리아와 이탈리아반도 사이의 메시나해협 문제였다.

메시나해협의 이탈리아 쪽 도시인 레기움은 참주인 아낙실라스가 장악하고 있었는데, 그는 스파르타의 압박에 밀려 도망쳐온 메세니아인(펠로폰네소스반도의 원주민)을 시칠리아 쪽으로 이주시켜 레기움 맞은편에 메세네(지금의 메시나)를 건설하기 시작했다. 아낙실라스는 시칠리아 북부의 소도시 히메라의 참주 테릴루스의 딸과 결혼했고, 마고 왕조와도 관계를 맺고 있었다. 카르타고는 히메라를 매개로 레기움과 협력하면서 간접적으로나마 지중해 동서 교통의 요충지인 메시나해협을 통제할 수 있었다. 그러나 히메라의 정세가 급변하면서 문제가 생겼다. 시칠리아 남부 아크라가스(지금의 아그리젠토)의 지배자 테론이 히메라를 침공해 테릴루스를 추방해버린 것이다. 테릴루스는 카르타고에 출병을 요청했다. 아낙실라스 역시 아들을 인질로 보내면서까지 카르타고의 왕 하밀카르를 설득했다. 결국 카르타고가 이에 응하지 않고 방치한다면 메시나해협의 상실은 물론 이탈리아의 중요한 동맹국인 에트루리아와의 연결선, 즉 티레니아해의 제해권도 잃을 판이었다. 결국 카르타고는 출정을 결정했다. 하지만 이 결정이 두 세기 가까이 7차례나 벌어질 시칠리아 전쟁의 시작이 될지는 아무도 상상하지 못했다. 첫 결전장은 시칠리아의 소도시 히메라였다.

헤로도토스에 의하면 하밀카르는 친정을 결심하고 30만 대군을 편성했다. 그리스로 침공한 페르시아군을 300만 명이라고 했던 헤로도토스이니 과장이겠지만, 여러 정황상 페니키아-카르타고 세계 역사상 유례없는 대군임에는 분명하다. 포에니 세계의 페니키아인은 물론 사르데냐, 이베리아, 코르시카, 리구리아, 리비아 등 '카르타고 제국' 내 모든 지역에서 모인 민족들로 구성된 대군이 200여 척의 군함과 3,000척이 넘는 수송선을 타고 시칠리아에 상륙했다. 디오도로스에 따르면 이 원정은 카르타고 국민의 전폭적인 지지를 받았다.

카르타고항을 출발한 대함대는 도중에 폭풍을 만나 군마와 전차를 실은 몇 척의 수송선을 잃기는 했지만 전반적으로 무사히 시칠리아 서북부 파노르무스, 즉 지금의 팔레르모에 도착했다. 그곳은 카르타고의 동맹인 엘리모이인의 땅이었다. 무사히 상륙한 하밀카르는 안도하며 병사들에게 3일간의 휴식을 준 뒤 히메라 방향으로 진격했다. 2,500년 후 이 섬에 발을 디딘 미국의 조지 패튼 장군은 자신의 일기에 시칠리아를 역사상 가장 많은 상륙작전이 벌어진 곳이라고 썼는데, 그 시작이 카르타고인이었던 것이다. 이후 아테네, 로마, 반달족, 아랍인, 노르만인, 십자군, 나치 독일군과 프랑스군, 영국군 그리고 미군이 이 섬에 상륙했다.

하밀카르는 군함을 육지로 끌어올려 히메라성의 해자를 둘러싸고 포위하려고 했다. 다급해진 테론은 시라쿠사로 사자를 보내 구원병을 요청했고, 시라쿠사의 독재자 겔론은 지체 없이 5만 명의 보병과 5,000명의 기병을 이끌고 히메라로 달려갔다. 선봉을 맡은 시라쿠사의 기병은 히메라의 외곽 농촌 지대를 약탈하던 카르타고군을 기습했다. 방심한 카르타고군이 손 쓸 새도 없이 무너지면서 1만 명이 넘는 병사가 포로가 되어 히메라 시내로 끌려갔다. 카르타고를 두려워하던 히메라인들의 기세는 하늘을 찌를 듯했다.

그사이 하밀카르는 성대한 의식을 준비하는 데 여념이 없었다. 같은 날, 동맹인 셀리누스(셀리노스)의 기병대가 도착할 예정이어서 그들을 환영하기 위한 목적도 있었다. 앞서 이야기했듯 해난 사고로 적지 않은 말과 전차를 잃은 하밀카르였다. 의식의 날이 밝아오자 한 무리의 기병이 다가왔다. 하밀카르는 당연히 셸리누스의 기병대라고 확신했지만 놀랍게도 그들은 시라쿠사의 기병이었다. 셸리누스로 보낸 사자가 도중에 시라쿠사군의 포로가 되었고, 겔론은 이를 역이용해 예정된 시간에 가짜 원군을 보낸 것이다.

기습을 당한 카르타고군은 걷잡을 수 없이 무너졌다. 포위를 위해 끌어올린 군함들은 불타 잿더미가 되었고, 1만 명 이상이 전사했으며, 살아남은 자들은 고지대로 피했지만 그곳에는 물이 없어 농성이 불가능했기에 모두 항복할 수밖에 없었다. 헤로도토스는 서지중해에서 우세했던 페니키아-카르타고 세력이 그리스 세력에게 역전당한 계기가 된 히메라 전투가 살라미스 해전과 같은 날 일어났다고 했는데 곧이곧대로 믿기는 어렵다. 현재 아그리젠토에 남아 있는 거대한 제우스 신전은 이 승리를 기념하여 세워졌는데, 포로가 된 후 노예 신세가 된 카르타고인들을 동원했다고 한다.

한편 디오도로스는 하밀카르가 시라쿠사 기병에게 죽었다고 했지만 헤로도토스의 기록은 다르다. 군이 무너져가는 동안 의식을 위해 쌓아올린 장작더미에 몸을 던져 자신을 바알-하몬 신의 제물로 바쳤다는 것이다. 국조 엘리사를 연상시키는 그의 죽음은 '멜카르트의 종'이라는 그의 이름에 어울리는 최후였다(하밀카르는 '압드멜카르트'를 라틴어로 발음한 것이다. 아랍어 압드알라(압둘라), 즉 '알라의 종'과 같은 의미이다).

1차 시칠리아 전쟁은 카르타고의 패배로 끝이 났다.

동맹의 종말

따지고 보면 히메라에서의 참극이 갑자기 불거진 것은 아니었다. 카르타고의 서지중해 제해권은 이탈리아반도의 최강자이자 동맹인 에트루리아가 있었기 때문에 가능했다. 하지만 에트루리아의 지위는 히메라 전투 이전부터 흔들리고 있었다.

기원전 524년, 에트루리아는 나폴리 부근에 있던 그리스 식민도시 쿠마이를 공격했다가 대패했다. 당시 쿠마이의 지도자였던 아리스토데모스는 20년 후인 기원전 504년, 아리키아에서 에트루리아 왕 라르스 포르세나의 군대를 격파하고 쿠마이 참주가 되었다. 아리스토데모스는 청년들에게 여장을 시키는 등의 기행으로 유명해서 스타일은 다르지만 그리스계이고 카르타고-에트루리아 동맹에 도전하여 승리를 거두었다는 점에서 겔론과 공통점이 있었다.

기원전 474년, 에트루리아인들은 시라쿠사와의 해전에서도 대패한다. 이 패전으로 해군이 궤멸되고 티레니아해의 제해권을 완전히 상실하여 에트루리아는 본토마저 그리스인들의 공격에 노출된다. 그사이 설상가상으로 로마가 급격하게 성장하여 결국 에트루리아를 완전히 흡수한다. 카르타고가 이 중요한 동맹국의 멸망 과정에서 어떤 역할을 했는지는 알려져 있지 않다. 다만 히메라의 참패 때문에 여력이 없었다는 추정이 가능할 뿐이다.

한편 당시 아테네를 위시한 그리스의 도시국가들은 동지중해에서 대제국 페르시아를 격파하고 전성기를 누리고 있었는데, 그 힘은 농업과 공업에 종사하는 유산계급의 시민들로 구성된 중장보병과 삼단노선의 노를 잡은 무산계급 출신의 노잡이에게서 나왔다.* 그에 비해 카르타고-페니키아는 기본적으로 상업 민족이었기 때문에 그리스와 같은 시민군 체제를 운영할 수가 없었다. 하지만 시대의 변화는 그들에게도 변신을 요구했고, 카르타고는 부흥에 성공하여 다시 지중해의 여왕으로 군림한다. 그 비결은 무엇이었을까?

농업대국 카르타고

시칠리아에서 죽은 하밀카르의 세 아들과 사르데냐 전투에서 입은 부상으로 죽은 하스드루발의 세 아들이 카르타고를 지배했다. 카르타고는 이들을 중심으로 바다로 나가는 대신 아프리카 대륙의 원주민들을 지배하여 생산력을 높이는 쪽으로 국가정책을 전환했다. 기원전 5~3세기 카르타고는 아프리카, 즉 지금의 튀니지 내륙 방향으로 깊숙이 진출하여 곡물 재배를 산업화하는 데 성공했다. 이 땅은 지금보다 훨씬 비옥했기에 대농장을 만드는 데 적합했다(일부에서는 원주민들이 유목민이어서 본격적인 농경과는 거리가 멀었다고 주장한다. 하지만 최근에 와서는 적어도 리비아에는 농경문화가 있어서 반유목사회였다는 증거가 나오고 있다). 카르타고인들은 우수한 기술력으로 지금의 튀니지를 중심으로 북아프리카를 대농장화했다. 폴리비오스는 '농노화'된 아프리카 원주민들이 수확량의 약 25퍼센트를 연공으로 바쳤고, 전시에는 연공이 2배로 늘어났다고 기록했다. 이는 마치 메세니아를 지배하여 농노화한 스파르타를 연상시키는데, 아리스토텔레스도 자신의 저서《정치학》에서 두 나라의 제도가 비슷하다고 언급했다.

　카르타고의 농업대국화는 이런 농노화 덕분만은 아니었다. 기술이

---

* 서지중해의 그리스 도시국가들은 아테네처럼 민주정을 하지는 않았지만 군사적으로는 비슷한 체제를 갖추어 막강한 힘을 가질 수 있었다.

뛰어난 페니키아인답게 '페니키아 수레plostellum Punicum'라고 불린 탈곡판이 생산성 향상에 큰 도움을 주었다.

　노예 또는 농노화된 원주민이 생산 활동을 맡아준 덕에 스파르타와 카르타고의 시민들은 자신들에게 '어울리는 일'에 전념할 수 있었다. 스파르타의 경우는 '중장보병'이었고, 카르타고의 경우는 '항해'였다. 적도를 넘어선 한노의 항해는 이런 농업생산력 덕분에 가능했던 것이다. 하지만 카르타고는 '부국'을 만드는 데는 성공했지만 '강병'은 이루지 못했고, 결국 이 약점은 파멸로 이어진다.

한노의 대항해

페니키아-카르타고 세계의 기록은 거의 남아 있지 않지만 드문 예외가《한노의 항해기》이다. 카르타고의 왕일지도 모르는 한노가 지휘하는 선단이 네 차례에 걸쳐 아프리카 연안을 항해한 견문록인 이 책은 카르타고의 바알-하몬 신에게 바쳐진 것이었다. 훗날 그리스어로 번역되어 지금까지 전해지고 있다.

　항해 시기는 기원전 470년, 기원전 425년, 앞서 이야기한 네코 2세의 명령에 의한 기원전 7세기 내지 6세기라는 세 가지 설이 있는데, 기원전 425년 설이 유력하다. 하지만 기원전 470년 설이 맞다면 히메라 전투에서 전사한 하밀카르의 세 아들 중 하나인 한노일 가능성이 높다.* 그렇다면 그 항해 목적은 히메라에서의 대패를 만회하기 위해 대서양 해변에 식민도시를 건설하고, 2,000년 후의 포르투갈과 스페

---

* 카르타고사에는 한노, 하밀카르, 하스드루발, 마고, 한니발이라는 이름이 자주 등장하므로 헷갈리지 않도록 주의해야 한다. '한노'라는 이름은 '자비로운' 또는 '온순한'이라는 뜻을 가진 아랍 이름 '하난'과 흡사한 페니키아어이다.

인이 그랬던 것처럼 황금을 찾기 위해서일 것이다. 당시에는 많은 사람들이 아프리카의 바다를 두려워했다. 남쪽으로 갈수록 바다가 더워져 바닷물이 끓고 사람들도 타 죽을 것이며, 그 끝은 낭떠러지라고 믿었다. 2,000년 후 대항해시대 전에도 그런 괴담이 보편적으로 받아들여졌고, 심지어 괴물들이 산다는 말까지 있었으니 무리도 아니다. 그러나 한노는 그런 말을 믿지 않았다. 아마도 네코 2세 시절, 조상들이 행한 항해를 알고 있었기 때문일 것이다.

1차 항해 때는 1척당 50인의 노잡이가 모는 60척의 배에 3만 명의 남녀를 태웠다. 한노는 티미아테리온(지금의 모로코에 있는 케니트라)을 건설했으며, 솔로이스(지금의 베두자곶으로 추정)에 포세이돈 신전을 세웠다. 포세이돈 신전은 그리스어 번역자의 표현임을 감안해야 할 것이다. 또한 지금의 모로코와 그 주변에 카리콘테이코스(그리스어로 '카리아 요새'라는 의미), 아크라(지금의 아가디르) 등 5개의 도시를 더 세웠다. 카리콘테이코스는 모로코 해변에 있는 에사우이라인 듯한데, 이곳에서는 카르타고인들의 고고학적 유물이 발견되었다. 아마도 마데이라제도와 카나리아제도도 들렀을 것이다. 실제로 마데이라제도의 코르부섬에서는 페니키아 동전이 발굴되기도 했다. 전반적으로 2,000년 후 대항해시대 직전 포르투갈인들의 항해와 거리는 비슷했지만 한노의 선단 규모와 인원이 훨씬 크고 많았다고 할 것이다.

1차 항해의 성과가 만족스러웠는지 한노는 세 차례나 더 항해를 감행했다. 두 번째 항해는 모로코 북부 정도에 머물렀지만, 세 번째 항해에서 한노는 무역 중심지인 케르네(지금의 서사하라에 있는 리오데오로(금의 강) 부근)를 세운 듯하다. 이 추정이 맞다면 현재 발견된 카르타고 유적 가운데 가장 남단인 모로코의 모가도르보다도 남쪽이다.

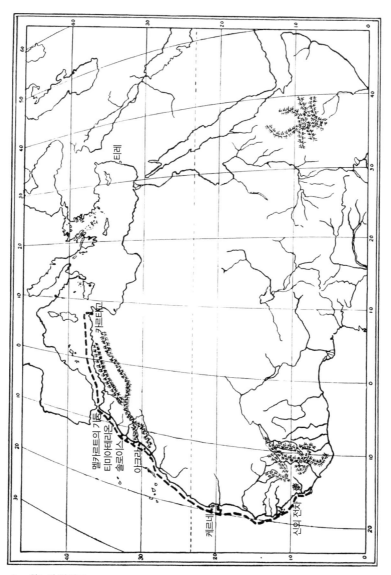

●── 한노의 항해도.

그리고 이 세 번째 항해에서 오늘날의 모리타니 해안을 지나 "악어와 하마가 가득한 깊고 어둡고 폭이 넓은 하천"에 다다랐다고 기록했는데, 아마도 세네갈강으로 추측된다.

네 번째 항해가 가장 주목할 만하다. 그들은 "큰 숲이 있는 곳"을 돌아 항해했는데 이는 세네갈의 베르데곶을 나타낸다고 보인다. 이들은 여기서 멈추지 않았다. 그리고 지금의 시에라리온에 도착했는데, 여기서 그들은 "털 많은 여자"를 만난다. 그들은 그 '여자'를 "고릴라이Gorillai"라고 불렀다. 물론 이 단어는 고릴라의 어원이 되었다. 한노 일행은 이들을 포획했는데, 한노는 "여자 중 세 명을 잡았다. 그들은 서로 물어뜯고 할퀴며 우리를 따라오지 않으려고 했다. 그래서 우리는 그들을 죽이고 껍질을 벗겨 가죽을 카르타고로 가져왔다. 식량이 다 떨어져서 더 이상 항해할 수 없었기 때문이다"라고 썼다.

이 정도에서 한노의 항해가 끝났다고 보는 게 주류 학설이다. 하지만 카메룬까지 도달했다고 보는 견해도 있다. '신의 전차'라고 부르는 화산의 위치를 두고 의견이 엇갈리기 때문이다. 어쨌든 한노의 항해 이후 서아프리카에 카르타고 식민지가 세워진 것은 분명하다. 카르타고가 멸망한 이후에도 상당히 오랫동안 유지되었던 것으로 보인다. 기원후 5세기경 카르타고 출신의 성 아우구스티누스는 서아프리카 해안에서 페니키아어가 사용되고 있다고 저술하기도 했다.

카르타고는 아마도 서지중해에 산재한 기존의 페니키아 식민도시들을 자신들의 패권 아래 두고 새로운 도시들을 건설하면서 '제국'을 건설했을 것이다. 그리고 그들의 힘은 리비아에서 서아프리카에 이르렀다. 카르타고인들은 본토 페니키아인 못지않은 상인이자 항해가였다. 그들은 이렇게 자신들의 '대항해시대'를 열어나갔다.

히밀코의 항해

한노가 남쪽으로 항해했다면 항해자 히밀코 또는 히밀코 1세는 기원전 5세기경, 대략 기원전 480년경에 유럽 북서 해안을 항해했다. 그는 지금의 스페인, 포르투갈의 대서양 연안을 따라 북쪽으로 항해했으며 프랑스 북서부 해안, 즉 지금의 브르타뉴와 영국에 도착했다. 그의 여행 일지에는 여러 번 반복해서 바다 괴물이나 해초에 관한 이야기가 언급되는데, 이는 경쟁자인 그리스인들이 교역 루트에 끼어드는 사태를 막기 위한 것으로 보인다. 실제로 지구의 둘레를 처음으로 측정한 인물로 유명한 에라토스테네스는 카르타고인들이 사르데냐 서쪽으로 가려는 배들을 공격하곤 했다고 전한다. 고대 그리스의 대시인 핀다로스 역시 비슷한 기록을 남겼다.

히밀코의 항해 목적은 조상들과 마찬가지로 금속, 특히 주석을 구하기 위해서였다. 철기시대가 되었지만 청동은 여전히 그릇이나 무기를 만드는 데 중요한 재료였다. 청동의 주원료인 구리는 키프로스섬에서 많이 산출되었지만 지중해 연안에서 주석은 거의 생산되지 않았다. 카르타고인들은 지금의 브르타뉴반도와 영국의 콘월 지역에서 주석을 채굴하여 청동 수요를 충당했던 것으로 보인다. 실제로 콘월 지역과 인접한 실리제도에서는 17세기부터 19세기까지 주석이 채굴되었다.

카르타고인들은 '주석의 섬들'이라는 의미로 영국을 카시테리데스 제도라고 불렀다. 그들은 아일랜드에도 진출했을 가능성이 높은데, 1953년 데이비스 신부는 북아일랜드에서 카르타고인으로 추정되는 얼굴이 조각된 계란형 돌을 발견했다.

주석 산지가 개척되자 자연스레 '주석의 길'도 개척되었다. 하나는 해로였고, 다른 하나는 센강을 거슬러 가다가 남알프스를 통해 지중해에 이르는 길이었다. 후자의 경우에는 마살리아(마르세유)를 건설한 그리스인들이 관여했던 것으로 보이는데, 훗날 한니발이 이곳을 통과한 이유 중 하나가 '주석의 길'을 장악하기 위함이라는 설도 있다. 이렇듯 여러 정황상 카르타고인들의 유럽 북서 해안 항로 개척은 확실해 보인다. 다만 한노의 아프리카 항해와 달리 카르타고가 식민도시를 건설했다는 증거는 문헌은 물론 고고학적으로도 발견되지 않고 있다.

카르타고의 사하라 진출

이쯤에서 드는 궁금증이 있다. 카르타고인들은 바닷길로만 '금속'을 찾아다녔을까? 그렇진 않은 듯하다. 그들은 카르타고 남쪽, 즉 사하라 사막 쪽으로도 진출했다는 정황 증거를 남겼다. 사하라 타실리고원에서 그리스의 것과 비슷한 말과 전차가 묘사되어 있는 동굴 벽화가 발견되었는데, 카르타고인이 숭배한 타니트 여신의 상징도 나왔다.

로마의 희극 작가인 티투스 마키우스 플라우투스 작품에 카르타고의 늙은 상인 한노가 등장한다. 그는 어린 시절에 유괴당한 조카를 찾아 그리스로 떠나는데, 조카에게는 어린 시절 원숭이에게 물린 상처가 있었다. 카르타고인들이 아프리카 원숭이를 애완동물로 키웠다는 증거이다.

그 외에도 카르타고 지역과 사하라 이남에서 발굴된 유물들을 살펴보면 카르타고인들이 유리와 옥으로 만든 수공예품을 사하라 지역의 투아레그족에게 주고 그들이 가진 금과 귀금속, 상아, 타조 깃털, 모피류 등을 손에 넣었다는 것을 유추해볼 수 있다. 리비아와 튀니지 국경지대의 렙티스*에도 카르타고 세관이 있었다. 카르타고 전문가인 피카르 교수는 이 세관에서 하루 1탈렌트 이상의 수입을 올렸으며, 결코 무시할 수 없는 수준의 이익이 발생했다고 주장한다.

2차 시칠리아 전쟁

히메라 패전 이후 격동기를 거치며 카르타고는 위세를 회복했다. 그 증거가 마고 일족의 시칠리아 재출병이다. 이 시기 카르타고는 시라쿠사를 중심으로 한 그리스 세력과 충돌을 피할 수 없었고, 분쟁이 거의 일상화하다시피 했다.

그사이 카르타고 본토에서는 마고 왕조가 무너지고 과두 공화정이 수립되었다. 이런 정치적 변화를 겪으면서 카르타고는 안정되었고, 그리스 문화가 유입·융화되면서 문화적으로도 크게 발전했다. 그러나 카르타고를 연구하는 학자들은 기원전 5~4세기 카르타고가 최고 전성기였던 것은 사실이지만 그와 동시에 성인병의 징조, 즉 다음 세기 로마와의 전쟁에서 드러나는 카르타고의 구조적 문제가 나타난 시기로도 보고 있다.

이 시기의 카르타고가 그 전과 다른 결정적인 이유는 금속화폐의 발행이었다. 마고 왕조 말기의 시칠리아 원정 때 주조된 은화는 주로 용병들의 급료를 지불하기 위한 것으로 보인다. 이 은화의 앞면에는 승리의 여신이 달리는 말에게 화관을 얹어주는 그림이, 뒷면에는 야자나무와 카르타고의 국명이 페니키아어로 새겨져 있다. 대영박물관

---

* 렙티스는 기원후 193년 로마 황제에 즉위하여 20년 가까이 재위하고 왕조까지 세운 셉티미우스 세베루스 황제의 고향이기도 하다.

이 소장하고 있는 이 은화는 카르타고 본토가 아니라 카르타고 패권 아래 있었던 시칠리아 서부에서 주조된 것이다. 이는 여러 의미를 내포하고 있다. 첫 번째는 그리스의 화폐 주조 문화가 카르타고에도 도입되었다는 것이고, 두 번째는 이 현상이 그리스 세계와의 군사적, 문화적, 경제적 최전선인 시칠리아에서 나타났다는 것이다. 즉 상호 간의 충돌에도 불구하고 고대 지중해 세계에서 문화적 수용이 어떠했는 가를 보여주는 좋은 예인 것이다. 어쨌든 이런 이유로 화폐를 발행했기에 카르타고는 교역 중심지임에도 알렉산드리아나 로도스 같은 금융 중심지는 되지 못했다.

그럼에도 금속 주화의 편리함을 알게 된 카르타고는 기원전 4세기 중엽 본토에서도 금화를 찍어냈다. 다만 그리스 방식이 아니라 기원전 5세기 중엽부터 금화를 주조한 티레를 모방했다. 카르타고가 서지중해와 그리스 세계뿐 아니라 여전히 그들의 뿌리였던 페니키아 본토와도 활발하게 교류했다는 증거이다.

기원전 431년, 그리스 세계의 내전인 펠로폰네소스 전쟁이 벌어졌다. 이런 대전쟁이 벌어진 이상 카르타고와 그리스 세력이 대립하고 있던 시칠리아도 무풍지대일 수 없었다. 시라쿠사와 도리아(도리스)계 폴리스는 스파르타 쪽으로, 궤변학자 고르기아스의 고향으로 유명한 레온티니와 세게스타 등의 폴리스는 아테네 편에 섰다.

기원전 427년에도 개입했다가 철수했던 아테네는 기원전 415년 다시 무모한 시라쿠사 원정을 감행했다. 그러나 2년 후 1만 명이 넘는 원정군이 전멸당하는 대참사를 당했다. 이 원정군의 지휘자는 니키아스였는데, 아이러니하게도 그는 시라쿠사 원정을 가장 강력하게 반대한 인물이었다. 하지만 그만한 지휘관이 없었기에 지휘봉을 잡았던 것이다. 디오도로스는 자신의 책에서 그의 원정 반대 연설을 기록했는데, 흥미롭게도 카르타고가 등장한다.

시칠리아에서 가장 강한 힘을 가진 카르타고도 몇 번이나 이 섬을 장악하려고 전쟁을 벌였지만 성공하지 못했다. 군사력으로 카르타고보다 약한 아테네가 무력으로 이 섬을 정복하는 것은 불가능하다.

디오도로스가 '시칠리아 애국주의' 입장에서 이렇게 썼을 수도 있다. 하지만 당시 카르타고가 군사적으로 만만치 않은 전력을 갖추고 있었다는 사실을 알 수 있는 대목이다.

그리스 세력에게 큰 패배를 당한 이후 관망만 하던 카르타고는 드디어 시칠리아에 개입할 기회를 얻는다. 아테네의 참패로 궁지에 몰린 세게스타가 시라쿠사를 등에 업은 오랜 적수 셀리누스에게 영토의 일부를 빼앗기자 카르타고에 구원을 요청한 것이다. 게다가 세게스타를 건설한 엘리모이인은 오래전부터 카르타고-페니키아의 동맹으로 그리스 세력의 진출을 막아온 역사가 있었다.

기원전 410년, 카르타고 원로원은 시라쿠사가 아테네에 승리를 거두었지만 많이 지친 상태라고 판단하고 파병을 결정했다. 지휘관은 마고 일족의 한니발(물론 그 한니발과는 다른 인물이다)이 맡았는데, 히메라에서 죽은 하밀카르의 손자였다. 주력은 언제나처럼 용병이 맡았다. 리비아 병사 5,000명과 이탈리아 출신 병사 800명이었다. 이들의 활약으로 셀리누스군은 패주했고, 시라쿠사가 구원에 나서면서 전쟁은 전면전으로 치달았다. 그렇게 2차 시칠리아 전쟁이 시작되었다.

한니발은 시칠리아에 도착한 다음 해인 기원전 409년 봄부터 본격적인 공세에 나서 셀리누스와 히메라를 함락하고 철저하게 파괴했다. 특히 200년 동안 번영했던 셀리누스는 화려한 조각과 테라코타로 장식한 신전이 확인된 것만 6개가 되는 도시였지만 참혹한 운명을 맞았고, 이후 재건되지 못했다. 두 도시의 파괴로 시칠리아에서 카르타고의 지위는 확고해졌다. 하지만 시라쿠사의 장군이 셀리누스의 재건을 시도하면서 전쟁은 다시 불이 붙었다. 기원전 406년, 카르타고군이 다시 이 섬에 상륙했다. 그들의 목표는 아크라가스, 즉 히메라 전투 당시 적장이었던 테론의 모도시였다.

히메라 전투 이후 승자인 시라쿠사와 아크라가스는 전례 없는 번영을 누렸다. 제우스 신전을 비롯한 호화로운 신전, 백조가 노는 인공 연못, 거대한 포도와 올리브 농장이 있어, 그리스 세계에서 가장 부유하다는 평을 들을 정도였다. 따라서 카르타고군의 아크라가스 공성전은 고전의 연속이었다. 전염병이 유행하여 많은 희생자가 나왔고, 그중에는 한니발도 있었다. 지휘권은 동료인 히밀코가 인수했다.

기원전 406년 말, 카르타고군은 결국 식량이 떨어진 아크라가스를 함락했다. 20만 명에 달하는 아크라가스 시민들 중 절반 이상이 겔라로 도망쳤고, 도시는 철저하게 약탈되었다. 가장 가치가 있는 것들은 카르타고로 보내졌는데, 그중에는 아크라가스의 옛 참주 팔라리스를 위해 만든 청동제 황소상도 있었다. 이 황소상은 260년 후 카르타고가 로마에 의해 초토화되었을 때 소小스키피오가 아크라가스에 반환했다. 아크라가스의 재건은 기원전 4세기 후반에야 이루어진다.

아크라가스의 함락은 당연하게도 시라쿠사를 패닉 상태로 몰아넣었다. 이 혼란을 틈타 권력을 장악한 인물이 바로 디오니시우스(디오니시우스 1세)였다. 그는 아크라가스 구원에 실패한 장군들을 숙청하고 '전권을 위임받은 장군'으로서 무려 38년 동안 시라쿠사에서 군림한다.

히밀코의 카르타고군은 디오니시우스의 시라쿠사군을 겔라 외곽에서 격파하고 기원전 405년 겔라와 카마리나를 함락했다. 내부 귀족들의 반란까지 막아야 했던 디오니시우스는 카르타고에 강화를 요청하지 않을 수 없었다. 이때가 바로 카르타고가 갈망하던 시칠리아 정복을 현실화할 수 있는 순간이었다. 하지만 카르타고군 역시 전염병으로 병력의 거의 절반을 잃은 상황이었기에 끝까지 밀어붙일 수 없었다. 대신 카르타고 이민자들과 엘리모이인, 시칠리아 원주민인 시카노이인의 지위를 회복하고, 셀리누스와 아크라가스, 히메라의 지배권을 얻었다. 히밀코는 겔라와 카마리나 시민들의 복귀는 허용했지만 방어 시설 설치는 금지하고, 카르타고에 대한 조공을 의무화하는 성과를 거두고 기원전 403년 본토로 돌아갔다.

3차 시칠리아 전쟁

디오니시우스는 이런 굴욕을 오래 참고 있을 남자가 아니었다. 그는 이탈리아와 그리스로부터 많은 임금을 주고 기술자들을 불러모아 300척이 넘는 대함대를 구축하고, 공성기와 투석기 등 중장비를 갖추었다. 공학적으로 설계된 최초의 투석기를 전장에 투입한 인물로 전쟁사에 이름을 남긴 그는 자국군의 확충은 물론이고 용병들도 대거 고용하여 수만 명에 이르는 지상군까지 갖춘 다음 카르타고에 사자를 보내 그리스권 도시들로부터 철수하라고 요구했다. 사실상의 선전포고였다.

기원전 398년, 카르타고 원로원이 용병을 모집하기 위한 거액의 예산 지출을 승인하면서 3차 시칠리아 전쟁이 시작되었다. 하지만 전염병을 두려워한 데다 지난 전쟁에서의 성과에 만족했기에 반응은 더뎠다. 훗날에도 반복되는 카르타고의 이런 고질병은 재앙을 낳는다. 그 사이 디오니시우스의 군대는 서쪽으로 빠르게 진군한 뒤 엘리모이인들의 근거지인 에릭스산(지금의 몬테산줄리아노)으로 진격하여 항복을 받아냈다. 이 산 정상에는 이슈타르(아슈타르테) 여신의 신전이 있었는데, 훗날 그리스화되어 아프로디테 여신의 신전이 되었다.

오랜 동맹의 거점이 무너졌다는 사실도 카르타고에는 큰 충격이었지만 이보다 더 큰 재앙이 이어졌다. 카르타고-페니키아 세력의 가장 오래된 거점이었던 서쪽 해안 모티아섬의 위기였다. 이 섬이 그들의 거점이 된 지는 400년 가까이 되었다. 디오니시우스는 알렉산드로스의 티레 공성전보다 두 세대나 앞서 둑길을 만들어 이 섬을 공략했다. 히밀코는 100척의 정예 함대를 보내어 구원에 나섰지만 최신형 투석기를 갖춘 시라쿠사군에게 격퇴되고 말았다. 시라쿠사의 공성기는 이 섬을 완전히 궁지에 몰아넣었다.

결국 도주로까지 차단당한 모티아섬의 카르타고-페니키아인들은 절망적인 농성전을 벌이다 그리스인들에게 대학살을 당했다. 당시 디오니시우스도 막을 수 없을 정도로 병사들, 특히 용병들의 증오심이 컸다. 그리스인들도 존중하는 성역인 신전으로 피신한 일부만 참극을 면할 수 있었다. 말 그대로 티레에서 일어난 참사의 전조이자 축소판이었다. 하지만 이런 대참사에도 살아남은 이들이 있게 마련이고, 이 난민들은 시칠리아 최서단에 릴리바이움(지금의 마르살라)이라는 신도시를 건설한다. 카르타고 입장에서는 불행 중 다행으로 이 도시는 1차 포에니 전쟁 마지막까지 그들의 시칠리아 거점으로서 훌륭하게 제기능을 다했다.

기원전 396년, 복수전에 나선 히밀코는 시칠리아에 상륙하여 마고가 이끄는 해군과 함께 시라쿠사에 대해 직접 공격에 나섰다. 250척의 함대가 시라쿠사 항구를 봉쇄했고 디오니시우스가 궁지에 빠지면서 전쟁은 카르타고의 승리로 끝나는 듯했다. 그러나 다시 전염

● — 디오니시우스 1세의 초상을 새긴 시라쿠사 주화. 초상은 그가 만만치 않은 인물이었음을 잘 보여주고 있다.

병이 카르타고군을 덮쳤다. 천연두로 추정되는 이 전염병에 대해 시라쿠사인들은 데메테르 여신과 그의 딸인 코레 여신(페르세포네로 더 유명하다)의 성역을 약탈했기 때문이라고 주장했다. 하지만 실제로는 대군의 밀집, 지나치게 더운 여름 날씨, 그리고 야영지의 지형 때문에 번진 것으로 추정된다. 발병하면 5, 6일 만에 죽음에 이르는 이 전염병으로 원정군은 궤멸되었다. 카르타고는 비탄에 빠졌고, 신전의 문이 닫혔으며, 일상생활은 중지되었다. 초라한 노예의 옷을 입고 귀국한 히밀코는 자신의 집에 칩거하다가 단식으로 자살했다.

상황이 이렇게 되자 설상가상으로 카르타고 지배하에 있던 리비아인들이 반란을 일으켰다. 오랜 압제에 시달린 데다 리비아 병사들이 시칠리아에 버려졌다는 소문까지 났기 때문이다. 거의 20만에 달하는 리비아인들이 카르타고를 포위했다.

카르타고와 그리스가 서로에게 미친 영향

재앙이 거듭되자 카르타고인들은 자신들의 신에게 버림받았다고 느꼈는지 갑자기 데메테르와 코레 여신을 숭배하기 시작했다. 명문가의 자제들이 사제를 맡을 정도였으니 그 열기가 어땠는지 상상할 수 있다. 그리고 두 여신의 가호(?) 덕분인지 리비아인들은 식량 부족과 지휘권을 둘러싼 내분으로 자멸했다. 물론 카르타고는 해상을 통해 식량을 보급받을 수 있었기에 가능한 결과였다.

이유와 경위가 어쨌든 이 사건은 카르타고의 '그리스화'가 상당히 진행되었다는 증거이기도 했다. 그리스 예술은 카르타고령 시칠리아, 사르데냐, 아프리카 해안, 스페인의 묘비와 건축에 많은 영향을 미쳤다. 카르타고는 도시계획, 중정이 있는 주택, 장식 항아리, 시멘트, 석관 그리고 철학에 이르기까지 그리스 문물을 대거 받아들였다. 카르타고 귀족이 시칠리아의 그리스 명문가와 사돈을 맺는 경우도 생겨났다. 정확한 통계는 없지만 그리스 세계와의 교역량은 티레나 시돈 같은 페니키아 본토보다도 많았다. 그 유명한 바르카 가문의 부자 하밀카르와 한니발 역시 그리스 문화에 심취해서 그들의 문화와 병법에 통달했고, 그리스인 역사가를 대동하고 원정에 나설 정도였다. 하밀카르의 부인, 즉 한니발의 어머니가 그리스 여자라는 설도 있었다.

그리스 땅에도 카르타고산 물품이 넘쳐났다. 희곡들은 카디르산 염장 생선이 아테네에서 인기 있는 상품이었음을 전해주는데, 아리스토파네스의 작품에서는 타르시스산 칠성장어도 등장한다.

종전과 카르타고 공화국

본토는 위기에서 벗어났지만 여전히 카르타고는 시칠리아에서 디오니시우스의 시라쿠사군과 전투를 벌이고 있었다. 5년간 벌어진 메시나에서의 수성전은 승리했지만 아바카이눔에서는 패했다. 전쟁에 지친 양국은 기원전 393년, 서로의 영역을 인정하는 내용의 휴전 조약을 맺었다(카르타고의 영역은 다소 줄어들었다). 하지만 긴 평화는 아니었다.

카르타고의 정치체제는 귀족정과 과두정이 뒤섞인 '공화정'으로 옮겨갔는데, '카르타고 공화국'에는 두 당파가 생겨났다. 하나는 '다카'라고 불리는 세력으로 시라쿠사에 대해 강경파였고, 마고 왕조의 전통을 이어받아 현대적 표현을 빌리면 '제국주의'적 성향을 띠었다. 다른 하나는 데메테르 여신을 숭배하는 '하토'라는 세력으로 수니아톤이 그 리더였다. 하토파는 그 성격상 친그리스 성향일 수밖에 없었고, 당연히 시라쿠사에 온건한 입장이었다. 기원전 370년경, 두 당파 중 다카파가 승리했다. 그 지도자는 대*한노라고 불리는 인물이었다.

4, 5차 시칠리아 전쟁과 디오니시우스의 죽음

기원전 383년, 디오니시우스는 남부 이탈리아의 그리스인들과 연합하여 다시 카르타고와 전쟁을 시작했다. 첫 4년간은 이렇다 할 대전투가 없었다. 하지만 기원전 378년, 디오니시우스가 직접 지휘하는 시라쿠사군이 카발라에서 또 다른 마고가 지휘하는 카르타고군에게 대승을 거두었다.* 카르타고는 1만 명이 전사하고 5,000명이 포로가 되었으며 마고도 전사하는 큰 손실을 입었다. 게다가 설상가상으로

---

* 기원전 378년이 정설이지만 분명하지는 않다. 카발라의 위치 또한 정확하게 알려진 바가 없다.

사르데냐와 본토에서 반란이 일어나자 카르타고는 디오니시우스에게 강화를 요청했다. 디오니시우스는 카르타고에게 시칠리아에서 완전히 철수하라고 요구했다. 카르타고가 받아들일 수 없는 요구였다. 전쟁은 다시 시작되었고, 이번에는 패장 마고의 아들 히밀코가 기원전 376년 크로니움에서 시라쿠사 군대를 궤멸시키면서 복수에 성공했다(시라쿠사의 사상자는 1만 4,000명이 넘었다고 한다). 디오니시우스는 강화를 받아들일 수밖에 없었다. 카르타고는 배상금으로 1,000탈렌트를 받고, 아크라가스와 셀리누스를 차지하면서 서부 시칠리아를 장악했다.

카르타고와 시라쿠사의 시칠리아 쟁탈전은 아이러니하지만 양국 모두에게 이익이 되었다. 셀리누스, 히메라, 아크라가스, 겔라 등 번창하던 도시들이 카르타고에 의해 철저하게 파괴되었는데, 디오니시우스는 동족의 도시가 파괴되는데도 수수방관하며 이탈리아와 갈리아, 스페인에서 데려온 용병들로 그 땅의 일부를 자신의 영역으로 굳히는 데만 힘을 썼다. 결국 두 나라는 약자들의 희생 속에 시칠리아를 나누어 먹은 것이다. 물론 두 나라는 상대방의 약점을 공략하는 데 수단과 방법을 가리지 않았다. 카르타고는 시라쿠사의 귀족과 민주파의 갈등을 조장했고, 시라쿠사 역시 카르타고가 지배하는 아프리카인들의 '민족해방'운동을 지원했다. 그러는 동안 디오니시우스는 시라쿠사 주위에 더욱 강력한 성벽을 쌓아 난공불락의 요새로 만들었고, 남이탈리아와 그리스 본토로까지 세력을 확장했다.

기원전 368년, 디오니시우스는 다시 릴리바이움을 포위하며 그로서는 마지막 전쟁이자 5차 시칠리아 전쟁을 일으켰다. 당연히 카르타고도 반격에 나섰는데, 이때 카르타고 정계에 큰 변화가 일어났다. 대한노가 하토파의 리더인 수니아톤을 반역죄로 체포한 것이다. 수니아톤이 디오니시우스에게 카르타고군의 출병과 한노가 장군으로서 무능하다는 내용의 그리스어 편지를 보냈다는 혐의였다. 결국 수니아톤은 처형되었다. 이후 카르타고인의 그리스어 학습이 일시적으로나마 금지되었다. 시칠리아 전선에서는 카르타고 함대가 시라쿠사의 포위를 무력화시켰다. 다음 해 디오니시우스가 세상을 떠나자 후계자인 그의 아들 디오니시우스 2세는 더 이상 전쟁을 지속할 이유가 없다고 판단하고 카르타고와 강화를 맺었다. 카르타고는 히메라강 서쪽의 시칠리아 영토를 그대로 유지할 수 있었다.

38년이나 독재자로 군림했던 디오니시우스였던 만큼 그의 죽음은 시칠리아 정세를 불안하게 만들었다. 디오니시우스 2세는 아버지의 의제義弟인 디온에게 부탁해서 플라톤을 시라쿠사로 초청하여 '철인왕'이 되는 길에 대해 자문까지 받지만 결국 받아들이지 못하고 그를 추방한다. 분노한 디온은 디오니시우스 2세를 쫓아내고 권력을 장악했는데, 이 과정에서 카르타고의 지원을 받았다. 하지만 이상과 현실의 차이를 극복하지 못하고 암살당한다. 결국 다시 디오니시우스 2세가 복귀하지만 독재를 일삼다 시민들에 의해 그 역시 추방당하고 만다.

20년의 평화와 티몰레온의 등장

시라쿠사의 혼란은 카르타고에게 시칠리아 전체를 장악할 절호의 기회였다. 하지만 놀랍게도 기원전 4세기 중반의 20년은 대외 전쟁 자체가 거의 없을 정도로 카르타고 역사에서 가장 평화로운 시기였다. 무슨 이유에서였을까?

대한노는 왕이 되기 위해 반대파 원로원 의원을 독살하려다 실패했고, 그의 가문은 아프리카인들의 왕을 선동하여 봉기를 일으키게 한

●─ 디오니시우스 2세를 상대로 유세하는 플라톤. 당시 아테네는 경제력과 군사력이 크게 약화되어 과거의 영광은 이미 옛일이 되었다. 하지만 문화와 교육만은 여전히 지중해 세계에서 최정상급이었는데, 대표적인 인물이 바로 플라톤이었다.

뒤 체포하여 민중들 앞에서 십자가에 달아 채찍질하고 눈을 뽑고 수족을 부러뜨린 다음 죽여버리는 짓까지 자행했다. 결국 원로원은 그들의 야심을 깨닫고 체포한 뒤 멸문시켜버렸다. 이렇게 내부 문제로 절호의 기회를 날린 카르타고는 그 대가를 치르고 만다. 물론 카르타고에 대한 기록이 시칠리아 출신의 그리스인과 로마인들의 것이고, 그들이 쓴 페니키아-카르타고 세계에 대한 혐오가 지금까지 전해지는 점을 고려하면 한노 가문의 참사가 과장되었을 가능성도 있다.

이렇듯 기원전 4세기 중반은 대외적으로 보면 카르타고가 좋은 기회를 놓친 시기인 것이 사실이다. 하지만 대내적으로 내실을 기한 시기이기도 했다. 역사는 기록에 의해서만 밝혀지는 것이 아니다. 1980년대 독일 고고학자들의 발굴은 기원전 5~4세기 카르타고가 대성장의 시대였다는 사실을 밝혀준다. 비르사 언덕에서 동남쪽으로 내려오는 경사지에 사방으로 뚫린 중심 가로가 발견되었는데, 동서남북으로 길이 나 있는 시가지, 모도시 티레처럼 바닷가에 서 있는 두 개의 거대한 탑이 있는 성문터(바다의 문)도 발견되었다.

언덕 중턱에는 카르타고의 아고라라고 할 수 있는 공공 광장이 있었다. 이곳은 음모와 살인의 무대였을까? 활발한 정치 토론과 대중 정치가 이루어진 공간이었을까? 카르타고의 기록이 없으니 확언할 수는 없다. 하지만 기원전 5~4세기 카르타고의 정치는 '왕조'가 주도한 모험적인 제국주의 시대를 지나 과두정적 성격이 강하지만 104인의 원로가 이끄는 원로원에서 논의된 결정으로 국정이 처리되었다. 카르타고는 공화국이 되었고, 국가체제의 이러한 변화는 대외정책에도 반영되었다.

카르타고 공화국은 왕조 시대의 원정 방식이 아니라 정치공작을 통해 시칠리아 내 그리스 도시들의 내분을 조장하고, 대카르타고 강경파의 집권을 막는 쪽으로 대외정책을 수정했다. 그렇게 20년의 '평화'가 이루어졌던 것이다. 물론 어디까지나 카르타고 입장에서의 평화였다.

시라쿠사는 디온의 죽음 이후 공화파의 분열과 내분으로 황폐화되었다. 시라쿠사 외의 다른 그리스 도시들도 사병 집단의 손아귀에 들어가 혼란을 거듭했다. 그러자 기회를 노리고 있던 디오니시우스 2세가 기원전 346년 군대를 이끌고 시라쿠사의 참주로 복귀했다. 도시를 떠날 수밖에 없게 된 망명자들은 시라쿠사 북쪽의 레온티니 참주 히케타스에게 달려가 구원을 요청했다. 히케타스는 사실 디오니시우스 2세보다 나을 것도 없는 인물이었지만 그래도 시라쿠사 출신이었고, 상당한 무력도 갖추고 있었기 때문이다. 그는 군대를 일으켜 시라쿠사를 '해방'시켜주겠다고 약속했다. 이런 상황은 그동안 시칠리아에 '소프트'한 접근만 하던 카르타고 공화국에게도 본격적으로 개입할 수 있는 좋은 기회였다. 카르타고는 자연스럽게 함대를 보내 시칠리아를 전부 차지할 기회를 노렸고, 이를 두려워한 망명자들은 모두 시 코린토스에 구원을 요청했다.

히케타스는 오로지 자신의 세력 확장을 위해 '시라쿠사 해방'에 참여하고 있었다. 그런 만큼 카르타고와도 은밀하게 손을 잡고 있었다. 그는 코린토스에 구원을 요청한 시라쿠사 망명자들을 칭찬하면서 사절단 속에 자신의 부하를 끼워넣었다. 그는 당시 그리스가 신흥 강국 마케도니아의 압력을 받으면서 정신을 차리지 못하고 있던 상황이라 코린토스 역시 시라쿠사에 지원병을 보내지 못할 것이라고 예상했다. 하지만 그의 의도는 보기 좋게 빗나갔다. 코린토스는 직접 전쟁을 하고 있는 상황이 아니었기에 원정군 파병을 결정했고, 《영웅전》의 한 자리를 차지하는 명문가 출신의 장군 티몰레온에게 그 지휘를 맡겼다.

티몰레온이 원정 준비를 하는 동안 히케타스의 편지가 코린토스에 도착했다. 카르타고의 대군이 코린토스 원정군을 막기 위해 출동할 것이니 출정하지 말라는 내용이었다. 즉 그는 카르타고와 시칠리아를 나눠 먹기 위해 이중 플레이를 한 것이다. 하지만 이는 그의 의도를 간파한 코린토스인들을 분노케 해 오히려 원정군을 더 빨리 보내려고 단결하게 만드는 역효과를 낳았다. 그럼에도 티몰레온의 원정군은

1,000명이 조금 넘는 수준에 머물렀다.

코린토스가 원정군을 준비하는 동안 히케타스는 디오니시우스 2세의 군대를 물리치고 그를 궁지에 몰아넣었다. 디오니시우스군은 거의 절망적인 상황에까지 몰렸다. 하지만 그때 원정군이 도착했고, 티몰레온은 놀랍게도 4배가 넘는 히케타스군을 격파했다. 이에 많은 시칠리아 도시들이 성문을 열고 그에게 협력을 약속했다. 더 놀라운 사실은 그의 승리에 감동받은 디오니시우스 2세가 영토와 군대를 그에게 넘기고 일개 시민의 신분으로 코린토스로 떠난 것이다.

놀라운 승전보가 코린토스에 계속 전해지자 2,000명이 넘는 증원군이 도착했고, 히케타스가 보낸 자객의 암살 시도까지 실패하면서 티몰레온의 입지는 더욱 강화되었다. 결국 히케타스는 카르타고에 원군을 요청했다. 상황이 이렇게 되자 카르타고도 원정을 결정하지 않을 수 없었다. 카르타고는 또 다른 마고를 장군으로 삼아 6,000명의 보병을 시칠리아로 보냈다. 그러나 티몰레온은, 플루타르코스의 표현에 따르면, 놀라운 행운이 따르며 세력을 넓혀갔다. 그러자 마고는 티몰레온에게 겁을 먹고 돌아가버렸는데, 결국 자살했고, 그의 시신은 카르타고 시민들에 의해 십자가에 매달렸다. 패장에 대한 가혹한 처벌은 카르타고의 가장 큰 폐단 중 하나라는 것이 역사가들의 중론이지만 마고의 추태는 그런 처벌을 당하고도 남을 만한 것이었다.

티몰레온은 시라쿠사와 그 주변을 장악했다. 하지만 긴 전란과 폭군들의 횡포로 시라쿠사는 황폐화되어 있었고, 시골이나 요새로 은신했던 사람들도 도시로 돌아오려고 하지 않았다. 티몰레온은 코린토스를 비롯한 그리스 본토 사람들과 남이탈리아의 그리스인들에게 이민을 권했다. 플루타르코스에 의하면, 그의 명성에 이끌려 6만 명에 가까운 그리스인이 시칠리아행 배에 올랐다. 이들의 힘으로 시라쿠사는 부활했다. 티몰레온은 그 힘을 모아 폭군의 학정에 시달리던 그리스 도시들을 하나하나 해방하여 시칠리아 내 그리스 영역을 대부분 장악했고, 기원전 343년부터는 카르타고 영역도 공격했다.

6차 시칠리아 전쟁

상황이 급변하자 카르타고는 소극적인 태도를 버리고 티몰레온이 시칠리아를 완전히 장악하기 전에 그를 타도하기 위한 대군을 동원했다. 기원전 341년, 카르타고는 하스드루발과 하밀카르를 사령관으로 임명하고 5만이 넘는 대군, 300대의 전차와 수많은 군마 그리고 공성 장비와 엄청난 군수물자를 시칠리아 최서단의 거점 릴리바이움에 상륙시켰다. 그리스인들의 과장으로 부풀려진 숫자겠지만 대군임에는 틀림없었을 것이다. 더구나 카르타고 귀족의 자제들로 구성된 3,000명의 신성 군단도 포함되어 있었다는 사실은 매우 놀랄 만한 일이다. 일반적으로 카르타고군은 장군과 고급 장교만 자국인이었고 일반 장교와 병사들은 모두 외국인 용병으로 구성했기 때문이다. 이 대군으로 할 수 없는 일이 없어 보였다. 그러나 행운의 여신은 여전히 티몰레온 쪽에 서 있었다.

카르타고의 두 번째 참패

엄청난 규모의 카르타고군이 시라쿠사를 향해 진격을 시작하자 시칠리아의 그리스 세계는 공포에 떨었다. 티몰레온군 역시 마찬가지여서 4,000명의 외국인 용병이 이탈하고, 시라쿠사 시민들의 지원도 얼마되지 않아 겨우 1만 2,000명의 병력으로 맞서야 했다. 하지만 티몰레온은 오히려 비겁해서 싸우지 못할 자들의 이탈은 다행스러운 일이라고 병사들을 격려하며 카르타고군이 집결해 있는 크리미소스 강변으로 진군했다.

카르타고군은 4마리의 말이 끄는 전차를 앞세우고 포진했다. 특히 화려한 군장을 한 1만 명의 '카르타고' 중장보병대가 눈에 띄었다. 군이 따옴표를 붙인 것은 그 외의 병력은 카르타고의 전통대로 외국인 용병이었기 때문이다.

전투가 시작되었다. 기록에 따르면(이 전투의 기록 역시 그리스 쪽에서 남긴 것이다) 선제공격은 티몰레온 쪽이었다. 티몰레온은 역시 행운아였다. 전투가 근접전으로 옮겨갈 무렵, 마침 폭우로 불어난 강물이 카르타고군을 덮쳤던 것이다. 카르타고군은 물살을 피하다가 자기들끼리 부딪치며 물에 빠졌고, 산 쪽으로 도망친 병사들 중 상당수도 티몰레온군에게 죽음을 당했다. 무려 3만 명의 카르타고군이 전사했는데, 그중에는 신성 군단의 대부분도 포함되었다. 플루타르코스의 〈티몰레온전〉에 의하면 "카르타고 쪽의 기록을 보아도 단 한 번의 전투에서 이렇게 많은 카르타고인이 죽은 일은 없었다". 사실 카르타고인들은 아프리카나 스페인, 누미디아 등의 외국 용병을 주로 썼기 때문에 인적 자원을 잃는 경우가 거의 없었다. 그런 의미에서 크리미소스 참패는 카르타고에게 히메라 이상의 큰 타격이었다.

티몰레온군이 거둔 전리품도 엄청났다. 200대의 전차, 엄청난 양의 귀금속, 1만 개의 방패, 조각이 새겨진 아름다운 갑옷 1,000벌 등 셀 수 없을 정도였다. 포로만도 5,000명이나 되었다. 가장 좋은 전리품들은 코린토스로 전달되어 신전들을 화려하게 장식했다.

티몰레온은 여세를 몰아 카르타고 영역으로 치고 들어갔다. 일부 참주들이 카르타고와 연합하여 자신들의 영역을 지켰다. 카르타고는 패장 하스드루발을 처형하고 대한노의 아들 기스코를 후임자로 임명하여 70척의 함대와 함께 구원병을 보냈는데, 놀라운 사실은 그 주력이 그리스 출신 용병이었다는 점이다. 플루타르코스에 따르면 카르타고인들은 그리스인들을 가장 전쟁을 잘하는 민족이라고 생각했고, 그래서 그들을 고용했다.

그 덕분인지 카르타고와 시칠리아 참주 연합은 두 차례 작은 승리를 거두었다. 하지만 다시 티몰레온에게 패했고, 결국 레온티니가 함락되면서 히케타스도 붙잡혀 처형되었다. 카르타고는 기스코가 또 다른 전투에서 패하면서 더 이상 전쟁을 계속할 의지를 상실했다. 결국 기원전 338년 카르타고는 라쿠스강 너머로 진출하지 않고, 시라쿠사로 이주하기를 원하는 이들의 안전을 보장하며, 참주들과의 동맹을 무효화하는 조건으로 티몰레온과 평화협정을 맺었다. 이 평화는 약 20년 동안 이어졌는데, 이를 '티몰레온의 평화'라고 부른다.

7차 시칠리아 전쟁

시칠리아의 평화와는 다르게 페니키아 본토를 포함한 동방은 그야말로 격동의 시기를 맞고 있었다. 알렉산드로스의 원정이 바로 이 시기에 일어났기 때문이다. 앞서 다룬 바대로 카르타고의 모도시 티레는 7개월의 공방전 끝에 함락되었고, 생존자의 일부가 카르타고로 피란했지만 티레의 영광은 사실상 끝이 나고 말았다. 동방 원정을 마무리한 알렉산드로스는 대함대를 준비하여 카르타고 원정을 계획했다. 하지만 그의 갑작스러운 사망으로 카르타고는 대재앙을 피할 수 있었다. 다만 '소재앙'까지 피할 수는 없었다.

티몰레온의 평화를 끝내고 7차이자 마지막 시칠리아 전쟁의 도화선이 된 인물은 아가토클레스였다. 기원전 361년 히메라에서 도공의 아들로 태어난 그는 기원전 343년 시라쿠사로 이주하여 군에 입대했다. 기원전 333년 후원자였던 다마스의 부유한 미망인과 결혼한 그는 600명의 귀족이 지배하는 과두정치에 반대하다가 두 번이나 추방당했다. 하지만 남이탈리아에서 용병 대장으로 힘을 키우다 기원전 320년 레온티니의 참주가 되었다. 참주가 된 그는 시라쿠사를 공격했다. 그런데 여기서 놀라운 장면이 펼쳐진다. 시라쿠사의 지도자들이 시칠리아 주둔 카르타고군 사령관인 하밀카르에게 구원을 요청한 것이다. 숙적 시라쿠사를 돕기 위해 카르타고가 출병하는 놀라운 광경이 벌어졌다. 하지만 하밀카르는 시라쿠사의 귀족 과두정을 가망 없다고 보고 있었다. 그는 아가토클레스에게 접근했다.

결국 하밀카르의 중재하에 시라쿠사 귀족들과 아가토클레스는 '화해'를 했고, 그 결과로 아가토클레스는 시라쿠사의 장군이 되었다. 이때 아가토클레스는 독재자가 정권을 장악하는 데 사용하는 상투적인 수법, 즉 형식적으로는 민주 헌법을 수호하겠다고 약속했다. 하지만 뒤로는 케레스(데메테르) 여신 앞에서 카르타고에 복종을 맹세했다. 그 대가로 하밀카르는 그에게 5,000명의 리비아 용병을 주었다.

아가토클레스는 놀라울 정도의 악당이었다. 그는 거의 1만 명이나 되는 시민을 추방하거나 살해한 후 완벽하게 시라쿠사를 장악했다. 그 과정에서 리비아 용병이 큰 역할을 한 것은 당연하다(아가토클레스의 권력 장악 과정은 마키아벨리의 그 유명한 《군주론》에도 등장할 정도로 악명이 높다). 단시간 내에 군사력을 증강한 아가토클레스는 겔라, 아크라가스, 메세네(이하 메시나) 등 이웃 도시들을 공격했다. 이 도시들

●── 아가토클레스의 권력 장악 과정은 마키아벨리의 《군주론》에도 등장할 정도로 악명이 높다.

에는 시라쿠사의 망명자들이 살고 있었다.

반면 하밀카르는 아가토클레스에게 이용만 당한 셈이었는데, 사실상 제2의 디오니시우스를 등장하게 한 결과를 낳고 말았다. 하밀카르는 해임되었고, 대신 또 다른 하밀카르(기스코의 아들)가 사령관으로 임명되었다(일설에 의하면 이 하밀카르는 대항해자 한노의 후손이다).

카르타고는 다시 대군을 동원하여 아가토클레스와 맞섰다. 이번에는 보기 좋게 승리를 거두었고, 기원전 310년 시라쿠사를 포위하기에 이른다. 궁지에 몰린 아가토클레스는 강력한 시라쿠사의 성벽을 믿고 방위를 형제들에게 맡긴 뒤 새로운 전술을 실행했다. 그는 노예들을 해방시켜 병력을 크게 증강한 후 해방노예와 자유인이 반반씩 섞인 군대 1만 4,000명을 60척의 배에 태웠다. 그러고는 행선지를 비밀로 한 채 카르타고의 해상봉쇄를 돌파하고 카르타고 본토, 즉 아프리카로 향했다. 36계 중 두 번째인 위위구조圍魏救趙*의 수법인 셈이었다.

---

* '위나라를 포위하여 조나라를 구한다'는 말로, 적의 포위망에 갇힌 아군을 직접 구원하러 나서는 대신 적의 약점을 찔러 아군 스스로 그 상황을 돌파하게 하는 전술을 말한다.

기원전 310년 여름, 아가토클레스의 군대는 본곳 부근에 상륙했다. 이로써 아가토클레스는 군대를 이끌고 북아프리카에 상륙한 첫 유럽인으로 역사에 남았다(7차례에 걸친 시칠리아 전쟁 중 유일하게 아프리카에서도 전투가 벌어진 전쟁으로 역사에 남았다). 그는 상륙하자마자 배를 불태워 스스로 퇴로를 차단했다. 말 그대로 배수의 진, 파부침주破釜沈舟의 각오를 보인 것으로 보이지만, 배들을 지킬 병력이 없었기 때문에 적에게 넘어가느니 불태워버리는 게 낫겠다는 것이 본심이었다. 아가토클레스군은 농경지대를 약탈하고 작은 도시와 요새를 함락하며 카르타고를 향해 진격해갔다. 이런 대담함은 아마도 불과 13년 전 세상을 떠난 알렉산드로스 대왕의 원정이 강력한 영향을 주었을 것이다.

아가토클레스군이 파괴하면서 지나는 지역은 수로가 구석구석까지 연결되어 있는 잘 가꾸어진 농장과 과수원, 소와 양을 키우는 목장, 카르타고 귀족들의 별장이 이어지는 지상낙원이었다. 오랫동안 전란이 없었고, 카르타고인 특유의 기술이 더해진 곳이었다.

아가토클레스의 침략 소식은 카르타고 성내에도 전해졌고, 곧 이 대도시는 패닉에 빠졌다. 그 전에도 리비아 반란군의 포위가 있었지만 적어도 바다를 건넌 공격은 아니었다. 더구나 침공 자체도 문제였지만 아가토클레스의 상륙은 '상식적으로' 생각하면 시칠리아 원정군의 궤멸을 의미했기에 시민들은 원로원으로 몰려가 추궁했다. 다행히 시칠리아로부터 온 사자가 도착하여 원정군은 건재하며 시라쿠사를 포위하고 있다는 사실을 알려주었다.

카르타고 원로원은 보밀카르와 한노를 사령관으로 삼아 3만이 넘는 대군을 편성했다. 이 중에는 귀족들의 자녀로 구성된 신성 군단도 포함되었다. 하지만 정예부대가 시칠리아에 가 있던 상황이라 아무래도 군대의 수준이 만족스럽지는 않았다. 게다가 더 큰 문제가 있었다. 사령관이 두 명이었다는 사실은 카르타고에 두 개의 당파가 있었다는 것을 짐작하게 한다. 훗날 로마도 칸나이(칸나에) 전투 때 귀족과 평민 출신의 사령관이 하루씩 지휘권을 행사했는데, 대참사로 끝났다는 사실은 널리 알려져 있다.

두 군대는 충돌했고, 격전이 벌어졌다. 이 와중에 한노가 쓰러졌다. 이전부터 참주가 될 야망을 품고 있던 보밀카르는 혼란을 틈타 권력을 장악하려고 했다. 따라서 속으로는 카르타고의 패배를 바라고 있었다. 그는 비겁하게도 전선을 이탈했다. 두 사령관이 다른 당파 소속이었다는 심증을 굳히게 하는 정황이다.

사령관이 사라진 카르타고군은 패배할 수밖에 없었다. 승리한 아가토클레스군은 카르타고군의 진지를 접수했는데, 그곳에서 2만 개가 넘는 수갑을 가득 채운 수레들을 발견했다. 카르타고는 쉽게 승리할 수 있으리라고 보고 적군을 노예로 만들 셈이었던 것이다.

패배를 당한 카르타고는 두 가지 종교적 조치를 취했다. 하나는 멜카르트 신을 위해 모도시 티레로 많은 공물을 보낸 것이다. 그중에는 많은 황금도 포함되어 있었다. 다른 하나는 바알-하몬 신을 위한 인신 공양이었다. 디오도로스는 무려 300명의 귀족 자녀들이 희생되었다고 기록했지만 카르타고 세계에 대해 편견이 가득한 역사가의 기록이기에 그대로 받아들이기는 어렵다. 물론 현재의 사료로는 실제로 무슨 일이 일어났는지를 밝히는 것이 불가능하다. 다만 당시 카르타고가 궁지에 몰린 것은 사실이지만 넓은 시야로 보면 제해권과 막강한 삼중 성벽을 가진 카르타고 쪽이 유리했던 것은 분명하다.

물론 일시적이나마 카르타고의 패배는 아프리카에 대한 카르타고의 장악력을 크게 약화시켰다. 리비아인들이 아가토클레스 편에 섰고, 그들의 전차대도 가세했다. 키레나이카의 지배자인 오펠라스*도 아가토클레스의 동맹이 되었다. 동맹의 조건은 카르타고를 멸망시키고 아프리카는 오펠라스가, 시칠리아는 아가토클레스가 차지한다는 것이었다. 조건을 수락한 오펠라스는 1만 명의 군대와 상당수의 민간인을 데리고 전선으로 출발했다. 승리한 후 바로 식민 활동을 시작하려는 심산이었던 것이다.

이런 위기 상황에서 엎친 데 덮친 격으로 카르타고 내부에서는 야심가 보밀카르의 쿠데타가 일어났다. 보밀카르는 신시가를 기반으로 그를 따르는 시민 500명과 용병 1,000명을 이끌고 무력으로 권력 찬탈에 나섰다. 그의 부하들은 다섯 갈래로 나뉘어 반대하는 시민들을 참살했다. 카르타고 시민들은 처음에는 아가토클레스와 내통하는 자들의 소행으로 여겼지만 사실이 밝혀지자 젊은이들을 중심으로 반격에 나섰다. 하지만 보밀카르는 개의치 않고 구시가의 광장까지 밀고 나아가 무기를 든 많은 시민들을 살해했다. 그러자 시민들은 광장 주위 건물 옥상에 투석기를 설치하고 반란군을 공격했다. 이 공격으로 보밀카르의 반란군은 많은 인적 손실과 함께 대오가 무너졌다. 결국 그들은 근거지인 신시가로 물러나야만 했다. 그사이 시민들은 충분한 무장을 갖추고 비르사 언덕을 중심으로 강력한 방어선을 구축했다.

더 큰 참사가 우려되는 상황에 이르자 장로들이 나섰다. 처벌을 면하는 조건으로 무기를 내려놓으라는 것이었다. 보밀카르는 이를 받아

---

* 오펠라스는 알렉산드로스 대왕의 친위대원 출신으로 대왕 사후 이집트를 차지한 프톨레마이오스 진영에 참가하여 키레나이카의 반란을 진압하고 그곳의 총독이 된 인물이다.

들였다. 하지만 약속은 반만 지켜졌다. 부하들은 면책을 받았지만 그는 고문을 받고 처형되었던 것이다. 쿠데타에 실패한 자는 36계 줄행랑이 상책이라는 진리를 그는 몰랐던 것이다.

그사이 오펠라스군은 아가토클레스와 합류했다. 하지만 두 야심가의 만남은 우호적인 분위기와는 거리가 멀었다. 알렉산드로스 대왕의 최측근이었다는 자부심이 강한 오펠라스가 시칠리아의 일개 참주에 불과한 아가토클레스를 얕잡아 보았기 때문이다. 결국 아가토클레스는 그를 속여 기습했고, 궁지에 몰린 오펠라스는 자결했다. 아가토클레스가 얼마나 악당인지를 증명하는 또 하나의 사건이었다. 지도자를 잃은 키레나이카군과 민간인은 이미 본거지에서 2,000킬로미터나 떨어진 곳에서 다른 살 길을 찾을 수 없었기에 아가토클레스군에 합류했다. 아가토클레스군은 두 배로 늘어났다.

카르타고가 쿠데타 수습에 여념이 없는 사이 아가토클레스는 히포*와 우티카 등 카르타고와 가까운 도시들을 점령하고 함대까지 만들었다. 제해권의 필요성을 느꼈기 때문이다. 그는 함대에 2,000명의 병사를 태워 오래 비워둔 시라쿠사로 돌아갔고, 대신 아들 아르카가토스에게 아프리카를 맡겼다. 아르카가토스는 내륙 깊숙이 들어가 약탈에 열중했다.

아가토클레스의 부재를 알게 된 카르타고는 3만 명의 군대를 편성하여 아르카가토스와 결전을 벌였다. 이번에는 대승을 거두어 아르카가토스군을 튀니스로 몰아넣고 포위하는 데 성공했다. 이 소식을 들은 아가토클레스는 자신의 함대로 카르타고 함대를 격파하고 보급선

---

* 훗날 아우구스티누스가 주교로 있던 도시로 유명해진다.

을 확보한 다음 아프리카로 돌아왔다. 하지만 용병들 사이에 내분이 일어나 그는 다시 시라쿠사로 돌아갈 수밖에 없었다.

이때 카르타고 쪽에서 강화 제의를 했는데, 놀랍게도 아가토클레스에게 상당히 유리한 조건이었다. 양측 모두 시칠리아에서 예전 국경으로 돌아가는 대신 카르타고가 시라쿠사에 200탈렌트를 지불한다는 것이었다. 약 200년 동안 일곱 차례 벌어진 카르타고와 시라쿠사의 전쟁은 이렇듯 다소 허무한 결말을 맺었다. 강화조약 후 아가토클레스는 정식으로 왕위에 올랐다. 한편 카르타고는 용병 중 희망하는 자는 이전의 조건대로 급여를 지불하고 카르타고군에 복무할 수 있게 했다. 이런 관대한 조건을 거부하는 자들도 있었는데, 그들은 그 자리에서 붙잡혀 황폐해진 농지를 복구하는 노예로 전락했다.

카르타고 입장에서 강화는 불가피한 조치였을지도 모른다. 연이은 재앙으로 인해 경제 부흥이 급선무였기 때문이다. 하지만 본토를 처음으로 침공한 외적에 대한 응징이 없었다는 것은 조금 이상하다. 부유한 상인들이 지도층을 이룬 나라의 한계였을까, 라는 생각이 들지 않을 수 없다. 그럼에도 카르타고는 프톨레마이오스 왕조의 수도 알렉산드리아와 함께 멸망할 때까지 약 두 세기 동안 지중해 세계 최대의 도시로 번영을 누렸다. 지금까지도 다시 돌아오지 않는 아프리카 도시들의 지중해 지배 시대였다.

한편 카르타고가 시라쿠사와 전쟁을 치르는 동안 이탈리아에서는 카르타고와 세 차례의 전쟁—규모는 비교도 되지 않을 정도로 컸지만—을 치르게 될 나라가 부상하고 있었다. 카르타고와 달리 자신들의 본토를 공격한 적들과는 결코 타협하지 않는 사람들의 나라였다. 바로 고대 지중해 세계의 끝판왕이 되는 로마였다. 다만 그사이에 막

간극이 벌어진다.

시칠리아와 이탈리아의 전란

잘 알려진 대로 로마의 시작은 작은 도시국가였다. 하지만 카르타고의 동맹국인 에트루리아를 흡수하고 이탈리아 중부를 통일한 뒤 결국 네아폴리스(나폴리)를 중심으로 한 캄파니아 지방까지 세력을 뻗쳤다. 이렇게 되자 이탈리아 중남부 산악지대에 사는 강인한 민족 삼니움이 다음 상대가 되었다. 로마는 세 차례에 걸친 엄청난 고전 끝에 기원전 290년 삼니움을 자신들의 세력하에 두었다. 시라쿠사와 일곱 차례의 전쟁을 치렀지만 다른 결과를 냈던 카르타고와는 달랐던 것이다. 이제 이탈리아 통일의 대업이 눈앞에 와 있었고 남은 것은 구두처럼 생긴 최남단에 분포한 그리스계 도시들이었다.

　운명이었을까? 거의 같은 시기인 기원전 289년 폭군치고는 어울리지 않게 일흔이 넘게 장수한 아가토클레스가 세상을 떠났다. 손자에게 독살당했다는 설이 유력하다. 후계 구도는 불안했고, 그리스인에게 남겨진 동시칠리아는 전란에 휩싸였다. 아가토클레스에게 고용된 용병 집단인 이탈리아 캄파니아 출신의 마메르티니*가 그들의 주군이 죽은 다음 해 이탈리아반도 바로 건너편에 있는 시칠리아 동북부의 요충지 메시나를 차지하고 주민들을 학살했다(메시나인들은 그리스계였다). 폴리비오스에 의하면, 그 짓을 하고 나서 그들은 "여자와 아이들은 손에 닿는 대로 취했고 물건과 땅은 나누어 가졌다". 그들은 이에 멈추지 않고 시칠리아 북동부 지역을 공략하여 약탈을 자행했

---

* 군신 마르스를 모시는 집단이라는 의미이다.

다. 동족이 큰 피해를 입고 사태가 심상치 않게 돌아가자 주변 시칠리아 도시들은 가장 세력이 강했던 시라쿠사를 중심으로 연합군을 구성하여 마메르티니와 맞섰다.

해협 맞은편 이탈리아에서도 전운이 짙어졌다. 이탈리아 그리스계 남부 도시 중 가장 크고 부유했던 타렌툼과 로마는 삼니움 전쟁 기간 동안 서로의 세력권을 침범하지 않기로 협약을 맺었다. 그런데 기원전 283년 어느 날, 무장한 로마 선박 10척이 강풍에 밀렸는지 타렌툼 영역으로 들어왔고, 이를 협정 위반으로 오해한 타렌툼인들이 선단을 공격하여 5척을 격침시켰다. 이에 로마는 항의 사절을 보냈지만 쫓겨났다. 결국 두 세력은 정면충돌하는데, 여기서 의외의 인물이 등장한다.

피로스 전쟁

타렌툼은 경제력은 있었지만 군사력이 약하고, 뛰어난 장군도 없었기에 지금의 알바니아와 그리스 일부에 걸쳐 있던 에피루스(에페이로스)의 왕 피로스에게 도움을 청했다. 경비는 타렌툼에서 부담하는 조건이었다. 에피루스는 비록 가난한 나라였지만 국왕인 피로스는 명장으로 그리스 세계에 이름이 높았고 군대도 매우 용맹했다.** 피로스는 이 기회에 이탈리아와 시칠리아, 가능하다면 카르타고까지 정복해 대제국을 세우겠다는 야심을 품고 타렌툼의 제안에 응했다. 그는 2만 5,000명의 병사와 로마인들이 한 번도 본 적이 없는 전투용 코끼리

** 피로스는 알렉산드로스 대왕의 후계자를 자처했는데, 대왕과 인척 관계이기도 했고, 대왕의 모후 올림피아스의 고향이 에피루스이기도 했다. 또한 그의 왕비 중 한 명은 폭군 아가토클레스의 딸 라나사였다.

20마리까지 거느리고 기원전 281년 이탈리아에 상륙했다.

놀랍게도 스파르타인을 조상으로 둔 타렌툼인들에게는 조상의 기상이 전혀 없었다. 그들은 그저 피로스가 대신 싸워주기만을 바라며 목욕탕과 술집에서 시간을 낭비했다. 피로스는 한심하다고 생각했지만 일단 로마군이 접근한다는 소식을 듣자 군대를 이끌고 헤라클레이아에서 로마군과 대치했다. 그때 질서정연한 로마군의 진영을 보고 했다는 그의 말은 꽤 유명하다. "저들은 야만인이라고 하던데 군기를 보니 그런 것 같지도 않군. 어쨌든 싸워보면 저들의 힘을 알 수 있겠지."

피로스는 이 전투에서 승리했고 2년 후 아스쿨룸에서도 이겼지만 손실이 너무 커 이렇게 한탄할 정도였다. "로마군과 한 번만 더 싸웠다가는 우리는 완전히 망할 거요." 그리고 이 말은 앞서 한 말보다 훨씬 더 유명해졌다. 손실이 너무 커 실익이 없는 승리를 가리키는 말이 '피로스의 승리'가 된 것도 이 때문이다.

현재 전력만으로는 로마를 완전히 제압하는 것이 무리라고 생각한 피로스는 뛰어난 웅변술로 유명한 자신의 측근 키네아스를 로마에 보내 강화를 제의했다. 로마는 삼니움 등 여러 지역을 포기하고, 타렌툼과 이탈리아 남부의 그리스 도시들을 건드리지 않으며, 피로스 자신과 동맹을 맺어야 한다는 등의 조건이 포함된 듯하다. 그러면서도 피로스는 로마가 이탈리아 제일의 나라라는 지위를 유지할 수 있도록 돕겠다는 당근도 던졌다. 로마는 이 제안을 심각하게 받아들여 원로원 표결에 붙이려 했다. 하지만 그 유명한 아피아 가도의 건설자인 고령의 아피우스 클라우디우스 카이쿠스가 실명 상태임에도 원로원에 등장하여 로마인에게 거부를 촉구하는 명연설을 함으로써 강화는 이루어지지 않았다.

카르타고의 마지막 시라쿠사 포위

마메르티니의 준동 이후 벌어진 시칠리아의 혼란은 카르타고 입장에서는 오히려 바람직한 것이었다. 시라쿠사에서도 공화제의 부활을 노리는 세력과 아가토클레스 용병들의 내전이 있었는데, 카르타고는 옛 원한을 잊고 후자를 지원했다. 그 과정에서 히케타스라는 새로운 참주가 등장한다. 그러는 동안 시라쿠사는 약화되어 시칠리아 그리스 세계의 맹주 자리는 오랜 라이벌 아크라가스에게 넘어갔다. 이 도시의 참주 핀티아스는 되도록 카르타고와의 충돌은 피하면서도 왕을 자칭하여 시칠리아의 그리스 세계 전부를 정복하려고 했지만 어이없게도 기원전 280년 히케타스에게 패한다.

자신감을 얻은 히케타스는 다음 해 카르타고의 영역을 침공했다. 하지만 레온티니 부근에서 벌어진 전투에서 패하고 참주 자리를 정적 티니온에게 빼앗겼다. 하지만 티니온의 권력 기반도 단단한 것이 아니어서, 그를 반대하는 시라쿠사 시민들은 아크라가스의 소스트라투스에게 구원을 요청했다

기원전 278년, 카르타고는 내전으로 피폐해진 시라쿠사를 정복하기 위해 100척이 넘는 함대와 5만 명이 넘는 육군을 동원해 마지막 포위전을 감행했다. 당시에는 누가 보아도 카르타고에 승산이 있어 보였다. 하지만 시라쿠사는 끝내 함락되지 않았다. 한편 이 전쟁은 역사에서 앞서 일곱 차례 벌어진 시칠리아 전쟁의 연장선이 아니라 피로스 전쟁으로 분류되는데, 그 이유를 알기 위해 다시 시선을 피로스 쪽으로 돌려보자.

카르타고의 시라쿠사 포위 직전, 로마에게 거절당한 피로스는 카르타고와 동맹하여 로마에 대항하기로 결심한다. 하지만 카르타고는 피로스를 로마보다 더 위험하다고 보고 로마와 손을 잡았다. 원교근공이 외교의 기본이라는 점에서 보면 이 결정은 당시로서는 타당한 행동이었다. 하지만 결과론적으로 이 결정은 카르타고 역사상 가장 큰 실수가 되고 만다.

카르타고와 로마의 조약 골자는 누구든 피로스와 싸울 때 원조하고, 해군은 카르타고가 책임진다는 것이었다. 그럼에도 카르타고와 로마 두 나라는 피로스와 싸우지만 둘이 함께 싸우지는 않는 묘한 관계를 유지했다. 로마는 카르타고 세력의 이탈리아 진출을 원치 않았고, 카르타고 역시 로마의 시칠리아 진출을 두려워했던 것이다. 나중이야 어쨌든 카르타고와 로마는 세 번째 맺은 조약으로 피로스에 대항하는 효과적인 동맹 관계가 되었다. 하지만 조약문이 남아 있지 않고 역사서에 그 일부만 단편적으로 남아 있을 뿐이어서 학자들 사이에서는 논란의 대상이 되고 있다.

카르타고-로마 동맹과 피로스의 몰락

비록 함락은 면했지만 카르타고의 공격에 시라쿠사 등 시칠리아의 여러 도시들은 무너지기 일보직전이었다. 원군과 유능한 장군이 필요했던 그들은 피로스를 초청했다. 초청자 중에는 정적 사이인 티니온과 소스트라투스도 포함되어 있었다. 시라쿠사, 아크라가스, 레온티니 세 도시의 군주로 모시겠다는 조건이었다. 기원전 278년, 피로스는 시칠리아로 넘어가 카르타고와 마메르티니를 격파하고, 에릭스 요새를 함락하며 시칠리아를 거의 장악하기에 이르렀다. 피로스는 강화를 청하는 카르타고 사절에게 시칠리아에서의 완전 철수를 요구할 정도로 자신감에 차 있었다. 하지만 카르타고가 거절하면서 강화는 이루어지지 않았고, 이에 피로스는 아프리카 상륙작전을 구체적으로 추진했다.

아프리카 원정을 결심한 피로스는 많은 노잡이와 선원이 필요했다. 그러기 위해 각 도시에서 사람들을 끌어모았는데, 이 과정에서 강압적인 수단이 동원되어 많은 반발을 샀다. 더해져가는 반발과 강압적 수단의 확대라는 악순환 속에 시칠리아 그리스인들의 반발은 더욱 커져만 갔다. 그러다보니 피로스는 누군가 선동을 하고 있다는 의심을 가졌고, 그 대상은 티니온과 소스트라투스로 좁혀졌다. 겁을 먹은 소스트라투스는 야반도주를 했고, 이에 의심이 더 깊어진 피로스는 티니온을 잡아다 죽이는 치명적인 실수를 저지른다. 이 사건을 계기로 반反피로스 봉기가 시칠리아를 휩쓸었다. 심지어 마메르티니가 카르타고에 도움을 청하는 경우까지 생겨났다. 실제로 카르타고 해군은 그들을 이탈리아로 수송해주기까지 했다. 마메르티니는 시칠리아와 이탈리아 남부에 걸쳐 게릴라전을 펼치며 피로스를 괴롭혔다.

궁지에 몰린 피로스에게 설상가상으로 그동안 힘을 회복한 로마가 다시 타렌툼을 공격한다는 소식이 들려왔다. 피로스는 이탈리아로 돌아갔다. 그는 이때 또다시 유명한 말, 아니 예언을 남긴다. "우리는 지금 로마인과 카르타고인이 싸우게 될 좋은 전쟁터를 남겨두고 가는 것이라네."

카르타고는 이탈리아로 돌아가는 피로스의 함선 100척 중 3분 2를 격침시키는 대승리를 거두었다. 일설에 의하면 피로스의 기함도 전리품이 되었다고 할 정도로 피로스군은 많은 희생을 치르고서야 이탈리아에 상륙할 수 있었다.

피로스는 타렌툼군과 힘을 합쳐 베네벤툼에서 로마군과 결전을 벌였다. 그러나 이번에는 '피로스의 승리'조차 얻지 못하고 참패했다. 그는 6년 동안 이탈리아와 시칠리아에서 명장이자 전사로서 명성을 떨쳤지만 빈털터리가 되어 조국으로 돌아갈 수밖에 없었고, 그리스에서 계속 전투를 벌이다가 전사했다. 어느 왕은 그를 이렇게 평했다. "주사위는 잘 던지지만 주사위를 이용할 줄은 모르는 사람." 이말을 약간 비틀면 카르타고는 전쟁 빼고 다 잘하고, 피로스는 전쟁밖에 잘하는 게 없었다고 할 수 있다. 그에 비해 이제 본격적으로 등장할 로마는 그 모두를 잘하는 나라였다. 브로델은 피로스의 원정은 그의 롤 모델인 알렉산드로스의 그것과 비교하면 평범한 수준에 불과하지만 상당한 의미가 있다고 보았다. 피로스의 실패는 지중해의 중심축에 로마가 아니라 그리스를 두려던 시도의 실패이기도 했기 때문이다. 이후 그리스는 지중해 패권 다툼에서 종속적인 지위로 전락하고 만다.

이후 타렌툼을 비롯한 남이탈리아 전체가 로마의 수중에 들어왔음은 물론이다. 그리고 피로스라는 변수가 사라진 이상 카르타고와 로마의 충돌은 시간문제였다. 물론 아직은 시라쿠사와 마메르티니 등 완충지대가 남아 있었다. 하지만 이 '완충지대'는 경우에 따라 얼마든지 불쏘시개로도 변할 수 있는 존재였다.

6장

1차
포에니 전쟁 전야

이제 그 유명한 포에니 전쟁이 눈앞에 다가왔다. 시칠리아 전쟁과는 달리 카르타고의 완전한 멸망으로 끝이 나는 전쟁이다. 이 고대 대전을 살펴보기 전에 지중해 세계의 운명을 가를 카르타고와 로마의 체제와 국력에 대해 살펴보자.

두 나라는 얼핏 비슷하면서도 매우 대조적이었다. 우선 정치제도 면에서 귀족정을 기본으로 했다는 점에서는 유사해 보이지만 그 실상은 많이 달랐다. 우선 카르타고부터 살펴보자.

정치제도 비교

카르타고는 수페트라고 불리는 두 명의 집정관이 28명의 상원과 104명의 하원으로 구성된 의회와 함께 나라를 다스렸다. 집정관은 시민들에 의해 선출되었지만 큰 권한은 없었다. 상원은 전쟁과 징세, 징병, 군사령관 임명 등 중요한 국사를 처리했다. 판관단이라고 할 수 있는 이들은 전용 목욕탕이 있을 정도의 특권을 누렸다. 또한 이들의 결정은 수천 명의 소귀족으로 이루어진 민회에 의해 비준되었는데, 형식적인 경우가 많았고 투표권 매수와 매관매직이 공공연히 이루어졌다. 아리스토텔레스는 《정치학》에서 카르타고의 정치에 대해 이렇게 언급했다.

카르타고에서는 훌륭한 통치가 이루어지고 있는 것으로 보인다. 여러 측면에서 다른 정치제도에 비해 우월한 카르타고의 제도는 몇 가지 점에서 스파르타의 제도와 매우 비슷하면서도 상당한 차이점을 지니고 있다. 카르타고의 여러 제도는 매우 뛰어나다. 민중의 지지를 의식한 측면이 있으면서도 본래의 입헌제도에 충실하다는 점―이것은 반드시 언급할 필요가 있다―과 지금까지 반란이 일어나거나 독재자가 통치한 적이 없다는 점이 바로 이 도시가 잘 조직된 정치제도를 가지고 있다는 증거이다.

카르타고에는 스파르타와 비슷한 정치제도가 있다. 스파르타의 피디티아phiditia처럼 정치단체들이 함께하는 식사, 에포로스ephoros(스파르타의 최고 행정관)와 비슷한 104인의 행정관식 제도―그런데 스파르타에서는 운이 좋으면 누구나 에포로스가 될 수 있는 반면 카르타고의 104인 행정관은 자질에 따라 선출된다. 이 점이 나쁘다고는 할 수 없다―가 그것이다.

또 하나는 카르타고의 집정관과 원로원이 스파르타의 왕과 원로원(게루시아gerousia)과 유사하다는 점이다. 그런데 카르타고 제도의 장점은 집정관이 같은 가문 혹은 어떤 특정 가문에서 배출되는 것이 아니라는 점이다. 비록 세도 가문이 있다 해도 나이로 통치자를 뽑는 것이 아니라 선거에 의해 선출했다. 한번 막강한 권력을 쥐고 나면, 아무리 유약한 통치자라도 그릇된 일을 저지를 가능성이 있기 때문이다. 스파르타에서는 이미 그런 일이 있었다.

하지만 아리스토텔레스가 아무리 대철학자라고 할지라도 이런 판단은 옳다고 볼 수 없다. 세계 역사에서 카르타고와 가장 비슷한 정부 구조를 가지고 있던 나라는 베네치아였다. 그들 역시 상업 귀족들이 국가권력을 장악하고 있었기 때문이다. 정치제도도 폭이 좁았지만 결정적으로 카르타고가 로마보다 뒤졌던 부분은 민중 세력이 없었기에 군을 외국 출신의 용병에 의존했다는 사실이다. 물론 장교나 장군은 카르타고인이었고 용병도 숙련된 병사들인 경우가 많았지만 기본적으로 소모품에 불과했다. 군사령관의 임명은 상원의 권한이었고, 군사령관을 보좌, 정확하게 말하면 '감시하는' 부사령관 내지 보좌관을 상원 중에서 선발하여 전장에 같이 보냈다. 문제는 카르타고 의회가 행정조직과 군 조직을 모두 불신하여 감시하는 데 '역량'을 집중했다는 것이다. 그러면서도 행정적 책임과 군사적 책임은 지지 않았다. 당연히 행정 관료와 군 지휘관들은 그들을 두려워할 수밖에 없었고, 아첨하는 행동을 보였다. 이런 제도적 결함은 시라쿠사와의 전쟁을 궁극적인 승리로 이끌지 못했고, 로마와의 전쟁에서도 결정적인 장애 요소로 작용했다.

이제 로마의 정치체제를 살펴보자. 로마하면 누구나 강대했던 제국을 떠올리지만 처음부터 중앙집권적 제국의 형태는 아니었다. 당시의 로마는 공화국으로 그리스의 폴리비오스를 비롯해 고대부터 근대에 이르기까지 많은 이들로부터 우수한 정치체제라고 인정받았다. 물론 로마 공화정도 아테네와 달리 귀족정의 성격이 강했기에 현대 민주주의와는 거리가 멀었다. 그러나 귀족들이 전횡하지 못하도록 억제하면서도, 실패하더라도 재기할 수 있는 법과 제도를 두었다는 점에서 카르타고와는 큰 차이가 있었다.

로마 정치의 핵심인 로마 원로원senatus도 처음에는 순수한 자문 기구에 지나지 않았다. 그러나 구성원들이 고위 관료 출신이었고 종신직이었기에 집단적 권위를 지녔으며, 재정에 대한 통제권을 가지고 있었다. 원로원은 민회에 상정하는 모든 법안에 대해 공식적으로 충고할 수 있었고, 행정관들의 자문에 대해 원로원 결의를 내렸다. 1년에 두 명 뽑고 그중 한 명이 평민인 집정관을 비롯한 행정관들이 중요한 대내외 정책에 대해 원로원에 자문할 수밖에 없었기에 원로원의 영향력은 점차 커졌다. 그리고 그 영향력은 전반적으로 국가 발전에 긍정적으로 작용했다. 그들도 카르타고처럼 군과 행정조직을 감시했지만 온건하고 합리적이었다. 귀족 출신이 많았지만 일반 시민들에 대한 대표성도 있었고, 우수한 능력을 가진 이들에 대해서도 개방적이었다. 이러한 차이가 전쟁 수행에서 결정적으로 유리하게 작용했다. 로마의 시민들은 민회에 참석하여 사실상 군사령관인 집정관 선출, 법률 제정, 재판, 전쟁, 외교 등 주요 국사를 직접 결정하기 위한 투표를 했다.

본국을 제외한 속국이나 동맹국에 대한 대우도 비교해보자. 카르타고는 지금의 리비아에서 모로코에 걸치는 북아프리카와 사르데냐, 코르시카, 이베리아반도와 시칠리아에 많은 식민지를 두었는데, 우티카나 리비아의 렙티스 정도를 제외하면 예속적인 관계였다. 토지 생산물 가운데 25퍼센트를 카르타고에 바치고, 카르타고를 위한 병역도 제공해야 했다.

그에 비해 로마는 조그만 도시국가에서 시작하여 동족인 라틴족의 맹주가 되었고, 이어 로마 연합의 맹주로 올라선다. 로마 연합에서는 로마를 제외한 다른 가맹국 간의 협정은 허용되지 않았다. 가맹국들 사이에 문제가 생긴 경우에도 반드시 로마의 중재로 문제를 해결하도록 했다. 이런 형태의 동맹 관계를 강요할 수 있었던 것은 로마가 승자였기 때문이다. 따라서 로마 연합은 패자에게 강요된 불평등한 동맹 관계였다. 하지만 패자가 재산을 몰수당하고 노예가 되는 것이 상례였던 당시의 상황을 고려하면 상당히 너그러운 편이었다. 이에 대해 플루타르코스는 다음과 같이 평가했다. "로마가 융성할 수 있었던 가장 큰 덕목은 패자까지 동화시키는 그들의 방식 때문이다."

로마 연합은 다섯 가지 형태로 분류할 수 있다. 첫째, 연합의 중심인 로마로 모든 주민이 로마 시민권을 가졌고, 시민의 의무이자 납세의 형식이기도 한 병역의 의무를 졌다. 이들은 투표권을 가졌고, 로마의 공직에 출마할 수 있는 피선거권도 있었다.

둘째, 라틴족 국가이다. 언어도 종교도 풍속도 같은 이 나라들의 주민에게도 로마는 과감하게 시민권을 주었다. 이 정도면 동맹이 아니라 합병에 가깝지만 승자인 로마인과 완전히 대등한 입장에 선 합병이었다.

셋째, 새로 로마 연합에 편입된 나라들로 라틴어를 쓰지 않는 국가들이다. 이들에게는 처음엔 투표권이 없는 시민권이 부여되지만 나중에 라틴어를 익히면 완전한 시민권을 주었다. 실제로 이들은 3년만 지나면 로마 시민권을 얻었다. 또한 완전한 국내 자치를 인정받았다.

넷째, 흔히 속주라고 번역하는 '콜로니아^{Colonia}(복수형 콜로니아이 ^{coloniae})'이다. 로마인은 카르타고와 달리 경제적인 이유가 아니라 정치와 군사적 이유로 식민지를 건설했다. 그런 이유로 전략적 요충지로 여겨진 지역에 로마 시민들을 정착시켰다. 로마의 식민지는 곧 '요새'의 건설이기도 했다. 이들은 완전한 로마 시민권을 가지고 있었기에 당연히 로마군에 복무할 의무가 있었다. 로마인들이 이주한 지역은 로마 식민지, 비로마인이 이주한 지역은 라틴 식민지라고 불렀다.

다섯째, 역사에서 통틀어 '동맹국'이라고 부르는 나라들이다. 이런 동맹국은 로마에게 굴복한 패자였지만 '라틴 동맹'처럼 기원전 390년 직후의 패자가 아니라 그보다 뒤인 기원전 350년 이후에 로마와 싸워서 패한 나라들이다. 이들도 완전한 국내 자치를 인정받았다. 또한 언어도 종교도 풍속도 그대로 허용되었다. 대신 병력 제공이나 군수물자를 제공해야 했으며 로마 시민권은 주어지지 않았다. 이 부류에 속한 국가들은 네아폴리스를 비롯하여 이탈리아 남부의 그리스 식민도시가 많았다.

그렇다면 로마인들은 왜 이렇게 복잡한 방식을 선택했을까, 하는 의문이 들 수밖에 없다. 그것은 아마도 로마인들이 자신들의 팽창을 영토의 지배보다는 다른 민족들과의 관계 변화라는 측면에서 보았기 때문일 것이다. 물론 로마의 세력 확대는 이탈리아를 크게 변화시켰다. 편리한 로마 가도와 새로운 정착민들에게 분배된 토지보다 변화를 분명하게 보여주는 것은 없다. 사실 로마에 패배하여 '동맹도시' 형태 속에 들어올 것을 강요당하거나 이를 환영했던 사람들이 담당해야 했던 의무도 병사들의 식량과 유지 비용뿐이었다. 다른 면에서는 로마인의 지배를 받지 않았다. 즉 로마의 점령군이나 로마가 강제로 만든 정부는 없었다. 로마가 왜 이런 지배 방식을 택했는지는 확실하게 알 수 없다.

그들의 '관용성' 때문일까? 그럴지도 모르지만 전부는 아닐 것이다. 특별히 정교하고 전략적인 계산이 있었던 것으로 보이지는 않는다. 다만 로마가 취한 방식은 로마를 위기에서 구하는 데 편리하면서도 이를 운영하기 위한 로마의 행정력과 인력을 필요로 하지 않았다. 동맹 세력의 군대는 지역민이 장비를 공급했고, 일부나마 지휘권도 있었다. 로마인들로서는 어떤 형태로든 세금을 부과하는 것이 훨씬 수고스러운 일이었을 것이다. 또한 자신들이 패배시킨 이들을 직접 지배하는 일은 훨씬 더 많은 노력이 필요했다.

의도하지는 않았겠지만 그 결과는 획기적이었다. 이러한 시스템은 로마가 물리친 적들을 확대되는 군사 기구의 일부로 흡수하는 데 효율적인 작동 원리가 되었다. 그리고 동시에 로마는 동맹 세력들에게 로마의 사업에 참가 지분을 주었다. 그 지분은 개선식에서 나누는 전리품과 영광 같은 것이다. 이는 고대의 어느 도시도 체계적으로 시행한 적이 없는 방식이었다. 이 시기 승리의 배경이 된 가장 중요한 요인은 동원력이었다. 기원전 4세기 말에 이르러 로마인들은 아마도 50만 명에 달하는 군대를 활용할 수 있었다. 물론 일시에 그만한 병력을 동원하는 것은 불가능했지만 알렉산드로스가 동방 원정에 겨우 5만 명가량을 동원했던 사실, 페르시아가 그리스를 침공했을 때 동원한 20만 명과 비교해보면 로마의 동원력은 현대와 비교해도 손색이 없을 정도다. 덕분에 로마는 무적이 되었고, 전투에는 져도 전쟁은 지지 않는 나라가 되었다. 기원전 130년에 로마의 한 시인이 "로마인들은 힘에서 밀리고 전투에서 압도당해도 모든 것을 건 실제 전쟁에서는 단 한 번도 패한 적이 없다"고 한 것처럼. 그리고 이런 로마의 저력에 당한 가장 대표적인 나라가 바로 카르타고였다.

　이렇듯 카르타고와 로마 두 '제국'의 지배구조는 많은 차이가 있었다. 로마가 좀 더 복잡하기는 해도 더 관용적이고 지속적인 구조를 가지고 있었음은 분명하다. 카르타고인들은 본질적으로 '이코노믹 애니멀'이었으며, 적어도 로마인보다는 비정치적인 민족이었던 것이다. 한편 카르타고는 해로를 통해, 로마는 그 유명한 로마 가도를 이용하여 제국을 유지했다는 것도 작지 않은 차이점이라고 할 수 있다. 다음은 군사력을 살펴보자.

군사력 비교

카르타고군의 주력이 용병이었다는 사실은 잘 알려져 있다. 여기서는 어느 지역에서 모집했고, 어떤 병종으로 이루어졌는지를 살펴보자. 1차 포에니 전쟁 당시 육군의 주력은 리비아 등 아프리카 출신 보병이었다. 누미디아(지금의 알제리 북부) 기병도 유명했다. 누미디아의 대평원은 말을 키우기 좋은 곳이었는데, 그들은 안장과 등자는 물론 놀랍게도 고삐도 없이 말의 목에 감은 줄과 작은 채찍만으로 말을 능수능란하게 몰았다고 한다. 그들의 무기는 투창과 검 그리고 간단한 방패 정도였으며, 장기전이 불가능했다. 그럼에도 기마술만으로도 그들은 서지중해 세계 최강의 기병이었다. 물론 이렇다 할 상대가 없었기 때문이기도 했다. 그런 누미디아인들이었기에 카르타고 입장에서 그들은 쓸 만한 용병이었다. 반대로 누미디아인 입장에서 카르타고는 꾸준히 일자리를 제공하는 믿을 만한 고용주였다. 유목민을 의미하는 영어 단어 'nomad'도 누미디아에서 유래했는데, 지금의 모로코와 알제리 원주민인 베르베르족이 그들의 후손이다.

발레아레스제도 출신 투석병도 명성이 자자했다. 반쯤은 전설이겠지만 발레아레스인들은 아이가 어느 정도 크면 어머니가 빵을 키 큰 나무 위에 올려놓고 돌로 맞혀 떨어뜨려야만 먹게 했다고 한다. 이들은 어떤 갑옷도 입지 않았고 투구도 쓰지 않았다. 그들의 무기는 허리에 찬 칼과 세 가지 팔매줄이었다. 팔매줄은 모두 길이가 달랐고, 길이에 따라 사정거리도 달랐지만 투석병은 200~400미터 밖의 사람 크기 표적을 자유자재로 맞힐 정도의 정확성을 자랑했다. 궁수대보다도 비중이 컸던 것으로 보이는데, 놀랍게도 그들은 보수로 황금보다 '여자'를 요구하는 경우가 많았다고 한다.

스페인과 갈리아 출신 용병들도 큰 비중을 차지했고 2차 포에니 전쟁 때는 주력부대였다. 그리스 용병도 있었지만 비중은 크지 않았던 것으로 보인다. 카르타고는 전차가 사라진 이후 이를 대신한 코끼리의 확보와 유지에도 많은 신경을 썼는데, 약 300마리를 보유했던 것으로 보인다. 하지만 카르타고군이 사용했던 숲 코끼리는 체구가 2.5미터 정도로 작은 편이어서 영화에서 보는 것처럼 탑을 짊어지거나 하지 않았고, 그저 한 명의 몰이꾼이 통제하는 가운데 발로 적군을 짓밟는 역할을 맡았다. 여기에 투석기나 공성탑 등 중장비도 충실했다.

주력이 용병이긴 했지만 앞서 이야기했듯이 신성 군단을 비롯한 시민군의 비중도 무시할 수는 없었다. 그러나 그 비중이 어느 정도였는지는 알 수 없다.

카르타고는 무엇보다 막강한 해군을 보유했다. 앞서 페니키아인들이 삼단노선을 개발했다고 했는데, 카르타고는 새로이 무겁고 견고한 오단노선을 개발하여 주력 전함으로 삼았다. 오단노선에는 300명의 노잡이가 필요했다고 한다. 또한 뱃머리에 끌어올릴 수 있는, 그리스어로 아카티온^{Akation}이라고 불리는 작은 보조 돛이 도입되었다. 이 보조 돛은 배에 기동성을 더해줬기에 해전에도 유용했다. 갤리선의 큰 돛대는 급하게 올리기 어려웠지만 이 보조 돛은 신속하게 사용할 수 있었기 때문이다. 실제로 아가토클레스의 배에 잡힐 뻔한 카르타고 군함 한 척이 보조 돛을 이용해 무사히 빠져나갔다는 기록도 있다.

노잡이들은 국가가 관리하는 노예로서 훈련을 제대로 받은 자들이었다. 1969년, 서부 시칠리아 마르살라에서 굴착 공사를 하다가 카르타고 난파선 한 척이 발견되었다. 가로 들보와 몸체의 판자 사이에서 식량의 잔해를 발견했는데, 염소와 소고기, 돼지고기는 물론이고 올리브와 호두, 과일 등 훌륭한 식사가 제공되었다는 사실이 밝혀졌다. 가장 흥미로운 유물은 대마였다. 선원과 노잡이들이 항해하는 동안 기분 전환용으로 사용했거나 해상전투가 일어나기 전 씹었던 것으로 보인다.

카르타고에는 평탄한 해안을 원형으로 파서 만든 멋진 군항도 있었다. 페니키아 본토의 그것을 더욱 발전시켜 군함을 수용하는 섬을 중심으로 동심원적 구조를 이루었다. 고대 엔지니어들의 걸작인 이 군항은 무거운 충각을 단 220척의 군함을 수용할 수 있는 경사형 도크가 가득했고, 삭구와 다른 장비들을 보관하는 창고, 그리고 제독의 관저와 지휘소가 있었다. 도크는 밧줄과 도르레를 이용하여 배를 들어올려 밑바닥을 수리할 수 있도록 만들었다. 220개의 도크 정면에는 이오니아 양식의 기둥이 서 있었다. 이 군항은 무역용으로 사용되는 외항과는 완전히 구분되어 있었다. 또한 최소한 40척 이상의 배를 한꺼번에 수리할 수 있는 건선거도 있었다. 《아이네이스》에도 이 항구를 찬양하는 대목이 나오는데, 여기서 비롯된 '코톤^{Cothon}'이라는 라틴어 단어는 땅을 파서 만든 인공 항구를 가리키는 일반명사가 되었다. 훗날 로마 제국의 황제 트라야누스가 포르투스에 조성한 육각형 항만도 이것을 본뜬 것이다.

카르타고와는 대조적으로 로마의 군대는 국민개병제를 기반으로 했다. 기병대는 허약했고 해군도 빈약했지만 중장보병을 중심으로 한 그들의 군단^{Legion}은 막강했다. 로마 군단은 초기에는 그리스와 마케도니아의 밀집 장창보병대와 다를 바 없었다. 하지만 오랜 기간 다양한 전술을 습득하여 근대 이전, 즉 화약무기가 등장하기 전까지 가장 강력한 보병 집단으로 지중해 세계에 군림했다.

로마 군단은 시민들로 구성된 국민군이었다. 로마 시민들은 군의 일원이라는 사실을 의무라기보다 시민으로서 누리는 하나의 특권이라고 느꼈다. 그들에게 가장 가혹한 처벌 중 하나가 전장에 나가는 권리를 박탈하는 것이었을 정도다. 시민권이 없는 사람들이나 노예들은 로마군이 될 수 없었기 때문이다. 시민병들은 각자 자신의 무기와 갑옷을 준비하여 싸웠고, 무장 자체를 대단히 자랑스럽게 생각했다.

《영웅전》에 전기가 있는 마르쿠스 푸리우스 카밀루스는 로마군의 중핵인 중장보병대를 3개 대열(하스타티^{Hastati}, 프린키페스^{Principes}, 트리아리^{Triarii})로 편성했다. 각 대열은 마니풀루스^{Manipulus}라고 불리는 중대로 나뉘었다. 하스타티는 25~30세, 프린키페스는 30~40세의 병사들로 구성되었다. 두 부대는 120명(10오 12열) 단위 총 1,200명씩으로 구성되었고, 투창인 필룸과 검으로 무장했다. 최후미이자 예비대인 트리아리는 60명 단위 총 600명이 편제되었는데, 장창을 장비하여 버티는 역할을 수행했다. 트리아리는 가장 나이가 많고 경험이 많은 병사들로 구성했다. 1개 군단 병력을 3,000명 선에서 유지했고, 양익에는 300명의 기병대를 나누어 배치했다. 경보병인 벨리테스Velites는 대열 중간에 나뉘어 배치되었는데, 17~25세 병사들로 구성되었다. 연령별로 편성한 이유는 동일한 전투 경험과 체력을 기초로 한다는 원칙에 입각한 것이며, 전우애를 최대 한도로 발휘할 수 있도록 하기 위해서였다.

로마 군단은 그리스 밀집방진의 한계를 극복하기 위해 고안되었다. 밀집대형을 유지하면서도 개개 병사의 기량을 중시했으며, 이를 위해 간격을 넓히고 전체 대형 내에 여러 전술부대를 운용했다. 예를 들면 전술적 상황에 따라 종심縱心을 달리하며 6×20 또는 3×40의 형태로 변형되었다. 1개 로마 군단은 총 4,200명 정도였으며, 통상 최고 사령관인 집정관은 4개 군단 정도를 지휘했다. 하지만 기병대는 군마의 질이 낮고 숙련도도 떨어져 중요한 전력이 되지 못했고, 정찰이나 추격 등 보조적인 역할에 머물렀다.

전반적으로 로마는 중장보병 위주로, 카르타고보다 해군과 기병대가 열세였지만 정치와 군사 체제가 국가의 역량을 전쟁에 집중할 수 있는 구조였다고 볼 수 있다. 반면 카르타고는 믿기 어려운 외국인 용병들에 의존할 수밖에 없었지만 대신 다양한 병종을 보유할 수 있었다. 하지만 이러한 '강점'을 살릴 수 있는 장군은 결국 한 명밖에 나오지 않았다. 그럼에도 제3자인 그리스인들은 두 나라가 거의 비슷한 역량을 가지고 있다고 보았고, 실제로도 그랬다. 카르타고는 막강한 경제력을 가지고 있었기 때문이다. 마지막으로 카르타고의 경제력을 살펴보도록 하자.

카르타고의 경제력

폴리비오스가 말한 것처럼 카르타고는 지중해 세계 최고의 부국이었다. 적어도 재정 면에서 로마는 물론 모든 그리스 국가를 압도했다. 몸젠과 브로델은 덩치로 보면 훨씬 큰 나라인 페르시아 제국과도 별차이가 없을 정도였다고 썼다. 물론 그 정도는 아니었다고 반론하는 이들도 많고 그 설득력도 충분하지만 카르타고가 경제대국이었다는 사실에 반론을 제기하는 이는 없다.

카르타고 경제의 장점은 다양한 산업이었다. 그 증거 중 하나가 카르타고인들의 무덤에서 나온 소금, 이집트의 아마포, 철, 황금, 상아, 향료 등 다양한 부장품이다. 페니키아-카르타고 세계의 최대 강점인 교역의 물적 기반은 지리적으로 독점이 가능했던 아프리카 내륙이었다. 노예와 코끼리, 상아, 타조 깃털과 알, 모피, 보석, 황금이 카르타고를 비롯한 북아프리카 도시로 유입되어 지중해 세계 각지로 재수출되었다. 여기서 거둔 관세 수입만도 엄청났다. 페니키아의 전통을 지닌 직물과 금속가공, 상아 세공, 유리 제작을 중심으로 한 공업도 강력한 경쟁력을 지니고 있었다.

농업, 특히 대규모 자본을 투입하고 노예를 이용한 대규모 농장, 현대식으로 표현하면 플랜테이션 농업에서도 대단한 성과를 거두었다. 보리와 밀 같은 주곡은 물론 올리브, 포도, 석류, 무화과, 복숭아 그리고 다양한 야채를 생산했다. 또 다른 마고가 저술한 농업서는 그리스어와 라틴어로 번역되어 로마에까지 큰 영향을 주었다. 이 농업서는 현재 유일하게 남은 카르타고 책이며, 동물 치료법도 기록되어 있어 카르타고에도 독자적인 의학이 존재했을 것이라는 추정을 가능하게 한다.

올리브유와 포도주 생산도 활발했다. 폴리비오스에 따르면 말과 양, 소, 염소를 중심으로 하는 목축업도 상당한 규모를 자랑했다. 귀금속 채굴을 비롯한 광산업도 규모가 컸다. 강제 노역으로 인해 광산 노예들의 삶이 비참했지만 이는 그리스나 로마의 광산 노예들도 별반 차이가 없었다.

카르타고는 부패한 정치로 국유재산의 관리가 엉망이었고, 대규모 함대와 용병에 지불하는 거액의 군사비 지출에도 불구하고 무역에서 얻는 관세와 예속민들에게서 들어오는 연공 수입만으로 국가재정을 유지했다. 따라서 시민권자들에게는 세금이 부과되지 않았다. 여러 정황으로 볼 때 카르타고 평민들은 대부분 중정中庭이 딸리고, 상하수도 시설*이 있는 6층짜리 아파트에서 살았다. 거의 반토굴에서 살던 로마 평민들보다는 윤택하게 살았다고 할 수 있다. 하지만 정치제도의 차이로 두 나라 평민의 애국심은 큰 차이가 났고, 결국 이는 전쟁의 승패에 결정적인 작용을 했다.

---

* 카르타고에서 발견되지는 않았지만 카르타고 식민도시에서 계란껍질과 재, 점토로 만든 완벽한 방수가 가능한 수조와 상하수관이 발견되었다. 명확한 과정은 알 수 없지만 카르타고의 이 기술이 전해져 100만 도시 로마가 가능했을 것이다.

7장

1차
포에니 전쟁

어이없는 시작

동북쪽으로 뾰족하게 튀어나온 시칠리아는 구두 모양의 이탈리아반
도와 마주보고 있는데, 동북쪽으로 튀어나온 뿔 끝에 메시나가 있었
고, 폭이 가장 좁은 곳은 1.9킬로미터, 가장 넓은 곳은 16킬로미터인
해협 건너편에는 같은 그리스계 도시 레기움이 있었다. 앞서도 언급
했지만 메시나는 용병 집단 마메르티니에게 장악되어 있었다. 문제
는 로마 연합의 일원이지만 마메르티니와 같은 캄파니아 출신의 장군
인 데키우스 위베리우스가 그들의 수법을 모방하여 방어를 해주는 척
하다가 레기움을 차지했다는 것이다. 하지만 맹주인 로마는 피로스와
전쟁을 치르느라 여력이 없어 이를 방치할 수밖에 없었고, 배후의 위
협이 사라진 메시나의 마메르티니도 시칠리아의 카르타고와 시라쿠
사 영역을 약탈하는 바람에 두 나라의 큰 골칫덩이가 되었다.

로마가 피로스와의 전쟁에서 승리한 후 상황이 달라졌다. 로마는 레기움의 캄파니아인들을 공격하여 대부분 죽이고 남은 300명을 로마로 끌고 와 광장에서 채찍질한 다음 모두 참수해버렸다. 기원전 270년경에 벌어진 일이었는데, 이로써 로마는 동맹국들의 신뢰를 회복할 수 있었다. 든든한 배후를 잃어버린 마메르티니는 설상가상으로 시라쿠사의 새 참주 히에론(히에론 2세)에게 연전연패하며 궁지에 몰렸다. 그러자 놀랍게도 마메르티니는 카르타고와 로마 모두에게 구원을 요청했다. 카르타고에게는 도시를 넘겨주겠다는 제의를, 로마에게는 같은 이탈리아인이니 도와달라는 내용이었다. 당시 카르타고는 시칠리아와 인접한 리파리제도에 한노 제독이 지휘하는 상당한 규모의 함대를 주둔시켜놓고 있었는데 마메르티니의 요청을 받아들여 메시나의 한 요새에 경비대를 진주시켰다.

여기서 시선을 로마 쪽으로 돌려보자. 뻔뻔스럽기 짝이 없었지만 로마로서도 마메르티니의 요청을 쉽게 무시할 수만은 없었다. 명분으로만 보면 레기움의 캄파니아인들보다 더한 마메르티니를 도와줄 이유가 없었지만 카르타고가 메시나를 차지한다면 이탈리아반도 진출까지 우려해야 하는 상황이었기 때문이다. 결국 원로원은 물론 민회까지 넘어가는 격론 끝에 출병이 결정되었다(사실 평민들은 부유한 시라쿠사를 정복하면서 얻을 수 있는 전리품을 원했다). 하지만 그 전까지 로마는 단 한 번도 군대를 바다 건너로 보낸 적이 없었기에 바다를 건너야 한다는 현실적이고 기술적인 문제를 풀어내야 했다. 로마는 이 문제를 동맹국인 네아폴리스와 타렌툼에서 배를 구해 집정관 아피우스 클라우디우스 카우덱스가 지휘하는 2개 군단을 해협 너머로 보내는 것으로 해결했다.

마메르티니는 로마를 선택했다. 아피우스 클라우디우스는 기원전 264년 메시나 주민들의 환영을 받으며 입성했다. 선전포고를 한 상태도 아니었고, 로마군이 바다를 건너리라고 예상하지 못한 한노는 우물쭈물하다가 타이밍을 놓치고 기껏 확보한 요새까지 로마에 내어줄 수밖에 없었다. 한노는 이 책임에서 벗어나지 못했다. 그는 귀국하자마자 십자가형을 당했다. 물론 이때까지 카르타고와 로마 모두 이 사건이 1차만 23년이나 계속될 대전쟁의 시작이 될지는 상상도 하지 못했다.

그런데 로마는 시칠리아를 카르타고의 영역으로 인정한 조약을 위반한 것일까? 실제로 아크라가스의 역사가 필리노스는 로마의 조약 위반을 비난했다. 그러나 폴리비오스는 이를 반박한다. 다만 필리노스의 기록이 온전히 남아 있지 않고 폴리비오스의 책에 인용되었을 뿐이기에 어느 쪽의 주장이 타당한지는 판단하기가 어렵다. 또한 로마가 설사 조약을 위반했다고 할지라도 카르타고 역시 '전과'가 없었던 것은 아니다. 《로마사》의 저자 리비우스는 전쟁이 일어나기 8년 전에 이미 카르타고가 이탈리아 내에 있는 도시 타렌툼을 지원한 적이 있다고 지적한다.

이유가 어쨌든 고대의 대전이라고 보아도 손색없는 1차 포에니 전쟁은 이렇듯 어이없게 시작되었다. 많은 학자들이 뜻하지 않게 거대한 불길로 번진 1차 대전에 이 고대 대전을 비유하는 것이 자연스러워 보일 정도다. 물론 당시의 로마는 카르타고와 전면전을 치를 생각이 없었다. 만약 그런 의도가 있었다면 더 많은 병력을 보냈을 것이다. 그들의 목적은 단지 메시나를 카르타고와 시라쿠사에 넘겨주지 않고, 완충지대를 확보하려는 것이었다. 하지만 두 나라는 이를 받아들일 수 없었기에 군사동맹을 맺고 로마와 전쟁에 돌입했다. 거의 300년 동안 계속되었던 카르타고와 로마의 우호관계가 산산조각 나는 순간이었다.

그렇다면 일곱 차례나 전쟁을 치렀던 카르타고와 시라쿠사는 어떻게 동맹을 맺게 되었을까, 하는 의문을 가질 수밖에 없다. 그것은 싫건 좋건 두 나라가 시칠리아의 터줏대감이었기 때문이다. 갑자기 이탈리아에서 온 외부 세력인 로마를 용납할 수 없었던 것이다. 또한 피로스의 말대로 그리스인들은 로마인을 반야만인으로 본 데 반해 헬레니즘의 세례를 받은 카르타고인들은 자신들과 같은 문명인으로 생각했기 때문이기도 하다. 그리스-로마는 한 단어가 될 만큼 익숙하지만 그렇게 되려면 아직 많은 시간이 흘러야 했다.

'신중한 한니발'이란 별명의 장군이 지휘하는 카르타고군이 시칠리아에 상륙했다. 하지만 대군은 아니었는데, 카르타고의 전쟁 결의 역시 그렇게 강하지 않았다는 증거라고 할 수 있다. 하지만 처음 상대한 로마 군단은 강했다. 상대가 카르타고-시라쿠사 연합군인지 시라쿠사군만인지는 분명하지 않지만 로마군은 시칠리아에서의 첫 전투를 승리로 이끌며 시라쿠사성까지 진격했다. 하지만 든든한 성벽을 지닌 시라쿠사를 함락하기는 대단히 어려운 일이었다(로마군의 시라쿠사 함락은 반세기 후에나 이루어진다). 로마는 새로 선출한 집정관 두 명을 모두 시칠리아로 보냈다. 그사이 병력도 4만 명 가까이 늘어났다.

여기서 히에론은 태도를 완전히 바꾸어 로마와 동맹을 맺는다. 로마가 시라쿠사의 주권을 보장하는 대신 시라쿠사는 병력 제공 없이 100탈렌트의 배상금을 지불하는 내용이었다. 기한은 15년이고, 이의가 없으면 계속 갱신되는 조건이었다. 시라쿠사의 밀을 로마에 우선적으로 팔아야 한다는 조항도 있었다.

히에론은 무슨 이유로 생각을 바꾸었을까? 전임 참주들처럼, 아니 그 이상의 현실주의자인 그의 심경을 나타내는 기록은 없지만 아마도 차원이 다른 로마 군단의 힘을 보고 자신과 나라의 운명을 로마에 건 것이 아닐까 추정된다. 그는 죽을 때까지 로마와의 동맹에 충실했고, 로마의 위기 시에도 지원을 아끼지 않았다. 그의 선택은 탁월했다. 적어도 그의 생존 기간 동안 시라쿠사는 안전과 번영을 누렸기 때문이다. 하지만 다른 그리스 도시들은 야만적인 로마라는 편견 때문에 그런 선택을 하지 못했고, 로마와 카르타고 사이에서 갈팡질팡했다.

로마는 기대 이상의 성과를 거두었기에 병력의 절반을 본토로 철수시켰다. 그에 반해 카르타고는 자신들이 내건 '이탈리아반도로부터의 침입에 대항하는 시칠리아의 대의'가 완전히 무너졌을 뿐 아니라 세력 확대는 고사하고 시칠리아에 대한 기득권까지 위협을 받자 의회를 거쳐 시칠리아에서의 결전을 위한 대군을 동원하기로 결정했다. 물론 대부분은 용병이었다.

아크라가스의 혈투

여기서 소설이긴 하지만 파트리크 지라르의 《명장 한니발 이야기》의 일부를 소개한다. '약간의 팬심'이 작용하지만 매우 생동감이 넘친다.

궁수, 투석병, 보병을 포함한 용병을 모집하기 위해 징집 담당관들이 파견되었다. 카르타고 측에서는 전쟁이 끝나면 금과 은을 넉넉하게 지급하겠다고 약속했다. 그리고 용병대의 수송과 유지 비용도 부담했다. 지원자들이 넘쳐났다.

카르타고는 카르타고를 지키겠다고 하는 사람들에게 매우 관대한 것으로 이름이 나 있었다. 물론 카르타고 장군들은 군율 면에서 매우 엄격했다. 병사들은 조금이라도 군율을 어길 경우 채찍으로 벌을 받았고, 탈영하다 잡히면 혹형을 받고 죽음을 당했다. 하지만 도시를 점령했을 때 약탈은 용인되었다. 병사들이 전리품을 팔아 버는 돈은 제법 쏠쏠한 액수의 급료보다 훨씬 많았다. 카르타고는 관대한 고용주였기 때문에 많은 젊은 병사들이 이 도시를 위해 싸운 뒤에는 한 밑천 잡아서 정착할 수 있기를 기대했다. 이런 이유로 카르타고의 징병관들은 이베리아와 갈리아, 사르데냐에서 환대받았다.

징병관들이 지원자들 중에서 가장 건강하고 용맹한 자들을 고르면 배가 싣고 갔다. 신병들은 카르타고에 도착하는 즉시 전투 경험이 있는 고참들에게 교육을 받았다. 이들도 용병 출신이었는데, 충실한 군 복무의 대가로 카르타고 시민권을 받고 장교의 지위에 오른 것이었다.

이러한 용병제도는 현대, 특히 국민개병제 또는 자국민 대상의 지원병 제도가 당연시되는 현대에는 조금 낯설게 느껴질 수도 있지만 지금 기준으로도 드문 예는 아니다. 영국과 산유국들이 고용하는 구르카병, 프랑스의 외인부대가 그 대표적인 예이며, 병력 부족에 시달리는 지금의 미군도 이민자 출신의 비중이 높다.

누미디아 기병을 포함해 4만이 넘는 대군을 편성한 카르타고는 50마리가 넘는 코끼리까지 동원하여 시칠리아 상륙 준비를 마치고 실행에 옮겼다. 지휘관은 또 다른 한노였다. 하지만 이번에도 로마가 더 빨랐다. 두 집정관이 지휘하는 4만 대군이 아크라가스를 포위했던 것이다. 하지만 5만의 인구와 든든한 성벽을 가진 이 대도시를 함락시킬 수 없었던 로마군은 주변에 참호를 파서 포위한 뒤 물자 유입을 철저하게 차단했다. 헤라클레이아에 상륙한 카르타고군은 식량 저장소를 빼앗고 로마 포위군의 보급선을 끊었다. 이렇게 되자 포위된 아크라가스와 로마군 모두 극심한 물자 부족에 시달리는 현상이 벌어졌다. 만약 히에론의 도움이 없었다면 로마군이 먼저 무너졌을 것이다. 이 이중 포위전은 7개월이나 계속되었다.

아크라가스의 식량이 먼저 떨어지면서 전환점을 맞았다. 한노 장군은 이판사판의 결전을 시도할 수밖에 없었고, 여러모로 대조적인 두 나라의 군대가 처음으로 충돌했다. 누미디아 기병이 로마 기병에 확실한 우위를 보였지만 보병은 정반대였다. 결국 로마군이 승리했다. 하지만 그들의 손실도 컸고, 이미 지친 상태였다. 로마 장군들도 평범한 인물이어서 아크라가스의 카르타고군은 대부분 해상을 통해 철수할 수 있었다. 하지만 남겨진 아크라가스는 철저하게 약탈되었고, 시민 2만 5,000명이 로마의 노예로 전락했다. 다행히 시라쿠사 시민들이 몸값을 대신 지불해주고 그들을 도시로 돌려보냈지만, 이런 로마의 만행에 분노한 이 도시 출신의 필리노스는 반로마주의자가 되어 1차 포에니 전쟁에 대한 기록을 남겼다. 다른 그리스계 도시들도 로마에 대해 우호적일 수가 없었다. 카르타고는 이를 이용하여 시칠리아 해안에 영향력을 유지할 수 있었다. 또한 해군력을 이용해 이탈리아 해안을 자주 공격하여 카에레, 오스티아, 네아폴리스, 타렌툼 등이 황폐화되었다.

아크라가스 전투는 전쟁의 양상을 완전히 바꾸어놓았다. 시라쿠사와 메시나는 카르타고 영역이 아니었지만 아크라가스는 자타가 공인하는 카르타고 영역이었다. 이제 전쟁은 두 나라 중 어느 한쪽이 시칠리아를 완전히 장악하기 전까지는 계속될 수밖에 없었다. 물론 승자는 서지중해의 지배자가 될 것이었다. 로마는 시칠리아의 카르타고 영역을 공격하여 손에 넣었지만 어디까지나 내륙에 한정된 것이었고, 해안도시들에 대한 장악은 불가능했다. 도시마다 아크라가스 규모의 병력을 투입할 수는 없었기 때문이다. 자연스레 로마인들도 제해권의 중요성을 느낄 수밖에 없었다. 그들은 함대 건설에 착수했다. 이제 바다도 전쟁터가 되었다.

로마 해군의 탄생

로마는 메시나해협을 건널 때 요격하러 온 카르타고의 오단노선 한 척을 나포한 적이 있었다. 로마는 이 배를 재설계하여 기원전 260년, 100척의 오단노선과 20척의 삼단노선을 건조했다. 앞으로 계속되는 로마의 '카르타고 베끼기'의 시작이었던 셈이다.

국가적 대역사임은 분명하지만 배만 있다고 해군이 만들어지는 것은 아니었다. 로마는 동맹을 맺은 해양도시 시라쿠사나 마살리아의 도움을 받을 수도 있었지만 놀랍게도 그렇게 하는 대신 이탈리아 내에서 자원을 찾았다. 무역선에서 일하는 자들을 대거 징병하고, 노꾼은 국가와 부유한 가문에서 제공한 노예, 그리고 무산계급의 시민들로 충당했다. 분명하지는 않지만 바다에 일가견이 있는 에트루리아 출신의 로마인들도 많은 역할을 했을 것이다. 그들은 카르타고와 동맹을 맺고 서지중해를 주름잡던 이들이었다. 로마인들은 국가의 핵심이 될 전략 자산을 동맹이라도 외국에 맡기지 않겠다는 의지를 보인 것인데, 국방의 주력을 외국 용병에 맡기는 카르타고와는 매우 대조적인 모습이다. 결국 이 차이가 두 나라의 운명을 결정짓는다.

당시 해전에서는 갑판에서 투석기로 돌을 발사하고, 노포와 활로 화살을 발사하기도 했지만 그것은 어디까지나 보조적 병기였다. 그 정도로는 적함의 선원을 살상할 수는 있어도 적함을 격침시키기는 어려웠기 때문이다. 따라서 병사들의 육박전이 벌어지기도 했지만 승부는 주로 충각의 충돌로 결정되었다. 따라서 노꾼들의 숙련도가 대단히 중요했다. 2004년 시칠리아 인근 해저에서 발굴된 두 나라의 갤리선 충각에 새겨진 글이다.

> 카르타고 이 충각이 적의 함선을 뚫고 들어가 커다란 구멍을 내기를 바알 신께 비나이다.
> 로마 가이우스의 아들, 재무관 루키우스 퀸크티우스가 이 충각의 제작을 승인했다.

두 글귀는 두 나라 사람들의 심리 구조에 많은 차이가 있음을 잘 보여준다. 다만 이와 별개로 중요한 점이 충각의 파괴력을 높이는 금속 덮개를 만드는 기술에서 로마가 카르타고에 비해 현격하게 뒤진다는 것이었다. 로마인들도 이 약점을 잘 알고 있었기에 해전을 사실상의 육상전으로 바꾸기 위해 이물에 까마귀라고 불리는 상선교上船橋를 부착했다. 7미터 길이의 상선교는 양 가장자리에 난간이 달려 있었고 두 명이 나란히 갈 정도의 여유가 있었다. 맨 앞에는 약 65센티미터 길이의 쇠뿔이 달려 있어 적선의 갑판에 떨어뜨려 마음대로 움직일 수 없게 할 수 있었다. 물론 그다음에는 전투병이 뛰어들어 적선을 제압하는 방식이었는데, 까마귀라는 별명이 붙은 이유는 쇠뿔이 마치 까마귀의 부리를 연상시켰기 때문이다. 또한 상선교를 달면 배 외관이 흥해질 수밖에 없었는데, 카르타고와 달리 해운 전통이 없었던 로마인들은 이런 데 전혀 신경을 쓰지 않았다.

한편 당시 오단노선의 선원은 330명 안팎으로, 대부분 노잡이였으며 순수 전투원은 20명 정도였다. 하지만 로마는 까마귀와 새로 도입한 전술 덕분에 배마다 120명 정도의 전투병이 탑승했다.

밀라이 해전

로마의 초대 해군 사령관은 그나이우스 코르넬리우스 스키피오 아시나로, 그해(기원전 260년)의 집정관이었다. 그는 로마의 집정관답게 지상전 경험은 풍부했지만 바다에서는 완전 '초짜'에 불과했다. 하지만 당시 로마 실정에서는 다른 누가 그 자리에 있어도 마찬가지였을 것이다. 스키피오가 이끄는 17척의 함대는 먼저 메시나로 남하했다. 그는 모든 함대가 도착하기 전에 전략적으로 중요해 보이는 메시나 서북쪽의 작은 섬인 리파리섬을 먼저 점령하기로 마음먹었다.

스키피오는 리파리가 작은 섬인 만큼 쉽게 점령할 수 있다고 생각했고, 실제로도 그랬다. 하지만 한니발이라는 이름의 제독이 지휘하는 카르타고 해군은 이런 경우 어떻게 싸워야 하는지 잘 알고 있었다. 그는 항구를 봉쇄하여 상대를 꼼짝 못하게 만든 다음 스키피오를 비롯한 로마군을 모두 포로로 잡는 개가를 올렸다. 한니발은 스키피오를 파노르무스, 지금의 팔레르모로 호송했다. 하지만 한니발이 이 일에 너무 신경을 쓴 나머지 로마의 주력함대는 오히려 아무런 손실 없이 메시나에 입항할 수 있었다. 게다가 경무장의 카르타고 정찰대를 제압하기까지 했다. 여기에 놀랍게도 얼마 후에는 포로 교환을 통해 스키피오가 귀국했고, 로마는 패장을 처벌하지 않았기에 6년 후에 그는 다시 집정관에 당선될 수 있었다.

이렇게 되자 원래 육군 담당이었던 동료 집정관 가이우스 두일리우스가 해군까지 맡을 수밖에 없었고, 로마 역사상 첫 해전의 주인공이 되었다. 두 나라 해군은 밀라이곶(지금의 밀라초)에서 충돌했다. 파노르무스에서 출발한 오단노선 100척을 주력으로 하는 카르타고 해군이 엉성하게 움직이는 로마 함대를 얕보고 공격에 나섰지만 '까마귀'는 가공할 무기였다. 카르타고 배들은 로마 배에 접근하는 족족 까마귀에게 물렸고, 전투력이 강한 데다 수까지 많은 로마 군단병이 카르타고 배로 건너가면 결과는 보나마나였다.

카르타고 함대는 15척이 격침되고, 30척이 로마 해군의 손에 들어갔다. 인명 손실도 거의 비율대로였는데, 3,000명이 전사하고, 7,000명이 포로가 되었다. 로마의 손에 들어간 30척 중에는 한니발이 타고 있던 칠단노선도 있었다. 그나마 다행히 한니발은 쾌속선을 타고 탈출했다. 폴리비오스에 의하면 칠단노선은 피로스 왕이 타던 배였다. 카르타고에 비해 로마의 손실은 극히 미미했다. 로마는 열광의 도가니에 빠졌다. 두일리우스는 대리석 기둥 좌우에 노획한 카르타고 배의 현두(뱃머리)를 꽂은 기념비를 로마에 보냈고, 로마 시민들은 이 기념비를 포로 로마노 한복판에 세워놓고 승리를 자축했다. 훗날 두일리우스는 현대 이탈리아 해군 전함의 이름이 되었다.

넓어지는 전장

주전장은 시칠리아였지만 그곳에서만 전투가 벌어졌던 것은 아니다. 카르타고 쪽의 기록이 없어 그 속사정까지는 알 수 없지만 앞서 이야기했듯이 그들은 이탈리아 항구도시에 대한 중소 규모의 습격을 자주 감행했다. 하지만 본격적인 상륙작전은 아예 시도조차 하지 않았다. 카르타고가 첫 해전에서 참패했더라도 제해권이 완전히 로마로 넘어간 것은 아니었기에 불가능한 일은 아니었을 것이다. 다만 자신 있던 해전에서 패한 이상 로마 군단을 상대로 이탈리아반도에서의 지상전은 무모한 일이라고 판단한 듯싶다.

그에 비해 로마는 두 가지 선택지가 있었다. 시칠리아는 물론 코르시카와 사르데냐를 제압하여 카르타고의 전략적 방어선을 무너뜨리고 유리한 조건으로 강화를 맺는 방법과, 카르타고 본토에 육군을 상륙시켜 한 번에 끝장을 내는 방법이었다. 일단 로마는 전자를 택했다. 밀라이 해전 다음 해에 집정관 루키우스 코르넬리우스 스키피오는 코르시카의 알랄리아를 공격하여 어느 정도 성과를 거두었다. 하지만 카르타고 세력을 몰아내지는 못했다. 기원전 258년, 사르데냐에서도 스키피오가 지휘하는 로마군의 공격으로 해상전투가 벌어졌다. 하지만 이번에도 로마군은 비록 패하지는 않았지만 두 섬을 제압하지도 못했다.

주전장인 시칠리아에서는 계속해서 전투가 벌어졌다. 카르타고는 마켈라를 로마에게 빼앗겼지만 기원전 260년 히메라에서 승리했고, 다음 해엔 카마리나와 헨나까지 차지했다. 하지만 그다음 해 로마군에게 밀려 두 도시를 잃었다. 이 과정에서 또 다른 하밀카르 장군이 선전했지만 전세는 로마가 우세했고, 카르타고는 시칠리아의 북쪽 해안과 서쪽 해안으로 밀려나는 형세였다.

기원전 257년에는 틴다리스곶 부근에서 다시 해전이 벌어졌다. 카르타고는 18척, 로마는 9척을 잃어 카르타고의 손실이 더 컸지만 전략적 결과는 무승부였다. 전황은 전반적으로 로마에 다소 유리했지만 두 나라는 상대를 쉽게 쓰러뜨릴 수 없다는 사실을 깨달았다. 제3자 입장에서 보면 사실 이때가 강화를 할 좋은 시기였지만 앞서 피로스 전쟁 때처럼 로마는 자신들이 절대적으로 우세한 상황이 아니면 강화를 하지 않는 '전통'이 국시나 마찬가지인 나라였다. 로마는 전략을 바꾸어 카르타고 본토를 공격하기로 결심했다. 기원전 256년의 일이었다. 이제 전화는 아프리카까지 옮겨 붙었고, 고대 대전이라는 표현이 어울리는 규모로 '발전'했다.

에크노무스 해전과 로마군의 아프리카 침공

로마는 총력을 기울여 로마의 외항 오스티아와 네아폴리스, 레기움, 메시나 등에서 230척의 오단노선과 말과 식량을 나를 100척의 수송선을 건조했다. 로마는 마르쿠스 아틸리우스 레굴루스와 루키우스 만리우스 불소 두 집정관에게 4개 군단과 이 함대를 맡겼다. 두 인물 모두 숙련된 지휘관이었다. 노꾼과 선원, 육군을 합치면 거의 15만 명에 달하는 인원이 동원되었다.

로마의 의도를 간파한 카르타고도 조선소를 최대한 가동하며 배들을 속속 진수시켜 곧 다가올 대해전에 대비했다. 카르타고 역시 로마와 비슷한 규모의 인적, 물적 자원을 동원했다. 배의 숫자는 220여 년 전 벌어졌던 살라미스 해전 때가 더 많았지만 당시에는 거의 삼단노선이었던 점을 감안하면 전체적인 규모는 비슷했고, 동원된 인원수는 살라미스 때보다 더 많았을 가능성이 높다. 그에 대한 반론도 만만치 않지만 살라미스에 못지않은 대병력의 동원은 거의 확실해 보인다. 카르타고 함대의 지휘는 또 다른 한노와 또 다른 하밀카르가 맡았다. 두 강대국의 총력전으로 기원전 256년 봄의 서지중해는 좁아 보일 지경이 되었다.

로마 함대는 메시나를 지나 시칠리아 동부 해안을 돌아 남부 에크노무스에서 모여 시칠리아에 있는 육군을 태워 아프리카로 향할 예정이었다. 250척의 카르타고 해군은 육군을 배에 태우기 전에 로마 함대를 공격하려고 했지만 한발 늦고 말았다. 독자 분들은 살라미스 해전과 같은 해 벌어졌던 히메라 전투, 즉 카르타고 역사상 최대의 참패를 기억할 것이다. 공교롭게도 에크노무스는 히메라강 하구에 자리하고 있었다.

카르타고 함대는 에크노무스 앞바다에서 시칠리아 해안을 왼쪽에 두고 해전의 정석이라고 할 수 있는 활 모양으로 포진한 채 자신들의 조국을 공격할 로마 함대를 기다리고 있었다. 로마 함대의 진형은 대조적이었다. 기함 두 척을 선봉으로 삼각형 대형으로 전투에 임했다. 양변은 각기 80척으로 구성되었다. 카르타고 함대는 중앙이 돌파되었지만 양쪽 날개로 로마 함대의 후미를 공격했다. 전투는 격렬하게 진행되었다. 카르타고 함대는 중앙부가 도주했지만 양익이 로마 함대보다 전력이 우세해 우위를 차지하는 데 성공했다. 하지만 거기까지였다. 로마의 주력함대 160척이 도착할 때까지 적을 섬멸하는 데 실패했던 것이다. 지난 해전처럼 까마귀가 상당한 활약을 보였기 때문이기도 했다. 특히 해안 쪽의 군함들은 공간이 좁아 원양으로 나오지 못하고 대부분 포획되었다. 결국 로마의 주력함대에 포위된 카르타고 함대는 패배하고 말았다. 포획된 군함만 64척이었고, 30척이 침몰했는데, 대부분 좌익 함대에 속해 있었다. 로마군의 손실은 24척이었다.

카르타고 해군은 큰 손실을 입었지만 다음 전투를 포기하지는 않았다. 카르타고로 돌아가 재정비를 하고 로마군의 상륙을 저지하려고

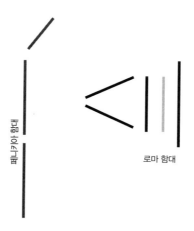

카르타고 함대

로마 함대

●— 에크노무스 해전 당시 카르타고 함대와 로마 함대의 진형.

했다. 하지만 로마군은 예상과 달리 해전을 치르지 않고 동쪽의 클루페아만에 상륙했다. 로마군 역사상 처음으로 유럽을 벗어나 다른 대륙에 진출한 일대 사건이라고 할 수 있었다.

클루페아만은 로마 함대에게 좋은 항구와 배후지를 제공했고, 방패 모양으로 솟아 있는 봉우리는 천연의 요새였다. 로마군은 선박 계류장을 건설하고 봉우리에 병력을 배치하여 단단한 근거지를 확보한 뒤 곧 내륙으로 진격해 들어갔다. 물론 카르타고도 손 놓고 있지만은 않았다. 하지만 하스드루발과 보스타르 두 장군이 지휘하는 카르타고군은 아디스 언덕에서 로마군의 기습을 받고 3,700명의 보병과 300명의 기병, 그리고 상당수의 코끼리를 잃었다. 기세가 오른 로마군은 주변을 초토화하고, 무려 2만 명의 포로를 노예로 삼아 로마로 끌고 갔다. 그와 더불어 수많은 노획물도 함께 보내 로마 시민들을 열광시켰다.

로마의 손실은 극히 미미했다. 전쟁은 그렇게 끝나는 듯 보였다. 전세를 낙관했는지 로마는 집정관 불소와 상당한 병력을 본국으로 불러들였다. 아프리카에 남은 또 다른 집정관 레굴루스의 휘하엔 1만 5,000명의 보병과 500명의 기병, 40척의 군함이 있었다. 그는 카르타고에 인접한 지금의 튀니스에 겨울 숙영지를 마련했다.

여기서 레굴루스라는 인물에 대해 살펴볼 필요가 있다. 그는 캄파니아 지방의 유력한 귀족 가문인 아틸리우스 씨족 출신이었다. 캄파니아는 도자기 제조와 올리브유, 포도주 수출로 타렌툼을 비롯한 그리스계 도시들을 능가할 정도의 신흥 상공업지대로 발전하고 있는 지역이었다. 용병 수출도 활발했는데, 앞서 이야기했지만 이 전쟁의 직접적인 원인을 제공한 마메르티니가 이 지역 출신이었다. 일부 연구자들은 포에니 전쟁의 원인 중 하나를 캄파니아 귀족들의 경제적 이해관계, 즉 카르타고의 제해권을 빼앗아 자신들의 상권을 넓히려던 의도 때문이었다고 본다. 물론 이런 대전쟁이 한 지역의 경제적 이유만으로 시작되었다고 보기는 어렵다. 하지만 그들의 대표격인 레굴루스가 가장 공격적인 태도를 보였고, 실제로도 아프리카에 남아 싸웠다는 사실은 주목할 만한 가치가 있다.

어쨌든 레굴루스의 공격은 카르타고 주위의 풍요로운 농장들을 황폐화시켰고 공포에 질린 주민들이 카르타고 시내로 몰려들면서 식량 부족 현상까지 일어났다. 또한 반세기 전 아가토클레스의 공격 때와 마찬가지로 리비아와 누미디아에서는 반란이 일어났다.

전쟁이 시작된 후 큰 전투에서 한 번도 이겨보지 못하고 본토 침공까지 허용한 카르타고 정부는 기가 죽을 수밖에 없었다. 결국 레굴루스에게 강화를 제의했는데, 레굴루스의 요구 조건은 카르타고가 받아

●— 에크노무스 해전을 묘사한 후세의 그림으로, 아무리 대단한 화가라도 이 거대한 해전을 화폭에 담는 것은 한계가 있을 수밖에 없다.

들이기에 지나치게 가혹한 수준이었다. 첫째, 시칠리아는 물론 사르데냐까지 포기하고, 둘째, 해군 포기와 함께 로마에 함대를 내놓으라는 것이었다. 이는 지중해의 여왕 카르타고가 네아폴리스나 타렌툼 정도의 위상으로 내려앉아야 한다는 의미였다.* 비록 궁지에 몰렸다고는 하지만 든든한 방어 시설은 물론이고 국가 역량의 근본을 그대로 유지하고 있던 카르타고는 당연히 이 조건을 거절하고 이듬해 봄에 시작될 결전에 대비하여 제대로 된 장수를 고용했다. 그는 당시 시점에서는 몰락한 지 오래됐지만 명성 높은 군사 강국이었던 스파르타 출신의 용병 대장 크산티포스였다.

---

* 레굴루스가 이런 조건을 내세웠다는 기록을 남긴 이는 카시우스 디오인데, 다른 역사가들과 달리 홀로 구체적인 기록을 남겨 신빙성을 의심받고 있다. 어쨌든 레굴루스가 가혹한 조건을 내세웠다는 것은 사실로 보인다.

헬레니즘 세계인 시리아와 이집트에서 많은 전투를 치른 백전노장 크산티포스가 보기에 카르타고군은 병사보다 지휘관이 문제였다. 그는 승리를 위해 지휘권을 요구했다. 중급 지휘관까지는 용병에 의존해도 상급 지휘관, 특히 최고 지휘관은 반드시 자국민에게 맡겼던 카르타고 정부도 연전연패에 위축되었는지 형식상 최고 사령관 자리는 주지 않았지만 사실상 그의 요구를 받아들였다. 이제 전쟁은 새로운 국면에 들어섰다.

바그라다스 전투와 대해난 사고

크산티포스는 겨울 내내 카르타고군을 훈련시켜 야전에 나갈 정도의 수준으로 성장시켰다. 휘하 병력은 1만 2,000명의 보병, 4,000명의 기병, 100마리의 전투코끼리였다. 상당수는 그가 이끌고 온 그리스 용병이었지만 정확한 수는 알 수 없다. 조국의 위기에 각성하고 뛰어든 카르타고 시민권을 가진 병사도 많았다고 한다. 물론 기병대의 상당수는 누미디아인이었다. 크산티포스는 이 병력을 기병과 전투코끼리를 최대한 활용할 수 있는 평지인 바그라다스 강변에 포진했다. 이 일대는 기름진 땅이어서 카르타고의 경제적 기반 중 하나로, 54년 전 시라쿠사군이 패한 곳이기도 했다. 크산티포스는 양익에 기병대를, 주력 보병대의 전면에는 전투코끼리부대를 배치했다.

그에 반해 레굴루스는 겨우내 별다른 준비를 하지 않았다. 병력과 기동력에서 모두 열세였지만 연전연승에 도취되었는지 그는 이 전투에 응하는 우를 범했다. 전투는 양익에 배치된 기병들의 전투로 시작되었는데, 머릿수로는 8배나 되고 군마의 질과 승마술에도 우위에 서 있던 카르타고 기병대가 순식간에 로마 보병대를 포위했다. 하지만 로마 보병들은 동요하지 않았고 오히려 반격에 나섰다.

카르타고군 본진의 선두는 전투코끼리부대였다. 이들은 로마 보병대의 우익 및 중앙과 충돌했다. 로마군의 좌익은 이 괴물들을 피해 카르타고군의 우익을 맡은 용병대를 공격하여 기선을 제압했다. 하지만 이런 부분적인 승리는 오히려 전체적인 대열을 흐트러뜨렸고 크산티포스는 이를 놓치지 않았다. 그는 코끼리부대로 로마군의 전방을, 기병대로 후방과 측면을 공격하면서 쉴 틈을 주지 않았고, 결정적인 순간 주력 보병대를 투입했다. 로마군은 밀집대형을 유지하며 영웅적으로 버텼지만 역부족이었다.

카르타고군 중앙과 맞선 로마군 좌익도 무너지기 시작했다. 많은 병사들이 코끼리의 발에 깔려 죽었다. 1만 명이 넘는 로마군이 전사하고, 레굴루스와 500명의 병사들이 포로가 되었으며, 소수의 패잔병과 튀니스에 남아 있던 병사를 합쳐 2,000여 명만이 클루페아만으로 도주했을 뿐이다.

첫 대승리를 거둔 카르타고 정부는 승리의 주역 크산티포스에게 보수를 지불한 뒤 돌려보냈다. 어쩌면 크산티포스 스스로가 이 전투만 치르고 떠났는데 그리스와 로마의 역사가들이 그렇게 기록했을지도 모를 일이다. 어쨌든 카르타고가 고용한 구원투수는 대성공을 거두었다. 하지만 그들은 두 번 다시 외국인을 사령관으로 기용하지 않았다. 한편 바그라다스강 전투는 카르타고인들에게 전투코끼리의 위력을 과대평가하는 계기가 되기도 했다.

패전 소식을 들은 로마는 새로 선출된 집정관 마르쿠스 아이밀리우스 파울루스와 세르비우스 풀비우스 파이티누스가 이끄는 약 300척의 대함대를 파견했다. 원래는 레굴루스에게 증원병으로 보내려던 것인데 클루페아에 고립된 잔존 부대를 구조하기 위한 목적으로 바뀐 것이었다. 승전으로 자신감이 붙은 카르타고는 함대를 보내 요격에 나섰다. 카르타고 함대는 클루페아 부근인 헤르마이온곶(본곶) 앞에 서 로마 함대와 맞붙었다. 하지만 결과는 114척의 군함을 잃는 대참 패였다. 시오노 나나미의 표현을 빌리면 당시의 카르타고는 해운국이 었을 뿐 해군국은 아니었다. 그들은 맞수 그리스의 쇠퇴 이후 이렇다 할 적수를 만나지 못했고, 실전 경험의 부족으로 약화되었던 것이다.

로마군은 클루페아에 고립되어 있던 아군을 승선시켜 귀환길에 올 랐는데, 몸젠은 유리한 거점을 스스로 포기한 행동이라고 비판했다. 더구나 로마군의 귀환은 최악의 참사로 이어지고 말았기에 결과론적 으로 보면 극히 어리석은 행동이 되고 말았다.

로마 함대는 시칠리아 남쪽 해상에서 강력한 폭풍을 만났다. 그 일 대는 배를 댈 만한 해안이 없었다. 바다에 익숙한 선원들이 정박할 만 한 항구가 없는 남쪽 해안을 피해 항해하자고 했지만 로마의 지휘관 들은 듣지 않았다. 육지가 보이지 않는 바다에서 폭풍에 시달려야 하 는 데 대한 공포 탓도 있었겠지만 당시에는 시칠리아 북부의 상당 부 분이 카르타고의 세력권이어서 기항할 만한 항구가 없었기 때문이기 도 했다. 이유야 어쨌든 항해는 대참사로 끝나고 말았다. 로마 함대는 80척만 살아남아 시라쿠사에 도착했을 뿐 나머지는 모두 고기밥이 되고 말았다. 이 대재앙은 해안도시의 이름을 붙인 '카마리나 대참사' 라고 불린다. 최대로 잡으면 병사 2만 5,000명과 선원 7만 명, 적게 잡 아도 6만 명이 익사했다. 지중해 역사상 최악의 대해난 사고였다.

명령을 내렸던 두 집정관은 다행인지 불행인지 무사히 살아남아 로 마로 돌아갔는데, 놀랍게도 로마인들은 헤르마이온곶 해전의 승자라며 개선식을 열어주었다. 해난 사고는 신의 뜻이지 장군들의 영역은 아니라고 생각했던 것이다. 카르타고라면 상상도 할 수 없는 일이었다. 어쨌든 해난 참사와 개선식은 로마는 역시 해군국은 될 수 있지만 해운국은 될 수 없다는 증거이기도 했다. 그렇게 기원전 255년은 로마에게 최악의 해가 되고 말았다.

늪으로 빠져드는 두 강대국

로마군이 철수하자 카르타고는 반란을 일으킨 아프리카 예속민들에게 혹독한 보복을 가했다. 3,000명을 십자가형에 처하고, 1,000탈렌트의 은과 2만 마리의 황소를 세금으로 부과했던 것이다. 하지만 카르타고도 본토가 큰 피해를 입어 대군을 시칠리아에 보내지 못했다. 카르타고 입장에서는 좋은 기회였지만 의지가 부족했던 것이다.

결과론이긴 하지만 로마 입장에서는 두 집정관이 아프리카에 남는 쪽이 훨씬 현명한 선택이 아니었을까 하는 생각이 들 수밖에 없다. 이미 전쟁이 시작된 지 10년이 다 된 시기였지만 이후 두 강대국은 더욱 깊은 늪에 빠져들어 진흙탕 싸움을 벌이게 되기 때문이다.

여기서 '레굴루스의 전설'이 등장한다. 카르타고는 로마가 큰 손실을 입자 강화를 할 좋은 기회라고 보고 포로로 잡힌 레굴루스를 사절로 보냈다. 카르타고의 요구는 로마의 시칠리아 포기였고, 레굴루스는 회담의 성패와 상관없이 돌아와야 한다는 것이었다. 하지만 레굴루스는 계속 싸우라고 주장했고 로마는 이를 거부했다. 고지식한 레굴루스는 약속을 지킨다며 카르타고로 돌아갔고, 카르타고 정부는 큰 바구니에 그를 넣고 코끼리가 걷어차는 방식으로 그를 죽였다.*

레굴루스의 전설은 연도가 불확실할 뿐 아니라, 역사가 폴리비오스의 기록에도 카르타고로 돌아간 레굴루스의 영웅적인 행동과 잔인한 처형에 대한 내용은 없다. 오히려 포로로 잡혀 있다가 자연사했을 거라고 기록했으며,《명장 한니발 이야기》의 저자 파트리크 지라르는 자살로 묘사했다. 기원전 1세기 그리스 역사가 디오도로스 시켈리오테스는 레굴루스의 아내가 남편의 원수를 갚기 위해 두 명의 카르타고인 귀족 포로를 고문해 죽였다고 기록했다. 그런데 그 방식이 너무도 잔인해 노예들조차 분노했고, 이를 호민관에게 고발했다고 한다.

결국 레굴루스의 전설은 카르타고 포로를 학대한 로마인이 이를 변명하기 위해 만든 이야기일 가능성이 크며, 로마가 자국의 패전을 미화하는 데 굉장한 재능을 보였던 것을 생각하면《아이네이스》처럼 거의 신빙성이 없는 싸구려 소설에 불과한 듯싶다. 몸젠 역시 이 이야기를 신랄하게 비판했다. 하지만 시오노 나나미는《로마인 이야기》에서 이 이야기를 사실인 것처럼 기술했는데, 그런 부분 때문에 이 책에 대한 비판이 많은 듯하다.

한편 로마는 총력을 기울여 3개월 만에 220척의 새로운 군함을 건조하는 놀라운 일을 해냈다. 여기에 지난번 해난 사고에서 살아남은 80척을 합쳐 300척의 대함대와 육군 4개 군단을 기원전 254년 시칠리아로 보냈다. 육군 지휘관은 리파리섬에서 포로가 되었다가 포로교환을 통해 돌아온 스키피오와 아울루스 아틸리우스 카이아티누스였다. 둘은 현직 집정관이었다. 해군 지휘관은 카마리나 대참사의 주인공인 파울루스와 파이티누스였다. 쓴 경험을 했으니 이번에는 잘하

---

* 로스 레키의 소설 '카르타고 3부작(《한니발》,《스키피오》,《카르타고》)'에서는 곧 등장할 전쟁의 주역 하밀카르가 레굴루스의 코와 혀를 베어 죽이고 어린 한니발이 이를 지켜보았다고 설정하지만 이 시기는 한니발이 태어나기 몇 년 전이었다.

리라는 믿음으로 다시 중책을 맡긴 것이다.

메시나에 상륙한 로마 육군은 대형 투석기 등 공성 장비를 갖추었는데, 그들의 목표가 파노르무스였기 때문이다. 로마군은 메시나와 파노르무스 중간에 있는 케팔로이디움(지금의 체팔루)을 점령하여 보급선을 확보한 뒤 육군과 해군의 공동 작전으로 파노르무스 공략에 나섰다.

이전까지의 로마군은 해안도시 공략 시 육지 쪽 성벽에 대한 공성 능력밖에 없었다. 그러나 파노르무스에서는 처음으로 육지와 바다 양 방면에서 동시에 공성 작전이 이루어졌는데, 이는 2척의 군함을 횡으로 연결한 후 그 위에 공성탑을 설치한 신형 공성선의 등장 덕분이다. 100년 전 알렉산드로스 대왕이 카르타고의 모도시 티레를 함락할 때 사용했던 방식이다. 공성선의 활약으로 파노르무스의 바다 쪽 성벽과 항구까지 제압되자 해로를 통한 지원을 기대할 수 없게 된 파노르무스 수비군은 다음 해까지 버티다가 결국 로마에 항복했다. 이후 로마는 자연스레 시칠리아 북서부를 지배했다.

한편 파노르무스에는 친카르타고파와 친로마파가 모두 있었는데, 친카르타고파 1만 4,000명이 포로가 되었고 대부분 노예로 팔려나갔다. 파노르무스는 이후 로마의 중요한 거점이 되었으며, 솔루스 같은 소도시들은 스스로 로마에 문을 열어주었다. 북부 시칠리아에 남은 카르타고의 거점은 테르마이뿐이었다.

로마군이 북부 시칠리아를 휩쓰는 동안 하스드루발이 이끄는 카르타고군이 무엇을 했는지는 잘 알려져 있지 않다. 다만 젊은 청년 장교였을 하밀카르 바르카가 이 부대에 소속되어 있었을 가능성이 높다.

로마 육군이 시칠리아 북서부를 공략하는 동안 로마 해군은 북아프리카 연안 지역을 습격했다. 이들은 북아프리카 연안을 돌아다니며 항해 중인 상선을 공격하거나, 해안에 면한 도시나 마을을 습격하여 정박 중인 선박을 불태우고 약탈했다. 이러한 작전은 고대의 통상파괴전이라고 할 수 있는데, 북아프리카 연안을 들쑤셔서 시칠리아에 대한 카르타고의 물자 및 병력 증원을 방해하려는 의도에서 나온 것이었다. 그러나 습격을 마치고 이탈리아로 돌아오던 로마 함대는 또다시 대해난 사고를 당하고 만다. 무려 150척의 군함과 수만에 달하는 목숨이 지중해 속으로 사라진 것이다. 문제는 이런 대형 해난 사고의 원인 중 하나가 아이러니하게도 로마 해군의 필승 카드인 까마귀였다는 것이다. 1톤 가까운 무게의 까마귀는 선수를 무겁게 할 수밖에 없었고, 항해에 악영향을 미쳤다. 특히 폭풍우에는 치명적인 약점으로 작용했다. 카르타고는 '멜카르트 신의 가호', 즉 지중해판 가미카제에 크게 고무되었다.

코끼리부대의 궤멸

2년 동안 두 번이나 대참사를 당하자 그토록 호전적이었던 로마 정부도 의기소침해질 수밖에 없었다. 그들은 시칠리아의 보급선 유지와 해안선 경비를 위해 60척의 군함만 남기고 해군을 크게 축소했다. 그에 반해 카르타고는 파노르무스 탈환을 결정하고, 한노의 아들 하스드루발을 사령관으로 삼아 군함 200척에 코끼리 140마리를 포함한 3만 대군을 실어 시칠리아 릴리바이움에 파병했다. 이 시기에는 많은 그리스계 도시들이 카르타고 쪽으로 진영을 바꾸었다.

어마어마한 코끼리 떼를 본 로마군은 전의를 상실했다. 4년 전 바그라다스의 악몽이 아직 생생한 때여서 무리도 아니었다. 지휘를 맡은 집정관 루키우스 카이킬리우스 메텔루스는 정공법으로는 이길 수 없다고 판단했다. 그는 성을 둘러싼 해자를 깊고 넓게 팠다. 대신 해자 바닥은 한 사람이 걷기도 힘들 정도로 좁게 했다. 그러고는 투창을 든 경보병을 해자 속에 매복시키고 대부분의 병력은 성안에 배치했다.

코끼리를 선봉으로 한 카르타고군은 기세등등하게 파노르무스를 향해 진격했다. 로마 경보병은 투창을 코끼리에 집중적으로 던지고는 재빨리 성안으로 도망쳤다. 이에 상처를 입은 코끼리들이 화가 나서 내달리다가 해자 속으로 떨어졌고, 그렇지 않은 코끼리들은 따라오는 카르타고 병사들을 짓밟았다.

카르타고군은 공황 상태에 빠졌고, 메텔루스는 때를 놓치지 않고 주력인 중무장 보병을 성 밖으로 내보내 무자비하게 살육했다. 성벽 위에서는 경무장 보병들이 해자 안에서 몸부림치는 코끼리들에게 창을 던졌다. 코끼리의 절반 이상이 죽거나 중상을 입어 무너지자 카르타고군은 보병대를 투입했고, 로마군도 그에 맞서면서 난전이 벌어졌다. 하지만 믿었던 코끼리부대의 궤멸은 카르타고 용병대의 사기를 크게 떨어뜨려 코끼리들과 함께 2만 명이 넘는 카르타고군이 전장의 이슬로 사라졌다.

하스드루발은 소수의 패잔병과 함께 살아남아 릴리바이움으로 돌아왔지만 본토로 소환되어 잔혹한 십자가형에 처해졌다. 반면 메텔루스는 코끼리를 새긴 기념 은화를 주조해 승리를 자축했다. 한편 조련사와 함께 잡힌 코끼리들은 로마의 원형 경기장으로 보내져 대부분 죽음을 당했다. 코끼리를 공개적으로 죽인 이유는 바그라다스 전투의 복수라는 의미와 함께 코끼리는 결코 불사의 존재가 아니라는 것을 로마 시민들에게 확인시키는 효과도 있었다.

릴리바이움 공방전

로마는 다시 함대를 만들기로 결정하고 기원전 250년 200척의 군함을 건조했다. 로마는 약 4만 명의 육군과 130척의 군함을 시칠리아에 투입했다. 로마의 육해군은 현재는 명품 포도주로 유명한 릴리바이움으로 진격해 들어갔다. 릴리바이움은 드레파눔(지금의 트라파니)과 함께 시칠리아에 남은 유이무삼한 카르타고의 거점이었다. 두 도시는 40킬로미터의 거리를 두고 떨어져 있었는데 두 도시 중 하나라도 잃으면 나머지 한 도시도 지키기 어려웠다. 그렇게 되면 카르타고는 시칠리아에서 완전히 밀려날 수밖에 없었다.

릴리바이움에는 보병 1만 명, 기병 700명밖에 없었고, 대부분 그리스와 켈트족 용병이어서 충성심을 기대하기 어려웠다. 하지만 성벽은 든든했고, 너비 30미터, 깊이 20미터에 달하는 해자가 성을 둘러쌌다. 결론부터 이야기하면, 이 도시에 대한 로마의 공략은 그로부터 10년이 지나도 성공하지 못해 1차 포에니 전쟁이 끝날 때까지도 릴리바이움은 여전히 카르타고 수중에 있었다. 함대로 카르타고의 해상 보급을 막을 수 있었던 로마군임에도 이런 결과가 나온 이유는 무엇 때문일까? 우선 릴리바이움의 지형 및 지리상의 이점 때문이었다.

릴리바이움은 시칠리아 최서단에 위치한 항구도시였다. 항구는 도시 북쪽에 가로놓인 길고 가는 만의 가장 안쪽에 있었고, 만 안쪽의 수로는 복잡하고 얕은 여울들과 암초가 곳곳에 자리 잡고 있어서 그곳 물길에 대해 잘 아는 선원이 없으면 도저히 배로 지나갈 수 없었다. 따라서 파노르무스 공략전 때처럼 로마 함대가 배를 항구 안쪽까지 진입하여 양 방면에서 성벽을 공격하는 것이 애당초 불가능했다. 또한 공성을 포기하고 항구 봉쇄에만 전념한다고 해도 그 역시 쉬운 일이 아니었다. 릴리바이움은 시칠리아 최서단에 있기 때문에 서쪽에서 불어오는 바람과 파도를 정면으로 받았다. 온화한 날씨일 때도 파도가 쉴 새 없이 넘실거리는 해역에서 배를 띄우고 24시간 내내 항구를 봉쇄하는 것은 불가능했다.

로마군은 돌을 채운 배를 항구 입구에 가라앉혀서 출입을 막아보려고도 했지만 이 또한 파도와 조류가 침몰선들을 쓸어내어 실패했다. 더구나 든든한 성벽에 너비 30미터, 깊이 20미터에 달하는 해자에 둘러싸인 릴리바이움에 대한 육지 쪽 공격도 쉽지 않았다. 게다가 방어사령관 히밀코는 유능한 인물이었다. 로마군은 공성탑과 투석기를 투입하여 성벽을 부수고 틈새로 군대를 투입했지만 히밀코는 이중 성벽을 세워 막아내고, 내부의 배신자를 적발하여 제거하는 등 훌륭한 수완을 보여주었다. 결국 로마군은 공성전을 포기하고 포위를 유지하면서 고사 작전으로 전환했다.

반면 카르타고인들은 바람과 파도의 이점을 마음껏 누렸다. 북아프리카에서 출발한 카르타고 배들은 우선 시칠리아 서쪽 근해의 아이가테스제도(지금의 에가디제도)까지 해로를 따라 항해하다가, 섬 주변 해역에서 순풍이 불기를 기다렸다 적당한 바람이 찾아오면 릴리바이움을 향해 출항했다. 카르타고 쾌속정이 순풍을 안고 전속력으로 항해하면, 둔중하고 움직임이 떨어지는 로마 군함으로는 막을 방법이 없었다. 아주 가끔씩 한두 척의 선박이 나포되는 정도였다.

이처럼 로마의 포위에도 릴리바이움에 대한 카르타고의 보급은 지속되었다. 카르타고 정부도 이대로 가다가는 시칠리아를 통째로 잃을 수도 있다는 현실을 깨닫고 국력을 쏟아붓기 시작했다. 카르타고는 일단 릴리바이움으로 에크노무스 해전의 패장이었던 하밀카르의 아들 로도스의 한니발이 지휘하는 1만 명의 용병을 50척의 배에 태워 보냈다. 카르타고 본토에서도 수만 명의 용병을 모집했으며, 드레파눔에 주둔하는 함대도 증강했다. 또한 방어전에서는 그다지 필요하지 않은 700명의 기병을 릴리바이움에서 빼내 북쪽의 드레파눔에 배치했다.

전투가 길어지자 릴리바이움을 포위한 로마군의 사기도 떨어졌다. 드레파눔의 카르타고 함대 때문에 바다 쪽 봉쇄도 어려워졌고, 얕은 수심을 정확하게 알고 있는 고속정들을 봉쇄하는 것은 불가능에 가까웠다. 더구나 육지 쪽에서도 릴리바이움에서 나온 700명을 포함한 카르타고 경기병들의 게릴라전으로 보급선이 위협을 받으면서 포위망이 이완되고 있었다. 여기에 릴리바이움 포위와 별개로 드레파눔에 주둔 중이던 카르타고 함대는 로마 함대가 릴리바이움을 봉쇄한 사이 시칠리아 북부와 남부 이탈리아 연안을 약탈했다. 이 때문에 안 그래도 육지와 바다의 대규모 병력으로 인해 보급 소요가 막대했던 로마군은 식량 등 물자 부족에 시달렸다. 부실한 영양 공급과 장기화된 야전 생활 때문에 진영 내에선 역병까지 돌았다. 설상가상으로 로마군이 세운 공성탑의 방벽이 갑작스러운 돌풍으로 파괴되고, 이를 틈타 히밀코가 지휘하는 카르타고군이 기습에 나서 모두 태워버리자 로마군의 사기는 말 그대로 바닥을 길 지경이었다.

드레파눔 해전

이대로는 안 되겠다고 판단한 로마는 기원전 249년, 새로 선출된 두 집정관을 전선에 투입했다. 그중 한 명인 푸블리우스 클라우디우스 풀케르는 이 전쟁의 첫 전투를 승리로 이끈 아피우스 클라우디우스와 같은 집안이었다. 그는 함대를 맡았다. 릴리바이움에 도착한 직후 로마군 진영을 둘러본 풀케르는 이런 상태로는 릴리바이움 함락은커녕 자신들이 먼저 궤멸당하리라고 보았다. 전염병에 걸려 제대로 노를 젓지도 못하는 선원들, 긴 전투에 지쳐 이완된 군기와 병사들 사이에 퍼진 패배주의, 그리고 기아가 바로 로마군의 민낯이었다. 따라서 그는 로마군의 최우선 과제는 릴리바이움 공격보다 재편성과 회복이라고 판단했다. 그러기 위해서는 카르타고군에게 농락당하고 있는 보급로의 안전 확보가 우선이었다. 그리고 이를 위해서는 결국 드레파눔에 머무르면서 시칠리아 항로를 습격하고 있는 카르타고 함대를 먼저 격파해야 했다.

풀케르는 병약해진 선원과 병사들을 모두 하선시키고, 육군 가운데 비교적 건강한 병사들을 대상으로 지원병을 모집했다. 아마도 그는 전리품으로 병사들을 유혹하기도 했을 것이다. 그는 새로 모집한 병사들을 강도 높게 훈련시키는 한편 태만하거나 군율을 어지럽히는 자에게는 가차 없이 채찍질을 가했다. 그는 그동안 거의 방치돼 있던 군함들도 육지로 끌어올려 수리했다. 병력 부족과 낮은 사기로 고통받던 로마 함대가 다시금 전열을 갖추게 된 것은 거의 풀케르의 공이라고 할 수 있다. 하지만 함대 정비만으로 과제가 모두 해결된 것은 아니었다. 그해 로마가 동원할 수 있었던 함대의 규모는 총 250척으로 드레파눔의 카르타고 함대 130척에 비해 수적으로는 우세했다. 그러나 그중 절반은 릴리바이움 공략이 지지부진하자 시칠리아 동북부의 카르타고 군소 도시들을 점령하기 위한 작전에 투입되어 릴리바이움에 남아 있지 않았다. 게다가 카르타고가 본토에서 군함을 추가로 건조하여 파견할 예정이라는 소문까지 들려왔다.

또 하나의 문제는 그동안 주 무기로 사용했던 까마귀의 부재였다. 로마 함대가 대부분의 해전에서 승리를 거뒀던 것은 까마귀 덕분이었는데, 그것 없이 로마인들이 순수한 항해 실력만으로 카르타고 함대의 기동력을 압도할 수 있을지 의문일 수밖에 없었다. 풀케르는 수적 우위도 확실하지 않고, 무기 체계의 우위도 사라진 상황에서 카르타고 함대를 제압할 수 있는 가장 확실한 방법은 허를 찌르는 기습뿐이라고 확신했다.

드레파눔은 릴리바이움과 마찬가지로 반도 끝에 자리한 항구도시이면서 항구 역시 마찬가지로 육지 쪽으로 움푹 팬 만 안쪽에 있었다. 이 때문에 항구와 외해를 잇는 좁은 수로를 봉쇄하면 항구에 정박 중인 함대는 말 그대로 독 안에 든 쥐 신세가 될 수 있었다. 풀케르의 목표는 카르타고 함대가 항구에 정박해 있는 동안 기습적으로 수로를 봉쇄하여, 유리한 위치를 점한 상황에서 해전을 치르거나 최소한 그들을 무력화하는 것이었다. 그의 함대는 자정 무렵에 출발하여 우익은 육지 쪽, 좌익은 바다 쪽으로 포진한 형태로 북진했는데, 기함이 가장 선두에 서는 일반적인 형태와는 정반대로 함대 최후미에 자리했다. 함대의 전진을 독려하는 한편 낙오를 방지하기 위해서였다.

사실 풀케르는 그에 대해 비판적인 책에서 언급한 것처럼 결코 무능한 인물은 아니었다. 무능했다면 나락에 빠져 있던 로마 함대를 다시 해전에 나설 수준으로 회복시킬 수 없었을 것이다. 하지만 폴리비오스 등 고대 역사가들에 의하면 그는 성급하고 냉철함이 부족한 성격이며, 한 가지에 빠지면 주위를 돌아보지 않고 외곬으로 빠져드는 인물이었다. 따라서 그의 머릿속에는 카르타고 함대가 항구에 그대로 정박 중이며, 그들을 기습하기 위해서는 최대한 속도를 높이도록 함대를 재촉하는 것 외에 다른 생각은 없었던 것이다. 게다가 이때 풀케르는 어리석은 짓까지 저질렀다. 그는 관례대로 기함에 실은 성스러운 닭으로 점을 쳤다. 닭들이 집정관이 주는 모이를 잘 받아먹으면 승리가 확실하다는 의미였고, 그 반대는 물론 나쁜 징조였다(일설에 의하면 병아리였다). 닭들은 모이를 먹지 않았다. 화가 치민 풀케르는 닭들을 바다에 던져버리라고 명령하면서 "물이라면 먹겠냐!"고 내뱉었다. 이런 행동이 부하들의 사기에 좋은 영향을 미칠 리 없었다. 해가 뜰 무렵, 풀케르 함대의 선두는 드레파눔 항구가 눈에 들어올 정도의 위치에 도착했다.

풀케르와는 대조적으로 카르타고의 제독 아드헤르발은 바다에서 잔뼈가 굵은 유능하고 침착한 인물이었다. 그가 지휘하는 카르타고 함대는 여러 차례 시칠리아 북안과 이탈리아 남부 해안을 습격했고 로마군의 수송선도 적지 않게 나포했다. 그러니 참다못한 로마 함대가 언젠가는 행동에 나설 것이라고 확신했다. 그는 드레파눔항이 정박에는 유리하지만 일단 봉쇄당하면 끝장이라는 사실을 항상 염두에 두고 있었다. 그런 만큼 릴리바이움에 대한 감시를 늦추지 않고 있었다.

동이 트기 직전 보초가 로마 함대가 다가온다고 고함을 지르자 종소리가 수병들을 깨웠고, 이들은 신속하게 각자의 군함을 출항시켜 만 밖으로 나갔다. 분명 로마 함대의 선두는 카르타고 함대의 이동을 보았을 것이다. 하지만 그들은 예상과 전혀 다르게 돌아가는 상황에 당황했고, 게다가 이런 상황에서 어떤 행동을 취해야 하는지 지시를 받은 것이 전혀 없었다. 더구나 명령을 내려야 할 사령관은 가장 후미에 있어서 이 상황을 알지 못했다. 소식을 보낼 시간적 여유도 없었을 것이다. 결국 로마 함대는 아무 대책도 세우지 못한 채 계획대로 드레파눔을 향해 북상했다.

카르타고 함대는 외해로의 전진을 멈추고 남쪽으로 선회하여 종대로 북상 중인 로마 함대의 측면으로 이동했다. 만 안까지 로마 함대가 들어가도록 유인한 다음 측면이 노출된 로마 함대를 밖에서 포위할 작정이었던 것이다.

카르타고 함대는 다시 횡대로 전개했고, 아드헤르발은 로마 함대의 측면을 향해 전속력으로 공격하라는 명령을 내렸다. 그때까지도 카르타고 함대가 항구에서 조용히 정박해 있을 거라고 생각했던 풀케르는 기함 옆으로 돌진해오는 카르타고 군함을 보고서야 냉엄한 현실을 깨달았다. 그는 전 함대에 서둘러 뱃머리를 북쪽이 아닌 서쪽, 즉 카르타고 함대가 다가오는 방향으로 돌리라고 명령했다. 하지만 선박 간 신호가 청동거울의 빛 반사나 나팔 소리, 수기 등에 의존하던 고대였다. 최후미의 기함을 시작으로 대열 뒤쪽의 군함들이 차례차례 카르타고 함대 쪽으로 뱃머리를 돌렸지만 아직 신호를 전달받지 못한 선두 쪽 군함들은 여전히 북쪽을 향해 항해를 계속했다.

혼란에 빠진 로마 함대의 전열이 흐트러지면서 우왕좌왕하는 사이 카르타고 함대는 견고한 횡대를 유지하며 로마 함대에 바짝 다가섰다. 자연스럽게 로마 함대는 육지와 카르타고 함대 사이에 낀 신세가 되었고, 압박해 들어오는 적군에 조금씩 육지 쪽으로 밀려났다. 그들은 수심이 낮은 여울에 좌초되거나 자기들끼리 노가 엉킬까 두려워서 제대로 기동을 할 수 없는 상황에 몰렸다. 카르타고 함대는 그런 상대를 앞에, 넓은 공간을 뒤에 두고 우월한 속도와 기동성을 살려 마음껏 충각 공격을 가했다. 더구나 그동안 골칫거리였던 까마귀가 아예 없으니 전처럼 거리를 두고 조심스럽게 접근해야 할 필요도 없었다. 간혹 불리한 상황에서도 카르타고 군함에 전투원을 진입시켜 선상 백병전을 벌이려는 로마 군함이 있었지만, 그런 경우에도 카르타고 군함들은 배후의 넓은 공간으로 후퇴했다가 다른 로마 군함의 측면을 노렸다. 그에 반해 바로 뒤쪽에 육지가 있는 로마 함대에게는 그럴 공간이 없었다.

결국 충각 공격을 피하려 육지 쪽으로 밀려간 로마 함대는 차례차례 암초에 걸려 좌초되었다. 살아남은 자들은 카르타고의 포로가 되지 않기 위해 해안으로 도주한 뒤 육로를 통해 로마군 진영으로 달아났다. 카르타고는 모두 93척의 로마 군함을 포획했다.

카르타고군의 추격을 피해 릴리바이움으로 복귀한 로마 군함은 대열 후미에 속해 있던 30척뿐이었다. 그중에는 풀케르가 타고 있던 기함도 있었다. 인명 손실은 2만 명에 달했다. 드레파눔 해전은 해양대국 카르타고가 개전 15년 만에 거둔 바다에서의 대승이었다. 카르타고로서는 풀케르라는 외골수 적장 덕분에 얻은 승리였는데, 행운은 계속되었다. 동료 집정관 루키우스 유니우스 풀루스도 그다지 유능한 인물이 아니었던 것이다.

풀루스는 히에론이 제공한 것으로 보이는 보급품을 시라쿠사에서 선적한 뒤 릴리바이움 포위군에게 제공하기 위해 출항했다. 군함은 120척이었고, 수송선은 일설에 의하면 800척에 달했다고 한다. 이들은 카르타고 함대 부제독인 카르탈로가 이끄는 100척과 충돌했다. 카르탈로는 로마 함대를 분리하는 데 성공하고, 50척의 수송선과 17척의 군함을 격침시켰다. 살아남은 로마의 나머지 배들은 로마군 투석기가 포진해 있는 인근의 작은 어촌으로 피신하여 구원군이 나타나 카르타고 함대를 물리쳐주기를 기다려야만 했다. 카르타고 함대는 잠시 교전하다가 순순히 물러갔다. 하지만 그것은 투석기 때문이 아니라 곧 불어닥칠 시로코Sirocco라는 폭풍을 피하기 위해서였다. 카르타고 함대는 파키노스곶을 돌아 안전한 곳으로 피신했다. 하지만 로마는 이번에도 참사를 피하지 못했다. 수송선은 모두 침몰했고, 군함도 집정관의 기함을 포함해 고작 2척만이 살아남았다. 다행히 인명과 화물 손실은 크지 않았다. 릴리바이움의 잔존 함대도 이후 이어진 공격을 받고 10~20척 이내로 줄어들었다. 불과 한 달 남짓 만에 로마 함대는 대부분 사라졌다. 카르타고는 전쟁의 승기를 잡을 절호의 기회를 맞았다.

카르타고의 태만과 하밀카르의 등장

이때까지 로마는 함대를 여러 차례 재건해왔지만 이듬해에도, 그다음 해에도 군함을 건조하지 않고 사실상 해군력 재건을 포기했다. 그동안 누적돼온 인적, 물적 손실이 감당할 수 있는 수준 이상으로 컸기 때문이다. 밀라이 해전 이후 이때까지 로마가 해난 사고와 전투로 잃은 군함의 수는 대략 500~600척 정도였다. 또한 최대 21~25만 명의 선원, 노잡이, 전투원을 잃었다.

물론 침몰한 군함의 선원이 모두 익사하거나 포로가 되지는 않았을 것이다. 하지만 당시 로마는 15년째 전쟁을 계속하면서 지칠 대로 지쳐 있었고, 5년마다 실시하는 기원전 247년의 호구조사에 의하면 로마에서만 성인 남자의 수가 약 4만 명, 즉 6분의 1이나 줄어 있었다. 이보다는 적었겠지만 이탈리아의 동맹국도 엄청난 손실을 입었을 것이다. 물론 전사보다는 거대한 해난 사고 때문이었다. 그 전에는 인구가 5년마다 10퍼센트 정도 늘어나는 것이 상례였다. 재정 손실 역시 어마어마했다. 교역 중단 등으로 인한 간접적인 손실도 상당했을 것이다. 그럼에도 불구하고 히에론이 지배하는 시라쿠사가 굳건히 동맹을 유지해주는 것이 불행 중 다행이었다.

기원전 249년부터 로마는 함대 없이 전쟁을 치렀다. 이는 시칠리아 주변과 이탈리아반도 근해를 카르타고 함대 앞에 완전히 무방비 상태로 남겨둔다는 의미였다. 하지만 카르타고는 놀랍게도 제해권을 완전히 장악하기 위한 노력을 하지 않았다. 시칠리아 서부를 되찾기 위한 공세도 가하지 않았고, 오히려 로마 함대가 사라졌다고 자신들의 함대도 방치하다시피 했으며, 시칠리아에 주둔 중이던 지상군 규모도 점차 줄여나갔다.

물론 카르타고 역시 많은 손실을 입었다. 육군의 인명 손실은 대부분 용병이었으니 자국민의 손실은 훨씬 적었지만 해군의 경우에는 카르타고 시민의 비중이 높았을 것이므로 그 손실이 만만치 않았을 것이다. 재정 손실 역시 막대했다. 하지만 경제력은 기본적으로 로마보다 앞서는 나라였으니 자세한 통계는 없지만 상대적으로 로마보다는 재정적 문제가 적었을 것이다. 물론 이에 대한 반론도 만만치는 않다. 카르타고가 프톨레마이오스 왕조가 지배하는 이집트에 2,000탈렌트의 차관을 요청했다가 거부당한 일이 있는 만큼 재정적 압박이 로마 못지않았다는 것이다.[*] 여기에 파노르무스와 아크라가스 등 시칠리

---

[*] 프톨레마이오스 왕조는 외견상 중립을 지켰지만 로마 함대 재건에 기술 원조를 하는 등 사실상 로마를 지원했다.

아 대도시들을 잃은 것도 뼈아팠다.

하지만 카르타고의 이런 기이한 정책은 단순히 태만 때문만이 아니라 집권 세력의 성향 때문이기도 했다. 앞서 언급했지만 카르타고가 자리 잡은 북아프리카는 풍부한 녹지와 농경지가 있던 풍요로운 땅이었고, 카르타고의 농업은 해상무역만큼이나 비중이 높았으며, 토지를 기반으로 하는 귀족층의 목소리가 컸다. 이들을 현대식으로 표현하면 일종의 '내륙 진출파'라고 할 수 있는데, 이들의 주 관심사는 부의 원천인 토지 확대를 위한 내륙 영토의 확장이었다.

카르타고에서 내륙 진출파가 우세해지기 시작한 것은 기원전 256년 로마의 북아프리카 침공 이후부터였다. 큰 피해를 입은 대토지 소유자들의 목소리가 커졌고, 로마군이 철수한 이후 누미디아와 리비아의 반란을 억누르는 과정에서 내륙 진출파의 힘은 더 강해졌다. 기원전 248년경에는 내륙 진출파의 수장인 한노가 집권하기에 이른다. 일설에 의하면 그는 120년 전 해외 진출파인 다카를 이끌던 대한노의 자손이라고 하는데, 그 때문인지 대한노 2세라고 불린다. 내륙 진출파는 오늘날의 알제리 내륙에 해당하는 지역 침공을 시작으로 북아프리카 내륙 진출에 착수했다. 한노는 아프리카에서의 작전 지휘권을 쥐고 리비아와 누미디아 방면의 작전을 우선하는 정책을 주도했다. 그는 지금의 알제리에 있는 헤카톰필로스*를 무혈 정복했다.

비록 카르타고가 강대국이지만 두 전선에서 동시에 전쟁을 수행하는 것은 무리였다. 때문에 기원전 247년부터 시칠리아의 카르타고 영토에서는 북아프리카 내륙 침공 작전의 증원을 위해 용병들이 본토로

** 지금의 테베사. 100개의 문을 가진 도시라는 의미이다.

차출되는 경우가 잦았다. 심지어 기원전 245년부터는 함대도 본토로 단계적으로 철수했고, 선원들을 북아프리카 내륙 침공에 투입하는 일까지 벌어졌다.

카르타고와 로마는 드레파눔 해전 이후 2~3년간 소규모 교전만 벌였다. 두 나라의 전쟁은 맹금류의 사투와 비교되었다. 당시 상황을 역사가 폴리비오스는 다음과 같이 문학적으로 표현했다. "힘을 다 소진하고도 그들은 계속 격렬하게 싸운다. 기진맥진해서 더 이상 날개를 들어올릴 수 없어도 꺾이지 않은 용기로 버티면서, 서로에게 깊은 상처를 입히며 하나가 바닥에 쓰러질 때까지 계속 치고받는다."

이 시기에 이 대전쟁의 후반부를 장식할 인물이 등장한다. 독자들도 짐작하겠지만 바로 그 유명한 한니발의 아버지 하밀카르 바르카다. 하밀카르는 기원전 248년 또는 247년에 시칠리아에서 아드헤르발로부터 지휘권을 인수받았다. 그의 장남 한니발은 기원전 247년에 태어났는데, 하밀카르가 기원전 248년에 시칠리아로 떠났다면 그는 장남의 출생을 보지 못했을 것이다(그에게는 이미 딸이 셋 있었다). 당시 그의 정확한 나이는 알 수 없지만 30대 초반이었던 것으로 보인다.

카르타고의 효웅, 하밀카르 바르카

'번개'라는 뜻을 가진 바르카 가문에서 태어난 하밀카르는 1차 포에니 전쟁에서 양쪽을 통틀어 가장 유명하고 유능한 장군이었지만 전쟁이전의 행적에 대해서는 알려진 게 거의 없다. 바르카 가문은 엘리사여왕 때부터 내려온 명문이라고도 하고, 일부에서는 카르타고 본토가아니라 키레나이카의 키레네 출신, 심지어 유목민 출신이라는 주장도있다. 하지만 모두 확실하지 않다.

카르타고에서는 명문가 자제가 직업군인이 되는 경우가 거의 없었던 것으로 보인다. 그래서인지 《명장 한니발 이야기》에서도 하밀카르의 아버지로 '설정된' 아도니바알은 아들의 장래 희망을 듣고 기겁을 한다. 이 소설에서 어린 하밀카르는 그리스인 가정교사에게 알렉산드로스의 대원정 이야기를 듣고 매료되는데, 충분히 있을 수 있는 일이었다. 그리고 실제로 그랬다면 하밀카르 역시 피로스나 아가토클레스처럼 '알렉산드로스 증후군'을 앓은 셈이고, 이 때문에 직업군인이 되려고 했을 것이다. 이 가정이 맞다면 하밀카르의 아버지는 아들에게 시킨 그리스 교육을 후회하지 않았을까?

앞서 카르타고는 해외 진출파와 내륙 진출파로 나뉘었다고 했는데, 많은 학자들은 두 파의 세력이 비슷했기 때문에 국력을 집중하지 못했고, 결국 이것이 로마에 패망하는 원인 중 하나가 되었다고 본다. 시오노 나나미의 경우에는 나아가 바르카 가문이 해외 진출파의 대표라고 보았는데, 그럴듯한 주장이지만 명확한 증거가 있는 것은 아니다.

당분간 이야기의 주인공이 될 하밀카르는 1만 명이 약간 넘는 병력을 이끌고 시칠리아로 떠났다. 판세를 뒤집기에는 너무 적은 병력이었다. 그는 무슨 생각을 가지고 어떤 준비를 해서 바다를 건넜을까?

하밀카르에게는 병력 수도 중요했지만 질이 더 중요한 문제였을 것이다. 사실 당시 카르타고에는 충성심도 있고 전투도 잘하는 육군이 거의 남아 있지 않았다. 특히 긴 전쟁 기간 동안 승리의 경험이 별로 없는 용병들에게 카르타고에 대한 충성심을 기대하기란 쉽지 않았다. 역사 기록에는 없지만 틀림없이 전쟁에서 초중급 장교로 많은 경험을 쌓았을 하밀카르는 국민군으로서 조국에 충성하는 로마군의 강점을 잘 알고 있었을 것이다. 하지만 카르타고군을 단기간에 국민군화하는 것은 불가능했다.

하밀카르는 사람은 사람을 따를 수밖에 없다는 인간의 본성을 잘 알았던 것으로 보인다. 다시 말해 카르타고에 대해서는 충성심이 없는 병사들도 믿을 수 있는 지휘관은 기꺼이 따를 수 있다는 것이다. 그리고 자신이야말로 진정한 지휘관의 자질을 가지고 있다는 것을 그는 본능적으로 알고 있었다(세계를 뒤흔든 혁명 중 성공한 경우를 보면 대부분 카리스마 넘치는 혁명가들이 이끌었다는 사실을 알 수 있다. 한 작가는 "사람은 사람을 따르는 것이지 사상을 따르는 것이 아니다. 즉 혁명을 따른 게 아니라 혁명가를 따랐다"고 썼는데 다소 과장된 표현이지만 인정할 수밖에 없다. 국민군이었던 로마군도 유력한 장군 밑에서 '사병화'되었고, 결국 로마 공화정은 제정으로 이행되었다. 이런 경향은 현대에 와서도 자주 나타났다. 2차 대전 시기 독일 아프리카 군단과 미 제3군은 롬멜과 패튼을 열렬히 숭배했고, 자신들의 부대를 정식 단대호보다 '롬멜군', '패튼군'으로 불렀다).

하밀카르는 우선 병사들을 드레파눔과 릴리바이움 진지전에 투입하여 눈과 몸으로 로마군을 익히게 한 뒤, 적전상륙을 감행하여 파노르무스 근처 에르크테산*에 근거지를 마련했다. 에르크테산은 천연의 산성 같아 주변 장악에 적합했고, 바다 쪽에서는 가파른 좁은 길로만 접근이 가능했다. 따라서 바다를 통해 보급을 받을 수 있었다. 즉 바다와 육지에서 모두 공격하기 어려운 난공불락의 요새였던 것이다. 더구나 산 정상에는 넓은 고원과, 수원이 여러 군데 있어 경작을 하면 어느 정도 자급자족이 가능했다. 하밀카르는 바다 쪽으로만 방어 시

---

* 지금의 펠레그리노산으로, 트래킹 장소로 유명하다.

설을 만들고, 병사들을 소그룹으로 나누어 기동훈련을 시켰다.

든든한 거점을 확보한 하밀카르는 육지와 바다 양쪽에서 게릴라전에 나섰다. 그는 시칠리아 주둔 로마군의 배후를 기습하고 보급로를 교란하면서 소규모 함대를 활용하여 이탈리아 해안도시들을 공격했다. 그는 이런 식의 전투를 4년이나 계속했는데, 이탈리아에서의 약탈 덕분에 본토로부터 거의 보급을 받지 않고 자립하면서 싸울 수 있었다. 물론 군사 장비 조달은 예외였을 것이다.

그렇다고 하밀카르의 전투가 모두 게릴라전은 아니었다. 드레파눔 부근 평야에 우뚝 서 있는 에릭스산은 시라쿠사와 피로스 전쟁 때 싸움터가 된 바 있었다. 이 산 중턱에는 산 이름과 같은 이름의 도시가 있었는데, 하밀카르의 군대는 이곳을 차지하고 로마군을 산 정상 쪽으로 내몰았다. 하지만 수적으로 우세했던 로마군은 산기슭을 차지하고 에릭스의 카르타고군을 포위하여 보기 드문 이중 포위전이 벌어졌다. 다행히 카르타고군은 바위틈에 만든 계단을 통해 보급을 받을 수 있었다. 양군은 지구전을 피할 수 없었고, 온갖 전술로 사투를 벌였다. 하밀카르의 게릴라전과 산악 지구전은 로마 쪽에서 일했던 그리스 역사가 폴리비오스도 칭찬을 아끼지 않았을 정도로 인상적이었다. 한편 젊은 마르쿠스 클라우디우스 마르켈루스도 이때 하밀카르의 군대와 싸웠는데, 나중에는 하밀카르의 아들 한니발의 호적수가 된다.

하밀카르가 시칠리아에서 활약하는 동안 본토의 대한노 2세는 아프리카 내륙 진출을 계속했고, 시칠리아 전선 지원에는 인색했다. 이런 이유로 하밀카르와 대한노 2세의 사이는 매우 나빴다. 하밀카르의 선전은 본토의 지원 부족으로 제한적일 수밖에 없었다. 이탈리아 연안을 괴롭혔지만 병력을 상륙시켜 전선을 옮길 수도 없었고, 로마에 점령된 파노르무스나 아크라가스 등 대도시들을 탈환하지도 못했다. 몇 년째 릴리바이움을 포위하고 있는 로마군을 물러나게 하지도 못했다.

한편 로마도 하밀카르의 게릴라전에 당하고만 있지는 않았다. 하밀카르를 본받아 아프리카 해안의 히포를 공격하는가 하면, 파노르무스 앞바다에서 벌어진 해전에서 승리를 거두기도 했다. 하지만 그 정도로 카르타고가 굴복할 리 없었다. 다만 결과론이지만 하밀카르의 활약은 그동안 잠자고 있던 로마를 깨웠다.

전쟁의 승패를 가른 두 나라의 재정정책

로마는 지난 5년 동안 하밀카르에게 당한 고통을 더 이상 두고 볼 수 없었고, 지상전만으로는 전쟁을 끝낼 수 없다는 사실 또한 명백해졌기에, 주력 함대를 상실한 지 6년 만인 기원전 243년 말, 오랜 공백을 깨고 다시 함대를 건조하기로 결정했다. 그러나 가장 큰 문제는 텅 빈 국고였다. 두 나라 모두 20년 넘게 전쟁이 계속되고 있었으니 당연한 결과였겠지만 대책을 세우지 않을 수 없었다. 하지만 방법은 달랐다. 로마는 국채 발행을 결정했다. 반면 카르타고에는 국채라는 개념 자체가 없었기에 증세를 선택할 수밖에 없었다. 페니키아-카르타고인들은 두말할 것 없이 상업에 매우 능했다. 하지만 화폐 도입이 늦었던 것처럼 국채 제도도 없었다는 것은 그들의 재정 감각이 민간 차원에서는 뛰어났을지 몰라도 국가 차원에서는 그렇지 않았다는 증거라고 할 수 있을 것이다.

극단적으로 말하면 이 차이가 고대 대전의 승패를 갈랐다. 동서고금을 막론하고 증세를 반기는 이들은 없고, 카르타고 역시 마찬가지였다. 카르타고는 시민들에 대한 세금은 반발 때문에 늘리지 못했고, 대신 속령인 리비아의 세금을 두 배로 올렸다. 몇 년 후 카르타고인들은 이 착취의 대가를 치른다.

로마 역시 상황은 마찬가지였지만 국채 발행을 통해 자금을 마련할 수 있었다. 《풍요와 거품의 역사》의 저자 안재성의 표현대로 사실 국채는 증세보다 결코 신사적인 수단이 아니며, 약탈에 가까운 제도이다. 그런 국채를 로마 정부는 귀족, 기사 계급 등 소위 부자들에게 강제로 할당했다. 정확하게 표현하면 국채라고 이름 붙인 종이 쪽지—당시에는 양피지였겠지만—를 내밀고 금과 은을 강탈해갔다. 물론 로마 정부는 승전하면 카르타고로부터 받을 배상금으로 갚겠다고 약속했다. 하지만 패하면 당연히 휴지 조각이 된다. 그래도 국채는 그나마 증세보다 '세련된 약탈'이었다. 세금은 그냥 빼앗기고 끝이지만 국채는 "정부가 갚을지도 모른다"는 미약한 믿음이나마 심어줄 수 있기 때문이다. 때문에 로마의 부자들은 '울며 겨자 먹기'로 돈을 내놓으면서도 반란은 일으키지 않았다. 그리고 이 돈으로 로마는 200척이 넘는 대함대와 6만 명이 넘는 군대를 재건할 수 있었다.

사실 현대에도 국채는 강매 성격이 많아 사실상 준조세에 가깝다. 아파트나 자동차 구입 시 강제로 구입해야 하는 우리나라의 철도공사채 등이 그 대표적인 사례라고 할 수 있다. 세율을 올리면 모든 국민이 해당 세율을 적용받지만 국채는 돈 있는 사람만 매입 가능하다는 것도 차이점이다. 결국 카르타고의 식민지 증세는 약자에게 더 거둔 세금인 데 반해 로마는 그와 반대로 부자들에게 세금을 더 거둔 셈이었다. 카르타고에 국채라는 개념이 없었더라도 귀족이나 부자들에게 전쟁 분담금을 받아낼 수도 있었을 텐데 그러지 못한 것은 카르타고의 정치적 안정성이나 중앙집권력이 충분치 못했기 때문이라는 방증이기도 하다.

로마 함대의 부활과 혁신

기원전 242년에 재건된 로마 함대는 예전의 함대와는 질적으로 달랐다. 기원전 260년의 첫 함대 건조 이래 로마 함대는 카르타고와 싸워 여러 번 이겼지만 단 한 번도 카르타고 함대에 비해 기동력에서 우위를 가져본 적은 없었다. 해상 경험이 일천했던 로마인이었기에 카르타고인과 같은 세련된 기동을 하기도 어려웠지만, 군함 또한 상대적으로 움직임이 둔중하고 느렸기 때문이기도 했다. 로마인들은 '까마귀'를 개발함으로써 자신들의 강점을 극대화하는 방법을 택했지만 항해 능력 부족과 거듭된 해난 사고는 로마로 하여금 함대를 포기하게까지 만들었다.

로마인들은 함대를 재건하면서 이전의 함형 대신 릴리바이움 봉쇄 작전 당시 노획한 카르타고 군함을 기초로 날렵하고 세련된 타입의 군함을 건조해냈다. 또한 함대 편성이 완료된 후에는 수시로 배를 바다에 띄워 노잡이들을 훈련시키는 한편, 조직적인 함대 기동을 집중적으로 연마했다.

로마와 카르타고 함대의 재등장

로마 함대는 기원전 242년 초여름, 시칠리아 해역으로 돌아왔다. 로마 함대는 곧 카르타고 함대가 거의 사라져버려 텅 비어 있는 드레파눔과 릴리바이움의 항구를 간단히 봉쇄했다. 앞서 언급한 대로 카르타고의 정책 전환으로 카르타고 함대가 대부분 본토로 돌아간 상태였기 때문이다. 로마 육군도 이에 호응하여 육지 쪽에서 공성전을 시작했다.

그러나 함대의 지휘를 맡고 있던 집정관 가이우스 루타티우스 카툴루스는 쉽게 마음을 놓지 않았다. 자신들이 7년 만에 돌연 함대를 재건했던 것처럼 카르타고 함대도 언제든지 다시 시칠리아로 돌아올 수 있다는 가능성을 염두에 두었던 것이다. 때문에 그는 드레파눔과 릴리바이움의 봉쇄로 시칠리아 근해가 로마 함대의 통제에 들어온 이후에도 경계 태세를 늦추지 않았다. 적어도 하루에 한 번은 노잡이들에게 노 젓는 훈련을 시켰고, 선원들의 급식 상태와 잠자리 등도 수시로 점검했다. 언제 카르타고 함대가 도착해도 맞서 싸울 수 있는 최상의 상태를 유지하려고 했던 것이다.

카르타고 쪽으로 눈을 돌려보자. 카르타고 입장에서는 시칠리아의 마지막 남은 두 도시를 잃는다면 제아무리 유능한 하밀카르라도 고사할 수밖에 없었다. 방치하면 곧 패전이었던 것이다. 카르타고는 로마 함대의 부활 그리고 드레파눔과 릴리바이움이 봉쇄되었다는 소식을 듣자 뒤늦었지만 그동안의 잘못을 깨닫고 바로 시칠리아로 보낼 함대 편성에 나섰다. 하지만 함대 편성을 마치고 시칠리아로 출항하기까지는 무려 9개월의 시간이 걸렸다. 기원전 245년 무렵부터 시칠리아에서 귀환한 군함들은 그동안 도크 안에서 거의 방치되다시피 하여 상태가 좋지 않았기 때문이다. 카르타고는 급히 기존 군함들을 수리하고, 조선소를 풀가동하여 새로운 군함을 건조했으며, 또 다른 한노를 제독에 임명했다. 하지만 진짜 해결하기 어려운 문제는 선원 부족이었다. 궁여지책으로 감옥에 갇힌 죄수 6,000명을 노잡이로 투입했다 (일부 학자들은 이를 갤리선 노예의 시초라고 보기도 한다). 그럼에도 선원

부족은 완전히 해결되지 않았다. 카르타고 군함들은 전반적으로 정규 선원 수를 다 채우지 못한 채 실전에 투입되었다. 선원의 질이 낮은 것은 당연했다. 지난 5년 동안의 정책 전환은 단순히 5년 동안 함대를 철수한 정도에 그치지 않았다.

아이가테스 해전과 강화조약

기원전 241년 3월, 급조된 약 200척의 카르타고 함대가 시칠리아로 출항했다. 사실 이 함대는 함대라기보다는 물자와 무기를 가득 실은 수송 선단에 가까웠고, 기동력이 매우 떨어졌다. 물론 한노 제독도 그것을 잘 알고 있어서, 선적한 물자를 하밀카르에게 넘기고 배를 가볍게 한 다음, 하밀카르의 군대를 배에 태워 로마 함대와 일전을 벌일 계획이었다. 시기를 3월로 잡은 이유는 로마의 신임 집정관의 임기가 3월 15일에 시작되고, 병력 교체 역시 같이 이루어지는 시기를 노린 것이었다. 하지만 로마는 한노의 기대와 달리 중요한 시기라고 판단하고 병력, 특히 해군을 그대로 남겨두었다. 카르타고 함대는 아이가테스제도의 가장 서쪽에 있는 마레티모섬에 닻을 내렸다. 그곳에서 시칠리아로 갈 기회를 노리려는 것이었다. 3월 10일, 기회가 왔다. 서쪽에서 동쪽으로 강풍이 불기 시작했던 것이다.

로마 집정관 카툴루스는 풍향을 보고 카르타고 함대의 출항을 확신했다. 하지만 역풍이라는 불리한 조건 때문에 그는 잠시 출전을 망설였다. '저들을 시칠리아로 보내더라도 더 나은 상황을 기다리는 게 낫지 않을까?' 하는 생각 때문이었다. 하지만 카르타고 함대가 시칠리아에 도착해서 하밀카르군과 합류하면 노잡이와 전투원의 부족이라는 그들의 약점이 사라져버릴 것이었다. 그는 전투를 결심했다. 그

만큼 하밀카르의 합류가 무서웠던 것이다. 그는 모든 군함에 돛, 마스트, 당일분 이상의 물자 등 전투에 필요하지 않은 것은 모두 정박지에 두고 출전하라는 명령을 내렸다. 조금이라도 배를 가볍게 해 기동성을 높이려는 조치였다.

로마 함대는 모든 군함이 나란히 늘어선 횡대로 전진했다. 이 광경을 목격한 카르타고 함대도 전투를 피할 수 없다는 현실을 깨닫고 돛과 마스트를 내려 갑판 밑에 둔 후 마찬가지로 횡대로 전개하여 로마 함대에 맞섰다. 이전까지의 해전들과 달리 아이가테스제도 해역은 섬들을 제외하면 거의 망망대해에 가까웠다. 따라서 이 해전은 양 함대 모두 기동을 방해할 장애물 없이 순수하게 전술과 기동력만으로 승부를 내야 했다(카르타고의 배들은 갑판에까지 보급품을 가득 싣고 있어서 상대적으로 기동성이 떨어져 있는 상태였다).

불리한 바람에도 로마 함대가 우익을 전진시켜 카르타고 좌익을 반포위하는 우회 전술을 성공시키며 기선을 제압했다. 로마 군함들은 이전처럼 수동적으로 적함이 접근하기를 기다리지 않고 전력으로 노를 저어 먼저 접근한 후 전투원들을 투입했다. 원래 선상 백병전에 자신이 있었고, 이제는 기동력마저도 떨어질 게 없는 로마 함대는 강력했다.

로마 함대의 포위에 말려 순식간에 좌익이 붕괴되자 처음부터 사기가 높지 않았던 카르타고 군함들은 곧 전의를 상실하고 서쪽으로 도주했다. 하지만 전투 초기에 그들에게 이점이었던 서풍은 방향을 바꿔 퇴각하자 오히려 방해만 되었다.

추격해오는 로마 군함들을 따돌리는 데 실패한 카르타고 배들은 차례차례 충각 공격을 받고 나포되었다. 불행 중 다행으로 풍향이 바뀌자 카르타고 군함들은 전투 전에 떼어냈던 마스트와 돛을 다시 달고 노와 돛에 의지해 추격을 뿌리치고 카르타고 본토로 도망쳤다. 만약 바람의 방향이 바뀌지 않았다면 전멸을 면하기 힘들었을 것이다. 전투는 짧은 시간에 끝이 났다. 50척이 넘는 카르타고 배들이 격침되고 70척가량이 나포되었는데, 로마의 손실은 30척 정도였다.

카르타고의 패인은 무엇이었을까? 지휘관의 역량 차이도 있었겠지만 양측 모두 급조한 함대이긴 해도 1년 정도라도 먼저 준비한 로마 쪽이 숙련도에서 앞섰기 때문일 것이다. 드레파눔 해전 이후 해군을 축소했던 카르타고의 정책이 이런 결과를 낳은 것이다.

한노 제독을 십자가형에 처한 카르타고 정부는 더 이상 전쟁을 지속할 의지를 상실하고 수건을 던졌다. 몸젠의 표현대로라면 로마가 잘해서가 아니라 카르타고가 더 많은 실책을 저질러 로마가 승리할 수 있었다. 사실 두 강대국이 충돌한 해역에서 발굴된 선박은 로마 쪽이 훨씬 많았다.

카르타고 정부는 패전의 책임이 없는 하밀카르에게 전령을 보내 로마와 강화조약을 맺으라고 지시했다. 어처구니없지만 자신의 전투에서 한 번도 패하지 않았던 하밀카르는 패배를 인정하는 조약의 당사자가 되었다. 그간의 노고가 물거품이 된 것이다. 하지만 그는 의연하게 적장 카툴루스와 만나 강화 조건에 대해 협의했다. 그는 포로는 내놓았지만 무기와 로마군 탈영병을 인도하라는 카툴루스의 요구는 단호히 거절했다.

사반세기 동안 벌어졌던 고대 대전을 끝내면서 두 나라를 대표한 하밀카르와 카툴루스가 맺은 강화조약의 내용은 다음과 같았다.

-카르타고는 시칠리아에서 철수하고 영유권을 영원히 포기한다.

-카르타고는 시라쿠사 등 로마 동맹국과 전쟁해서는 안 된다.

-로마는 카르타고의 독립을 존중한다.

-포로는 양쪽 모두 몸값을 받지 않고 석방한다.

-카르타고는 10년 분할로 2,200탈렌트를 배상금으로 지불한다. 3분의 1은 바로 지불하고, 나머지는 20년에 걸쳐 분납한다. 여기서 1탈렌트는 타렌툼 기준으로, 은 26킬로그램에 해당한다.

-카르타고 선박들은 이탈리아 해안에 접근해서는 안 된다.

사실 카르타고 입장에서 시칠리아의 포기는 이미 파노르무스나 아크라가스 등의 대도시를 포함해 기존 영토의 대부분을 잃은 상태여서 큰 문제는 아니었다. 무려 400년 동안이나 지배하에 뒀으며 그리스인들의 공격을 막아냈던 땅과 요새들을 내주는 기분은 참담했겠지만. 독립 존중과 포로 교환은 당연히 좋은 조항이었다. 배상금도 거액이긴 했지만 전쟁에서 벗어난다면 카르타고의 경제력으로 감당할 수 없는 액수는 아니었다. 훗날 가장 문제가 되는 조항은 로마 동맹국과의 전쟁 금지였다. 이에 대해서는 뒤에서 별도로 다루어보자.

카르타고는 이 강화안을 받아들였다. 하지만 로마 민회는 너무 관대한 조건이라며 반대했고, 10명의 대표단을 시칠리아로 보냈다. 결국 배상금이 1,000탈렌트 증액되고, 분할 기간도 10년으로 줄어들었다. 또한 시칠리아의 부속 도서인 아이가테스제도와 리파리제도도 로마의 영역이 되었다. 카르타고는 이를 받아들일 수밖에 없었다. 로마 정부가 배상금으로 국채를 갚았음은 물론이다.

1차 포에니 전쟁 총평

폴리비오스는 이 1차 포에니 전쟁의 마지막을 이렇게 표현했다. "시칠리아를 두고 벌어진 로마와 카르타고의 전쟁은 이런 조건으로 막을 내렸다. 23년 동안 쉬지 않고 계속된 이 전쟁은 우리가 지난 역사를 통해 알고 있는 모든 전쟁 가운데 가장 지루하고 힘든 전쟁이었다."

폴리비오스의 말대로 1차 포에니 전쟁의 가장 큰 특징은 육지와 바다에서 수많은 전투가 벌어졌지만 전쟁의 승부를 단번에 결정짓는 대결전은 없었다는 것이다. 끝없는 소모전에 가까웠고, 국가 역량을 전쟁에 얼마나 쏟을 수 있는지, 그리고 그 전쟁을 계속할 의지가 어느 정도인지에 의해 전쟁의 승패가 갈렸다.

카르타고는 드레파눔 해전 승리 이후 분명 전쟁의 주도권을 장악할 수 있는 좋은 기회가 있었다. 하지만 의지 부족과 한심스러운 정책 변화로 이를 살리지 못했고, 결국 최후의 승자 자리를 넘겨주고 말았다. 그 결과 서지중해의 제해권을 다시는 찾지 못했고, 희대의 명장 한니발이 바다를 통해서가 아닌 갈리아와 알프스를 넘어 로마로 쳐들어갈 수밖에 없게 했다.

8장

두 전쟁의
막간

용병 전쟁과 하밀카르의 와신상담

하밀카르 본인은 물론 전투에서 한 번도 지지 않았고 전선에서 밀려 나지도 않았는데 항복해야 했던 부하들의 심정도 그야말로 폭발 직전이었을 것이다. 도널드 케이건 교수는 자신의 저서에서 하밀카르와 그의 군대의 심정을 1918년 11월, 1차 대전 직후 독일군의 그것에 비유했다. 케이건 교수는 2차 포에니 전쟁과 2차 대전이 같은 심리적 원인으로 시작되었다는 결론을 내린다. 여기에 묘하게도 1, 2차 포에니 전쟁 사이의 기간은 23년, 양차 대전은 21년으로 거의 비슷하며, 전후에 일어난 엄청난 혼란도 카르타고와 독일이 비슷한 형태로 치른다. 카르타고의 패배는 시칠리아 상실과 배상금 지불 그리고 독점하다시피 하던 서지중해를 다른 세력과 공유하게 된 정도로 끝나지 않았다. 당장 용병들에게 주어야 할 임금이 밀려 있었다. 하밀카르는 자체 조달한 자금으로 용병 부대를 유지했지만 전쟁 막바지에는 그렇게 할 수 없었다. 카르타고 정부는 그의 뜻과 달리 용병을 아프리카로 보내라고 명령했다. 이에 하밀카르는 부대를 소규모 단위로 쪼개 본토로 보냈다. 카르타고 정부가 부대 단위로 해고하거나 용병들이 반란을 일으키는 등의 최악의 상황에 대비하기 위해서였다. 그러고는 자신도 지휘권을 포기했다. 하지만 카르타고 정부는 너무나 어리석은 행동을 하고 말았다.

당시에는 겨울에 전투를 하지 않았으므로 봄부터 가을까지가 전기 戰期였다. 이에 카르타고 정부는 전쟁이 여름에 끝났으므로 용병들에게 임금을 절반만 주고 끝내려고 했다. 전쟁 비용과 배상금 문제로 재정이 쪼들렸기 때문이다. 하지만 돈 때문에 목숨 걸고 싸운 용병들이 이를 납득할 리 없었다. 더구나 전투를 위한 물자를 구입하는 데 자신들의 돈을 쓴 용병들도 상당수 있었다. 여기에 다양한 인종과 언어로 인한 소통의 어려움은 혼란을 더 가중시켰을 것이다. 로스 레키의 작품에서는 도금한 '금덩어리'를 주다가 그것을 눈치 챈 용병들이 관리들을 무자비하게 찢어 죽이는 장면이 나오기도 한다.

용병들은 튀니스에 진을 치고 실력 행사에 들어갔다. 스펜디오스와 마토스라는 지도자까지 등장했다. 카르타고는 워낙 튼튼한 성벽이 막아주고 있어서 직접적인 피해를 입지 않았지만 다른 지역은 많은 피해를 보았다. 카르타고에 오랫동안 지배받고 전쟁 기간 동안에는 중과세에 시달렸던 리비아인들까지 용병 편을 들어 봉기했다. 그 수가 무려 7만 명에 달했으며, 아낙네들은 장신구까지 팔아 군자금을 댔다고 한다. 심지어 카르타고화가 상당히 진행된 도시들까지 이반하기 시작했다.

사르데냐와 코르시카에서도 반란이 일어났다. 대한노 2세가 진압 작전의 책임을 맡았다. 하지만 그는 정치적 재능은 있어도 군사적 재능은 없는 인물이어서 진압에 실패했다. 이렇게 되자 '고대판 해방전쟁', 즉 '제국'을 타도하려는 양상으로 반란이 전개되기에 이르렀다. 위험성을 깨달은 시라쿠사의 히에론은 카르타고를 적극 지원했다. 카르타고가 붕괴하면 로마가 독주할 테고, 그렇게 되면 비록 동맹을 맺었다지만 시라쿠사에도 이로울 게 없다는 것이 그의 판단이었을 것이다. 폴리비오스가 이 반란의 참혹함을 유난히 강조한 것도 '제국'의 입장에서 보았기 때문일 것이다.

반란은 5년 가까이 계속되며 카르타고를 황폐화시켰다. 카르타고가 용병들에게 줄 임금보다 훨씬 큰 피해를 입었음은 물론이다. 지난 전쟁의 과오를 되풀이하고 만 것이다.

사태가 걷잡을 수 없이 악화되자 카르타고 원로원은 어쩔 수 없이 하밀카르를 불러 지휘권을 맡길 수밖에 없었다. 여기에 약간 웃기는 상황이지만 용병의 반란을 진압하기 위해 새로운 용병들을 모집했다. 카르타고 시민들도 신성 군단을 중심으로 한 군대에 입대했다. 이때 누미디아 출신의 나라바스가 하밀카르에 가세했다. 대대로 카르타고와 친분이 있었던 가문 출신의 그는 초기에는 반란에 가담했지만 곧 휘하 부대와 함께 하밀카르에게 투항했다. 천군만마를 얻은 하밀카르는 자신의 딸을 나라바스 집안에 시집보내기로 약속했다(카르타고 귀족 집안에서 누미디아 같은 '야만인'에게 딸을 주는 경우는 거의 없었다고 한다).

하밀카르는 나라바스의 기병대에 힘입어 카르타고에 대한 포위를 풀 수 있었다. 기병대의 기동력을 이용하여 반란군의 보급을 끊어 기아 상태로 몰아넣었기 때문이다. 반란군은 제대로 된 지휘관이 없는 데다 굶주림으로 전투력이 크게 떨어졌다. 하밀카르는 전투 과정에서 포로들을 잡았는데, 일부는 옛 부하들이었다. 하밀카르는 시칠리아에서 생사고락을 같이했던 부하들에게 온정을 베풀었다. 상처를 치료해주고 잘 먹여서 풀어주었는데, 나머지 반란군을 향한 선전 효과도 기대한 것이었다.

항복하면 선처한다는 실례를 보여준 다음, 카르타고 정부는 반란군에게 사절을 보냈다. 하지만 그 과정에서 실책을 저질렀는데, 하필이면 고압적인 태도의 기스코라는 관리를 파견했던 것이다. 반란군은 고압적인 태도를 보인 기스코의 팔다리를 자르고 눈과 코를 파낸 후 생매장해버렸다. 일이 이 지경에 이르자 하밀카르로서도 진압 작전을 계속할 수밖에 없었다. 사자까지 살해하고 배수진을 친 반란군의 기세였기에, 병력이 그 절반도 안 되는 하밀카르는 정면 대결을 피하면서 차근차근 그들을 몰아붙였다. 그리고 의도대로 그들을 고지대로 몰아넣는 데 성공했다.

하밀카르는 고지대를 튼튼한 울타리와 참호로 둘러싸 반란군의 자멸을 유도했다. 굶주린 반란군은 포로를 잡아먹기까지 했다고 한다. 그들은 마지막 탈출 시도를 했지만 사방에서 밀고 들어오는 코끼리 떼에 짓밟혀 거의 전멸했다. 사망자만 4만 명이 넘었다고 한다. 카르타고는 위험을 제거하는 데 성공했다(이 시기를 무대로 한 작품이 앞서 이야기한 플로베르의 《살랑보》다). 하밀카르는 '카르타고의 구세주'로 칭송받았다. 나라바스도 용병 반란 진압 후 공로를 인정받아 우티카의 지사로 임명되었으며, 하밀카르와 사돈 관계가 되었다. 대조적으로 반란에 가담한 리비아인들은 십자가형을 비롯해 잔혹한 보복을 받았다.

여기서 시선을 로마 쪽으로 돌려보자. 용병 반란 과정에서 보인 로마의 태도가 무척 흥미롭기 때문이다. 반란은 5년 가까이 계속되었기 때문에 로마로서는 카르타고를 더욱 궁지로 몰아넣을 절호의 기회였다. 하지만 로마는 반란 중반까지 별다른 행동을 취하지 않았다. 오히려 시칠리아에 잡혀 있던 카르타고인 포로를 돌려주기까지 했다. 사르데냐와 우티카를 장악한 용병과 원주민들이 로마에 땅을 넘겨주겠다는데도 거절했을 정도다. 아마도 승승장구하는 대국이 반란 용병 집단과 관계를 맺을 수 없다는 '체면' 때문이었던 듯싶다. 하지만 결국 기원전 238년, 로마는 사르데냐에 병력을 보내 섬을 '인수'했다. 시칠리아를 보호하고, 서지중해를 지배하기 위해서는 이 섬이 필요하다는 결론이 나왔기 때문이다. 로마의 이런 태도는 카르타고의 자멸을 기다리고 있었기 때문일 것이다. 카르타고는 본토도 위험한 처지여서 항변하지 못하고 침묵할 수밖에 없었다. 하지만 하밀카르 덕분에 위기에서 벗어나자 사르데냐의 반환을 요구했다.

카르타고의 요구에 로마는 카르타고가 로마 상인들에게 부당 행위를 저질렀다는 군색한 핑계를 대며 오히려 사르데냐의 포기와 함께 무려 1,200탈렌트의 추가 배상금을 요구했다. 물론 거절의 대가는 로마와의 전쟁이었다. 사반세기 가까운 전쟁과 5년 가까운 내전으로 쇠약해진 카르타고는 로마의 요구를 수락할 수밖에 없었다. 사르데냐가 용병들의 땅이 될 리는 없었으니 자연히 로마 수중에 들어왔고, 그 북쪽의 섬 코르시카도 자연스럽게 로마의 차지가 되었다. 로마가 한 짓은 시오노 나나미의 표현대로 불난 집에 들어가 도둑질을 한 셈이었다.

로마의 이런 행동은 차라리 안면에 철판을 깔고 용병 반란 때 직접 카르타고 본토를 친 것보다 못한 행동이었다. 만약 그랬다면 아예 '후환'을 제거할 수 있었을 텐데 오히려 불필요한 적대감만 키워주었기 때문이다. 일본인 만화가 카가노 미하치는 《아드 아스트라》에서 한니발과 스키피오의 이야기를 다루었는데, 어린 한니발이 당시 로마의 작태를 보고 분노하여 놀라운 '괴물'로 성장했다고 설정했다.

로마에 대한 카르타고인의 적대감, 특히 하밀카르의 적대감은 점점 더 커져갈 수밖에 없었다. 폴리비오스의 글을 소개한다.

시칠리아에서의 전쟁 결과도 하밀카르의 정신을 꺾어놓지는 못했다. 그는 스스로를 정복당할 수 없는 인물이라고 생각했다. 그가 이끌었던 병사들은 아직도 건재하고 의기충천해 있었다. 비록 그가 항복하고 조약까지 맺었지만 그것은 해전에서의 패배로 인한 카르타고의 절박한 상황을 받아들이지 않을 수 없었기 때문이다. 그는 결코 자신의 확고한 복수 결의를 낮추지 않았다. 카르타고에서 용병들의 폭동만 없었더라면 그는 기회를 틈타 또 다른 전쟁을 일으켰을 것이고, 할 수 있는 한 오래 그 전쟁을 끌고 갔을 것이다.

사르데냐의 상실은 카르타고인들에게 시칠리아 상실과는 다른 차원의 문제였다. 1차 포에니 전쟁 시기에도 시칠리아에서는 거의 패하기만 했지만 사르데냐에서는 큰 전투가 없었고, 게다가 사르데냐는 시칠리아보다 훨씬 오래전부터 포에니 세계에 속해 있었다. 더구나 이 섬의 상실은 독점적이었던 서지중해 교역망의 붕괴와 동일어였다. 이런 섬을 싸워보지도 못하고 '날로' 빼앗겼으니 카르타고인들의 심리적 충격은 클 수밖에 없었다.

문제는 여기서 멈추지 않았다. 카르타고인들은 자연스럽게 '그러면 로마의 다음 목표는 어디일까?'라는 생각을 하지 않을 수 없었다. 그들의 시선은 스페인으로 향했다.

스페인의 바르카 가문

스페인에는 카디르를 비롯해 모도시 티레 시절부터 쌓아온 카르타고의 기반이 많았다. 하지만 이는 거의 교역 거점에 불과했다. 하루 빨리 영토적 지배를 서둘러야 했고, 그러려면 군대와 훌륭한 장군이 있어야 했다. 카르타고 정부와 시민의 눈은 자연스럽게 하밀카르에게 향했다. 하밀카르는 멜카르트의 기둥(지브롤터해협)을 건너 카디르로 떠났다.

당시 하밀카르는 구국의 영웅으로 카르타고에도 지지자가 많았다. 그럼에도 그런 기반을 포기하고 스페인으로 떠난 이유는 무엇이었을까? 그라고 카르타고의 대권을 장악하고 싶은 욕망이 없었을 리 없다. 하지만 한노를 중심으로 막강한 기반을 가지고 있는 보수파를 제압하기도 어렵고, 설사 제압한다고 하더라도 많은 시간과 희생이 요구될 게 뻔한데, 피폐해진 카르타고가 이를 견디어낼지 의문이었을 것이다. 그리고 무엇보다 카르타고 코앞에 있는 시칠리아를 장악한 로마가 수수방관할 리 없었다. 그래서 그는 스페인행을 선택했던 것인데, 정적들도 그가 변방으로 물러나는 것을 반겼을 것이다. 그의 스페인행에는 장남 한니발과 차남 하스드루발, 막내 마고와 사위 하스드루발이 함께했다. 이때 그의 나이 40대 초반이었는데, 하밀카르는 자신이 다시 고향으로 돌아가지 못할 운명이라는 사실을 그때는 알지 못했다.

전쟁은 피할 수 없었다. 하지만 켈트-이베리아(켈티베리아라고도 부른다)족이라고 불린 스페인 원주민들이 로마도 이기지 못한 명장 하밀카르의 상대가 될 리는 없었다. 하밀카르는 몇 년 만에 스페인 남부를 거의 평정했다. 이 과정에서 본토의 간섭이 있었다는 증거는 적어도 현 사료에서는 찾아볼 수 없다. 그가 스페인에서 한 일도 기록의 미비로 상세히 추적할 수 없다. 다만 그의 사후 한 세대 후에도 스페인에서 그가 거둔 성취가 여전히 생생하게 남아 있는 것을 본 대★카토의 감탄으로 어느 정도 추측할 수는 있다. 카르타고에 대한 적개심으로 잘 알려진 카토였지만 그는 "어떤 왕도 하밀카르 바르카와 나란히 불릴 만한 가치가 있지 않으리라!"라고 외쳤다고 한다. 동서고금을 막론하고 최고의 찬사는 적에게서 받는 것이다.

기원전 229년(기원전 228년이란 설도 있다), 스페인 남부 정복을 거의 완료한 하밀카르는 한 도시를 포위 공격하다가 익사했다. 일부에서는 암살설도 제기하는데 만약 사실이라면 배후에 로마가 있었을지도 모를 일이다. 몸젠의 표현을 빌리면, 하밀카르는 나폴레옹에게 처참한 패배를 당한 조국 프로이센을 개혁하고 워털루에서 복수할 힘을 키워준 개혁가 샤른호르스트처럼 죽음을 맞았다. 아직 열여덟 살에 불과한 한니발은 조금 더 기다려야 했기에 사령관 자리는 매형인 '공정한' 하스드루발에게 주어졌다.

하밀카르가 무력으로 이룬 기반을 하스드루발은 정치력으로 다지며 더욱 발전시켰다. 원주민 지도자들과 솜씨 좋게 통혼通婚까지 해가며 그들을 카르타고의 이해에 밀착시켰다. 본인도 족장의 딸을 첩으로 얻었다. 한니발도 본국에서 신부를 구하지 않고 은광이 있는 카스툴로 지방의 족장 딸과 결혼했다. 아내의 이름은 이밀케(또는 시밀케)

이며, 기원전 220년경 아들도 낳지만 이름은 전해지지 않는다.

에브로강 이남에 있는 대부분의 공동체들이 하스드루발에게 조공을 바쳤다. 아프리카에서 대성공을 거둔 카르타고의 농업기술도 스페인에 이식되어 농업 생산이 크게 늘어났다. 하스드루발은 눈에 띄는 두 가지 업적을 남겼다. 하나는 바르카 가문의 왕성王城이라고 할 수 있는 카르타헤나의 건설이었다. 카르타헤나는 '새로운 카르타고'라는 뜻인데, 카르타고의 의미가 '새로운 도시'이니 카르타헤나는 '신신도시'인 셈이다. 카르타고인은 문학적 감수성이 결여되어 있다는 평판이 꼭 틀린 말은 아닌 듯싶다. 지금도 카르타헤나는 스페인의 도시로 건재하고, 도시의 건설자 하스드루발의 흉상이 옛 성터에 남아 있다.*

다른 하나는 카르타헤나 부근에서 운 좋게 발견된 바에벨로 은광의 개발이었다. 이곳에서 하루 136킬로그램의 은을 채굴했다고 한다. 이 은은 로마에 보내는 배상금이 되기도 하고, 본토로 보내지기도 했지만 무엇보다 바르카 가문이 힘을 키우는 데 중요한 밑천이 되었다. 상당수의 학자들은 바르카 가문의 '스페인 왕국'을 지중해 동부에 많았던 헬레니즘 국가와 유사하다고 보는데, 지위의 세습이나 지도자(하밀카르 바르카)의 초상이 새겨진 화폐의 발행, 통혼 정책 등을 그 예로 들고 있다.

스페인의 남쪽과 동쪽 해안이 카르타고의 속주가 되면서 카르타고

---

* 최고의 축구팀과 성가족성당(사그라다 파밀리아 성당)으로 유명한 카탈루냐의 수도 바르셀로나도 바르카 가문의 이름에서 나온 것이다. 한편《명장 한니발 이야기》에는 하스드루발이 한니발에게 도시를 건설하는 방법을 배우게 하는 내용이 나오는데, 장군이 되길 원하는 한니발은 이를 거절한다. 하지만 하스드루발은 공성전을 위해서라도 반드시 도시를 건설하는 법을 알아야 한다면서 한니발을 설득한다. 실제로 만년의 한니발은 프루시아스 왕을 위해 도시를 만들었는데, 지금도 건재한 부르사가 그것이다.

는 스페인에서 상업과 제조업을 위한 좋은 시장을 획득했다. 그리고 이곳에서 벌어들인 수입으로 스페인 속주, 아니 사실상 바르카 가문의 왕국은 자체적으로 군대를 양성하고 훈련시켰다. 용감한 원주민인 켈트-이베리아인과의 충돌은 우수한 보병대를 만들어냈다. 전쟁 포로들이 스페인 속주 부대에 편입되었고, 용병 자원도 풍부했다. 여기에 누미디아 기병대를 비롯하여 하밀카르를 따라왔던 병사들도 스페인을 제2의 고향으로 여기면서 애국심보다는 사령관에 대한 충성심과 부대에 대한 소속감을 갖게 되었다. 한니발은 하스드루발 휘하에서 기병대장으로 자신의 전력을 쌓았다. 그리고 짐작한 대로 이 부대는 얼마 후 한니발의 것이 된다.

로마와의 조약과 한니발의 등장

스페인에서 카르타고 세력이 급성장하자 로마의 동맹국인 마살리아는 두려워할 수밖에 없었고, 로마에 견제를 요청했다. 로마는 카르타고가 피레네산맥 너머까지 팽창하여 갈리아족과 연합해 로마로 남하하는 사태를 가장 두려워했으므로 하스드루발에게 사절단을 파견했다. 그들은 조약을 강요했다. 조약 내용 중 지금까지 유일하게 알려진 조항은 카르타고의 북진을 에브로강까지 한정한다는 것이다. 카르타고가 더 북진한다면 로마의 동맹국인 마살리아가 위험해지기 때문이었다. 당시에는 카르타고 세력이 에브로강까지 이르지 않았기에 두 나라의 충돌은 뒤로 미뤄졌다.

　로마는 하스드루발과 맺은 이 합의에 만족했다. 그들은 그리스에 교두보를 구축하고 소아시아에 있는 트로이아의 독립을 요구하는 등 카르타고에게서 빼앗은 지중해 패권을 만끽하고 있었는데, 갑자기 중 유럽에서 이탈리아 북부로 침공해온 갈리아(켈트)인들로 인해 스페인에 신경 쓸 여력이 없었기 때문이다. 북쪽에서 온 이 갈리아인들은 이탈리아 북부를 초토화하면서 로마가 새로 점령한 지역의 갈리아인들을 선동하고 있었다. 5년간 로마는 이탈리아 북부에 군대를 투입하여 반란을 진압하고 '침략자'들을 내쫓는 일에 집중해야 했다. 한편 카르타고 본토에서도 이 조약에 반대했다는 기록은 전해지지 않는다.

그런데 이 조약을 맺은 후 갑자기 하스드루발이 켈트족 출신의 노예에게 피살당하는 사건이 벌어진다(그래서인지 '카르타고 3부작'의 저자 로스 레키는 하스드루발이 이주 노예를 학대하는 장면을 상당히 '변태적'으로 묘사한다). 하스드루발이 횡사하자 스페인의 카르타고인과 군은 만장일치로 26세의 청년 한니발을 지도자로 추대했다. 병사들은 위대한 하밀카르 장군의 맏아들을 지도자로 추대하는 것을 당연하다고 생각했고, 실제로 한니발은 아버지의 후광뿐 아니라 전사로서 또 지도자로서 전혀 부족함이 없는 모습을 보여주고 있었다. 한니발은 사실상의 스페인 왕이 되었고, 세상은 그 이름을 알게 되었다.

한니발의 데뷔전

한니발은 아버지의 모든 전쟁술을 전수받았고, 그 위에 타고난 재능까지 더해졌다. 그런 그에게 켈트-이베리아인들은 적수가 되지 못했다. 한니발의 스페인 정복 속도는 빨라졌다. 기원전 221년 늦여름, 한니발은 과디아나강 상류 쪽에 사는 올카데스족을 상대로 원정에 나섰다. 다음 해에는 안달루시아 쪽을 공격하여 지금의 메리다를 넘어 스페인-포르투갈 국경을 따라 북상, 바카이족을 공격해 지금의 살라만카를 빼앗고 도루강 상류까지 도달했다.

겨울이 오기 전에 회군하려는 한니발군을 타호강(타구스강) 유역(대략 지금의 톨레도 부근)에 사는 카르페타니족이 저지했다. 여기에 올카데스족과 바카이족의 도망자들까지 가세해 그들의 수는 10만 명이 넘었다. 한니발은 어려움을 무릅쓰고 야간에 강을 건너 적군의 진로를 미리 차단한 후 기병과 전투코끼리를 이용한 공격을 퍼부어 10만 대군을 거의 섬멸하는 대승리를 거두었다. 그의 지휘는 냉정하고 대담했으며, 철퇴와 공격 타이밍을 완벽하게 판단했다. 무엇보다 공간 파악 능력이 탁월했다. 앞으로 보여줄 그의 전술은 이미 이때부터 완성되어 있었다고 해도 과언이 아닐 것이다.

  이로써 로마와 '동맹'을 맺은 사군툼을 제외한 에브로강 이남의 스페인이 모두 한니발의 영토가 되었고, 그의 스페인 지배는 더욱 확고해졌다. 카르타고 본토에서도 그의 위상을 인정하지 않을 수 없었다.

9장

2차
포에니 전쟁

이제 한니발은 아버지의 뜻을 이어받아 로마를 격파할 전쟁을 시작하려고 했다. 그의 기본적인 전략—아버지 하밀카르 때부터 구상했던 전략일 가능성이 높다—은 이탈리아가 전쟁터가 되어야 한다는 것과 로마 연합의 붕괴였다. 로마 연합을 이루고 있는 동맹국들을 이탈시키면 로마는 카르타고에 굴복할 수밖에 없을 거라고 판단한 것이다. 결론부터 이야기하면 그의 판단은 옳았지만 로마의 저력을 과소평가하는 과오를 저질렀는데, 그에 대한 상세한 이야기는 뒤에서 다루도록 하자. 먼저 사군툼이란 도시에 대해 알아보자.

사군툼 그리고 개전
사군툼은 2차 포에니 전쟁의 직접적인 원인이었지만 그 위상은 모호했다. 동맹국에 대한 로마의 의무감은 대단했다. 하지만 하스드루발과 맺은 조약에서 이 도시에 대한 언급이 없는 것으로 보아 조약 이전부터 사군툼이 로마의 동맹국이었다고 보기는 어렵다. 만일 조약 이후에 동맹을 맺었다면 로마의 조약 위반이었다. 하지만 사군툼의 모호한 위상에 대한 정확한 상황 파악은 역사학자들의 영원한 수수께끼이다.

사군툼은 카르타고, 아니 한니발의 스페인 패권에 도전했다. 기원전 221년 혹은 220년에 이 도시는 인접한 부족과의 문제 때문에 내분이 일어났다. 한 파벌은 친카르타고, 다른 파벌은 친로마였다. 명확하지 않은 로마의 태도가 이 내분을 초래했는데, 친로마파가 승리했고 친카르타고파는 숙청되었다. 그러자 로마는 모호한 태도를 버리고 사군툼의 보호자를 자처했다. 로마가 이렇게 태도를 바꾼 이유는 그동안 북이탈리아에서 갈리아인에 우위를 점해 여유가 생겼기 때문이다.

로마가 사군툼을 이전의 마메르티니같이 이용하여 스페인을 집어삼키지 않을까 의심하던 한니발은 당연히 분노했지만 바로 행동에 나서는 대신 일단 로마의 반응을 기다렸다. 로마는 그에게 사절단을 파견하여 에브로강 이북으로 진출해서는 안 된다는 조약의 내용을 상기시키며, 사군툼은 로마의 동맹이라는 사실을 강조했다. 이에 한니발은 아버지 시대에 시칠리아와 사르데냐, 코르시카를 같은 방식으로 차지했던 로마에 대한 생생한 기억 때문에 분노했고, 군대를 이끌고 가 사군툼을 포위했다. 이때 로마는 아무런 행동도 취하지 않았는데, 그 대가를 톡톡히 치른다. 약 20년 후 로마의 집정관 갈바가 한 말이다. "한니발이 사군툼을 공격했을 때 당장 지원하러 달려갔다면, 2차 포에니 전쟁의 싸움터는 이탈리아가 아니라 스페인이 되었을 게 분명하다. 메시나의 지원 요청을 받고 당장 달려간 덕분에 1차 포에니 전쟁의 전쟁터가 시칠리아섬이 된 것과 마찬가지다."

로마가 지원군을 보내지 않을 것을 안 사군툼 시민들은 한니발에게 강화를 요청했다. 그에 대한 한니발의 답변은 이랬다. "강화를 받아들이겠소. 다만 모든 시민들은 가진 재산을 성안에 그대로 두고 옷 두 벌씩만 챙겨서 나오시오." 당시 사군툼은 근방에서 가장 부유했던 도시였다. 소식을 들은 사군툼 시민들은 자신들의 재산을 모두 불태우고, 일설에 의하면 인육까지 먹어가면서 항전을 벌였으나 결국 함락되었다. 생존자들은 노예로 팔려나갔다. 그와 함께 전리품의 3분의 1이 병사들에게 주어졌고, 다른 3분의 1은 카르타고 본토로 보내졌으며, 나머지 3분의 1은 곧 시작될 한니발의 원정을 위한 경비로 남겨졌다.

8개월 만에 사군툼이 함락되었지만 희대의 명장이라고 불리는 한니발의 전투였기에 그리 돋보이는 결과는 아니었다고 할 수 있다. 이에 대해 시오노 나나미는 로마의 선전포고를 유도하기 위해 일부러 시간을 끌었다고 보고 있다. 에브로강 이남의 사군툼 공격으로 그친다면 기존 협정에 위배되지 않지만, 로마가 선전포고를 하면 문제가 저절로 해결되기 때문에 설득력 있는 견해이다. 더구나 사군툼은 난공불락의 요새와는 거리가 멀었다. 다만 알렉산드로스 대왕조차 가장 고전한 전투가 앞서 이야기한 티레 공략전이었던 사실을 생각해보면 아무리 명장이라도 공성전은 어려운 일일 수밖에 없다. 《손자병법》에서도 장군이 가장 피해야 할 전투로 공성전을 꼽았다.

이유야 어쨌든 사군툼 함락이라는 결과 자체가 중요했다. 이 사건은 로마인들에게 큰 충격을 주었다. 사군툼에 대한 로마의 입장을 설명했으니, 한니발이라는 애송이가 설마 사군툼을 공격하고 함락하리라고는 생각조차 하지 않았기 때문이다. 그들은 그 전까지 엄포만으

●— 사군툼의 마지막 날. 사군툼 함락은 지중해 세계에서 적수가 없다고 생각하던 로마인들에게 큰 충격을 주었다. 하지만 이는 로마인에게 더 큰 충격과 공포를 안겨줄 2차 포에니 전쟁의 전초전일 뿐이었다. 곧 주전장을 이탈리아반도로 만들어버릴 한니발의 전설적인 대원정이 시작되기 때문이다.

로도 카르타고가 말을 잘 들었고, 하밀카르가 죽은 이상 더 이상의 근심거리는 없다고 생각했던 것이다. 그사이 로마인들은 아드리아해 건너 일리리아의 해적 떼나 상대하고 있었으니 정말 한가한 태도였다 (일리리아 이야기는 한니발-마케도니아 동맹과 관련이 있는데, 그 이야기는 뒤에서 다루기로 하겠다). 당연히 로마 원로원에서는 격론이 벌어졌고, 카르타고 본토로 사자를 보내기로 결정했다.

집정관을 지낸 퀸투스 파비우스가 이끄는 로마의 사절단이 카르타고에 도착했다. 그들은 카르타고 원로원에 가서 한니발이 독단적으로 사군툼을 함락했다는 사실을 인정하고, 한니발과 그 참모들을 로마에 넘기라고 요구했다. 카르타고 원로원이 거절하자 파비우스는 품안에서 두 개의 천 조각을 꺼내며 말했다.

"여기에 전쟁과 평화를 가져왔소. 원하는 것을 가져가시오."

그의 말에 카르타고 원로원의 대답은 이랬다.

"마음대로 하시오. 우리는 상관하지 않겠소."

파비우스는 천 조각을 떨어뜨리며 이렇게 말했다.

"그렇다면 전쟁이오!"

그러자 카르타고 원로원 의원들이 대답했다.

"좋소. 우리는 죽을 때까지 한 몸이 되어 싸울 것이오!"

로마 쪽에서 기록한 이 일화를 100퍼센트 믿기는 어렵다. 하지만 로마의 애매한 스페인 정책이 카르타고를 자극했을 것이고, 카르타고 인들도 사르데냐를 잊지 않고 있었을 것이다. 사군툼에서 온 전리품 이 대중을 흥분시켰을 가능성도 충분하다. 카르타고 본토에서 바르카 가문 지지 세력이 생각했던 것보다 훨씬 강했을 수도 있다. 어쨌든 이 렇게 전쟁은 시작되었다.

로마는 당연히 스페인과 아프리카 두 곳에서 전쟁이 벌어질 것이라 고 예상하고 두 집정관에게 하나씩 전선을 맡기기로 결정했다. 귀족 출신인 푸블리우스 코르넬리우스 스키피오는 보병 2만 2,000명과 기 병 2,200명을 이끌고 바닷길을 통해 스페인으로 떠났다. 평민 출신의 티베리우스 셈프로니우스 롱구스는 보병 2만 4,000명과 기병 2,400 명을 이끌고 시칠리아로 가 그곳을 지키다가 여차하면 아프리카를 공 격하기로 했다.* 병력 규모를 보면 로마는 비록 선전포고를 했지만 이 전쟁을 그다지 심각하게 생각하지 않았던 것으로 보이는데, 어차

---

* 두 집정관의 가문은 모두 사르데냐와 코르시카 탈취 작전을 도왔다.

피 전쟁을 하려고 했다면 한니발의 사군툼 포위 직후부터 시작했어야 했기 때문이다. 이렇듯 로마는 명분과 실리를 다 잃은 상태에서 전쟁을 시작했다. 그에 반해 한니발의 로마에 대한 복수전은 그의 아버지 대부터 준비했던 것이다.

대원정 준비

사군툼을 함락한 한니발은 일단 카르타헤나로 물러나 진짜 싸움, 즉 이탈리아 원정 준비에 들어갔다. 한니발은 우선 2만 명의 병력을 카르타고 본토로 보내 로마의 아프리카 침공에 대비하고, 지중해 최대 규모의 육군을 이끌고 멜카르트-헤라클레스 신전에 참배하기 위해 카디르까지 600킬로미터 거리를 왕복하며 자신의 힘을 과시했다. 과거 아테네인들은 페르시아의 침공을 앞두고 신탁을 받기 위해 델포이를 찾았고, 알렉산드로스 대왕도 페르시아와의 마지막 결전인 가우가멜라 전투 전에 이집트의 사막 도시 시와에 있는 제우스-암몬 신전을 찾아 참배한 바 있다. '알렉산드로스 증후군' 환자인 한니발은 지중해 동쪽의 위대한 선배들의 선례를 따랐던 것이다. 소년 시절 받은 그리스인 교사의 영향도 작용했을 것이라고 짐작된다.

로마 역사가 리비우스는 한니발의 이탈리아 원정에 대해 이야기하면서 하밀카르가 불의의 죽음을 당하지 않았다면 그가 원정을 지휘했을 것이라고 추측했다. 하밀카르의 전략은 이탈리아에서 전투를 벌여야 로마를 무너뜨릴 수 있다는 것이었다. 하지만 이탈리아로 가기 위해서는 육로와 해로 중 하나를 선택해야 했고, 해로가 훨씬 편리했지만 제해권은 이미 로마의 것이었다. 로마는 일리리아에 200척의 오단노선을 보내놓았는데, 그에 비해 한니발에게는 50척밖에 없었다. 카르타고 본토에 훨씬 많은 함선이 있던 것으로 보이지만 그가 사용할 수는 없었다. 따라서 대군이 해로를 통해 이탈리아로 가는 것은 불가능하지는 않았지만 큰 모험이었다. 이에 한니발은 육로로 이탈리아를 공격할 전략, 그것도 알프스를 넘어 공격하는 전략을 세웠다. 그는 미리 사람을 보내 이동로와 주변 부족 등 사전 정보를 수집했는데, 이미 켈트족이 알프스를 넘어 다니고 있다는 사실을 파악하고 알프스가 결코 넘지 못할 산은 아니라는 결론을 내렸다.

한니발의 병력은 12만 명의 보병과 1만 6,000명의 기병 그리고 58마리의 코끼리였다. 사실 코끼리는 고대의 탱크라고 하지만 기계가 아닌 살아 있는 동물이므로 훈련된 코끼리라도 전장에서 멋대로 움직이는 일이 잦았고, 도리어 아군에게 피해를 입히기도 했다. 로마군 입장에서도 코끼리를 많이 겪어보았기 때문에 그 거대한 몸집이 주는 위압 효과도 처음과 달리 크게 받지 않았다. 게다가 전투력은 더 신통치 않았다. 그래도 한니발은 어떻게든 코끼리를 전쟁터로 끌고 가기 위해 많은 노력을 기울였다. 실전에서의 가치보다 갈리아인들을 겨냥한 전시효과 때문이었다. 한니발은 갈리아인의 협력이 절실했다. 수적으로 압도적인 데다가 전투력도 강한 로마군을 상대로, 게다가 적지에서 싸워야 하는 상황에서 최근까지 로마와 싸웠던 갈리아인을 같은 편으로 만들어야 하는 것은 아무리 강조해도 지나치지 않았다. 그런 상황에서 로마군이야 코끼리가 익숙해졌다지만 갈리아인들은 처음 보는 이 동물에게 눈이 휘둥그레질 수밖에 없을 것이었다. 그리고 그런 동물을 이끄는 한니발에게는 당연히 경외심을 가질 것이고, 그의 군세를 실제 이상으로 평가할 것이었다.

엄청난 대군을 갖춘 한니발이었지만 그는 이들을 모두 이탈리아로 데려갈 생각은 없었다. 사실 보급 문제 때문에 전부 데려갈 수도 없었을 것이다. 그는 스페인 방위를 동생 하스드루발에게 맡기고, 막내 동생 마고와 함께 이탈리아 원정에 나섰다. 중간중간 방어를 위해 보병 1만 명과 기병 1,000명을 남겨두었고 원정을 두려워하는 일부는 제대시켰다. 그의 군대 구성을 살펴보면, 보병은 카르타고 출신이 장교를 맡고 사병은 스페인과 아프리카 출신이었다. 아마도 친위대는 카르타고 출신이었을 것이다. 기병은 스페인과 누미디아 출신이 고루 섞여 있었다. 한니발의 부인 이밀케와 그의 맏아들은 카르타고로 갔는데 이후 두 모자의 운명이 어떻게 되었는지는 전혀 알려진 것이 없다.

전설적인 대원정의 시작

에브로강과 피레네산맥을 넘은 한니발군은 남부 갈리아를 가로지르며 나아갔다. 이때 그의 군대는 보병 5만 명과 기병 9,000명 정도였다. 한니발은 시칠리아 출신의 그리스 학자 실레노스를 원정군에 포함시켰다. 기록이 얼마나 중요한지 그 역시 잘 알고 있었던 증거인데, 너무 아쉽게도 그의 기록은 남아 있지 않다. 다만 리비우스 등 로마 역사가들에게 전해져 간접적으로나마 영향을 미쳤다는 사실이 그나마 위안을 준다. 여기서 하나 짚고 넘어가야 할 것은 한니발이 완벽한 그리스어를 구사했다는 사실이다. 그가 통역을 썼다는 느낌을 주는 기록이 전혀 없고, 말년에 거의 단신으로 아시아로 탈출했을 때에도 언어 소통에 문제가 없었기 때문이다.

　카르타고군, 아니 한니발군이 피레네산맥을 넘었다는 소식이 전해지자 한니발의 의도가 그저 스페인 정복에 있다는 정도로 여기고 있던 로마인들은 경악했다. 먼저 마살리아를 비롯한 남갈리아를 정복하기 위해 출병한 것일까, 하는 생각이 들었을 것이다. 한니발을 요격해야 하는 로마의 장군 푸블리우스 코르넬리우스 스키피오는 북부 이탈리아에 붙들려 있던 자신의 군대가 바다를 통해 마살리아로 가고 있으니 곧 한니발의 의도를 알 수 있으리라고 여겼다. 만약 그의 목적이 남갈리아 정복이 아니라 이탈리아 침공이라면 한니발은 당연히 해안지대를 통해 이탈리아로 들어올 것이라고 생각했기 때문이다. 사실 당시 로마인들은 알프스에 대해 아는 것이 전혀 없었다.

하지만 한니발은 놀랍게도 마살리아는 거들떠보지도 않았다. 그는 북쪽으로 크게 우회하여 론강을 건너려고 했다. 이때 그의 병력은 보병 3만 8,000명, 기병 8,000명, 코끼리 28마리였다. 론강은 갈수기에도 폭이 150~200미터였기에 만만치 않은 장애물이었지만 한니발에게는 어디까지나 통과 지점에 불과했다. 하지만 정확한 도강 지점에 대해서는 이런저런 설이 많다. 폴리비오스는 한니발이 바다로부터 행군하여 4일 걸리는 곳에 있는 강이 아직 한 줄기로 흐르는 지점에서 도강했다고 전했다.

이제르강과 론강의 합류점 북쪽에서 도강했을 수도 있다. 하지만 론강 동쪽에 사는 갈리아 부족들은 한니발군이 자신들에게 위해를 가할 수도 있다고 판단하여 강변에 서서 무기를 머리 위로 치켜들고 흔들어대면서 도강을 허용할 수 없다는 의사를 분명히 했다. 한니발은 한노라는 유능한 장교가 지휘하는 기병대를 강 상류 얕은 지점에서 도강시켜 기습 공격으로 갈리아족을 혼란에 빠뜨렸다. 그사이 한니발은 주력부대를 이 지역에서 징발한 가죽배와 보트에 태워 도강했다. 또한 거대한 뗏목을 만들어 흙을 덮고 풀까지 심은 뒤 코끼리를 태워 강을 건너게 했다. 과장이겠지만 일설에 의하면 이 뗏목의 길이는 60

미터가 넘었다. 말들은 커다란 배와 뗏목에 싣거나 수영으로 건너가게 했다. 주력부대가 도강을 마치자 한니발은 갈리아족을 섬멸하고 길을 열었다.

그즈음 스키피오의 정찰 기병대는 론강 우안을 따라 북쪽으로 가다가 한니발의 기병대와 소규모 교전을 벌였다. 그제야 한니발의 꼬리를 잡았지만 이미 한니발의 주력군은 강을 건너 북쪽으로 진군하고 있었다. 한니발이 해안지대 돌파를 포기하고 놀랍게도 알프스를, 그것도 겨울에 넘을 생각이라는 것을 알게 된 스키피오는 셋 중 하나를 선택해야 했다. 하나는 북부 이탈리아로 되돌아가서 그를 기다리는 방법, 다른 하나는 원래 계획대로 스페인으로 진격하는 방법, 나머지 하나는 병력을 나누는 방법이었다. 그는 세 번째를 선택했다. 형 그나이우스 코르넬리우스 스키피오에게 대부분의 병력을 주어 스페인으로 보내고 자신은 일부 기병과 직속 장교단을 이끌고 이탈리아로 돌아가 로마에서 편성될 병력을 이끌고 한니발과 싸우겠다는 생각이었다.

그사이 한니발군은 도강을 마치고 북부 이탈리아의 보이족을 우두머리로 하는 우호적인 갈리아 부족 지도자들을 영접했다. 보이족은 알프스산맥을 넘는 통로에 대해 잘 알고 있었기 때문에 한니발의 계획에 귀중한 정보를 제공했다.

이후 한니발군은 뒤랑스강(더 정확하게는 아비뇽 부근에서 론강으로 흘러들어가는 그 강의 지류)을 건너 '섬'이라고 부르는 지역으로 들어갔다. 이곳이 정확하게 어디인지 밝히는 것은 한니발의 이동로를 파악하는 데 관건이 된다. 폴리비오스에 따르면 그곳은 산악과 론강 그리고 아이게스강 또는 이제르강을 경계로 하는 비옥하고 인구가 밀집한 삼각형의 지역이었다. '섬'에서는 어느 부족인지 분명하지 않지만

●— 뗏목을 이용해 도강하는 한니발군.

형제 사이에 내분이 벌어지고 있었다. 형 브랑쿠스는 대가를 받고 한
니발군에게 보급품을 제공했다. 한니발군은 카르타헤나로부터 4개월
동안 1,200킬로미터 이상을 행군했으므로 물자가 매우 부족한 상황
이었을 것이다.

알프스를 넘다

이제 거대한 적인 알프스산맥이 한니발군의 눈앞에 나타났다. 18세기
후반, 나폴레옹이 알프스를 넘으려고 하자 주위에서 불가능하다고 했
고, 이에 나폴레옹이 "내 사전에 불가능이란 없다"고 대답하고 결국
알프스를 넘은 일화는 너무도 유명하다. 그런데 그보다 무려 2,000년
전에 대군을 이끌고, 그것도 겨울에 알프스를 넘는다는 것은 보통 사

람들에게는 불가능한 일이었다. 하지만 젊지만 냉철한 한니발은 가능하다고 여겼고, 준비도 착착 진행되었다.

자연적인 어려움은 어쩔 수 없다고 해도 산속에 사는 산악 부족들에 대한 대책은 마련해야 했다. 한니발은 그들에게 자신의 적은 로마이며 통과만이 목적이라는 사실을 알리고 금품으로 부족장들을 회유했다. 기슭에서는 이 수법이 먹혀들어 길을 가르쳐준 것은 물론이고 모피 망토까지 내어주었다. 물론 모든 부족이 이렇게 넘어가지는 않았다. 한니발은 론강을 건너면서 몇 마리 잃기는 했지만 아직 30마리가 남아 있는 코끼리들을 앞장세웠다. 이 괴물(?)들을 처음 본 원주민들은 감히 도전하지 못했다. 하지만 코끼리의 적은 따로 있었다. 때는 벌써 9월, 산속은 이미 추워지기 시작했고 아프리카가 고향인 코끼리에게는 가혹한 날씨였다. 결국 한니발은 대부분의 코끼리를 잃고 말았다.

재미있는 것은 한니발이 알프스를 넘은 사실은 삼척동자도 알 정도로 유명하지만 그가 실제 어떤 경로로 넘은 것인지는 아무도 모른다는 것이다. 많은 연구자들이 이 문제를 해결하기 위해 달려들었지만 아무도 성공하지 못했는데, 이미 고대에도 두 가지 설이 있었다. 폴리비오스는 한니발이 자신도 직접 가보았던 오늘날의 피콜로산베르나도(프티생베르나르) 고개를 넘었다고 주장했다. 그에 비해 리비우스는 조금 남쪽에 있는 몬지네브로(몽주네브르) 고개라고 주장한다. 얼핏 생각하면 직접 답사까지 한 폴리비오스의 주장이 옳은 것 같다. 하지만 그의 답사는 한니발이 알프스를 넘은 지 40년 후의 일이고, 그 답사도 누군가가 남긴 기록에 따라 이루어진 것이므로 확실하다고 할 수는 없다.

최근 독일 역사가 자이베르트는 매우 설득력 있는 논리를 폈는데, 결론부터 이야기하면 한니발은 두 경로로 알프스를 넘었다는 것이다. 한 경로에 병력을 집중하면 보급에 큰 문제가 생기기 때문이다. 또한 좁은 산길에 수만의 대병력이 집중되면 대열이 엄청나게 길어져 방어에도 불리하기 때문에 두 경로로 이동했다는 것이다. 그의 주장이 정설로 받아들여지고 있지는 않지만 강한 설득력을 지닌 것은 분명하다. 한 가지 흥미로운 이야기를 덧붙이면, 지구 온난화로 알프스의 빙하가 사라지면 한니발군의 유해나 코끼리뼈가 발견될지도 모른다는 것이다. 만일 이런 일이 일어나면 세계를 진동시킬 뉴스가 될 것이다.

이 정도의 발견은 아니지만 몇 년 전, 영국 퀸스대학 세계식량안보 생물학연구소가 베일에 싸였던 한니발의 로마 원정 경로를 규명해냈다는 보도가 있었다. 연구소의 생물학자 크리스 앨런 교수는 블로그에 "수수께끼를 푼 것은 현대의 과학기술과 고대의 말 배설물"이라고 썼다. 연구팀은 프랑스 남부 그르노블에서 이탈리아 북부로 연결되는 알프스산맥 트라베르세트 고개의 퇴적층을 분석한 결과, 말과 노새의 배설물 흔적이 많이 발견되었고 인위적으로 지형이 변화한 흔적을 찾아냈다. 이 경로는 암석으로 이루어진 험준한 산악지대다. 연구팀은 이곳에서 발견한 말과 노새의 배설물을 탄소연대측정법으로 분석했는데, 약 2,200년 전의 것임을 밝혀냈다. 한니발의 원정 시기와 거의 일치하는 결과다.

한편 한니발은 불과 15일 만에 알프스를 넘은 것으로 전해지는데, 이처럼 빠른 진군의 비밀도 일부 밝혀졌다. 연구팀은 이 경로에서 나뭇가지를 쌓아올려 만년설 위에 길을 낸 흔적을 찾아냈다. 1미터 깊이의 진흙 퇴적층에선 다양한 꽃가루의 흔적도 발견되었다. 연구팀은

●── 알프스를 넘는 한니발군. 그들은 자신들이 결국 패배자가 되지만 또한 세계사의 영원한 전설로 남을 것을 상상도 하지 못했을 것이다.

이를 지형이 인위적으로 변한 증거라고 봤다. 앨런 교수는 "퇴적층에서 발견된 기생충 알에 대한 분석과 고대 동물에 대한 비교 연구를 수행하면 좀 더 과학적인 뒷받침이 가능할 것"이라고 썼다.

한편 《로마사》의 저자 리비우스는 한니발군의 알프스 통과를 직접 본 듯 생생하게 묘사했는데, 실레노스의 기록을 그대로 옮겼을 가능성이 높다.

그들은 악전고투하며 길을 내려갔다. 만년설 때문에 넘어지기 일쑤였고, 급경사 길에선 너무 쉽게 발이 미끄러졌다. 양손과 무릎을 써가며 몸을 일으키려 했지만 그마저도 지탱하지 못하고 다시 나둥그러졌다. 그곳에는 손이나 발을 지탱해줄 만한 나무나 뿌리가 없었다. 그래서 사람들은 미끄러운 빙하가 약간 녹아 질퍽한 눈 위에 쉴 새 없이 구르고 자빠졌다.

그리고 전설적인 한니발의 이탈리아 정복이 시작되었다. 그의 성이 '번개'라는 뜻의 '바르카'였다는 사실을 잊지 말아야 할 것이다. 그래서인지 후대의 로마 역사가는 "알프스산맥을 헤치고 혜성처럼 등장한 한니발이 마치 창공에서 던진 무기처럼 눈 덮인 산꼭대기에서 이탈리아로 쏟아져 내려왔다"고 표현했다.

알프스를 넘은 한니발은 부하들을 둥글게 모으고 알프스를 넘으면서 포로로 잡은 갈리아인 두 명을 가운데로 끌어냈다. 둘은 무거운 사슬에 묶여 있었고, 굶주림과 추위로 수척해진 상태였다. 한니발은 둘의 사슬을 풀어주고 투기를 건네주며 승자에게는 자유와 말 한 필, 무기가 주어진다는 말과 함께 결투를 지시했다. 선택의 여지가 없었던 두 포로는 열심히 싸웠고 승자가 결정되었다. 한니발은 병사들을 향해 이렇게 연설했다.

너희들이 방금 본 갈리아인과 같은 마음으로 싸운다면 우리는 반드시 승리할 수 있다고 확신한다. 방금 본 것은 구경거리가 아니다. 너희들의 현재 실정을 비추는 거울이다. 우리의 좌우는 두 개의 바다로 막혀 있다. 여기서 도망치려고 해도 배가 없다. 눈앞에 파두스강(지금의 포강)이 흐르고 있다. 론강보다 크고 물살이 세다. 등 뒤에는 알프스가 우뚝 솟아 있다. 엄청난 고생 끝에 겨우 넘어온 산맥에 다시 도전하고 싶은 사람은 하나도 없을 것이다.

너희에게는 로마군과의 첫 전투에서 이기느냐, 아니면 패하여 죽느냐 하는 길밖에 남아 있지 않다. 너희가 승자가 되면 불사신조차도 바랄 수 없는 보수를 손에 넣을 것이다. 로마군에 이기기만 하면 시칠리아와 사르데냐는 물론이고 로마인이 소유하고 있는 모든 것이 너희 것이 된다. 휴식은 충분히 취했을 것이다. 앞으로의 고생은 스페인을 떠난 뒤 알프스를 넘을 때까지의 고생과는 다르다. 똑같은 고생이라도 보수가 기다리는 고생이 될 것이다.

적장이 누군지는 나도 모른다. 적장이 누구든, 전쟁터에서 태어나 숙영지에서 자라고 용장 하밀카르를 아버지로 둔 나와는 비교할 수 없다. 대군을 이끌고 스페인에서 이탈리아까지 먼 길을 온 나와 어깨를 나란히 할 수 있는 장군은 로마에 아무도 없다.

이 전쟁은 반드시 이긴다. 그리고 전쟁이 끝나면 너희들에게는 카르타고든 스페인이든 이탈리아든 원하는 나라의 땅을 주겠다. 조세는 자식 대까지 면제다. 땅보다 금화를 원하는 자에게는 응분의 금화를 주겠다.

카르타고의 시민권을 원하는 자에게는 그것도 주겠다.

병사들은 환호로 답했다. 2,000년 후 한니발의 숭배자 중 하나인 나폴레옹도 거의 같은 취지—약탈물이 많다—로 병사들에게 연설을 했고, 이런 글도 남겼다.

무엇보다 용맹하고 냉철하며 확신에 가득 차 있는, 세상에서 가장 위대한 이 사나이는 약관의 나이에 아무도 생각할 수 없는 것을 생각해냈다. 아무도 가능하리라 여기지 않은 것을 생각해냈다. 아무도 가능하리라 여기지 않았던 것이었다. 이 사나이는 조국의 도움 없이 적국과 알려지지 않은 종족을 강타하고 승리했다. 아무도 넘을 수 없으리라 여겼던 피레네산맥과 알프스산맥을 넘어 이탈리아로 내려가 정의를 위해 그의 군대의 절반만 이끌고 전장을 휩쓸었다. 이탈리아를 15년간 지배하고 통치했으며 몰락하기 직전까지 로마를 여러 번 공격했다.

그렇게 2차 포에니 전쟁, 한니발의 전설이 시작되었다. 당시 한니발의 병력은 아프리카 보병 1만 2,000명, 스페인병 8,000명, 그리고 기병 6,000명이었다. 거의 절반의 병력을 행군 도중 잃은 셈인데, 아무리 알프스를 넘은 일이 대단한 위업이라고 해도 이 정도의 희생을 치를 가치가 있었는지는 의문이 들지 않을 수 없다. 지금의 니스-제노바 일대에서 결전을 벌이든가, 위험하기는 해도 바다로 가는 편이 낫지 않았을까 하는, 대안이 없지는 않았기 때문이다. 어쨌든 이어지는 연전연승 덕분에 한니발이 알프스를 넘은 사건은 인류 역사에서 황금 문자로 남을 위업이 되었다.

북이탈리아의 갈리아인

현대의 이탈리아가 부유한 북부와 가난한 남부로 나뉘어 있다는 것은 널리 알려진 사실이다. 하지만 2,200년 전에는 정반대였다. 그리스인들이 건설한 도시들이 있는 남부는 교역으로 부유했고, 북부는 갈리아인들이 지배하는 미개발지였다. 중부와 남부를 통일한 로마는 북진하면서 로마식 도로와 도시를 건설하며 로마화를 진행했다. 물론 갈리아인들은 이에 맞섰지만 조직력과 기술력이 없고 지도자가 없는 그들이 잘 조직된 로마인의 상대는 될 수 없었다. 그런 갈리아인들에게 갑자기 로마를 상대할 최고의 장군과 군대가 말 그대로 하늘에서 내려왔다. 하지만 당시의 한니발군은 추위와 배고픔, 고통으로 지쳐 있는 볼품없는 군대였기에 갈리아인은 미덥지 않은 눈으로 그들을 바라보았다. 리비우스의 기록이다. 이 역시 실레노스의 기록을 그대로 옮겼거나 최소한 큰 영향을 받았을 것이다.

그들은 마치 유령 같다. 알프스 산중에서 굶주림과 추위, 흙먼지에 시달린 나머지 쇠약해지고 망가졌다. 그들은 된서리에 몸을 떨었고 눈보라에 힘이 빠졌으며, 팔다리는 추위로 얼어붙었다. 말들은 절뚝거리고 무기는 못 쓰게 되었다. (……) 이들은 군대라기보다는 패잔병에 가까워 보인다.

물론 외관과 달리 그들은 모든 어려움과 위험을 이겨온 정예부대, 아니 당시 지구상에서 가장 강한 군대였다. 그럼에도 외관상의 이유로 한니발은 타우리니족과 동맹에 실패하고, 사흘간의 포위전을 벌여 그들을 제압해야 했다. 갈리아인들을 끌어들이기 위해서는 승리가 필요했다. 마침 기회는 바로 찾아왔다. 한니발이 북이탈리아에 등장했다는 사실을 알게 된 스키피오 집정관이 급히 기병대와 경무장 보병대를 이끌고 추격에 나선 것이다. 아마 한니발과 스키피오는 서로 상대방의 빠른 행보에 놀랐을 것이다.

티키누스 전투

한니발은 로마 기병대를 지휘하는 자가 집정관이라는 사실을 알았다. 로마 기병대 역시 적의 기병대를 지휘하는 자가 한니발이라는 사실을 알았다. 로마군은 파두스강의 지류인 티키누스강에 다리를 놓고 한니발을 공격했다. 지금의 파비아 부근이다. 어떻게 보면 가벼운 정찰대의 조우전이 될 수도 있었던 이 전투는 열전으로 변했다. 한니발은 양익에 누미디아 기병을 배치하고 자신은 중앙을 맡았다. 누미디아 기병은 어릴 때부터 말을 탄 병사들로 달리면서 정확하게 창을 던졌고, 말 위에서도 땅 위에서처럼 자유롭게 칼과 도끼를 다룰 수 있었다.

처음에는 우열을 가리기 어려웠지만 결국 누미디아 기병의 전투력이 로마 기병을 압도했다. 순식간에 로마와 동맹군 기병대가 궤멸되었고, 스키피오 집정관은 목숨은 건졌지만 큰 부상을 입었다. 당시 17세였던 아들 스키피오가 아버지를 구했다(일부에서는 훗날 아프리카누스라고 불리는 그의 아들을 띄우기 위해 기록을 '변조'했다고 보는데, 요즘에는 변조설이 거의 정설화되고 있다).

살아남은 로마 기병대는 다리를 통과했지만 미처 다리를 파괴하지 못한 보병 600여 명이 한니발의 포로가 되었다. 이들은 한니발의 첫 로마군 포로가 되었고, 한니발에게 귀중한 정보를 제공했다. 그중 하나가 카스테조라는 마을에 로마군의 군량 창고가 있다는 사실이었다.

한니발군은 기병대를 이끌고 가 이 창고를 차지했다. 겨울을 날 든든한 식량이 굴러들어온 셈이었다.

규모는 크지 않지만 이탈리아 내, 그것도 로마 집정관이 참가한 전투에서 거둔 한니발의 첫 승전이 알려지자 기병 5,000명을 포함한 약 1만 4,000명의 갈리아인이 한니발 진영에 가세했다. 로마군 보조 부대원 2,200명도 가세했다. 이로써 그의 병력은 4만 명 이상으로 늘어났다. 그렇지 않아도 인종 구성이 복잡한 그의 군대는 더욱 다채로워졌다. 한니발의 지도력이 이러한 장애를 상당 부분 극복했지만, 매형이 켈트인에게 죽음을 당해서인지 한니발은 갈리아인들을 전적으로 신뢰하지 않았다. 한니발은 그들을 상대할 때 다양한 가발을 사용하여 위장을 했다고 한다.

그렇다면 스페인과 시칠리아에 약 5만 명의 병력을 보낸 로마가 동원 가능한 병력은 얼마나 되었을까? 놀랍게도 75만 명이었다고 한다. 한니발과 동시대인이었던 로마 원로원 의원 픽토르에 따르면, 로마는 17세부터 60세까지, 동맹국은 17세부터 47세까지의 남자를 동원할 수 있었는데, 그 둘을 합치면 그 정도가 되었다. 물론 75만 명을 다 동원하면 일상생활 자체가 불가능하기 때문에 한니발이 그 모두를 상대할 가능성은 전혀 없었다. 실제로 당장 전쟁에 투입 가능한 병력은 5~6만 명 수준이었고, 무리하면 10만 명, 최대로 잡아도 20만 명이었다. 물론 그 숫자도 4만 정도인 한니발군으로서는 버거운 게 분명했지만, 로마는 지켜야 할 곳과 막아야 할 적이 많았기에 전군을 한니발과의 전선에 투입할 수는 없었다. 게다가 한니발군은 갈리아족을 제외하면 1년마다 사령관이, 그리고 병사들도 자주 바뀌는 로마군과 달리 한니발에게 충성하는 정예부대였다. 한니발은 충분히 승산이 있다고 보고 대원정을 감행한 것이다. 로마의 거대한 동원력이 히드라처럼 그를 괴롭혀 결국 파멸에 이르게 하지만, 적어도 이탈리아 내에서 그는 로마의 안마당을 전장으로 쓰며, 거의 20배의 동원력을 가진 로마에게 한 번도 크게 패하지 않았다.

트레비아 전투

시칠리아에 있던 또 다른 집정관 티베리우스 셈프로니우스 롱구스가 2개 군단을 이끌고 스키피오 진지에 도착했다. 둘은 토의를 거듭했다. 스키피오는 일단 겨울을 나고 전투에 들어가자는 입장이었지만 셈프로니우스의 생각은 달랐다. 티키누스에서 참패한 데다 군량 창고까지 빼앗겼으니 설욕을 위해 몇 달을 기다릴 수는 없다는 논리였다. 스키피오는 패배했지만 자신이 승리한다면 평민 쪽의 지위가 높아진다는 계산도 했을 것이다. 더구나 스키피오가 큰 부상을 입은 이상 자신이 군대를 지휘할 수밖에 없을 것이라는 생각도 그를 조급하게 만들었다. 당시 로마군의 규모는 로마 보병 1만 6,000명, 동맹국 보명 2만 명, 로마 기병 1,000명, 동맹국 기병 3,000명이었다.

그사이 한니발의 막내 동생인 마고가 지휘하는 2,000명의 정예 기병이 도착했다. 한니발은 트레비아 강둑 건너, 로마군 진영과 약 7.5킬로미터 떨어진 곳에 진을 쳤다. 그러고는 자주 소부대를 보내어 주변을 약탈했다. 자연스럽게 셈프로니우스의 강경론에 힘이 실렸다. 한니발은 마고를 데리고 주위를 살피다가 트레비아강 서안에 있는 관목 숲에 이르렀다. 그는 마고에게 보병과 기병 각 1,000명을 주고 숲속에 매복하게 했다. 진지로 돌아온 한니발은 병사들에게 충분한 휴식을 갖게 하고 동이 트기 직전 누미디아 기병들을 차례로 내보내 로마군을 공격하게 했다. 셈프로니우스는 한니발의 도발에 말려들었다. 그는 가장 먼저 기병대를 내보냈는데, 티키누스의 패배를 설욕하기 위해 누미디아 기병들에게 맹렬하게 달려들었다. 그러자 누미디아 기병대는 열세인 척하며 물러났다. 이에 고무된 셈프로니우스는 경보병을 내보냈고, 마지막으로 주력인 중장보병을 비롯해 전 병력을 출전시켰다. 로마군은 아침식사도 하지 않아 공복인데도 갑옷을 입고 전투에 나섰다. 그들은 얼어붙은 트레비아강으로 뛰어들었다. 이때 한니발군의 발레아레스 투석병들이 일제히 돌을 날렸다. 로마군은 방패를 머리 위로 들어올려 돌들을 막아냈지만 진군 속도는 느려질 수밖에 없었고, 피로는 더해갔다. 한니발은 그러는 사이 병사들에게 아침식사를 나누어주고 불을 피워 몸을 녹이게 했다. 심지어 기름을 발라 몸을 덥히기까지 했다.

한니발군 보병대의 중앙은 갈리아인 부대가, 양익은 스페인과 리비아인 부대가 맡았다. 중앙과 양익 사이는 투석병과 경보병이 공백을 메웠다. 만반의 준비를 갖춘 상태에서 로마군을 유인하는 데 성공한 한니발은 우세한 기병 전력으로 동맹군 병사들로 구성된 비교적 취약한 로마군의 양익을 공격하여 점점 상대를 포위했다. 여기에 매복해 있던 마고의 군대까지 등장하자 로마군은 완전히 포위되었다. 혹한에 공복, 거기에 물에 젖은 3중의 부담마저 안은 로마군이었지만 그들은 투지를 잃지 않고 마침 내리기 시작한 진눈깨비까지 맞으며 한니발군의 중앙으로 돌진해 들어가는 등 분전했다. 그러나 참패를 면할 수는 없었다. 최소 1만 5,000명, 최대 2만 명이 죽거나 포로가 되었다. 도망친 병사는 약 1만 명이었는데, 그중에는 집정관 셈프로니우스도 있었다. 승리한 한니발군의 전사자는 얼마 되지 않았고, 그나마도 대부분 갈리아인이었다. 다만 코끼리는 한 마리만 남고 모두 죽거나 도망쳤다.

아무리 사전에 준비했다지만 진눈깨비까지 내리는 추위 속에서 벌어진 전투로 한니발의 병사도 지칠 대로 지쳐 로마군을 추격하지는 못했다. 하지만 이 전투에서 보여준 한니발의 작전은 거의 완벽한 수준이었다. 그럼에도 패장 셈프로니우스를 비롯한 로마인들은 패배를 그렇게 심각하게 받아들이지 않았다. 셈프로니우스는 원로원에 보낸 보고서에 패전은 안개와 눈 때문이었다고 썼고, 원로원과 일반 시민들도 티키누스의 패배는 소규모 기병전에 불과하고 트레비아 전투의 패배 역시 단지 운이 따르지 않아서라고 생각했다. 그들은 카르타고의 젊은 애송이가 전술의 천재이자 서양 고대사 최고의 명장일 것이라고는 상상도 하지 않았다.

폴리비오스의 기록에 의하면 트레비아 전투 직전에 스키피오는 셈프로니우스에게 당장 전투에 나서지 말고 관망하라고 충고했다. 물론 셈프로니우스가 공명심에 들떠 있었고 한니발이 이를 이용했던 것은 사실이지만 폴리비오스가 스키피오 가문의 열렬한 팬이었다는 사실도 기억해야 한다. 포에니 전쟁에 대한 폴리비오스의 기록은 그가 그리스인이라는 이유로 로마인인 리비우스의 기록보다 더 신뢰받고 있지만 스키피오 가문에 대한 기록만은 색안경을 끼고 봐야 할 것이다. 어쨌든 피아첸차에서 다시 만난 두 집정관은 패잔병을 데리고 계속 버틸 수는 없다고 판단하고 리미니로 후퇴했다. 이로써 로마는 파두스강 유역의 이탈리아 북부를 거의 포기할 수밖에 없었다. 이때 젊은 스키피오도 아버지를 따라가 그다음 전투를 피할 수 있었다.

티키누스 전투와 달리 트레비아 전투는 본격적인 야전이었다. 이

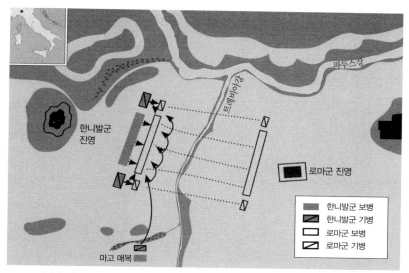

지도 레이블:
- 파두스강
- 트레비아강
- 한니발군 진영
- 로마군 진영
- 마고 매복

범례:
- 한니발군 보병
- 한니발군 기병
- 로마군 보병
- 로마군 기병

●─ 트레비아 전투도(기원전 218년).

런 전투에서 천하무적 로마 군단을 격파했다는 소문을 듣고 북이탈리아의 갈리아인들이 한니발군에 속속 가세했다. 이제 그의 병력은 5만 명을 넘어섰다. 하지만 한니발은 지친 병사들을 이끌고 더 이상 겨울 전투에 나서지는 않았다. 그는 파두스강 계곡에서 겨울을 나고 봄이 되자 남쪽으로 내려갔다. 그리고 이제부터 '진짜 이탈리아', 즉 로마 본토가 전장이 된다. 로마인들에게 한니발 같은 강적은 처음이었고, 이후에도 나타나지 않았다. 이는 길고 긴 로마의 역사가 증명하고 있다. 로마인들이 이탈리아의 주인이 된 후 그들은 한 번도 자기 나라 안에서 외부 세력과 전쟁을 한 적이 없었고, 그것은 이후 500년 동안에도 마찬가지였다.

한니발은 로마 포로들에게는 사역을 시키며 음식조차 제대로 주지 않은 반면 그 동맹국 포로들에게는 휴식과 식사를 제공했다. 그는 포로에 대해 차별 대우를 함으로써 자신의 목표는 로마를 정복하는 것일 뿐 동맹국은 적으로 간주하지 않는다는 것을 보여주었다. 한니발은 이후의 전투에서도 로마군 포로는 죽이고, 동맹국 포로는 풀어주는 등의 회유책을 계속 사용했다. 그의 이런 계책은 실제로 상당한 효과를 보았다. 하지만 그때쯤 한니발에게 나쁜 소식이 두 개나 전해졌다. 하나는 스페인에 가 있는 스키피오 집정관의 형 그나이우스가 에브로강 이남에 거점을 마련했다는 것이고, 다른 하나는 릴리바이움에서 큰 규모는 아니지만 해전이 벌어졌는데 카르타고 함대가 패했다는 소식이었다. 치명적인 패배는 아니었지만 앞으로 한니발은 늘 승리하고, 그가 없는 곳에서 카르타고는 거의 패한다는 공식의 시작인 셈이었는데, 물론 한니발도 그때는 자신이 그런 운명을 겪을지 상상하지 못했다.

아르노 습지 횡단

로마인들은 한니발과 맞서 싸울 두 명의 집정관을 새로 선출했다. 한 명은 귀족 출신의 그나이우스 세르빌리우스 게미누스였고, 다른 한 명은 평민인 가이우스 플라미니우스였다. 플라미니우스는 이미 6년 전에 집정관을 지낸 적이 있고, 같은 해에 북이탈리아의 인수브레스족을 물리친 실적이 있으니 무능하다고 볼 수 없는 인물이었다.

　한니발의 목적은 로마 연합의 해체였으므로 그러기 위해서는 남부 이탈리아를 휘저어놓아야 했다. 하지만 남하를 위해서는 이탈리아반도의 척추라고 할 수 있는 아펜니노산맥을 넘어야 했다. 당시 한니발이 택할 수 있는 길은 두 가지였다. 하나는 비교적 쉬운 길로, 파두스강 계곡을 따라 아리미눔에 가서 테베레강 계곡을 통해 내려가는 방법이었다. 이 길은 당연하게도 로마군이 지키고 있었다. 지휘관은 세르빌리우스였다. 또 하나의 길은 에트루리아의 아르노강 계곡 길이었는데, 이 길의 가장 큰 장점은 산맥에서 평야지대로 나아가는 길이 6개나 있어 로마군이 방어하기 어렵다는 점이었다.

아르노 습지 횡단은 어려운 일이지만 겨울에 알프스를 넘었던 사나이들로 구성된 한니발의 군대이니만큼 그 정도는 충분히 해낼 수 있는 일이라고 생각할 수 있다. 하지만 그런 한니발군이었음에도 아르노강과 지류가 눈 녹은 물로 범람하는 바람에 큰 고생을 해야 했다. 새로 합류한 갈리아인들도 큰 문제였다. 그들의 이탈을 막기 위해 스페인과 리비아 출신 병사들이 후미를 지켜야 했다. 다만 상당수의 갈리아 병사들이 이 강행군을 통해 한니발군의 일원으로 단련되었던 것은 분명하다. 한편 한니발은 한 마리 남은 코끼리를 타고 그들과 함께했는데, 이 과정에서 안질에 걸려 한쪽 눈을 잃고 만다.* 이때 그가 한 말이 걸작이다. "나는 감은 눈으로 작전을 생각하고, 뜬 눈으로 적을 바라보겠다." 그야말로 한니발답다고 할까. 어쨌든 그렇게 한니발군은 과거 카르타고의 충실한 동맹이었던 에트루리아의 대지에 발을 디뎠다.

트라시메노 전투

리비우스 등 로마 역사가들은 플라미니우스 집정관을 반反원로원 선

---

* 한니발의 코끼리는 수컷으로 이름은 수루스였다. 수루스는 다른 코끼리들보다 훨씬 체격도 크고 힘도 셌는데 학자들은 시리아 제국에서 선물한 인도코끼리로 추정한다. 사실 수루스라는 이름 자체도 시리아에서 유래되었다고 한다(믿거나 말거나라고밖에 할 수 없지만 전설에 의하면 수루스는 주인을 닮아 애꾸눈에 한쪽 상아가 없었다고 한다).

동가, 대중적 인기를 등에 업고 전공을 탐하는 인물로 묘사했지만 요즘 학자들의 연구 결과는 다르다. 한니발은 그를 전투에 끌어들이기 위해 에트루리아를 마구 약탈했지만 플라미니우스는 이 도발에 응하지 않았기 때문이다. 한동안 신중하던 플라미니우스가 이동한 것도 한니발의 도발 때문이 아니라 동료 집정관인 세르빌리우스와 합류하여 한니발을 협공하기 위해서였다. 그의 잘못이라면 경계를 소홀히 한 것, 불운은 그의 상대가 한니발이었다는 것이다.

한니발은 각개격파를 위해 이탈리아 중부에서 가장 큰 호수인 트라시메노를 그 장소로 삼았다. 대부대가 이동하기 위해서는 이 호수의 북쪽 연안을 통과할 수밖에 없었기 때문이다. 한니발은 병사들에게 호숫가에 모닥불과 횃불을 밝혀놓게 하고 대부분의 병력을 북쪽 언덕에 매복시켰다. 주력인 스페인과 리비아 보병은 동쪽 출구에, 기병대는 서쪽 출구에 두었다.

기원전 217년 6월 20일 새벽, 플라미니우스는 정찰을 소홀히 했고, 한니발군의 주력이 5~10킬로미터 떨어져 있을 것이라고 생각했다. 그 지역은 산악 지형이라 한니발의 장기인 기병대를 쓰기 어려운 곳이었다. 플라미니우스는 안심하고 군을 이동시켰다. 하지만 한니발군은 그들의 바로 머리 위에 매복해 있었고, 한니발의 호령이 온 언덕에 울려퍼지면서 전투, 아니 대학살이 시작되었다.

더구나 로마군은 2만 5,000명, 한니발군 5만 명에 비하면 절반에 불과했다. 안개가 자욱해 시야도 확보하지 못한 상황에서 호수와 언덕 사이의 좁은 공간에 갇힌 로마군은 투지만은 잃지 않고 분전했지만 무기를 휘두를 공간조차 확보하지 못하고 3시간 만에 거의 몰살당하고 말았다. 호수로 도망친 병사들도 쇄도해오는 한니발 기병대에

학살당하다시피 했고, 상당수는 무거운 갑옷 때문에 익사했다. 집정관 역시 예외가 아니었는데, 공교롭게도 그를 죽인 인물이 플라미니우스에게 토벌당한 인수브레스족 출신의 두카리우스라고 전해지지만 그다지 믿을 만하지는 않다. 한니발은 집정관의 시신을 찾아 정중히 장례를 치러주라고 명했다. 하지만 그러지 못했는데, 그의 시신을 찾지 못했기 때문이다. 한니발은 대신 30명의 원로원 의원의 시신을 찾아 예의를 갖추어 장사지내주었다. 플라미니우스는 포에니 전쟁에서 전사한 첫 번째 집정관이 되었다.

로마군의 전사자는 1만 7,000명에 달했다. 기병대장 마하르발의 추격으로 나머지도 대부분 포로가 되었다. 로마로 귀환하는 데 성공한 행운아는 2,000명에 불과했다. 한니발군의 손실은 2,000명에 불과했고 그나마도 거의 갈리아 병사들이었다. 한편 이 전투는 역사상 가장 큰 규모의 매복전이기도 했다. 한니발은 트레비아 전투 때와 마찬가지로 로마 동맹국 출신의 포로들은 풀어주었는데, 그중에는 시라쿠사 출신의 병사들도 있었다. 그들은 대부분 중무장 보병과 궁수였다. 한니발은 노획한 로마군의 장비로 부하들을 무장시켰다.

트라시메노호는 로마에서 150킬로미터밖에 떨어져 있지 않았다. 플라미니아 가도를 타면 사흘 거리였다. 그 유명한 로마 가도가 적어도 이때는 로마인을 위해 존재한 것이 아니라 한니발의 카르타고군을 위해 존재했다. 물론 로마인도 자신들이 만든 멋진 도로가 외적의 침략로로 사용될 수도 있다고 생각했지만 군사력에 자신이 있었고 도로로 인한 이점이 더 크다고 보았기에 건설했던 것이다. 로마인들은 공포에 사로잡히지 않을 수 없었다. 하지만 민회를 소집한 법무관은 담담하게 전투 결과를 보고했다. "우리는 큰 전투에서 크게 패했다."

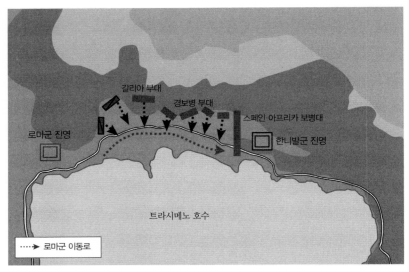

●— 트라시메노 전투도(기원전 217년).

　역사가들은 이런 담담함이 로마인의 정신을 잘 보여준다고 칭찬한다. 하지만 당시 로마가 엄청난 위기 상황이었다는 것은 틀림없는 사실이다(법무관이 보고했다는 연단이 지난 전쟁에서 두일리우스가 카르타고와의 첫 해전에서 승리를 거두고 전리품으로 보낸 카르타고 군함의 충각으로 만든 것이라는 설도 있다). 로마는 당장 싸울 수 있는 최전방 현역병의 반수가 사라졌고, 나머지 반수도 적보다 더 먼 곳에 있었다. 게다가 한니발은 큰 승리를 거두고도 쉬지 않았다. 집정관 세르빌리우스가 플라미니우스의 요청을 받고 기병 4,000명을 먼저 보냈는데, 한니발의 기병대가 가이우스 켄테니우스가 지휘하는 로마 기병대를 공격하여 절반을 죽이고 절반을 포로로 잡았던 것이다.

　이로써 세르빌리우스는 기병이 없는 상태로 2개 군단만 달랑 남은 처지가 되었다. 이제 로마 공화국의 일선 병력은 수도 로마에 있는 2

개 군단과 세르빌리우스의 2개 군단이 전부였다. 물론 든든한 로마 성벽이 있었지만 당장 동원할 수 있는 병력은 한니발군과 별 차이가 없었다.

누구나 한니발이 로마로 진격할 것이라고 예상했다. 하지만 그는 또다시 예상을 깨고 로마를 지나 이탈리아 남부로 행군했다. 대도시 로마의 엄청난 전리품을 기대하고 있던 부하들은 모두 의아해했지만 압도적 카리스마를 뿜어내는 젊은 명장의 지시대로 할 수밖에 없었다. 그의 군대는 가는 곳마다 약탈과 폭행으로 그 지역을 쑥밭으로 만들고 다녔다. 동맹국들에게 더 이상 로마는 그들을 지켜줄 수 없다는 현실을 보여주기 위함이었지만 5만 명의 배를 채워주기 위한 방법이 달리 없었던 것도 사실이다.

마케도니아의 접근

여기서 잠시 이탈리아를 벗어나 시야를 조금 넓혀보자. 한니발이 동맹을 맺은 세력이 이탈리아 밖에는 없었을까? 있었다. 바로 알렉산드로스 대왕의 모국 마케도니아였다. 젊은 국왕 필리포스 5세는 한니발과 동맹을 맺고 싶어했다. 그럴 만한 이유가 있었다. 그의 부왕 시절 마케도니아는 마케도니아 북부 및 서부에서 변방 부족의 침략에 시달렸고, 그들을 간신히 제압한 것이 비교적 최근의 일이었다. 마케도니아는 남쪽에도 적을 두고 있었다. 기원전 221년 필리포스 5세가 마케도니아 왕으로 즉위했을 때 그는 '헬라스 동맹 총사령관'도 겸했는데, 헬라스 동맹은 그리스 중부 지역의 라이벌 도시국가 연합인 아이톨리아 동맹의 확장으로 위협을 받고 있었다.

기원전 220년, 필리포스 5세는 아이톨리아 동맹에 선전포고했다.

하지만 전쟁은 그의 뜻대로 진행되지 않았다. 필리포스 5세는 작전이 시작될 때마다 그리스 중남부로 진격했다가(스파르타도 아이톨리아 측에 합세) 번번이 본국 침략이라는 루머를 듣고 회군하거나 불만을 갖고 발을 빼려는 동맹도시들을 회유하느라고 시간을 낭비해야 했다. 여기에 로마가 그리스 땅에 다시 발을 들여놓으면서 부담이 가중되었다. 로마는 그리스 서해안에 교두보를 마련한 뒤 일리리아 선박이 로마의 허가 없이 일정 지점 아래로 항해할 수 없다는 조건을 강요했다. 하지만 기원전 220년 일리리아의 두 장군이 배 90척을 이끌고 아드리아해로 진출하여 해적질(일리리아인들의 전통적인 생계 수단)을 재개하자 로마군은 기원전 219년 여름, 조약을 위반한 일리리아를 징벌하기 위해 그리스 북부로 진군했다. 이때 사군툼이 한니발의 공격을 받고 있었음은 앞서 기술한 바 있다. 필리포스 5세는 전쟁을 일시 중단하고 로마의 행보를 주시했다. 그때는 로마의 관심이 일리리아와 그리스에 집중되어 있었다. 당시 로마 집정관 두 명이 모두 그리스에 투입되었다는 사실이 이를 증명한다.

이렇듯 필리포스 5세는 사면초가의 신세였다. 그러던 중 기원전 218년 한니발이 알프스를 넘어 이탈리아로 진군하고 있다는 소식이 들려왔다. 일부 역사가들에 따르면 이즈음부터 필리포스 5세는 한니발과의 동맹을 고려했다. 간단히 말해 '적의 적'은 친구였던 것이다. 해적 활동을 벌여 로마군을 그리스로 불러들인 장본인이자, 이제는 필리포스 5세가 믿고 의지하는 참모 겸 사령관이 된 일리리아의 군주 데메트리오스를 비롯한 몇몇 심복이 이 계획에 적극 지지하고 나섰다. 필리포스 5세와 데메트리오스는 한니발의 동정을 최대한 빠르게 알 수 있도록 릴레이식 전령 체계를 구축했다.

기원전 217년 여름, 필리포스 5세는 마케도니아에서 남쪽으로 600킬로미터 떨어진 네메아에서 제우스 신에게 바치는 네메아 제전을 관전하고 있었다. 경기를 앞둔 선수들이 몸을 풀고 관중들이 열광적인 환호를 보내는 가운데 전령이 도착했다. 한니발이 트라시메노에서 로마군을 대파했다는 소식이었다. 필리포스 5세는 그 즉시 제전에 흥미를 잃었다. 추진 중이던 다른 군사작전도 그의 관심 밖으로 밀려났다. 그는 그리스가 단합하여 더 큰 그림을 봐야 할 중요한 시기라고 생각하면서 두 그리스 동맹 간의 전쟁을 평화조약으로 마무리 지었다. 폴리비오스에 따르면, 조약 조인식에 참석한 한 대표가 이런 말을 했다. "전하께서 활약할 무대를 원하신다면 서쪽으로 눈을 돌려 이탈리아에서의 전쟁을 주목하십시오. 현명하게 때를 기다리다보면 언젠가 이 세계의 패권을 겨룰 기회가 올 것입니다." 필리포스 5세는 이 충고를 받아들였다. 하지만 때를 기다리라는 말은 흘려듣고 말았다.

　한편 로마의 가장 중요한 동맹국 중 하나인 시라쿠사는 여전히 히에론이 다스리고 있었는데, 친로마의 자세를 여전히 유지하면서 로마에게 북아프리카 침공을 제안했다. 하지만 그 일은 그의 사후에나 이루어진다.

굼벵이 파비우스의 등장

로마는 당장의 위기는 넘겼지만 한니발과 그의 군대가 애송이가 이끄는 잡스러운 용병 집단이 아니라 희대의 명장이 지휘하는 잘 훈련된 가공할 적이라는 사실을 인정할 수밖에 없었다. 로마는 독재관 선출이라는 긴급 조치를 취했다. 이 제도는 한 사람이 절대 권력을 가질 수 없다는 로마의 정치에서 예외적인 일이었다. 실제로 30년이 넘도록 독재관은 선출되지 않았다. 일반적으로 두 집정관 중 한 명이 독재관을 맡았지만 이미 한 명은 전사했고, 다른 한 명은 로마에 없었던 데다 스스로 그 자리를 사양했다. 이에 원로원은 임기 6개월의 독재관을 선출했는데, 그 막중한 자리를 맡은 인물은 58세의 퀸투스 파비우스였다. 이미 두 번이나 집정관을 역임한 그는 한니발과 비교하면 거의 두 배나 많은 나이였다. 훗날 플루타르코스가 《영웅전》에 그의 전기를 썼는데, 이 책에서 영광스럽게도 그리스 세계 최고의 정치가인 페리클레스와 비교된 이 인물은 '쿤크타토르', 즉 '꾸물거리는 자'라는 별명을 얻는다. 지금은 '지구전주의자'라는 뜻이지만 당시에는 부정적인 의미로 쓰이던 단어였다.*

마키아벨리가 《정략론》에서 말한 것처럼 파비우스는 로마인이지만 로마인 특유의 격정과 대담함과는 거리가 먼 신중한 무장이었다. 사실 필자는 《영웅전》을 읽을 때 왜 플루타르코스는 파비우스와 페리클레스를 비교했을까, 하는 의문을 가졌다. 페리클레스는 아테네의 최전성기를 이끈 지도자이고, 파비우스는 로마가 가장 어려울 때 지도자가 되었던 인물이 아닌가? 하지만 이 책을 쓰기 위해 다시 《영웅전》을 읽으면서 그 이유를 알 수 있었다. 바로 파비우스가 지구전을 선택했기 때문이다. 페리클레스 역시 펠로폰네소스 전쟁 개전 당시 최강의 육군 전력을 보유한 스파르타와의 전면전을 피하고 해군력과 경제력을 이용한 지구전을 선택했다. 파비우스 또한 페리클레스와 비슷한 생각이었다. 로마인 누구도 야전에서 한니발을 이길 수 있으리

---

* 그의 이름을 영어식으로 읽어 만든 페이비언 전략은 지구전 전략을 의미한다. 점진적으로 사회주의를 이룬다는 전략을 가진 영국 노동당의 모체가 된 페이비언협회도 같은 유래를 가지고 있다.

라고 생각하지 않았고, 자신도 예외라고 보지 않았다. 물론 징집을 통해 병력을 확충했지만 그의 군대는 패잔병과 신병으로 이루어져 한니발군의 상대가 되기에 부족한 점이 많았다.

파비우스의 전략을 한마디로 말하면 시간을 끌며 상대의 진을 빼는 것이었다. 그는 한니발군이 지나는 마을과 농장을 불태우고 군대를 동원하되 직접적인 격돌은 피하면서 소규모 전투만 하고 주위를 빙빙 돌며 상대의 기력을 소모시켰다. 이런 식으로 시간을 끌면 근거지가 없는 한니발군은 제풀에 지쳐 쓰러질 거라고 여겼던 것이다. 파비우스는 설사 그렇게 되지 않더라도 소규모 전투에서 승리하면서 병사들의 자신감을 회복시켜 한니발에 대적할 만한 군대로 만들려고 했다.

한니발의 적수라고 하면 누구나 스키피오를 떠올리겠지만 진정한 적은 바로 이 느릿느릿한 노인이었다. 이 노인은 로마의 사마중달 같은 존재였다. 로스 레키는 《한니발》에서 이를 멋지게 표현했다. "저 파비우스란 자는 계집애 같군요!" "그렇다면 아주 현명한 계집일세." 한니발은 '잔머리'를 굴렸다. 지나는 곳마다 파괴와 약탈을 자행하면서도 파비우스의 영지는 건드리지 않았던 것이다. 당연히 의심의 눈초리가 늙은 독재관에게 집중되었다. 하지만 파비우스는 자신의 땅을 정부에 기증하여 의심에서 벗어났다.

한니발은 천천히 캄파니아 지방으로 진출하여 포도주로 유명한 팔레르노평원을 약탈했다. 그의 의도는 로마군을 자극해 전투에 끌어들이든가 로마의 동맹국들에게 로마의 무력함을 보여주어 이탈시키는 것이었다. 하지만 파비우스는 장교들의 성화에도 고지대에 머물면서 관찰만 했다. 참다못한 루키우스 호스틸리우스 만키누스가 400명의 기병대를 이끌고 나섰지만 전멸하다시피 했다.

시간을 보내던 파비우스도 드디어 기회를 잡았다. 그는 한니발군이 팔레르노평원에 들어올 때와 같은 경로로 철수할 것이라고 보고 길목을 장악하고 있었는데 예측이 들어맞았던 것이다. 파비우스는 이곳에서 한니발군에게 상당한 타격을 입히거나 최소한 팔레르노평원에서 얻은 막대한 양의 약탈품을 포기시킬 수 있으리라고 확신했다.

한니발은 자신의 실수를 깨달았지만 곧 기발한 책략을 내놓았다. 그는 보급 장교에게 엄청난 양의 장작을 모으라고 한 다음 약탈한 소 2,000마리의 뿔에 묶게 했다. 그리고 밤이 되자 그 길목으로 소 떼를 몰고 가게 했다. 길목을 지키던 로마군은 소뿔에 매단 횃불을 한니발의 주력으로 오인하고 언덕을 내려와 공격했다. 하지만 불이 머리에 닿자 공포에 질린 소 떼가 우르르 몰려들었고, 로마군이 이리저리 달아나면서 한니발군은 별다른 저항 없이 길을 통과했다. 새벽에 소규모 전투가 벌어졌지만 1,000여 명의 로마 병사만 전사했을 뿐이다. 이 '전투'로 한니발은 다시 한 번 자신의 천재성을 과시했고, 파비우스는 망신을 당했다. 로마인들은 파비우스가 '꼼수'로도 한니발의 상대가 되지 않는다고 생각했다.

여름이 끝나갈 무렵 파비우스가 종교의식에 참가하기 위해 로마로 떠나고, 한니발도 보급을 위해 군대를 분산시켰다. 이 틈을 타 파비우스 휘하의 기병대장 마르쿠스 미누키우스 루푸스가 공격을 감행하여 꽤 큰 승리를 거두었다. 승리에 목말라 있던 로마인들은 그를 영웅시했고, 군권의 절반을 그에게 맡기기에 이르렀다. 하지만 그런 미누키우스도 한니발의 매복에 말려들어 참패를 당할 뻔했는데 파비우스에 의해 구원되었다. 미누키우스는 휘하 병사들과 함께 감사를 표하기 위해 파비우스의 진지를 방문했는데, 독재관은 상관으로서가 아니라 아버지로서 그들을 맞이했다. 이 모습에 로마인들은 큰 감동을 받았다. 한편 미누키우스를 놓친 한니발은 쓴웃음을 지으며 이렇게 말했다. "나는 항상 능선을 따라 우리를 쫓아다니던 저 구름(파비우스를 지칭)이 언젠가는 폭우를 내릴 것이라고 생각했다."

하지만 이와 별개로 당당히 야전에서 승부를 내기 원했던 원로원과 시민들은 파비우스 전략에 불만을 가졌다. 사실 세 번 패하긴 했지만 티키누스는 소규모 기병전에 불과했고, 트레비아와 트라시메노 패전은 교묘한 술책에 넘어간 면이 있다고 보는 시민들이 많았기 때문이다. 파비우스에게는 '한니발의 파이도구고스'라는 별명이 하나 더 붙었다. 파이도구고스란 귀족 학생을 따라다니며 책이나 소지품을 들어주는 노예를 말했다.

로마인들은 당당하게 들판에서 야전을 벌인다면 한니발군에게 질 이유가 없다고 생각했다. 결국 파비우스는 재신임을 받지 못하고 6개월의 임기를 마치고 원로원으로 돌아갔다. 로마는 두 명의 집정관을 새로 선출했다. 한 명은 귀족 출신의 루키우스 아이밀리우스 파울루스이고, 다른 한 명은 평민 출신의 주전론자 가이우스 테렌티우스 바로였다. 폴리비오스는 이 둘의 성격을 매우 대조적으로 서술했다.

칸나이 전투

기원전 216년 로마 민회는 병력 증강을 의결했다. 이번에는 끝장을 보겠다는 듯이 어마어마한 규모의 징병을 실시하여 8만 명이나 되는 대군을 편성했다.

한니발은 이탈리아 남부로 떠났는데, 여러 가지 목적이 있었다. 일단 남부 이탈리아는 로마가 정복한 지 반세기 정도밖에 되지 않아 로마의 장악력이 떨어졌다. 다시 한 번 승리를 거둔다면 이탈할 가능성이 높은 지역이었다. 라틴 식민도시도 2개밖에 없었다. 또한 캄파니아 지역은 비옥해서 식량을 조달하기도 쉬웠으며, 카르타고 본토와도 가까운 데다 타렌툼을 비롯한 좋은 항구가 많았다. 항구가 확보되면 본토로부터의 본격적인 지원도 가능했는데, 실제로 한니발은 아드리아 해안을 따라 이동하던 중에 본토로 연락선을 보내 그동안의 경과를 보고했다. 스페인을 떠난 이후 첫 번째로 이루어진 연락이었다.

한니발군은 그 유명한 로마 가도 중에서도 가장 잘 만들어진 아피아 가도를 따라 남하하다가 아우피두스강(지금의 오판토강)이 아드리아해로 흘러나가는 부근의 평원에서 멈추었다. 그들은 이 평원의 조그만 마을 칸나이에서 식량 창고를 손에 넣었다. 배를 채운 한니발군은 더 이상 남하하지 않고 로마군을 기다렸다. 6월 초, 8만 명이 넘는 로마군이 10킬로미터 정도까지 접근했다. 한니발군은 4만 명의 보병과 1만 명의 기병으로 이루어져 있었다.

한니발군은 로마군의 엄청난 규모를 보고 크게 놀랐다. 한니발은 부하들에게 전투 준비를 명하고 몇 명의 장교와 함께 산에 올라 적진을 바라보았다. 기스코라는 부하 장군이 로마군의 수가 놀랄 만큼 많다고 말했다. 그러자 한니발이 물었다. "그보다 더 놀라운 것이 있는데 당신 눈에는 보이지 않소?" "무엇입니까, 장군?" "저렇게 많은 사람 중에 기스코와 같은 사람은 하나도 없다는 것 말이오." 이 농담에 모두가 웃었고, 이 이야기를 전해들은 병사들도 한바탕 웃었다. 사령관의 유머에 병사들은 자신감을 되찾았다.

한니발이 승리를 거둔 티키누스, 트레비아, 트라시메노의 공통점은 강이나 호수가 옆에 있었다는 것이다. 칸나이는 큰물이 없는 곳이기에 로마의 장군들은 안심하지 않았을까? 그 전까지 한니발이 연전연 승할 수 있었던 이유는 전장을 한니발이 선택했기 때문이다. 로마의 장군들도 그 정도는 알고 있었기에 대군의 이점을 살릴 수 있는 곳, 즉 평원을 선택했고 이번에야말로 한니발을 무찌를 수 있을 거라고 확신했다. 하지만 한니발 역시 평원에서의 전투를 원하고 있었다. 우세한 기병 전력을 마음껏 활용할 수 있기 때문이다.

양군의 대치는 두 달 동안 이어졌는데, 그렇다고 서로 노려보면서 칼집만 만지작거린 것은 아니었다. 소규모 교전이 계속 이어졌고, 대부분 로마의 승리였다. 로마군은 자신감을 되찾았다. 하지만 칸나이를 전장으로 선택한 것도, 소규모 전투에서의 패배도 모두 한니발의 연출이었다. 그는 그 전과는 전혀 다른 전술로 로마군을 궤멸시킬 생각이었다. 양군의 모습은 무척 대조적이었다. 통일된 장비와 군복을 갖춘 로마군에 비해 한니발군은 인종과 장비, 복장이 다채로웠다. 트레비아와 트라시메노에서 노획한 로마군의 장비로 무장한 병사도 많았기에 더욱 그러했다.

어쨌든 그 두 달 동안 로마와 카르타고의 시민들은 손에 땀을 쥐고 눈과 귀를 칸나이에 집중했다. 물론 칸나이 밖에서도 전쟁은 진행되고 있었다. 북스페인에서 스키피오 형제는 마살리아 함대의 지원을 받아 에브로강 북쪽의 키사 전투에서 승리한 뒤 사군툼까지 진격했으며, 해전에서도 이겼다. 또한 로마 함대는 시칠리아를 근거지로 삼고 소규모 함대를 보내 아프리카 해안을 습격하고 약탈했다. 다른 곳에서 모두 열세였던 카르타고로서는 한니발의 패배가 곧 나라의 패배였다. 물론 이런 사실을 잘 알고 있는 한니발은 우세한 기병 전력을 최대한 활용하는 전술을 짰다. 하지만 기병을 전투 중심에 세우면서도 그 자신은 중앙의 보병대 뒤에 남았다.

8월 2일 아침, 테렌티우스 바로가 지휘를 맡는 날이었다. 그는 드디어 때가 왔다고 생각하고 사상 최대 규모의 로마군을 움직였다. 8만의 보병 중 거의 7만이 주력인 중무장 보병이었으니 그들이 주는 위압감은 대단했다. 하지만 한니발 입장에서는 이러한 전술이 스스로 결박한 채 먹잇감이 되어 달려드는 격으로 비쳤다. 바로는 후방에 겨우 1만 명의 예비대만 남겨두었을 뿐 거의 전 병력을 너무도 둔중하게 배치하는 치명적인 잘못을 저질렀다.

정찰을 나간 누미디아 기병이 대대적으로 움직이는 로마군의 움직임을 포착하고 돌아와 보고했다. 특히 눈에 띄는 것은 바로 집정관이 걸친 붉은 망토였다. 날씨는 당연히 더웠고, 약간 바람이 불었는데, 로마군 정면으로 먼지가 일었다. 이는 전투에 방해를 주었음은 분명하지만 그렇다고 결정적인 요소는 아니었다.

보고를 들은 한니발은 결전의 날이 왔다고 확신했다. 사실 3일 전, 그는 칸나이가 기병 전력을 최대한 활용할 수 있는 공간이므로 이런 곳에서 싸울 수 있다는 것을 신에게 감사드린다는 내용의 연설을 하여 병사들의 사기를 높였다. 그는 먼저 발레아레스 투석병과 경무장 보병에게 아우피두스강을 건너 최전선에 포진하라고 명령했다. 그들은 돌과 활로 선제공격을 한 다음 뒤로 빠질 예정이었다. 중앙부 앞쪽에는 갈리아와 스페인 보병이 포진했다. 갈리아 보병은 웃통을 벗어 던지고 묵직한 검으로 무장하고 있었다. 그 후방에는 가장 믿을 만한 아프리카 출신 보병으로 진영의 양쪽을 받치게 했는데, 그들은 대부분 노획한 로마군의 장비로 무장했다. 한니발은 막내 동생 마고와 함께 보병대의 지휘를 맡았는데, 자신은 왼쪽을 맡고 오른쪽은 마고에게 맡겼다. 한니발군의 보병대는 묘하게도 앞이 볼록 튀어나온 진형을 구축했다.

좌익은 한니발의 매형·동생과 이름이 같은 하스드루발이 이끄는 중기병대가 맡았는데, 스페인과 켈트족 출신이 대부분이었다. 누미디아 경기병이 주력인 우익은 마하르발과 또 다른 한노가 맡았다. 기병은 총 1만 명으로, 좌익과 우익에 각각 얼마가 배치되었는지는 정확하게 알 수 없다. 일설에 의하면 8 대 2라고 하는데, 어쨌든 좌익 쪽이 더 많았고 더 많은 역할, 결정적인 역할이 주어졌음은 분명하다. 그들이 얼마나 빨리 로마 기병대를 물리치고 중앙부의 주력을 공격하느냐가 승부의 열쇠였다.

로마군 역시 좌익과 우익에 기병대, 중앙부엔 중보병, 중앙부 앞쪽에 경보병을 배치해 한니발군과 비슷했다. 로마군의 우익은 파울루스 집정관이 지휘하는 로마 기병대 1,600명, 좌익은 바로가 지휘하는 동맹국 기병 4,800명이 배치되었다. 로마군은 자신들의 기병이 질과 양에서 모두 열세라는 사실을 잘 알고 있었다. 그렇기에 양익 기병대의 역할은 중앙 보병대가 적진을 무너뜨릴 때까지 버티면서 시간을 벌어주는 것이었다. 두 집정관이 양익 기병대를 맡은 것도 그 때문이었다. 반대로 한니발 입장에서는 자신의 양익 기병대가 적 중앙을 공격할 때까지 보병대가 버텨주어야 했다. 그래서 한니발은 중앙부에 남은 것이다.

한니발군의 경보병이 돌을 던지고, 로마의 경보병이 창을 던지면서 전투가 시작되었다. 사실 이는 가벼운 전초전이었는데, 한니발군에게 행운을 가져왔다. 파울루스 집정관이 돌에 맞아 가볍지 않은 부상을 입은 것이다. 이 때문에 그는 말에서 내려 지휘해야 했는데, 이는 가

뜩이나 열세인 로마의 우익 기병대를 더욱 약화시켰다.

본격적인 전투는 좌익을 맡은 한니발의 중기병이 로마군의 우익 기병대를 공격하면서 시작되었다. 이 지역은 아우피두스강이 근접해 있어 공간이 좁았기에 전투가 더 치열할 수밖에 없었다. 흥분한 말들이 날뛰는 가운데, 폴리비오스의 표현대로, 잔인하기 그지없는 전투가 벌어졌다. 병사들은 서로 맞붙어 검과 창으로 마구 찌르고 베었으며, 적군의 갑옷이나 튜닉을 잡아채 말에서 떨어뜨렸다. 먼지가 자욱하게 피어오르고 사람과 말의 피와 땀 냄새로 숨쉬기조차 힘들었다. 로마 기병도 필사적이었지만, 3배가 넘는 카르타고 기병대를 감당하지 못하고 무너졌다. 로마 기병은 죽을힘을 다해 제방이나 강물로 달아났다. 그러나 대부분 몰살당하고 말았다. 파울루스는 보병대에 합류해 부대를 지휘했다.

그사이 마하르발이 이끄는 우익의 누미디아 기병도 성공적으로 바로의 동맹국 기병대를 상대하고 있었다. 전투는 좌익의 풍경과는 대조적이었다. 이곳은 좌익과 달리 활동 공간이 넓었다. 누미디아 기병은 말을 달려 투창을 던진 뒤 로마군이 추격해오면 바로 빠졌다가, 적이 되돌아가면 다시 접근해 투창을 던지는 중거리 전투를 반복했다. 바로의 기병대는 이로 인해 적지 않은 피해를 입었지만 어차피 아군 보병이 적의 보병 대열을 붕괴시키기 전까지 시간을 버는 것이 목적이었기에 그런대로 버티고 있었다. 하지만 그들의 운명도 우익 기병과 별다를 바 없었다. 로마의 우익 기병대가 무너지면서 보병대와의 사이에 간극이 생겼고, 하스드루발은 이를 놓치지 않았다. 그 틈을 파고들어 전장 후방을 완전히 한 바퀴 돌아 로마의 동맹국 기병대를 덮친 것이다. 후방을 기습당한 그들은 당황하여 무너졌고, 도망치는 자

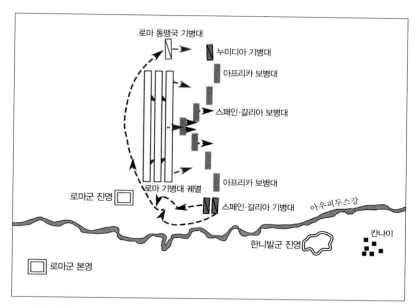

●— 칸나이 전투 초기 상황(기원전 216년).

들의 대부분이 기동력에서 앞선 누미디아 기병의 추격을 받고 죽거나 포로가 되었다.

이제 한니발이 직접 지휘하는 중앙부로 눈길을 돌려보자. 이곳이 진짜 전장이었기 때문이다.

로마 중보병의 지휘는 전임 집정관 그나이우스 세르빌리우스 게미누스와 파비우스의 부사령관이었던 미누키우스가 맡았다. 나팔 소리가 울려퍼지는 가운데 하스타티라고 불리는 젊은 보병들이 오른손에는 투창인 필룸, 왼손에는 방패를 들고 질서정연하게 앞으로 나아갔다. 그들은 필룸으로 방패 뒷부분을 두드려서 규칙적인 소리를 냈다. 갈리아 보병들이 욕을 퍼붓고 검을 흔들면서 위협했지만 로마 보병들은 흔들리지 않았다. 그리고 다시 나팔 소리가 울리자 필룸을 던졌다.

많은 카르타고 병사들이 쓰러졌지만 그들도 열을 메우며 전의를 불태웠다.

하스타티는 검을 뽑아들고 전속력으로 달려가 갈리아와 스페인 출신의 보병들과 방패를 맞부딪치며 백병전을 벌였다. 한니발은 베는 검을 쓰는 갈리아 보병과 찌르는 검을 쓰는 스페인 보병을 번갈아 투입하여 로마군을 헷갈리게 했다. 여기서는 승리가 아니라 단 1초라도 시간을 벌어야 했다.

한니발군은 머릿수에서 매우 열세였으므로 밀릴 수밖에 없었다. 갈리아 병사 일부가 무기를 내던지고 도망치려고 했지만 말을 타고 뛰어다니는 한니발과 마고의 독전으로 와해되지는 않았다. 돌출부는 서서히 밀려나 직선화되었다가 안쪽으로 볼록해졌다. 보병대에 합류한 파울루스를 비롯해 로마군 사령관들은 승리를 확신하고, 고참병인 프린키페스와 트리아리 등 더 많은 부대를 전선에 투입했다. 만약 이 상황에서 한니발의 보병대가 로마군에게 돌파되었다면 한니발군의 칸나이 섬멸전의 전설은 이루어지지 않았을 것이다. 한편 이때 마고의 부관이자 누미디아 기병대의 일부를 지휘하던 한노가 계략을 썼는데, 이는 훗날 두고두고 로마인의 증오를 산다. 한노는 휘하 기병 500명에게 당황한 모습으로 방패와 창을 내려놓게 하고 거짓 항복을 시켰다. 로마군은 그러려니 했고, 전투에 정신이 팔려 감시를 소홀히 했다. 하지만 거짓 항복한 기병들은 튜닉 밑에 양날 단검을 숨기고 있었고, 배후에서 로마군을 기습하여 큰 피해를 입혔다.

이때까지 갈리아와 스페인 보병대는 진형이 안쪽으로 볼록한 모양이 되어 계속해서 로마군에게 밀리고 있었다. 그때 알프스를 넘었던 한니발 직속의 아프리카 출신 중보병이 진형의 양익에서 모습을 드러냈다. 이들은 대부분 노획한 로마군의 장비로 무장하고 있어, 리비우스에 의하면, 로마군처럼 보였다. 2만이 안 되지만 전 세계에서 가장 강했을지도 모를 정예부대는 체력도 충분히 비축한 상태였다. 이들은 이미 트레비아와 트라시메노에서 로마군의 피 맛을 보았다.

아프리카 중보병은 창을 낮춘 채 전진하는 로마 보병대의 양 측면에 방진을 형성하고 공격해 들어갔다. 그제야 전진을 멈춘 로마군은 새 위협에 대처하기 위해 방향을 돌리려고 했지만 워낙 밀집한 상태여서 쉽지 않았다. 그 순간 한니발은 거의 무너져가던 갈리아와 스페인 보병대를 수습하여 로마군의 최전선을 막게 했다. 로마 병사들 사이에서 불안감이 높아져갔다. 더구나 불어대는 먼지바람은 그들의 목을 바싹바싹 말리고 있었다.

로마군은 삼면으로 포위되었는데, 때를 놓치지 않고 하스드루발이 지휘하는 중기병대가 기수를 돌려 로마 중장보병의 배후를 공격했다. 로마 보병대와는 대조적으로 그들에게는 무기를 휘두를 공간이 충분했다. 이제 7만의 로마군은 5만도 안 되는 한니발군에게 사면으로 포위되었다. 그와 함께 경우는 조금 다르지만 트라시메노 때처럼 로마군은 좁은 공간에 갇힌 신세가 되었다.

한니발군은 급격하게 줄어드는 로마군의 둘레를 더 완벽하게 포위하고, 더 조였다. 밀집되어 포위당한 로마군 병사들은 바깥에서는 전우들의 비명 소리가 들리는데 안에서는 앞뒤조차 구별하기 어려운 상황에 빠져들었다. 이들은 극도의 혼란 속에서 몇 시간 동안이나 방치되었다. 더구나 알아들을 수 없는 여러 언어로 떠들어대는 한니발군의 목소리는 그들의 공포심을 더욱 부추겼다. 더 큰 문제는 고대 전투에선 지휘관들의 목소리와 깃발로 명령을 전달받는데 그것이 전혀 이

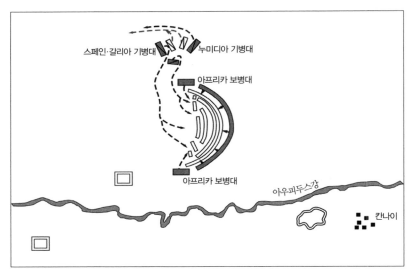

스페인·갈리아 기병대   누미디아 기병대

아프리카 보병대

아프리카 보병대

아우피두스강

칸나이

●── 칸나이 전투에서의 로마군 괴멸 과정.

루어지지 않는 상황이었다는 것이다. 지휘도 받지 못하고 제대로 운
신조차 못한 로마군은 서로에게 갇힌 채 제대로 무기를 휘두르지도
못하고 (상당수는 검을 뽑아보지도 못한 상태에서) 죽음을 맞이했다. 전
투가 아니라 학살극이었다. 이 장면을 폴리비오스는 다음과 같이 묘
사했다. "바깥쪽의 병사들이 쓰러지자 생존자들은 점점 더 뒤로 물러
날 수밖에 없었고, 떼 지어 모인 그들은 결국 그들이 서 있는 자리에
서 모두 살해당했다."

　아군에게 압사당한 로마군 병사들도 많았다고 한다. 그리고 그렇게
로마군은 전멸당했다. 리비우스에 의하면 다음 날에도 수많은 로마
부상병이 살아 있었다. 그들은 서늘한 아침에 잠과 고통에서 깨어났
다. 그중 최소한 수천 명은 팔다리가 끊어진 채 벌레처럼 땅바닥을 기
어다녔다. 한니발의 병사들이 지나가면 대부분 그 고통에서 해방시켜

달라고 외쳤다. 자의건 타의건 그들은 한니발 병사들에 의해 숨이 끊어졌다. 놀랍게도 로마 병사들의 시체 더미에서 발견된 한 누미디아 기병은 귀와 코가 뜯겨 있었다고 한다. 손발을 쓰지 못하는 어느 로마 병사가 이로 물어뜯은 것이었다.

한니발은 당당하게 전장을 시찰했지만 그조차도 전장의 참상을 보고 충격을 받았다. 그는 여름이라 시신이 빨리 부패하여 부풀어 올랐기에 빨리 옷을 벗기고 화장하라고 지시했다. 빠르게 진행된 부패로 인해 대부분의 시신을 화장으로 처리했기 때문인지 후세 학자들은 칸나이에서 집단 매장지를 찾지 못했다.

칸나이 전투에서 희생된 로마군의 수가 얼마나 되는지는 학자마다 다소의 차이를 두고 기록하고 있다. 하지만 최소 4만 8,000명 이상인 것은 분명하다. 화기火器가 없던 시대에 근육과 금속의 힘으로만 이루어진, 그것도 단 반나절 동안 일어난 전투의 전사자라고는 믿기 힘든 숫자이다. 거의 1분당 200명 이상이 전사한 셈인데, 그들이 흘린 피는 10만 리터가 넘었을 것이다. 이 기록은 2,000년이 지나 1차 대전 솜 전투에 이르러서야 깨어졌고, 로마는 멸망할 때까지 이보다 더한 패배를 겪지 않는다.

후방에 남은 1만 명의 예비대는 포로가 되었다. 하지만 집정관 파울루스, 전직 집정관 세르빌리우스와 미누키우스를 위시하여 80명이 넘는 원로원 의원과 두 명의 재무관은 전사자 명단에 포함되었다. 그에 반해 정작 패배의 주범인 바로는 탈출에 성공했다. 당시 로마 원로원의 의석이 300석이었으니, 27퍼센트에 해당하는 의원들이 칸나이에서 희생된 셈이었다. 반면 비슷한 위치에 있던 카르타고 원로원 의원은 한 명도 전장에 없었다. 결국 이러한 차이가 전쟁의 최종 승패를

●── 중세 유럽인들이 묘사한 칸나이 전투.

가르게 되었다면 지나친 생각일까?

　젊은 스키피오는 이번에도 1만여 명의 생존자 대열에 낄 수 있었다. 좀 더 정확하게 이야기하면 한니발군 기병대의 추격을 교묘하게 따돌리고 카누시움으로 도피한 4,000명의 병사 중 하나였다. 그곳은 한니발군과 겨우 7킬로미터 정도밖에 떨어져 있지 않았다. 한편 한니발군의 손실은 6,000명 정도로, 로마군 손실의 8분의 1 수준이었다. 대부분 갈리아 병사였다. 하지만 한니발군 규모에서 결코 작은 손실은 아니었다.

칸나이 전투에서는 기병이 절대적인 역할을 했다. 사실 기병 자체는 이미 오래전부터 존재해왔다. 하지만 한니발 이전까지 기병은 특성상 대부분 귀족 출신이어서 의전이나 연락병, 정찰병의 역할만 맡았다. 그래서 당시 유럽에서는 기병은 기병끼리, 보병은 보병끼리 싸우고, 대체적으로 보병이 이긴 쪽이 전쟁에서 승리했다. 이수스 전투에서 알렉산드로스 대왕이 페르시아군을 공격할 때 기병으로 보병을 공격하기는 했지만 전쟁의 패러다임을 바꿀 정도는 아니었다. 하지만 한니발은 어릴 때부터 대왕의 전술을 깊이 연구했고 자신의 천재성으로 그 전술을 자신의 것으로 만들어버리는 데 성공했다. 칸나이 전투는 수백 년간 이어진 전쟁의 패러다임을 바꾸어버린 사건이기도 했던 것이다.

이후 적으로부터 배우는 것이 특기인 로마군은 한니발의 전술을 배웠다. 그중에서도 수석 학생이 바로 19세의 스키피오였다. 그는 티키누스, 트레비아에 이어 세 번째로 한니발의 놀라운 전술을 직접 겪으면서 남들이 느끼지 못한 것을 하나 더 깨달았다. 한니발의 군대가 비록 대부분 외국인 용병으로 구성되어 있지만 돈으로만 움직이는 군대가 아니라는 사실이었다. 한니발을 진정으로 흠모하기에 기꺼이 그에게 충성하는 군대라는 사실 말이다.

한니발의 딜레마

그야말로 대승리를 거둔 한니발군은 폭발할 것 같은 환희에 휩싸여 있었다. 그들은 다음 날 하루를 꼬박 시체에서 값어치 있는 물건을 수집하는 데 썼음에도 다 끝내지 못했다. 마하르발을 비롯한 부하 장교들은 한니발에게 바로 로마로 진격하자고 진언했다. 하지만 놀랍게도 한니발은 거절했다. 이때 기병대장 마하르발이 아주 유명한 말을 남겼다. 그의 이름이 역사에 기억된 이유도 한니발의 부하여서가 아니라 바로 이 말 때문이다. "실로 신은 한 사람에게 모든 것을 다 주지는 않는군요. 한니발이여, 당신은 승리할 줄은 알지만 그 승리를 어떻게 사용해야 할지는 모르는 사람입니다." 묘하게도 마하르발은 이 말을 마지막으로 모든 역사서에서 사라져버리는데, 이유는 알 수 없다. 어쨌든 바로 로마를 공격하지 않은 한니발의 결정은 훗날 수많은 역사학자들의 논란거리가 되었다.

현실적으로 보면 당시의 한니발이 로마를 함락시킬 방법은 전혀 없었다고 보아도 무리가 아니다. 여러 번 말했듯이 아무리 명장이라도 공성전은 어렵기 마련이고, 무엇보다 그에게는 공성 장비가 전혀 없었다. 그의 병사들은 용감한 전사이기는 해도 로마군과 달리 훌륭한 공병과는 거리가 멀었다. 로마는 튼튼한 성벽을 가지고 있었을 뿐 아니라 항구로 연결되는 여러 통로를 확보하고 있어서 시민들을 '기아'로 몰아넣기도 어려웠다. 반대로 약탈로 보급을 유지하던 한니발군의 실정상 장기전은 불가능했다. 게다가 애당초 한니발의 목표는 로마의 멸망이 아니라 카르타고의 지중해 지배권이었다. 이를 위해서는 로마의 지배가 시작된 지 오래 되지 않은 남부 이탈리아를 로마로부터 떼어놓는 것이 우선이었다. 사실 로마의 남부 이탈리아 지배는 기원전 270년부터 시작되었으니, 1차 포에니 전쟁을 기준으로 하면 겨우 6년 전, 2차 포에니 전쟁 시작을 기준으로 해도 52년밖에 되지 않았다. 남부 이탈리아가 로마 지배에서 이탈한다면 시칠리아도 자연스럽게 로마 지배에서 벗어나고, 카르타고가 다시 지중해 패권을 잡을 수 있었다. 한니발은 이런 결과를 노렸던 것인데, 충분히 설득력이 있다.

어쨌든 로마는 한니발의 직접 공격을 피할 수 있었다. 하지만 다음 해 파두스강 유역에서 또 하나의 비보가 전해졌다. 한니발의 연전연 승에 고무된 갈리아인들이 봉기를 일으킨 것이다. 로마는 이를 진압 하기 위해 신임 집정관 루키우스 포스투미우스 알비누스에게 2개 군 단을 내주었다. 하지만 포스투미우스는 갈리아인들이 함정을 놓은 숲 속에 들어가는 실수를 범했다. 갈리아인은 나무를 미리 베어내고 그 것들을 다시 원래대로 세워놓았다가 로마군이 들어서자 쓰러뜨렸다. 나무에 깔리거나 꼼짝 못하게 된 로마군은 매복한 갈리아인들의 기습 을 받고 거의 전멸하고 말았다. 포스투미우스도 전사했다. 로마는 반 년도 안 되는 시기에 거의 8만 명에 달하는 병력을 잃고 말았다. 하지 만 사상 유례없는 패배에도 로마의 저력은 여전했고, 무엇보다도 한 니발이 가지고 있던 세 가지 약점은 별로 나아지지 않았다.

한니발의 첫 번째 약점은 그가 어린 시절 카르타고를 떠났기에 본 토에서의 지지 기반이 상당히 취약했다는 사실이다. 그래서인지 《명 장 한니발 이야기》의 저자는 한니발이 아내 이밀케를 카르타고에 보 낸 이유가 자신에 대한 지지를 호소하기 위해서라고 설정했다. 설득 력이 있지만 어디까지나 소설적 추론이고, 그를 대신할 유능한 정치 적 대리인이 부재한 것이 현실이었다.

두 번째 약점은 스페인으로부터의 보급과 연락 문제였다. 제해권이 없는 그에게 보급선은 너무 길었다. 물론 갈리아 횡단에서 어느 정도 기반을 만들기는 했지만 그리 튼튼하다고 말하기는 어려웠다. 마지막 세 번째 약점은 한니발 본인을 제외한 카르타고 장군들의 능력치가 너무 형편없다는 현실이었다. 마하르발의 말과는 다른 의미에서 한니 발은 '모든 것을 가지지 못한 인물'이었다.

한니발은 두 번째 약점을 해결하기 위해서는 시간이 필요하고, 세 번째 약점은 자신의 능력 밖이라는 결론을 내리고 첫 번째 약점 해결을 최우선 과제로 정했다. 그는 가장 신임하는 동생 마고에게 전리품과 포로를 딸려 본토로 보냈다.

마고의 전리품 가운데 가장 눈에 띄는 것은 전사한 로마인들의 손가락에서 빼낸 금반지였다. 영화 〈벤허〉에서 주인공을 양자로 삼은 로마 집정관이 나무판에 반지를 부딪히며 맹세하는 장면이 나오는데, 이렇듯 로마인에게 반지는 도장이기도 했으며, 상당히 묵직했다. 시오노 나나미의 표현대로 이런 반지를 수천, 수만 개 쌓아 올린다면 대단한 장관이었음에 틀림없다(김빠지는 말이 될 수 있지만 최근에는 이 유명한 일화에 대해 후세의 창작이라고 주장하는 학자들이 많아졌다). 포로가 된 로마 원로원 의원들과 고관들도 카르타고 시민들의 좋은 구경거리이자 조롱거리가 되었다. 당연히 카르타고 원로원도 환호했다. 다만 모두가 그랬던 것은 아니다.

환희에 휩싸인 분위기에서 반反바르카파의 수장 한노가 나섰다. 그는 마고에게 칸나이 승리 이후 로마에서 화평을 위한 사절을 보내온 적이 있는지, 또 로마 동맹국이 동맹을 깨고 로마에 대항하고 있는지를 물었다. 마고는 로마의 화평 제의가 없었다는 것만 분명하게 대답하고, 동맹의 붕괴에 대해서는 명확하게 답하지 못했다. 칸나이 승리 이후 남부 이탈리아에서 12개 정도의 도시가 넘어오긴 했지만 이탈리아의 로마 연합이 완전히 해체된 수준은 아니라는 사실을 잘 알고 있었기 때문이다. 그러자 한노가 말했다. "그렇다면 이 전쟁은 아직 판가름 나지 않았습니다! 즉 한니발이 알프스를 넘었을 때와 마찬가지로 칸나이 승리 후에도 카르타고와 로마는 여전히 전쟁 중이라는 이야기입니다. 여러분, 나는 이 시점에서 로마와 강화를 맺을 것을 제안합니다." 그러면서 다음 말을 덧붙였다. "한니발이 진정한 승리자라면 어떠한 도움도 필요로 하지 않을 것입니다."

카르타고 원로원은 어떤 선택을 했을까? 놀랍게도 한니발의 요구를 들어주지도, 그렇다고 한노의 주장을 받아들이지도 않았다. 우선 한니발의 요구를 제대로 들어주지 않은 혹은 못한 이유를 살펴보자. 표면적으로는 로마의 제해권 때문에 이탈리아로 대규모 선단을 보내기 어려웠고, 여기에 당시 한니발은 아직 항구를 확보하지 못한 상태였기 때문이라고 볼 수 있다. 하지만 그들이 1차 전쟁 때의 교훈, 즉 드레파눔 해전 승리 이후 안일한 태도로 일관하다가 결국 패배했던 과거를 뼈아프게 기억하고 있었다면 총력을 기울여 대함대를 편성하고 로마와 자웅을 겨루었을 것이다. 더구나 얼마 지나지 않아 한니발이 가장 좋은 항구인 타렌툼을 확보했는데도, 카르타고는 적극적인 모습을 보여주지 않았다. 만약 그들이 적극적인 모습을 보였다면 로마화가 완벽하게 진행되지 않았던 남부 이탈리아의 대부분이 카르타고 편으로 돌아섰을 가능성도 충분하다.

결국 카르타고 원로원은 마고를 사령관으로 삼아 보병 1만 2,000명과 기병 1,500명으로 구성된 지원병을 스페인으로 보내는 결정을 내렸다. 좁은 해협만 건너면 되는 데다 해협 양쪽 모두를 카르타고가 장악하고 있었기에 수송에도 별 문제가 없는 루트였다. 이는 스키피오 형제의 연전연승으로 스페인 현지 민족들의 이탈이 현실화되고 있었기 때문이기도 했고, 그곳의 은광이 그들의 부와 직접적으로 관련 있었기 때문이기도 했다. 카르타고 원로원은 한편으로 거의 같은 규모의 병력을 사르데냐로 보내 탈환을 시도했다.

조국이 당한 굴욕과 승전국의 횡포에 분노한 젊은이가 목숨을 걸고, 적진 한가운데 뛰어들어 역사에 길이 남을 놀라운 승리를 쟁취하고 최종 목표 완수를 눈앞에 두었을 때, 안전한 수도에서 살면서 눈앞의 이해타산만 밝은 자들이 가능과 불가를 저울질하고 이끌어낸 가당찮은 결론이었던 것이다.

《로마의 선택과 결정》의 저자 윤홍렬의 표현이다. 로마에게는 실로 카르타고 정치인들이 동맹국들의 인내와 충성보다도 더 큰 조력자였던 것이다.

그러면 왜 강화 사절은 보내지 않았을까? 그 이유를 따지기 전에 묘하게도 정반대 입장에 있던 한니발과 한노가 이 점에 대해서는 의견이 일치했다는 것을 알 수 있다. 한니발도 이 정도의 패배를 당했으면 로마가 강화를 청할 것이라고 여겼고, 조건만 맞으면 그에 응할 생각이었기 때문이다. 하지만 로마는 강화 사절을 보내지 않았다. 그래서 한니발은 포로 문제를 해결하기 위한 명분으로 로마에 사절을 보냈다. 사절단 파견은 다목적 카드였다. 대패 후 로마의 분위기를 살필 수 있고, 로마 지도층을 상대로 강화 분위기를 띄울 수도 있으며, 그게 아니더라도 몸값을 내면 포로를 풀어줄 생각이었기에 군자금을 보충할 수도 있기 때문이다. 포로 중 대표 10명이 사절단에 포함되었고, 한니발의 대리인으로는 카르탈로라는 인물이 뽑혔다. 이 인물을 선발한 이유는 파비우스를 의식해서였다. 카르타고 귀족 출신으로 기병대 지휘관인 카르탈로는 1차 포에니 전쟁 당시 로마의 포로가 되어 파비우스 가문에서 식객 생활을 한 적이 있었기 때문이다.

하지만 로마는 한니발이 이탈리아를 떠나지 않는 이상 강화에 응할 생각이 전혀 없었다. 그 중심에는 다시 로마의 대권을 장악한 파비우스가 있었다. 로마의 원칙은 승리한 후에 강화하는 것이었다. 패배 후의 강화는 있을 수 없는 일이었다. 로마는 사절단의 로마 진입 자체를 허용하지 않았다. 파비우스가 이끄는 로마 원로원은 강화는 물론이고 몸값을 내면 포로 중 8,000명의 로마인을 돌려주겠다는 한니발의 제안도 거부했다. 그들 중에는 자신들의 동료도 포함되어 있었고, 법무관이나 조영관(안찰관) 등 고위직도 적지 않았다. 그러나 그들은 포로의 몸값으로 한니발이 군비와 병력을 증강할 것이라고 판단했고, 무엇보다도 이탈리아에 그의 군대가 있는 한 어떠한 타협도 하지 않겠다는 의지를 표현하는 것이 우선이었다. 돌아온 포로 대표의 이야기를 들은 한니발은 비록 기록이 있진 않지만 불길한 예감, 파멸까지는 아니더라도 상당한 장기전이 될 것이라는 생각 정도는 했을 것이다. 로마의 답을 들은 한니발은 8,000명의 포로를 그리스에 노예로 팔아버렸다. 그리고 예전처럼 동맹국 출신 포로는 석방했는데, 일관되게 시행한 이 조치로 한니발은 대어를 낚는다.

이제 다시 질문을 던져보자. 카르타고는 왜 강화 사절을 보내지 않았을까? 아마도 전력을 다해 한니발을 돕고 싶지는 않지만 당장은 대승을 거둔 그에 편승하고 싶었기 때문일 것이다. 카르타고 지도층의 이런 기회주의적 태도는 결국 파멸에 이를 때까지 계속 이어진다.

원로원을 중심으로 뭉친 로마인

한니발은 몇 차례의 승전으로 로마를 정복하지는 못해도 굴복시킬 수 있으리라고 믿었다. 물론 군주나 극히 소수의 시민이 지배하는 아시아나 그리스의 국가라면 충분히 가능한 일이었다. 하지만 진정한 국민국가였던 로마는 달랐다. 그들은 스스로 패배를 인정하기 전까지 패배했다고 생각하지 않았다. 로마와 그 연합을 잘 알고 있던 한니발조차도 미처 깨닫지 못한 부분이었다. 사실 이러한 전 국민적 총력전은 18세기 말 프랑스 혁명 이후에나 다시 등장하니 한니발의 단견이었다고 비난하는 것은 무리가 있다. 로마를 바로 치지 않아 결국 한니발이 몰락했다는 비판도 많은데, 필자가 보기에는 한니발을 비판하는 것보다 카르타고 원로원과는 정반대의 모습을 보인 로마 원로원을 칭찬하는 것이 먼저일 것 같다. 2,000년 후, 한니발의 찬미자 나폴레옹은 라이프치히 전투 패배 이후 전장이 프랑스 본토로 옮겨지자 프랑스인들에게 필요한 것이 바로 이때 로마가 보여준 기백이라고 말했다.

로마는 당시 유일하게 힘 있는 기관인 원로원에 사실상의 전쟁 최고 지휘권, 다시 말해 군령권을 부여하고 그 기한을 연장하는 권한을 위임했다. 민회는 이를 형식적으로만 추인했다. 원로원은 지난 전쟁에서 군대 절반을 아프리카에서 귀환시킬 때보다 자신들의 소임을 잘 이해했고, 전권을 장악하고 무질서한 선동에 적극적으로 대처했다. 모든 책임 소재를 접어두고 가장 중요한 일부터 처리한 것은 로마 원로원이 역사에 황금문자로 기록될 만한 행위였다. 물론 원로원도 칸나이 전투에 찬성했으므로 그 책임에서 자유로울 수 없었을 테고, 민회 또한 평민 출신의 세 집정관이 트레비아, 트라시메노, 칸나이에서 모두 패했으니 침묵할 수밖에 없었을 것이다. 하지만 절박한 시기의 엄정한 자각 앞에 정치적 선동은 잦아들었다. 로마인은 합심하여 어떻게 국난에서 벗어날 수 있을지만 생각했다. 군중이 모이는 집회는 금지되었고, 여자들은 집 안에 있으라는 지시가 내려졌다. 전사자를 위한 애도 기간은 30일로 제한되었고, 리베르 파테르 등 쾌락을 관장하는 신에 대한 예배를 너무 오래 중단하지 않도록 했다. 사실 장송곡이 울리지 않은 집이 거의 없을 정도로 전사자가 많았다.

아피우스 클라우디우스 풀케르와 푸블리우스 코르넬리우스 스키피오(훗날의 아프리카누스)는 전장에서 살아남은 자들을 카누시움에 집합시켰다. 스키피오는 열정적인 기백과 추종자들의 칼로써 조국의 상황에 절망하여 해외로 도피하려던 상류층 자제들의 생각을 바꿀 수 있었다. 카누시움에 약 2개 군단 규모의 병력이 모여들었다. 원로원은 이들을 강등시켜 재배치했고, 무능한 장군은 적당한 핑계를 붙여 로마로 소환했다. 그리고 다시는 민중의 지지로 장군들이 지휘봉을 잡지 못하게 하고, 검증된 장군들에게만 지휘권을 맡겼다. 그에 비해 패장 바로에 대한 태도는 대조적이었다. 그가 로마로 돌아왔을 때, 의원들은 성문까지 나아가 마중하며 조국을 포기하지 않은 행동에 대해 감사를 표했다. 이는 대참사를 미사여구로 감추려는 행동이 아니었고, 가련한 패장을 향한 조롱도 아니었다.

파비우스와 다른 원로원 의원들은 선도적인 역할을 수행했다. 그들은 부동산을 제외한 재산을 헌납했다. 재산이 있는 평민들에게는 전시 국채가 할당되었다. 그러면서 시민들의 자신감과 미래에 대한 믿음이 조금씩 회복되었다. 원로원은 로마에도 주둔 병력이 거의 없던 시기에, 참담한 패배, 동맹도시의 배신으로 인한 이탈리아 상당 지역의 상실, 진지와 무기고의 침탈을 보고하기 위해, 또한 파두스강 유역과 시칠리아 전선의 지원 병력을 요청하기 위해 전령이 로마로 오던 때에도 확고하게 버텼다.

갈리아 전쟁에서 실력이 입증된 법무관 마르쿠스 클라우디우스 마르켈루스는 함대를 이끌고 오스티아항에서 시칠리아까지 가던 중 최고 명령권을 부여받았다. 전투력을 제대로 갖춘 군대를 편성하기 위한 로마의 노력이 말 그대로 전방위적으로, 전력을 다해 실행되었다. 라틴 지역에서 지원병을 소집했으며, 로마 스스로는 모범을 보이기 위해 소년을 포함하여 모든 남자에게 무장을 명령했고, 채무 노예나 범죄자도 해방시켜 무기를 들렸다. 8,000명에 이르는 국가 노예들까지 군대에 편입시켰다. 무기가 부족하여 신께 바쳤던 전리품을 신전 안에서 꺼냈고, 도처의 공장과 공방에서 무기를 제작했다.

로마는 엄청난 대가를 치르고 나서야 파비우스의 전략이 옳았다는 사실을 깨달았다. 파비우스는 다시 독재관으로 선출되었다. 하지만 그는 독재관을 두 번이나 하는 상황은 좋지 않다며 177명의 신임 원로원 의원을 지명하고는 바로 직위를 반납했다. 그는 이후에도 집정관을 여러 번 맡았을 뿐 아니라 집정관이 아닐 때도 사실상 원로원에서 대한니발 전쟁의 총책임자가 되었다.

칸나이의 재앙이 있은 지 겨우 한 해 반도 지나지 않은 기원전 214년, 파비우스가 이끄는 로마 원로원은 과감한 결정을 내렸다. 무려 18개의 군단과 150척의 전함을 전선에 투입하기로 한 것이다. 배치는 다음과 같았다. 두 집정관이 2개 군단씩 이끌고, 시칠리아, 사르데냐, 갈리아에 2개씩 6개 군단이 투입되며, 임기가 완료되는 집정관 티베리우스 셈프로니우스 그라쿠스에게 2개 군단, 아풀리아에 2개 군단을 남기고, 피케눔에 있는 패장 바로와 마케도니아 견제 임무를 받은 법무관이 1군단씩, 그리고 2개 군단은 로마를 수비하게 했다. 스키피오 형제의 스페인 군단은 제외되었는데, 이를 합치면 모두 20개가 넘는 군단이었다. 여기에 동맹도시의 군대, 함대의 선원까지 포함하면 모두 25만 명에 이르는 엄청난 규모였다.

한편 파비우스의 지구전이 다시 시작되면서 오랫동안 대규모 회전의 기회를 잡지 못한 한니발은 그사이 남부 이탈리아의 '지배자'가 되어가고 있었다.

남부 이탈리아의 '지배자' 한니발

칸나이 전투 이후, 로마의 많은 동맹도시들이 이탈하기 시작했다. 로마가 위치한 중부 이탈리아 라티움 바로 밑에 있는 지역이자 로마의 오랜 동맹이었던 캄파니아의 도시들도 그러했다. 특히 캄파니아 지역의 맹주이자 이탈리아에서 로마 다음으로 인구가 많고, 경제력에서는 오히려 우위였을지도 모르는 부유한 도시 카푸아가 한니발에게로 돌아섰다. 한국인에게 카푸아는 호주 드라마 〈스파르타쿠스〉의 배경이 되는 도시로 잘 알려져 있다. 이 사태는 당연하게 로마에게 큰 타격이었다. 더구나 카푸아는 가장 중요한 아피아 가도와 라티나 가도의 교차점이기도 했다.

사실 카푸아는 로마와 지리적으로도 상당히 가깝고, 오랜 동맹 관계를 맺으며 번영하는 도시였으므로 칸나이 참패에도 한니발의 공격을 견뎌낼 능력이 있었다. 그러나 로마군이 궤멸당하자 도시 자체만 보면 그렇게 뒤질 것 없는 로마를 오랫동안 상전으로 모시던 카푸아 원로원에 대한 카푸아 시민들의 불만이 터져나왔다. 물론 그럴 만한 이유가 있었다.

원래 로마 동맹도시들의 친로마 정책은 시민들에게 인기가 없었다. 칸나이 이후 이탈리아 도시들의 전형은 시민들은 한니발과 동맹을 맺고 싶어하고, 지배층은 반대하는 형국이었는데, 그 주된 이유는 군대

문제였다. 로마는 언제나 로마 시민으로 구성된 로마 군단병과 같은 수의 동맹 군단병을 편성했는데, 동맹도시들의 시민이 그 구성원이었다. 동맹도시 시민들은 자국의 이익이 아니라 타국의 이익을 위해 전쟁터로 나가야 하는 신세였던 것이다. 게다가 전리품도 로마 군단병 위주로 배분되었고, 점령한 땅 역시 대부분 로마 귀족들의 차지였으니, 동맹도시 시민들은 반로마 감정을 가질 수밖에 없었다. 특히 카푸아 시민들의 반로마 감정이 컸는데, 로마와 가깝고 친밀하고 부유한 만큼 다른 동맹도시보다 더 많은 수의 병력이 차출되었기 때문이다.

여기에 한니발이 일관되게 진행한 로마 동맹군의 포로 석방 정책이 불을 질렀음은 물론이다. 그런 이유로 로마군이 칸나이에서 궤멸되었다는 소식을 듣자 카푸아 시민들은 폭동을 일으켰다. 상황이 이렇게 되자 카푸아 원로원도 시민들을 달랠 필요가 있었고, 이를 이탈리아 내의 패권을 장악할 기회로 보았다. 물론 이것이 전부는 아니었다. 카푸아인들은 한니발과 접촉하기 전 패장 바로를 만나 상황을 알아보았다. 바로는 한니발군이 식인귀에다가 시체로 다리를 만드는 야만인이라고 비난하고는, 카푸아를 너무 믿었는지 로마가 얼마나 위기에 처했는지 모두 밝히고, 카푸아가 그해에 동원할 수 있었던 최대치인 중보병 3만 명과 기병 5,000명의 지원을 요청했다. 당연히 카푸아 사절단은 로마의 상황이 최악임을 알게 되었다.

물론 조건은 있었다. 첫째, 카푸아는 한니발군에게 병력을 제공할 의무를 지지 않는다. 둘째, 카푸아 영토 내의 완전한 자치를 보장한다. 셋째, 시칠리아에 가 있는 로마군 소속 카푸아 시민 300명을 돌려받기 위해 한니발의 로마군 포로 300명을 카푸아에 보낸다.

한니발은 이 조건을 흔쾌하게 받아들였는데, 결과론이긴 하지만 첫

●── 카푸아에서 발견된 한니발 생전의 흉상. 현재 나폴리 국립미술관에 전시되어 있다. 가장 실물
에 가깝다는 평을 받고 있다.

번째 조항 때문에 한니발과 카푸아는 몰락하고 만다. 어쨌든 카푸아의 이반은 남이탈리아 도시들의 연쇄적인 이탈을 가져왔으며, 한니발과 그의 군대는 기원전 216년 카푸아에 입성하여 그해 겨울을 난다. 전설적인 장군 한니발의 모습을 보러 거의 모든 카푸아 시민들이 아이들까지 데리고 나와 거리와 성벽을 메웠다. 한니발은 대단한 환호를 받았다. 그는 위대한 남자였고, 가는 곳마다 시선이 그를 향했다. 한니발의 조각상 가운데 가장 유명한 흉상도 카푸아에서 발굴되었다.

시라쿠사와 사르데냐가 반로마 연합에 가세하다

시라쿠사의 히에론 왕은 로마와의 동맹 이후에도 카르타고에 곡물을 보내는 등 나쁘지 않은 관계를 유지했다. 히에론은 늘 카르타고와 로마의 되풀이되는 외교 단절과 갈등을 매우 못마땅하게 보고 있었다. 하지만 그에게는 전쟁을 막을 수 있는 힘이 없었고, 자신이 원하지 않았던 전쟁이 시작되자 로마에 계산적인 충성을 바칠 수밖에 없었다.

칸나이 전투 1년 후인 기원전 215년 가을, 시라쿠사를 55년 동안 통치했던 왕이 죽었다. 현명했던 노왕의 후계자로 손자인 15세의 히에로니무스가 왕위에 올랐다. 어린 소년이어서 그런지, 모계 쪽으로 피로스의 피를 물려받아서인지 그는 한니발의 대승리에 강렬한 인상을 받았다. 한니발이 풀어준 시라쿠사의 포로들 역시 카푸아처럼 여론에 많은 영향을 미쳤다. 더구나 히에로니무스가 즉위하자마자 친로마파가 가담한 음모 사건이 적발되자 그의 측근들은 한니발에게 사절단을 보내자고 제안했다. 사절단을 잘 대접한 한니발은 조부가 그리스인이면서 카르타고에 살다가 자신의 군대에 장교로 종군하고 있는 히포크라테스와 에피키데스를 시라쿠사에 사절로 보냈다. 다른 설에 의하면 그들은 로마군으로 트라시메노 전투에 참전했다가 살아남아 한니발의 부하가 된 이들이었다. 결국 두 나라는 히메라강을 경계로 시칠리아를 분할하는 내용의 조약을 맺는다(카르타고는 시칠리아에서 로마군을 내쫓기 위해 육군과 해군을 보내주기로 했다).

로마도 가만히 보고만 있지 않았다. 릴리바이움의 로마 사령관은 두 차례나 시라쿠사에 사절을 보내 히에론 시절에 맺은 조약의 유지를 강권했다. 그러나 효과가 없었고, 오히려 히에로니무스는 알렉산드리아로 숙부와 형제를 사절로 보내 이집트까지 끌어들여 반로마 동맹을 확장하려고 했다. 하지만 이집트는 거절했고, 예전부터 하던 로마로의 곡물 수출도 그대로 진행했다. 물론 로마는 그 대금을 꼬박꼬박 지불했다.

히에로니무스는 전 시칠리아를 시라쿠사령으로 만들려는 과욕을 부렸다. 대신 카르타고에는 이탈리아 지배권과 시칠리아의 몇몇 항구에 대한 사용권을 주겠다고 제안했다. 카르타고는 이 제안을 두고 격론을 벌였지만 시라쿠사가 반드시 필요했기에 받아들였다. 시라쿠사는 시칠리아 서부에서 로마군과 전투에 들어갔다. 하지만 히에로니무스는 즉위한 지 13개월 만에 살해되었다.

사르데냐에서는 로마의 지나친 착취에 반발하여 함프시코라라는 유력자가 이끄는 현지 주민들의 반로마 봉기가 일어났다. 이들은 불과 20년 전 자신들을 식민 지배했던 카르타고와 힘을 합치는 어려운 결정을 내렸다. 현지 봉기군과 '대머리' 하스드루발이 지휘하는 2만 명의 카르타고군은 수도 카랄리스(지금의 칼리아리)로 진격하며 기세를 올렸다. 하지만 기원전 215년 토르콰투스가 지휘하는 로마군에게 참패를 당하고 거의 전멸하고 말았다. 사실 카르타고 입장에서는 사르데냐를 점령하면 이탈리아와 시칠리아를 외부에서 포위할 수 있고, 여차하면 한니발이 이탈리아에서 철수하는 조건으로 로마로부터 스페인의 지배권을 인정받고 서부 시칠리아, 사르데냐, 코르시카를 돌려받을 수 있을 거라고 판단했던 것인데, 무척 현실적인 구상이었지만 일은 카르타고의 뜻대로 돌아가지 않았다.

한니발과 필리포스 5세의 동맹

기원전 215년 봄, 로마 해군은 아드리아해를 가로질러 그리스로 향하는 마케도니아 배 한 척을 발견했다. 로마군은 이 배를 잡기 위해 한 법무관이 지휘하는 쾌속 함대를 띄웠다. 마케도니아 배는 추격자를 따돌리려고 노력했지만 로마 함대는 목표물과의 거리를 좁혀갔다. 도주가 불가능함을 깨달은 마케도니아인들은 결국 항복했다. 배에는 마케도니아 왕 필리포스 5세의 사절 크세노파네스와 복장, 말투, 행동으로 봤을 때 카르타고인으로 보이는 세 사람이 타고 있었다.

로마군의 심문을 받은 크세노파네스는 필리포스 5세의 동맹 제안을 가지고 로마로 향하는 길이었으나 한니발군이 알프스를 넘어 빠르게 남하하는 바람에 길이 막혀 되돌아가는 길이라고 답했다. 물론 로마인들은 이 말을 곧이곧대로 믿지 않았다. 특히 크세노파네스와 동행한 세 카르타고인을 수상하게 여겼다. 그들은 카르타고인들을 심문하다가 문서를 발견했고, 내용을 확인한 로마군 지휘관은 경악했다. 그는 즉시 가장 빠른 배로 문서를 로마로 가져가라고 명령했다. 포로들은 각각 다른 배에 나눠 태워 서로 말을 맞출 수 없도록 조치했다.

문서는 필리포스 5세와 한니발이 맺은 동맹 조약의 초안이었다. 내용은 간단하지만 거창했다. 마케도니아는 일리리아와 그리스 남서 해안의 아폴로니아와 두라초의 로마군 기지를 점령한 뒤 200여 척의 함대를 동원하여 이탈리아 동해안에 상륙한다. 그리고 한니발과 함께 로마 정복에 나선다. 로마에 승리하면, 한니발이 이탈리아 전역과 모든 로마 영토를 지배한다. 대신 한니발은 군대를 이끌고 그리스로 와서 필리포스 5세가 그리스 내부의 적들을 제압하고 마케도니아의 패권을 확립하는 것을 돕는다.

필리포스 5세와 한니발은 동서고금의 진리, 즉 적의 적은 친구라는 원리대로 손을 잡은 것이다. 하지만 한니발보다 10살 아래였던 필리포스 5세의 역량은 한니발과 비교할 수 없을 정도로 떨어졌다. 그는 기원전 217~216년 겨울, 참모 데메트리오스와 전쟁에 필요한 함대 건설에 전력을 기울였다. 그리고 로마가 한니발과 싸우느라 정신이 없는 틈을 타, 일리리아 해안선을 따라 구축된 로마 보호령에 5,000명의 병사를 상륙시키는 동시에 육로로 군대를 보내 해당 지역을 점령하는 수륙 양면 전술을 계획했다. 이 작전이 성공하면 마케도니아의 세력권이 확대될 뿐 아니라 이후 이탈리아를 침공할 수 있는 전초기지를 확보할 수 있었다. 하지만 필리포스 5세는 스스로 이 기회를 날렸다. 또 다른 일리리아 군주의 요청을 받은 로마가 지원군을 보냈다는 소식이 들려오자(사실은 고작 10척에 불과했다) 그는 로마 해군이 전부 몰려오는 줄 알고 공포에 빠졌고, 즉각 후퇴를 명했던 것이다. 그의 함대는 안전한 항구를 찾아 이리저리 흩어졌다. 아직 오지도 않은 함대에 겁을 먹은 필리포스 5세는 두고두고 웃음거리가 되었다. 결국 한니발의 세 번째 딜레마, 즉 카르타고 진영의 우수한 장군 부재는 동맹 세력에서도 쓸 만한 장군이 나오지 않아 해결될 수 없었다.

사절을 태운 배가 로마군에 나포되었음에도 그해 여름 양쪽의 조약

이 성사되었다. 폴리비오스는 이 문서를 기록으로 남겼는데, 그 내용이 초안과 상당히 달랐다. 필리포스 5세는 이탈리아 단독 침공을 더이상 약속하지 않았고, 오직 한니발군을 지원하기 위해서만 그렇게 한다는 내용으로 변경되었다. 또한 양국 중 하나가 침략당하면 서로 돕는다고 합의하고, 한니발이 로마와 평화협정을 맺을 경우 로마가 필리포스 5세에게로 칼을 돌리지 않는다는 조건을 넣기로 했다. 필리포스 5세의 기대는 현실적인 수준으로 축소되었던 것인데, 적어도 이점에서는 시라쿠사의 히에로니무스보다 나았던 셈이다.

로마는 카르타고-마케도니아 동맹 체결은 어떻게 할 수 없었지만 그 초안을 손에 넣은 덕분에 자세한 정보를 얻고 시간을 벌 수 있었다. 물론 이 '시간'은 엄청나게 중요했다.

캄파니아의 한니발

기원전 215년, 남이탈리아의 핵심 지역인 루카니아(지금의 바실리카타주)는 한니발 쪽으로 거의 돌아섰다. 로마화의 진행이 오래되지 않은 지역이어서 저항도 국지적 차원에 머물렀다. 특히 로크리와 크로톤 두 항구의 확보가 주목할 만했다. 두 곳을 확보하자 그해 여름, 카르타고 본토에서 보밀카르 제독이 이끄는 함대가 4,000명의 누미디아 기병, 40마리의 전투코끼리, 그리고 용병을 모을 금전을 싣고 로크리에 상륙했다. 로마를 무찌르기에는 턱없이 부족했지만 한니발은 일단 숨통이 틔었고, 남부 이탈리아 남자들을 용병으로 모집할 수 있었다. 원래도 다양했던 한니발의 군대는 더 다채로운 색깔을 띠게 되었다.

한니발은 이탈리아 남부가 어느 정도 정리되자 기원전 215년 늦가을 캄파니아로 이동했다. 캄파니아는 인구도 많고 땅도 비옥하여 부유할 뿐 아니라 지리적으로도, 군사적으로도 요충지였기 때문이다. 중심 도시 카푸아가 넘어오긴 했지만 아직 로마를 버리지 않은 지역이 많았다. 그중에서도 카푸아에서 5~6킬로미터밖에 떨어져 있지 않은 불투르누스 강변에 위치한 카실리눔에 대해서는 포위 공성전을 벌였다. 한 해 전 한니발은 이 도시 주변에서 파비우스에게 포위될 뻔했다가 횃불을 단 소를 푸는 기발한 책략으로 탈출할 수 있었다. 카실리눔은 로마 수비대의 저항에도 불구하고 한니발군에 함락되었다. 그러나 쿠마이나 네아폴리스 등 큰 항구도시에 대한 공략은 실패했다. 카푸아 동남쪽의 요지 놀라에서는 낭패까지 당했다. 놀라의 일반 시민들은 대부분 한니발을 지지했지만 로마의 용장 마르켈루스가 미리 협조자를 통해 군대를 성안에 들여놓았기 때문이다. 평소의 그답지 않게 방심한 한니발은 별 준비 없이 놀라에 입성했다가 5,000명이 넘는 사상자를 내고 말았다. 그의 첫 패배였다. 물론 결정적인 패배는 아니었지만 소소한 군사적 승리조차 절실했던 로마인들을 열광시키기에 충분한 전투였고, 로마인들에게 한니발도 무적은 아니라는 희망을 안겨준 전투였다.

어쨌든 한니발은 이탈리아의 상당 지역을 지배하는 위치에 올랐다. 그러나 이런 '위치'가 오히려 한니발을 괴롭히고 그의 장래에 어두운 그림자를 드렸다. 로마는 파비우스, 마르켈루스, 그라쿠스 세 장군이 카푸아의 한니발을 견제했지만 감히 야전을 시도하지는 못했다. 하지만 한니발 역시 병력의 절반을 그에게로 돌아선 이탈리아 도시들을 지키느라 빼돌린 상태였기에 나머지 절반의 병력만으로는 로마군과 대규모 야전을 벌이고, 항구를 더 확보하기가 불가능했다. 여기에 자잘한 전투로 인한 병력 소모는 물론 질병 등으로 인한 자연적인 감

소도 문제였다. 하지만 이탈리아의 해방자로 자처했기에 카푸아 등의 도시들에서 징집을 할 수도 없었다.

시라쿠사 함락

당시 로마 입장에서 네아폴리스 정도의 비중을 가진 이탈리아 항구를 제외한다면 가장 먼저 막아야 할 구멍은 시칠리아였다. 아무리 로마가 제해권을 장악했다고 해도 시칠리아가 통째로 넘어가면 카르타고 본토에서 바로 한니발을 지원하는 최악의 시나리오를 막을 방법이 없었다. 반대로 시칠리아를 장악한다면 카르타고로 가는 발판은 저절로 마련되는 셈이었다. 기원전 214~212년 동안 2차 포에니 전쟁의 주전장은 1차 때와 마찬가지로 시칠리아가 되었다. 하지만 한니발은 그의 아버지와 달리 시칠리아에서 전투는커녕 죽을 때까지 시칠리아에 발조차 딛지 못했다. 물론 한니발이 시라쿠사의 중요성을 모를 리 없었고, 그 역시 그곳으로 가 싸우고 싶은 생각이 당연히 있었겠지만, 이탈리아를 비울 수 없었던 것이다.

당시 시라쿠사는 어린 왕의 피살 이후 친로마파와 친카르타고파의 대립으로 혼란에 빠져 있다가 히포크라테스와 에피키데스가 이끄는 친카르타고파가 권력을 장악했다. 로마는 한니발 쪽으로 넘어간 시라쿠사를 응징하기 위해 최고의 장군인 마르켈루스 집정관을 보냈다. 그는 육군과 해군을 동원해 시라쿠사를 포위했다. 그러자 카르타고도 즉각 히밀코가 지휘하는 2만 8,000명의 군대를 보냈다. 그중 3,000명은 기병이었고, 12마리의 코끼리도 있었다. 카르타고군은 시칠리아 남부에 상륙한 뒤 아크라가스를 점령했다. 거의 반세기 만의 수복이었다. 이어 시칠리아의 남부 도시들과 내륙 도시들이 카르타고로 넘어왔다. 히포크라테스는 로마의 포위망을 뚫고 카르타고군에 합류했다. 보밀카르가 지휘하는 카르타고 함대가 시라쿠사 해상봉쇄를 뚫기 위한 작전을 펴고 있었는데, 아마도 이들의 도움을 받아 탈출할 수 있었을 것이다. 에피키데스는 시라쿠사에 남아 방어전을 지휘했다.

시라쿠사 포위는 로마인이 예상했던 것보다 훨씬 힘들었고, 2년이나 걸릴 정도로 길어졌다. 바로 '유레카'로 유명한 그리스의 과학자 아르키메데스가 만든 과학 병기 때문이었다. 거대한 투석기나 갈고리로 수많은 군함들이 파괴됐고 많은 병사들이 전사했다. 로마 병사들은 겁에 질렸다. 하지만 시라쿠사군은 과학 병기만 믿고 방심하고 있다가 화를 당하고 말았다. 시라쿠사 시민들이 아르테미스 여신 축제를 즐기는 동안, 마르켈루스가 배신한 스페인 용병 대장의 도움으로 비밀 통로를 찾아내 순식간에 도시를 함락한 것이다. 기원전 212년에 벌어진 일이었다. 카르타고는 히밀코의 지휘 아래 시칠리아 동맹국들의 군대와 연합하여 시라쿠사 포위를 풀려고 했지만, 다시 전염병이 돌면서 히밀코와 히포크라테스까지 죽고 말았다.

이미 언급한 대로 카르타고는 피로스 전쟁을 포함해 네 번의 전쟁 동안 여러 번 시라쿠사를 공격했지만 모두 실패했다. 그리스의 맹주 아테네 역시 시라쿠사를 공격했다가 참패를 당했다. 그에 반해 로마는 아르키메데스의 활약에도 불구하고 사라쿠사 정복에 성공했으니, 확실히 고대 지중해 세계의 '끝판왕' 자격이 있다고 하겠다.

시라쿠사 함락은 아무리 좋은 무기를 가지고 있더라도 인간의 의지와 힘을 이겨낼 수 없다는 좋은 예가 되었다. 다만 한니발에게 그런 평가는 알 바 아니었고, 중요한 동맹국을 잃어버렸다는 현실이 너무나 뼈아플 뿐이었다. 시라쿠사 함락 이후 카르타고군은 아크라가스와 내륙에서 분전했지만 결국 2년도 가지 못하고 무너졌다. 그렇게 기원전 210년 카르타고는 시칠리아를 포기할 수밖에 없었다. 시칠리아는 다시 로마의 손에 들어갔고, 이는 한니발과 카르타고 몰락에 결정적으로 작용했다.

타렌툼 함락

여기서 이야기를 타렌툼으로 돌려보자. 타렌툼은 피로스 전쟁이 끝난 뒤, 로마 연합에 가입한 동맹도시였지만 군사 부문에서는 자치권이 없었다. 로마는 이 항구도시를 군항으로 사용하기 위해 그런 조치를 취했고, 군사 부문을 담당하는 총독을 파견했다(타렌툼은 이름이 타란토로 바뀌긴 했지만 지금도 이탈리아 해군의 가장 중요한 군항이다). 오랜 역사를 자랑하는 타렌툼 시민들에게는 굴욕적인 일이었다. 이런 상황에서 한니발이 몸값도 받지 않고 풀어준 병사들이 귀환하자 친親한니발 여론이 강해졌다. 일부는 한니발을 찾아가 카푸아와 같은 조건으로 동맹을 맺고 로마 연합에서는 이탈하겠다고 제의했다.

한니발은 계책을 내놓았다. 그는 중병에 걸렸다는 거짓 정보를 퍼뜨리고 자신이 있는 장소는 발설하지 않았다. 그러고는 정예병만 거느리고 은밀히 타렌툼으로 잠입했다. 밤중에 동조자들이 성문을 열었고, 덕분에 한니발군은 순식간에 도시의 요충지들을 피 흘리지 않고 장악했다. 기원전 212년에 일어난 일이었다. 시민들은 아침이 되어서야 도시의 주인이 바뀌었다는 사실을 알 수 있었을 정도로 한니발의 입성은 조용히 이루어졌다.

하지만 로마 사령관과 병사들이 지키는 요새는 도시와 격리되어 있어서 한니발로서도 당장은 어쩔 수 없었고 로마군의 전의도 왕성했다. 더구나 이 요새는 항구 부근의 바다 쪽으로 튀어나온 벼랑 위에 세워져 있어 난공불락이었다. 이 요새가 로마군에게 장악되어 있는 이상 한니발군의 항구 사용은 불가능했다. 하지만 한니발은 다른 방법이 있다고 했고, 어떤 해결책이 있느냐는 타렌툼인에게 이렇게 답했다. "대부분의 일은 그 자체로는 불가능한 일로 보이지만 관점만 바꾸면 가능한 일이 될 수 있소." 타렌툼 주위가 평원인 점을 이용해 항구에 정박 중이던 배들을 나무 굴림대에 올려 근처 만으로 옮겨서 아예 그 만을 새로운 항구로 만들어버린 것이다. 한니발은 해상을 봉쇄하여 요새에 대한 보급을 끊으라고도 했다. 그러나 타렌툼 시민들은 로마 해군이 두려웠는지 그의 명령을 게을리했다. 피로스 왕 때 그렇게 당하고도 정신을 못 차렸는데, 결국 그 대가를 치르고 만다.

한니발은 타렌툼을 장악하며 시라쿠사 상실을 어느 정도 만회했다. 하지만 타렌툼 확보에도 카르타고 본토에서의 지원은 이후 한 번밖에 이루어지지 않았다. 로마 해군의 제해권이 그만큼 확고했기 때문이다. 더구나 카르타고 본토는 로마 해군과 일전을 불사할 의지가 없었다.

한니발은 타렌툼을 차지한 후 로마군의 포위 공격을 받고 있는 카푸아로 바로 떠나면서 한노라는 장군에게 2만여 명의 병력을 주었다. 당시 한니발에게 2만여 병력은 꽤나 큰 규모였다. 한니발은 3만여 명을 직접 지휘했으므로 2만여 명은 전 병력의 4할에 해당하는 규모였다.

한노는 로마가 카푸아 포위망을 구축하자 근처에 있던 한니발과 합류하기 위해 북상했다. 하지만 베네벤툼에서 그라쿠스가 지휘하는 해방노예 군단에게 패배하고 만다. 러시아 황제는 나폴레옹을 두고 이런 말을 남긴 적이 있다. "나폴레옹이 있는 곳에서는 언제나 프랑스군이 이기지만 나폴레옹이 한꺼번에 여러 곳에 나타날 수는 없다."
이 말을 그대로 바꾸면 '한니발이 있는 곳에서는 언제나 카르타고군
이 이기지만 한니발이 한꺼번에 여러 곳에 나타날 수는 없다'가 되겠
다. 로마는 철저하게 이 말대로 행동했다. 한니발은 서서히 힘이 빠
져나갔다. 영국의 역사가 토머스 아널드는 《로마사》에서 다음과 같이
말했다.

> 최고의 천재였던 개인이 대국의 자원과 제도에 맞서 싸운 적이 두 번
> 있었다. 그리고 두 번 모두 국가가 승리했다. 한니발은 17년 동안 로마
> 와 싸웠고, 나폴레옹은 16년 동안 영국과 싸웠다. 그러나 전자는 자마,
> 후자는 워털루에서 패배했다.

한니발 대 로마

카르타고와 그 동맹 세력은 시라쿠사 함락에도 카르타고 본토와 스페
인은 물론 이탈리아 중남부의 카푸아, 타렌툼 등의 주요 도시, 마케도
니아, 북이탈리아의 갈리아인까지 확장되어 외견상으로는 로마를 능
가해 보였다. 곧바로 로마를 공격하지 않았던 한니발의 전략이 옳았
음을 보여주는 듯했다. 하지만 그의 '세력'은 전부 바다를 통해서만
연결될 수 있었다. 그러나 그에겐 제해권이 없었고, 시라쿠사 함락과
이어진 시칠리아 상실로 그의 전략은 산산조각이 나고 말았다.*
　이탈리아의 동맹도시들이 한니발 쪽으로 붙은 것도 어디까지나 각

---

* 2차 포에니 전쟁은 1차 때와 달리 단 한 번의 대해전도 없었지만 제해권이 전쟁 흐름에
엄청난 영향을 주었다. 2,000여 년 후 현대 해군 전략의 아버지라고 불리는 앨프리드 머핸
이 제해권의 중요성을 증명하는 예로 들 정도였다.

도시 통치 가문의 파벌 싸움에서 친로마 집권 세력에 도전하는 다른 정치 세력이 한니발의 군사력을 등에 업고 뒤엎은 것에 불과했다. 게다가 카르타고 진영의 최대 약점 중 하나인 우수한 장군 부재는 여전히 치명적으로 작용했다. 스페인에서 한니발의 동생 하스드루발은 에브로 강변 데르토사에서 벌어진 전투에서 스키피오 형제에게 참패를 당했고, 마케도니아군도 일리리아에서 로마군에게 패했다.

로마는 겉으로 포위되어 보였지만 적들은 분열되었고, 제때 연결되지 못했다. 또한 로마는 포위된 대신 내선內線상의 이점이 있었다. 로마인은 똘똘 뭉쳤고, 한니발을 제외한 다른 세력들을 각개격파하는 전략을 실행에 옮겨 착착 성공시키고 있었다. 물론 한니발에게 병력과 군수물자가 도착하지 않도록 차단하는 것이 최우선 전략이었다. 그래야만 지구전과 각개격파 전략도 성공할 수 있었다.

여전한 한니발의 위력

기원전 212년, 서서히 전쟁의 주도권이 로마 쪽으로 이동하고 있었지만 아직 한니발의 몰락과는 거리가 멀었다. 주전장도 시칠리아에서 카푸아와 캄파니아 일대로 옮겨졌다. 로마는 집정관 퀸투스 풀비우스 플라쿠스와 아피우스 클라우디우스 풀케르를 카푸아로 보냈다. 두 집정관은 카푸아를 완전히 포위하지는 않았지만 경작과 수확을 방해하고, 물자 공급을 차단했다. 한니발은 또 다른 한노에게 물자 수송을 맡겼다. 하지만 카푸아인들의 태만 때문에 타이밍을 놓쳤고, 풀케르의 공격까지 받아 모든 물자를 잃었다.

두 집정관은 카푸아를 포위했다. 한니발이 카푸아를 구원하기 위해 접근하자 그라쿠스가 지휘하는 해방노예 군단이 그에 맞섰다. 하지만 그라쿠스는 간계에 빠져 죽음을 당했고, 믿었던 지휘관을 잃은 해방 노예 군단은 뿔뿔이 흩어졌다. 이어 마고가 지휘하는 카르타고와 캄파니아 연합 기병대가 로마 기병대를 격파하여 1,500명을 쓰러뜨렸다. 연패를 당한 두 집정관은 카푸아 포위를 풀고 철수했다.

플라쿠스는 쿠마이로 향했고, 풀케르는 루카니아로 이동했다. 그들이 그렇게 한 이유는 명확하지 않으나 아마도 그동안 잃은 병사들을 제외하더라도 여전히 한니발군보다 수적 우위에 있었기 때문으로 여겨진다. 오랜만에 야전 기회를 잡은 한니발은 풀케르를 추적하기로 결심했다.

풀케르는 한니발의 추적을 피하려고 했으나, 하급 장교에서 법무관으로 고속 승진한 마르쿠스 켄테니우스 페눌라는 로마 원로원에 독립적인 지휘권을 달라고 요청했다. 그는 자신이 캄파니아 지역을 잘 아니 한니발군을 물리치는 데 큰 도움이 될 것이라고 말했다. 그사이 칸나이의 참패를 잊었는지 로마 원로원은 이를 받아들였다. 로마와 에트루리아 병사가 절반씩 구성된 8,000명의 군대가 페눌라에게 배속되었다. 여기에 캄파니아, 루카니아 그리고 삼니움에서 온 8,000명의 지원병이 더해졌다. 하지만 그들의 무장은 부족했다.

풀케르가 서쪽으로 가는 사이, 페눌라는 한니발을 추적하기로 결심했다. 페눌라는 용감한 군인이었다. 하지만 장군으로서의 역량은 한니발에 비할 수 없었다. 리비우스에 의하면, 그는 카르타고군의 행방에 대해 아무런 생각이 없었는데, 그런 그의 군대가 자리 잡은 곳은 실라루스 강변이었다.

한니발의 정찰병들은 로마인들이 눈치 채기 전에 그들의 위치를 찾아냈다. 한니발군은 트라시메노 때처럼 완전한 기습에 성공했다. 동맹군들이 공포에 질려 달아나면서 로마군의 상황은 더욱 악화되었다. 한니발군은 잔존 로마군을 포위하여 학살하다시피 했다. 2시간가량 이어진 실라루스 전투는 한니발이 적보다 많은 군대를 이끌었던 드문 전투 중 하나로 역사에 남았다. 다만 한니발은 전사한 페눌라의 손가락에서 반지를 빼내 그의 이름으로 명령을 내리려고 했지만 아무런 성과를 거두지 못했다.

실라루스 전투는 전사자 비율로만 보면 칸나이 이상이었다. 1만 6,000명의 로마군 중 불과 1,000명 정도만이 살아남았고 나머지는 모두 살육되었기 때문이다(생존자는 칸나이 전투 생존자들로 구성된 군단으로 보내졌다고 한다). 그에 반해 한니발군의 피해는 극히 미미했다.

실라루스의 참패에도 로마군은 포기하지 않았다. 두 집정관은 공성병기를 준비하여 다시 카푸아를 포위하기로 했다. 악몽의 장소 칸나이에서 가까운 카누시움에 군량을 모으고, 불투르누스강 입구의 보르투눔 방어를 강화하고 수비 병력을 두었다. 여기에 제해권 강화를 위해 푸테올리(지금의 포추올리)에도 수비 병력을 두었다. 풀케르가 사령관을 맡았고, 카실리눔에는 플라쿠스가 있었다. 요새화된 이 두 항구와 로마의 외항인 오스티아에 사르데냐에서 가져온 식량과 마르쿠스 유니우스 실라누스 법무관이 에트루리아에서 모은 식량을 비축했다. 놀라로 가는 도로는 법무관 가이우스 클라우디우스 네로가 맡았다. 그리고 주둔지들을 연결하여 강력한 방어선을 구축했다.

이런 위기 상황이다보니 한니발은 카푸아 주변을 떠나지 않으려고 했다. 하지만 플라쿠스의 동생인 그나이우스 풀비우스 플라쿠스가 아풀리아의 한니발 측 도시들에 대한 공격에 성공했다는 소식을 듣자, 이를 해결하기 위해 아풀리아로 떠나지 않을 수 없었다. 한니발은 새롭게 편성된 로마군을 섬멸하겠다고 결심했다.

플라쿠스의 로마군 1만 8,000명은 헤르도니아에서 야영하고 있었다. 플라쿠스는 한니발이 아풀리아로 향하고 있다는 보고를 받지 못했고, 한니발군이 헤르도니아 근처에 접근했을 때에야 그 사실을 알았다. 한니발은 승리를 확신했다. 더구나 다음 날 밤, 한니발은 무슨 이유에서인지 알 수 없지만 로마군 진영에서 폭동이 발생하고, 병사들이 플라쿠스를 위협하고 있다는 사실을 알았다. 그는 기습 작전을 위해 경보병 3,000명을 농장과 숲에 숨기고 신호가 있으면 공격하도록 명령했다. 이어 마고에게 2,000명의 누미디아 기병을 주고 로마군의 탈출로에 매복시켰다. 이 5,000명을 제외하고도 한니발군의 병력은 로마군을 능가했다.

한니발은 밤사이 준비를 마치고 다음 날 새벽 출격했다. 플라쿠스는 출진을 주저하다 군인들에게 끌려 전투에 임했다. 그러나 로마군은 조직적인 움직임을 보이지 못하고 전면에 폭넓게 정렬했을 뿐 배후의 방어는 전혀 준비하지 않았다.

전투가 시작되자 로마군은 한니발군의 우렁찬 외침에 저항하지 못하고 첫 일격에 무너졌다. 실라루스의 패장 페눌라는 유능하지는 않았어도 용감했다. 그러나 무능한 데다 겁쟁이인 플라쿠스는 정면공격이 시작되자 곧바로 200명의 기병과 함께 탈출했다. 매복한 경보병의 공격이 로마군의 우익을 강타하고, 마고의 기병대가 후방을 공격하자 남겨진 로마군은 포위되어 분쇄되었다. 1만 8,000명의 로마군 중 전장에서 탈출할 수 있었던 로마 병사는 약 2,000명에 불과했다. 한니발군은 로마군 진지까지 점령하고 일시적이지만 아풀리아를 장악했다. 한니발은 기원전 212년에 벌어진 두 차례의 야전에서 모두 완승을 거두어 여전히 그가 있는 전장에서는 무적임을 증명했다.

성문에 한니발이 있다

하지만 그사이 6만 명에 달하는 로마군의 카푸아 포위망은 반년이 넘는 기간 동안 보루와 참호를 건설하면서 더욱 강력해졌다. 로마군의 복수를 두려워한 카푸아 시민들은 전령을 뽑아 천신만고 끝에 한니발에게 구원 요청을 보냈다. 한니발은 구원을 약속하고, 약 2만 5,000명의 군대와 33마리의 코끼리를 이끌고 급히 카푸아로 달려갔다. 전 이탈리아, 아니 전 지중해 세계가 숨을 죽였다. 그들의 눈과 귀가 카푸아로 집중되었다. 기원후 2세기 로마 역사가 아피아노스는 한니발이 그리스인 정부에 빠져 카푸아 구원에 늦었다고 비아냥거렸다. 하지만 이는 로마인들의 중상모략일 가능성이 크다.* 다만 여자 문제가 아니더라도 초기에 그야말로 신출귀몰하면서 로마인들을 학살하다시피 했던 전력과는 대조적으로 남이탈리아에 '정착'한 후 4, 5년간 한니발의 군사 활동이 부진했던 것은 틀림없는 사실이다.

한니발의 나이가 30대 중반이었던 점을 생각하면 정력이 떨어졌다고 보기는 힘들다. 그보다는 이탈리아에서 세력권을 확보하자 통치자로서 행정을 관리하는 상황에 빠진 것으로 보는 것이 타당할 것이다. 이탈리아 동맹도시들의 친로마파와 반로마파의 대립이 여전했으니 말이다. 따라서 정치적 알력도 상당했을 것이다. 한니발은 이를 중재하고, 조정하고, 새로운 책략을 꾸미는 등 대전투에 비하면 자질구레

---

* 그들은 한니발의 매형인 '공정한' 하스드루발을 하밀카르의 남자 애인이라고 중상한 적도 있다.《명장 한니발 이야기》의 저자 파트리크 지라르는 그리스인 정부의 이름을 헬레네라고 설정하고, 한때나마 한니발을 조종했던 것으로 설정했지만, 어디까지나 소설에 불과하다.

하지만 하지 않을 수 없는 일을 해야 하다보니 군사에 집중하지 못한 것으로 보아야 할 것이다. 어쨌든 한니발은 군사 부문뿐 아니라 정치에서도 믿을 만하고 유능한 대리인을 구할 수 없었다.

카푸아 부근 티파타산 기슭에 진지를 구축한 한니발은 카푸아의 포위망을 깨기 어렵다는 사실을 깨달았다. 몇 번 기병대로 도발해보았지만 로마군이 질 게 뻔한 야전에 응할 리 없었다. 이런 식으로 닷새가 지났는데, 문제는 황폐해진 카푸아 일대에서 식량 조달이 불가능하다는 것이었다.

한니발은 군대를 이끌고 북쪽으로 떠났다. 목표는 로마였다. 동양식으로 말하자면 36계 중 '위위구조'의 수법이었다. 카페나 성문 밖약 7킬로미터 지점의 한니발군 진영에서 피우는 불이 카피톨리노 언덕에서도 보일 정도였다. 여기에 한니발은 로마의 성벽을 따라 마치 산책을 하는 듯한 무력시위를 감행했다. 물론 화살의 사정거리 밖이었다. 이 대담한 시위에 로마인들은 심장이 멎어버릴 만큼 놀랐다. 성벽 위로 몰려나온 로마인들은 숨을 죽이고 준마를 탄 불세출의 명장 한니발을 지켜보았다. 한니발의 진정한 목적은 로마 함락이 아니었다. 혹시 나올지도 모르는 수도 방위군을 쳐부수고, 경악한 카푸아 포위군을 로마 부근으로 끌어내어 격파하려는 것이었다. 그러나 다시 파비우스가 재를 뿌렸다. 그는 침착하게 카푸아 포위를 풀면 안 된다고 설득했다. 다만 만일에 대비해 플라쿠스 집정관이 1만 5,000명의 군대를 이끌고 로마로 향했다. 그럼에도 카푸아에 남은 병력은 5만에 가까웠다.

이후의 충돌은 소규모 접전에 불과했다. 공성 병기가 없는 한니발군에게는 로마 성벽을 공격할 능력이 없었기에, 한니발은 본격적으로 로마를 공격할 수 없었다. 일설에 의하면 한니발은 옆에 있던 기병의 창을 빼앗아 로마 성벽을 향해 던지기까지 했다. 그럼에도 한니발의 '로마 공격'은 로마인의 기억에 오래 남았다. 아이들을 야단칠 때 "문 앞에 한니발이 와 있다"고 할 정도였고, 카페나 성문 밖 아피아 가도를 따라 두 번째 이정표가 있는 지점에 '적을 되돌려보낸 수호신'을 위한 제단을 세우기까지 했다.

실망한 한니발과 그의 군대는 로마 주변을 약탈하고 황폐화하면서 분을 풀다 카푸아 쪽으로 되돌아갔다. 그는 다시는 로마의 성벽을 보지 못했다. 한편 카푸아에서 로마 원군이 오고 있다는 소식을 들은 로마 방어 사령관 푸블리우스 술피키우스 갈바는 경솔하게도 한니발을 추격했다. 한니발은 말머리를 돌려 그들을 공격하여 완승을 거두었다. 하지만 카푸아 포위를 풀 방법은 없었다. 이때쯤 그는 카푸아가 로마에 항복하고 자비를 구하고 있다는 사실을 알았다. 하지만 로마의 답은 냉정했다. "복수는 승리의 가장 멋진 과실이다." 그는 카푸아를 포기하고 남이탈리아로 떠날 수밖에 없었다. 카푸아는 로마군 사령관 중 한 명이자 전직 집정관인 풀케르가 중상을 입고 그 후유증으로 사망할 만큼 치열한 공방전 끝에 함락되었다. 카푸아가 로마를 '배신'한 지 6년째인 기원전 211년의 일이었다.

함락된 카푸아는 자치권도 잃고 동맹국에서 속주로 격하되었다. 카푸아는 지도층 인사 28명이 자결했고, 53명이 공개 채찍질을 당한 다음 참수되었다. 카푸아 주변 도시의 귀족 17명도 같은 운명에 처해졌다. 당연하게도 그들의 재산은 모두 로마인의 차지가 되었다. 아마도 그들은 한니발과 스스로를 저주하면서 숨을 거두었으리라. 로마는 자신들이 파견한 공직자가 카푸아를 통치한다고 선포했다. 단 도시 자체는 약탈되거나 파괴되지 않았다. 이는 한니발 편에 선 도시들이 다시 로마에 항복하면 주모자들을 제외한 시민들의 목숨과 재산 그리고 도시는 온전히 보장해주겠다는 정치적 제스처였다. 그리하여 이제 한니발과 동맹을 맺은 큰 도시는 타렌툼만 남았다.

빛을 잃은 한니발

카푸아 함락은 전 지중해 세계에 한니발의 힘은 한계가 명확하다는 사실을 보여주었다. 또한 당시 한니발군은 3만 5,000명에서 4만 명 수준이어서 로마군을 상대하기 위해서는 남부 이탈리아에서 병사들을 모집해야 했지만 충분한 수를 모을 수 없었다. 그리고 설사 모을 수 있었다 해도 이 병사들이 한니발과 함께 알프스를 넘고 연전연승을 거두었던 역전의 용사들과 비교할 수 없다는 것은 너무나 명백했다. 결국 로마 진군과 카푸아 방어에 모두 실패한 한니발 입장에서는 공세로 나가기에는 너무 힘이 부족했기에 이미 확보한 남부 이탈리아를 지키는 쪽을 선택할 수밖에 없었다. 그러나 카푸아의 운명을 지켜본 동맹도시들의 지원을 얻기는 어려웠다. 오히려 그들은 한니발을 배신하고, 굴욕적인 조건이라도 다시 로마에 붙을 기회를 노렸다. 결국 한니발군의 겨울 숙영지이기도 했던 북아풀리아의 살라피아가 로마 쪽으로 돌아섰다. 상황이 이렇게 변하자 동맹도시들에 대한 한니발의 태도도 냉혹하고 엄격하게 변했다. 이탈하려는 도시는 집을 불태우고, 약탈하고, 주민들을 추방했다.

삼니움의 많은 지역이 마르켈루스의 손에 넘어갔고, 2년 전 대승을 거두었던 헤르도니아도 로마 쪽으로 넘어가려고 시도했다. 한니발은 이를 알고 3만 명의 보병과 6,000명의 기병을 이끌고 헤르도니아로 향했다. 기원전 210년 전직 집정관 그나이우스 풀비우스 켄투말루스가 이끄는 2개 군단이 한니발군과 맞붙었다. 결과는 2년 전과 거의 같았다. 로마군의 8할이 죽거나 포로가 되고 켄투말루스도 전사했다. 또 하나의 집정관급 인사가 한니발의 제물이 된 것이다. 이를 2차 헤르도니아 전투라고 하는데, 이탈리아에서 벌어진 대규모 야전으로는 한니발의 마지막 승리였다. 이후로는 작은 승리나 무승부밖에 거두지 못한다.

한니발과 마르켈루스의 용쟁호투

시칠리아를 완전히 제압한 마르켈루스는 주력 군단을 이끌고 이탈리아로 돌아왔다. 그는 파비우스와 만나 역할 분담을 했다. 마르켈루스는 한니발을 상대하고, 그사이 파비우스는 타렌툼을 공격하기로 한 것이다.

전투의 기본은 아군의 피해를 최소화하고 최대의 전과를 거두는 것이다. 그런 점에서 한니발은 가장 뛰어난 전술가이자 교묘한 아웃파이터였다. 그와 반대로 무식할 정도로 과감하게 돌진하는 인물이 바로 마르켈루스였다. 그는 과감하면서도 자신의 출혈을 아랑곳 않는 인파이터였다. 이때 한니발에게 위안이 되었던 것은 카르타고에서 코끼리부대가 도착했다는 소식이었다. 한니발에 대한 본토의 지원이 기록으로 남은 것은 이번이 두 번째였고, 마지막이기도 했다.

마르켈루스는 한니발을 밀착 추격하면서 정면으로 싸움을 걸었다. 두 사람은 지금까지도 여러 차례 충돌했지만 야전은 처음이었다. 마르켈루스는 칸나이의 전철을 밟지 않기 위해 전체 병력을 한꺼번에 투입하지 않고 반씩 나누어 전투 도중 교체하는 전술을 사용했다. 한니발 쪽에서는 코끼리부대를 투입했다. 그런데 이 코끼리부대가 말썽을 부리는 바람에 전투는 해질녘까지도 승부가 나지 않았다. 결국 벌판에서 벌어진 이 용쟁호투는 무승부로 끝이 났다. 그사이 파비우스가 이끄는 로마군은 마지막 남은 한니발 진영의 대도시인 타렌툼 공략에 나섰다.

다음 해인 기원전 209년 타렌툼을 지원하러 가는 한니발의 마음은 바빴다. 하지만 뒤를 쫓으며 계속 싸움을 걸어오는 마르켈루스 때문에 늘 발목이 잡혔다. 둘 사이에는 소규모 전투가 자주 벌어졌고, 3 대 2의 비율로 한니발이 우세했지만 한니발 역시 마르켈루스에게 결정타를 먹이지 못했다. 마르켈루스는 승패와 관계없이 계속 싸움을 걸었다. 한니발은 그에게 질린 나머지 하늘을 우러러보며 한탄했다. "오오, 신이시여. 저 인간을 대체 어찌해야 합니까? 저 인간은 승리도 패배도 아무 관계가 없다는 듯이 쫓아오기만 합니다. 이기면 이긴 대로 추격을 늦추지 않고, 지면 진 대로 패배 따위는 당하지 않은 것처럼 쫓아옵니다. 저 인간과 영원히 칼을 맞대지 않으면 안 됩니까!"

그러던 어느 날, 한니발은 또다시 도전을 받아들이지 않으면 안 될 상황이 되었다. 그는 부하들을 모아놓고 이렇게 훈시했다. "우리는 떠오르는 아침 해를 보는 것과 같이 거의 매일처럼 적을 보고 있다. 저 귀찮은 애물단지의 추격을 막는 방법은 하나뿐이다. 완벽한 타격을 주는 것이다."

장병들은 모두 이에 동감했고, 그날 병사들의 활약은 눈부셨다. 게다가 전체 병력을 둘로 나누는 마르켈루스의 전법이 그날은 제대로 작동하지 않았다. 격투를 벌인 뒤 병력을 교체하는 로마군에 한니발군이 맹공을 퍼부었다. 로마 병사들은 당황했다. 적 앞에서 도망치는 일이 드물던 로마군이 일제히 도망치기 시작했다. 로마군의 전사자는 모두 2,700명, 빼앗긴 군기는 여섯 개에 달했다.

마르켈루스는 숙영지로 도망쳐 돌아온 병사들을 질책했다. "오늘의 패배는 겁에 질려 달아난 너희들한테 책임이 있다. 너희들에게 부끄러움을 알라고 하는 것이 나의 지나친 요구인가? 지금까지 10년 동안 한니발은 로마 병사들의 시체로 산을 쌓는 빛나는 영광을 누렸다. 하지만 그동안에도 로마 병사들은 한니발 앞에서 결코 도망치지 않았다. 그런데 오늘은 한니발에게 처음으로 로마군이 그 앞에서 도망쳤다는 영광까지 주고 말았다." 그러자 고개를 숙이고 듣고 있던 병사들 사이에서 누군가가 외쳤다. "사령관님, 변명할 말이 없습니다. 내일 설욕할 기회를 주십시오." 마르켈루스가 대답했다. "그러면 너희에게 다시 한 번 기회를 주겠다."

이튿날 전투에서는 로마군이 처음부터 맹공을 퍼부었다. 온종일 격전이 계속된 뒤 전사자는 한니발군 8,000명, 로마군 3,000명이었다. 다만 로마 쪽 기록이니 그대로 믿을 수는 없다. 로마군이 간신히 승리했을 정도로 보아야 할 것이다. 어쨌든 로마군의 부상자가 너무 많아 바로 한니발군을 뒤쫓지는 못했다.

겨우 마르켈루스를 따돌린 한니발은 힘겹게 타렌툼에 도착했다. 하지만 노장 파비우스가 이미 타렌툼 공략에 성공해버린 뒤였다. 그런데 이 타렌툼 탈환은 정공법이 아니라 여자와 뇌물을 이용해 내부에서 성문을 열게 하여 이루어낸 결과였다. 소식을 들은 한니발은 이렇게 말했다. "로마에도 한니발과 똑같은 사람이 있었나보군. 우리가 타렌툼을 빼앗은 것과 똑같은 방법으로 그것을 다시 되찾았으니 말이야." 그러고는 가까이 있는 동료에게 겨우 들릴 정도로 조그맣게 말을 이었다. "이탈리아를 정복하기 어려울 거라는 예상은 벌써부터 했지만, 이제는 아주 포기할 수밖에 없군."

한편 그때까지도 타렌툼의 로마군 요새가 건재했기에 요새 사령관은 자신의 공로가 더 크다고 주장했다. 그러자 파비우스는 이렇게 응수했다. "맞는 말이오. 당신이 없었더라면 도시가 함락되지 않았을 테고, 그랬다면 내가 그것을 탈환하지 못했을 것이니 말이오." 기원전 209년, 타렌툼 탈환은 파비우스의 마지막 전투가 되었다.

타렌툼은 피로스와 한니발이라는 희대의 명장과 손을 잡고도 두 번이나 스스로 망하는 길을 가고 말았는데, 그 대가를 톡톡히 치러야 했다. 많은 시민들이 죽고 3만 명이 노예로 팔렸으며, 3,000탈렌트에 달하는 재산이 로마의 전리품이 되었다. 이후 한니발은 남부 이탈리아의 도시를 대부분 잃었다. 그는 이탈리아 남단, 즉 장화 끝 부분인 칼라브리아 지방에 틀어박히는 신세가 되었다.

마르켈루스의 어이없는 전사

기원전 208년 다섯 번째 집정관이 된 마르켈루스는 유능한 동료 집정관 티투스 퀸크티우스 크리스피누스와 함께 한니발에게 정면 도전했다. 그런데 어찌된 일인지 야전에서 천하무적인 한니발이 이에 전혀 응하지 않았다. 로마군이 계속 도발했지만 한니발은 무반응으로 일관했다. 대신 양 진영 중간 지점에 숲으로 둘러싸인 꽤 높은 언덕이 있었는데, 전투가 벌어지면 꼭 장악해야 할 곳에 복병을 두었다.

마르켈루스는 그곳을 직접 확인하기 위해 크리스피누스와 함께 220명의 기병대만 데리고 움직였다. 두 집정관과 수뇌부가 거의 총출동한 '작전'인데 겨우 220명의 기병대만 따라갔다는 사실이 믿기 힘들지만 사실이니 어찌하랴! 사람은 때로 상상도 못할 만큼 어리석은 짓을 단체로 하기도 하는 모양이다. 그들은 한니발의 덫에 걸려들었고, 마르켈루스는 치열한 백병전 끝에 전사했다. 그의 나이 60세였다. 크리스피누스는 겨우 살아남았지만 투창을 두 개나 맞는 중상을 입었다.

한니발조차도 설마 마르켈루스가 이런 시시한 함정에 걸려 죽을 것이라고는 상상도 하지 못했다. 그는 마르켈루스의 시신을 확인한 뒤 부하에게 로마 방식대로 잘 화장해서 유골을 작은 황금 상자에 담아 그의 아들에게 보내라고 명령했다. 그런데 유골을 이송하는 도중 황금 상자에 눈이 먼 병사들 사이에서 다툼이 일어났다. 상자가 바닥에 내동댕이쳐졌고 쏟아져나온 유골이 바람에 흩날렸다. 이를 보고받은 한니발은 무덤을 갖지 못하는 것도 마르켈루스의 운명이라고 말했다.

마르켈루스는 '이탈리아의 칼'이라는 별명에 걸맞지 않게 어이없이 목숨을 잃고 말았다. 이 죽음에 대해 플루타르코스는 '개죽음'에 가까운 것이라며, 아쉬움을 표하면서도 그의 부주의에 대해 신랄하게 비판했다. 그에 반해 한니발에 대해서는 그토록 많은 전투를 치렀고 늘 앞장섰으면서도 어떤 부상도 입지 않았다고 칭찬했다.

크리스피누스는 중상에도 불구하고 사령관의 임무를 다했다. 그는 마르켈루스의 부사령관 네로에게 마르켈루스 부대를 맡겨 사기를 유지시켰다. 하지만 중상을 이겨내지 못하고 그 역시 세상을 떠나고 말았다. 기원전 208년의 두 집정관이 모두 전사한 것인데, 당연히 로마인들의 충격도 컸다(16년 동안 이어진 2차 포에니 전쟁 동안 전사한 전현직 집정관은 모두 13명이었다). 하지만 이런 참사도 전세에 큰 영향을 미치지는 못했다.

바르카 대 스키피오

여기서 시점을 10년 전인 기원전 218년, 무대를 스페인으로 바꾸어보자. 한니발을 놓쳐 론강 도강을 허용한 푸블리우스 코르넬리우스 스키피오는 부상에서 회복한 뒤 스페인으로 가 형 그나이우스와 합류했다.

두 형제의 가장 중요한 임무는 스페인에서 한니발에게 보낼 지원부대와 보급 물자를 차단하는 것이었다. 하지만 이들은 그에 그치지 않고 사군툼을 점령하고, 칸나이 전투 다음 해인 기원전 215년에는 데르토사에서 하스드루발의 군대에 대승을 거두었다. 그리고 차근차근 밀고 들어가 스페인의 3분 1을 손에 넣었다. 8년 가까이 두 사령관은 물론이고 모든 병사들이 한 번도 귀국하지 않고 얻어낸 놀라운 성과였다.

상황이 심상치 않게 흐르자 카르타고는 한니발의 막내 동생 마고를 지원부대와 함께 스페인으로 보냈다. 이로써 바르카 가문과 스키피오 가문 남자들이 다시 스페인에서 힘을 겨루게 되었다. 전 세계 전쟁사를 통틀어 이렇게 큰 전쟁에 두 집안의 남자들이 적이 되어 자기 나라를 대표해서 이렇게 오랫동안 싸운 예가 있을까 싶다.

카르타고군은 한니발의 두 동생 하스드루발과 마고, 본토에서 파견한 하스드루발 기스코가 셋으로 나뉘어 로마군 2만, 현지 동맹군 2만으로 구성된 스키피오 형제의 군대를 압박하며 현지 동맹군을 매수했다. 결국 기원전 211년 초여름, 바이티스강(과달키비르강)에서 벌어진 전투에서 2만 명의 로마군이 거의 전멸하고 두 형제도 장렬히 전사했다. 이 전투는 카르타고가 2차 포에니 전쟁에서 한니발이 참여하지 않은 상태에서 거둔 유일한 대승리였다. 로마는 중견 장교들도 거의 전사해서 백인대장인 마르키우스가 패잔병을 모아 에브로강 북쪽으로 도주하는 데 성공했을 뿐이다. 하스드루발이 이 패잔병을 완전히 섬멸하지 못한 것은 두고두고 큰 화근이 되지만 당장 로마와 스키피오 형제가 이룬 8년 동안의 성과는 물거품이 되고 말았다.

스페인 전선을 포기할 수 없었던 로마는 마침 카푸아 탈환으로 여유가 조금 생기자 가이우스 클라우디우스 네로에게 1만 3,000명의 군대를 주어 그곳으로 보냈다. 강한 성격의 네로는 임지에 도착하자마자 하스드루발에게 싸움을 걸었다. 네로에게 쫓기던 하스드루발이 강화를 제의했고, 고지식한 네로는 이 말을 믿고 기다렸다. 하지만 하스드루발은 군대와 함께 사라져버렸다. 로마 원로원은 닭 쫓던 개 신세가 되어버린 네로의 사령관으로서의 능력을 의심하고 그를 해임시켜버렸다.

비록 네로를 해임했지만 스페인 전선을 포기할 수 없었던 로마 원로원은 다른 사령관이 필요했다. 이때 새로운 시대의 주역이 등장한다. 훗날 아프리카누스라고 불리는 24세의 젊은이였다. 그와 함께 기원전 210~207년 스페인은 2차 포에니 전쟁의 주전장이 된다.

스키피오의 등장

스페인 참패는 로마를 뒤흔들었다. 그들은 스페인 전선을 결코 포기할 수 없었지만 파견할 마땅한 장군이 없었다. 이때 한 청년이 자신을 보내달라고 요청했다. 바로 스페인에서 전사한 푸블리우스 코르넬리우스 스키피오와 이름이 같은 그의 아들이었다. 별다른 대안이 없었던 원로원은 아버지와 백부의 원수를 갚고 싶다는 청년의 패기에 기대보기로 했다. 젊은 스키피오에게 1만 명의 보병과 1,000명의 기병

● ― 스키피오를 묘사한 중세 그림으로 철모가 로마보다는 카르타고 쪽에 가까워 보인다. '아프리카
누스'라는 그의 칭호를 돋보이게 하려는 목적으로 보인다.

이 주어졌다. 스키피오는 그 병력과 함께 배를 타고 스페인으로 건너 갔다. 그의 가족들은 그가 아버지와 백부의 무덤 사이에서 싸워야 한다는 현실에 통곡했다.

스키피오는 아버지와 백부가 남긴 패잔병의 사령관이 되었다. 총 병력은 보병 2만 8,000명, 기병 3,000명이었다. 매력적인 성격과 호감 가는 외모의 그는 자신감 넘치는 한 번의 연설로 병사들의 패배감을 일소했다. 그는 한니발이 그의 군대를 마음속으로 기꺼이 따르게 했다는 점을 상기하면서 자신의 군대도 그같이 만들었다. 다만 방법은 달랐다. 이 부분에 대해 마키아벨리가 《정략론》에서 한니발과 스키피오를 평가한 글이 있어 소개한다. 다소 길지만 무척 흥미롭다.

한니발과 스키피오는 부하의 마음을 휘어잡는 데 정반대의 방법을 썼다. 그런데 어째서 양자가 같은 효과를 거둘 수 있었을까? 역사 읽기를 좋아하는 사람에게는 설명할 필요도 없는 일이지만 스키피오는 임지인 스페인에 부임하자마자 인간미 넘치는 온정에 찬 행동으로 순식간에 그 지역의 인심을 휘어잡았다. 그에 반해 한니발은 이탈리아 땅에서 잔혹하고 비정한 태도로 일관했다. 그러면서도 스키피오가 스페인에서 얻은 것과 같은 효과를 거두었다. 로마 이외의 많은 이탈리아 도시는 한니발을 따라 반란을 일으켰고 민중도 이에 동조했던 것이다. 이 현상을 다음 두 가지로 생각할 필요가 있다.

첫째, 인간은 새로운 것이면 무엇에나 매료되고 현 상태에 만족하지 않는 자는 물론 만족하는 자까지도 색다른 것을 찾는 경향에는 다름이 없다는 것이다. 변화를 좋아하는 인간의 기분이 그것을 가져오는 자가 외부인이면 성문을 활짝 열어젖히고, 내부인이면 그 주위로 몰려 그를 옹립하는 결과를 낳는다. 그 인물이 무엇을 하건, 좋고 나쁘고는 고사하고 적어도 그것이 변화인 것만은 틀림없기 때문이다.

둘째, 인간은 경애나 공포에 충격받아 행동한다는 것이다. 그렇기에 경애의 감정과 공포의 기분은 사람을 움직이는 데 같은 양의 효과를 낳는다. 아니, 인간은 흔히 경애하는 자보다 공포를 느끼는 자에게 더 복종하는 법이다.

그래도 참된 기량을 가졌고 그 역량이 사람들에게 널리 알려질 정도의 인물이라면 경애 노선으로 나가건 공포 노선으로 나가건 별로 문제가 되지 않는다. 한니발이나 스키피오같이 역량이 발군인 인물은 무엇을 하든 거기서 생기는 조그만 결함 따위는 지워지기 때문이다. 그러나 보통의 기량을 가진 자는 잘 생각할 필요가 있다. 경애 노선에 치우치면 부하의 경멸을, 과도한 공포 노선은 증오를 초래할 우려가 있기 때문이다. 그렇다고 중도를 가려고 해도 인간의 성질이 적합하지 않기 때문에 이 또한 대단히 어렵다. 요컨대 인심의 완벽한 파악 같은 최대의 난사는 한니발이나 스키피오 같은 비범한 기량의 소유자라야 비로소 가능한 일인지도 모른다.

카르타헤나 함락

젊은 스키피오 장군은 아버지와 백부도 감히 노리지 못한 목표, 즉 바르카 가문이 건설한 카르타헤나를 목표로 삼았다. 카르타헤나는 말할 것도 없이 스페인에서 채굴된 광물과 생산된 농산물이 외부로 나가는 문호이자 바르카 가문의 대저택과 2,000명이 일할 정도로 거대한 무기 공장, 그리고 많은 재화가 모여 있는 카르타고령 스페인의 최대 도시였다.

당시 하스드루발을 비롯한 카르타고 수뇌부는 바이티스 전투의 대승으로 스페인의 로마군은 공격 능력이 없다고 판단하고 카르타고 야전군을 세 갈래로 나눠 배치했다. 그들은 카르타헤나에서 최소 일주일 거리로 떨어져 있었기에 카르타헤나에 남아 있는 병력은 4,000명에 불과했다. 상인이나 기술자, 선원 같은 비전투원들이 대부분이었다. 다만 강력한 성벽은 건재했다. 더구나 한 면은 바다로, 다른 한 면은 소금호수에 접해 있어서 좁은 지협을 건너야만 접근이 가능했다. 하지만 스키피오는 그곳 어부들을 통해 카르타헤나만의 물이 빠지면 산호초 위로 이동할 수 있다는 사실을 알았다.

스키피오는 해가 저물자 곧바로 공격을 명령했다. 양측의 공방전은 다음 날 오후까지 계속되었고, 수비대는 전방에만 집중했다. 스키피오는 2,000명의 병력을 이끌고 산호초 쪽으로 이동하여 요새 뒤쪽으로 돌아가 공격을 개시했다. 기습 작전은 완벽하게 성공했다. 생각지도 못한 곳에서 공격을 받은 수비대는 금세 무너졌다.

후방이 돌파당하자 수비대 병사들은 저항을 포기하고 모두 투항했다. 스키피오는 단 하루 만에 적의 가장 중요한 거점을 점령했다. 엄청난 양의 은을 포함한 전리품도 로마의 수중에 들어왔는데, 그중 가장 중요한 전리품은 약 1만 명에 달하는 스페인 원주민 인질이었다. 스키피오는 카르타고인들이 그들의 충성을 보장받기 위해 잡은 그 인질들을 전리품까지 나누어주고 석방함으로써 원주민들의 인심을 전부는 아니지만 로마 쪽으로 대거 돌아서게 만들었다.

하스드루발을 비롯한 야전군은 달려올 틈도 없이 땅을 쳐야 했다. 필자가 보기에도 스키피오가 한니발보다 확실히 앞섰다고 생각하는 점이 바로 카르타헤나를 멋지게 함락했다는 사실이다. 천하의 한니발

도 대도시를 함락한 적은 없었기 때문이다.[*]

바이쿨라 전투

카르타헤나를 잃은 하스드루발은 지난번에 승리를 거둔 바이티스 부근의 바이쿨라에 머물면서 동생 마고의 군대를 기다렸다. 스키피오는 부하 가이우스 라일리우스에게 함대를 주어 마고의 군대가 하스드루발에게 합류하지 못하도록 막고, 자신은 하스드루발 쪽으로 진군했다.

스키피오는 하스드루발이 언덕 위에서 이상적인 방어 태세로 자리 잡고 있었고, 로마군은 아래쪽에 있어 불리한 상황이었지만 하스드루발이 마고를 기다리며 지체하는 사이 먼저 공격을 가했다. 갑작스러운 로마군의 공격에 카르타고군은 혼란에 빠졌다. 주도권을 쥔 스키피오는 좌우익에서 협공하여 머뭇거리는 카르타고군을 격파했다.

하스드루발은 지리적 이점만 믿고 있다가 전황이 불리해지자 본진을 살리기 위해 도주했다. 스키피오는 반격을 우려해 추격하지 않았다. 8,000여 명의 카르타고군이 전사했고 1만 2,000명이 포로가 되었다. 여기서 또 한 번 역사가 움직인다. 포로가 된 카르타고군 가운데 누미디아의 왕자 마시니사가 있었던 것이다. 스키피오는 그를 풀어주고 회유해 로마를 돕게 만드는데, 이는 나중에 로마군 승리에 큰 기여를 한다. 한편 하스드루발은 타격을 입었지만 그의 본진과 마고의 증원군이 고스란히 살아남아 새롭게 전열을 정비할 수 있었다. 그들은 멀리 갈리아 쪽 내륙으로 돌아 스키피오를 따돌리고 알프스 방향으

[*] 카르타헤나에서는 매년 10월 말 '로마인과 카르타고인'이라는 축제를 여는데, 6,000명 이상의 시민들이 로마와 카르타고 병사들로 분장하여 2시간 이상 거리 행진을 한다. 코끼리 모양의 큰 수레를 탄 한니발도 등장한다.

로 나아갔다.

메타우루스 전투

하스드루발은 남은 군대를 모두 이끌고 이탈리아로 가서 형의 군대와 힘을 합쳐 마지막 승부를 걸어보기로 했다. 그는 5만에 가까운 대군을 이끌고 알프스를 넘었다. 이때는 한니발 때보다 시간이 훨씬 단축되었는데, 이미 갈리아인에게 한니발이 잘 알려져 있었고, 로마의 압제에 대한 반감이 더 깊어진 상태였기에 가능한 일이었다. 또 다른 하밀카르 바르카의 아들이 이탈리아를 침공한다는 사실이 알려지자 로마는 공포에 휩싸였다. 원로원은 마르쿠스 리비우스 살리나토르와 가이우스 클라우디우스 네로를 기원전 207년의 집정관으로 선출하고 각각 하스드루발과 한니발을 막게 했다. 리비우스는 하스드루발이 어느 길로 남하할지 모르는 상태에서 그의 군대를 막기 위해 2개 군단을 거느리고 떠났고, 네로는 더 많은 병력으로 한니발과 대치했다.

한편 하스드루발이 한니발에게 보낸 전령은 로마가 장악하고 있는 넓은 지역을 통과해야 했는데 불운하게도 남부 로마군의 사령관 네로의 포로가 되었다. 한니발로서는 이런 사태가 마케도니아에 이어 두 번째였다. 로마는 내선상의 이점을 최대한 누린 셈이었다.

전문을 해독한 네로는 급히 보병 6,000명과 기병 1,000명을 뽑아 한니발이 눈치 채지 못하게 진영을 빠져나간 다음 리비우스를 돕기 위해 북상했다. 네로는 하루에 거의 100킬로미터에 이르는 강행군으로 리비우스 진영에 도착했다(당시 로마 공화정의 법은 집정관이 맡은 구역을 이탈할 때 원로원의 승인을 받도록 했는데, 그런 점에서 네로의 행동은 일종의 군무 이탈이었다). 마침 예상보다 빨리 이탈리아로 들어온 하스드루발군도 메타우루스강 북안에 숙영지를 짓고 있었다.

네로가 도착한 것은 밤중이어서 다음 날 아침까지도 카르타고군은 그것을 알아차리지 못하고 전투를 준비했다. 그러나 하룻밤 사이에 로마군의 병력, 특히 기병이 대폭 증강된 모습을 보고 하스드루발은 전투를 피하고 군대를 물렸다. 또 한 명의 집정관의 가세로 사기가 오른 로마군은 그 뒤를 쫓았다. 결국 다음 날 양군은 메타우루스강을 끼고 전투 진형을 갖추었다.

로마군은 우익 네로, 중앙은 포르키우스 리키니우스, 좌익은 리비우스가 맡았고, 카르타고군은 전투코끼리를 전면에 내세웠다. 처음에 전투는 백중세였으나 네로가 지휘하는 우익이 카르타고군의 배후로 이동한 뒤 좌익으로 이동하여 카르타고군을 측면에서 공격했다. 이 공격으로 카르타고의 갈리아 병사들이 무너지면서 전세가 기울어졌다.

승부가 완전히 기울었음을 깨달은 하스드루발은 총사령관의 정장을 입고 전투에 뛰어들어 일개 기병으로 싸우다가 장렬하게 전사했다. 리비우스는 그의 죽음을 이렇게 평했다. "하밀카르의 아들이자 한니발의 동생이라는 신분에 부끄럽지 않게 죽었다."

하스드루발의 잘린 머리가 사자를 통해 한니발에게 전해졌다. 두 형제는 11년 만에 그렇게 재회했다. 이때 한니발의 나이는 40세였고, 하스드루발의 나이는 정확히 알 수 없지만 30대 중반 정도였을 것이다. 한니발은 "이젠 로마가 지중해의 여왕이 되었다!"라는 말만 남겼다고 한다.

그래도 한니발은 4년을 더 이탈리아 남단에서 거의 초인적으로 버텼다(한니발은 자신이 이탈리아에 머무르는 시간만큼 로마 병력을 이탈리아에 묶어놓을 수 있을 거라고 생각했다). 아무리 상처투성이라지만 그는 사자였다. 로마의 평범한 장군들이 잡을 수 있는 상대가 아니었다. 한편 한니발의 명성이 그렇게 드높았음에도 그의 개인적인 일화는 역사에 거의 남아 있지 않다. 다만 하나의 일화가 전해지는데, 한니발을 수행했던 실레노스의 기록을 참고했다는 리비우스의 기록이다.

추위도 더위도 그는 묵묵히 견뎌냈다. 병사들이 먹는 것과 다름없는 식사조차도 식사 시간이 되어 먹는 게 아니라 배고픔을 느끼면 먹었다. 잠도 마찬가지였다. 그가 혼자서 처리해야 하는 문제는 잠시도 끊이지 않았기 때문에 휴식을 취하는 것보다 그런 문제를 처리하는 것이 항상 우선했다. 그런 한니발에게는 밤낮의 구별도 없었다. 잠도 휴식도 포근한 침대와 조용함을 의미하지 않았다. 병사용 망토만 두른 채 나무 그늘에 그냥 드러누워 잠을 자는 한니발의 모습은 병사들에게 익숙한 광경이었다. 그 옆을 지날 때면 병사들은 소리가 나지 않도록 조심했다.

한니발이 인류 역사상 최고의 장군 중 하나로 평가받는 이유는 그의 화려한 전술보다도 자국민이 아닌, 민족도 종교도 언어도 다른 외국인 용병으로 편성된 군대를 이끌고 적지에서 15년간 버텨냈다는 사실 그 자체가 아닐까 싶다.

일리파 전투

스페인의 카르타고군에 대규모 증원군이 도착했다. 그들의 병력은 보병 7만 명, 기병 4,000명, 코끼리 32마리에 달했다. 스키피오는 마고와 기스코가 지휘하는 카르타고군을 상대로 선뜻 공격에 나서지 못했다. 기원전 207년의 겨울을 각기 다른 숙영지에서 보낸 마고와 기스코의 군대는 이듬해 봄 일리파(지금의 세비야 북쪽)에서 다시 뭉쳤고, 스키피오는 그들과 일전을 벌이기 위해 일리파로 접근했다. 로마군은 보병 4만 5,000명, 기병 3,000명에 불과했다.

스키피오의 군대가 도착하자 마고는 마시니사가 지휘하는 누미디아 기병을 이용하여 로마군 진영에 대한 과감한 공격을 시도했다. 하지만 이를 미리 예견한 스키피오가 기병을 숲속에 숨겨놓고 대비하고 있었던 탓에 카르타고군은 손실을 입었다. 이 첫 전투 이후 양군은 며칠간 진을 펼친 채 서로를 탐색하면서 보냈다. 이 며칠간 스키피오는 로마군을 중앙, 스페인 부대를 양익에 배치했는데, 카르타고군은 전투 당일에도 그 진형 그대로일 것이라고 예상했다.

전투 당일 로마군은 예상을 깨고 새벽같이 전장으로 나왔다. 진형도 중앙에 스페인 부대, 양익에 주력인 로마군을 두는 것으로 바꾸었다. 로마군의 갑작스러운 진형 변화에 놀란 카르타고군은 그에 맞서 성급히 진형을 짠 탓에 초반부터 고전을 면치 못했다. 특히 적의 주력인 로마군이 카르타고군의 가장 약한 쪽을 치고 들어왔고, 전투코끼리마저 혼란을 가중시키면서 카르타고군의 강점인 누미디아 기병대가 활동하는 데 방해가 되어 전선이 급속히 무너졌다. 결국 카르타고군은 로마군이 삼면 포위 공격으로 점점 압박하자 유일한 출구인 후방으로 달아났다. 로마군은 추격을 벌였으나 이어 쏟아진 엄청난 소나기에 추격을 포기할 수밖에 없었다. 그러나 도망친 카르타고 병사는 고작 6,000명 정도에 불과했다.

일리파 전투의 참패로 스페인에서 카르타고 세력은 사실상 소멸되었다. 스키피오는 일리파 승리로 아버지와 백부의 원수를 갚고, 칸나이 전투에 대한 설욕을 했다.

동생 루키우스를 전승 보고차 로마에 파견한 스키피오는 승리 후에도 일리파를 떠나지 않았다. 적장 추격을 위해서가 아니라 카디르로 도망간 누미디아 기병대장 마시니사에게 사절을 보내기 위해서였다. 이제 29살의 스키피오는 알프스를 넘을 때의 한니발과 같은 나이가 되었다. 그래서였을까? 그는 카르타고의 본거지인 아프리카로 전장을 옮길 생각을 가졌다. 이때 스키피오의 머릿속은 로마군의 기병 전력을 어떻게 증강시킬 것인가로 가득 차 있었다. 그래서 생각해낸 것이 어제까지 적이었던 마시니사에게 손을 내미는 것이었다.

스키피오는 누미디아의 왕 시팍스에 대해서도 외교 작전을 병행했다. 그는 자신과 직접 회담을 희망한 시팍스를 만나기 위해 극비리에 스페인에서 배를 타고 지금의 알제리에 해당하는 그의 영지까지 다녀왔다. 기병 전력 증강 의욕이 그로 하여금 모험을 감행케 한 것이다.

스키피오로부터 동맹 제의를 받은 두 누미디아인은 카르타고와의 긴밀한 관계 때문에 쉽게 대답할 처지가 아니었다. 던져진 공을 받느냐 마느냐는 저쪽 할 나름이었다. 결과는 한참 뒤에 나타난다. 마시니사가 스키피오의 회유에 응한 것이다. 스키피오의 의도는 일석이조의 성과를 얻는다. 로마군의 기병 전력 증강이 카르타고군의 기병 전력 약화로 귀결될 수밖에 없었기 때문이다.

일리파 전투 이후 기스코는 북아프리카로 돌아갔고, 카디르로 도망쳤던 마고는 재기를 노렸다. 카르타고 정부는 마고에게 스페인은 이제 가망이 없으니 잔여 병력을 규합하여 이탈리아로 가서 승부를 걸라고 명령했다. 카디르 주민들도 로마 쪽으로 붙으려는 기색을 보였다. 할 수 없이 마고와 그의 군대는 발레아레스제도를 거쳐 이탈리아 북부의 리구리아로 향했다.* 리구리아에 상륙한 마고는 게노아(지금의 제노바)를 기습, 점거하는 데 성공하고 리구리아인과 갈리아족 용병을 고용해 군대를 재편성했다. 이 사실을 안 로마 원로원은 하스드루발의 침공 때와 마찬가지로 마고가 한니발군에 합류하지 못하게 군대를 파견했다.

마고의 카르타고군은 포강 계곡에서 로마군과 격전을 벌였다. 하지만 로마군의 저지를 뚫지 못했고, 전투 도중 마고까지 부상을 당했다. 그와 그의 군대는 게노아에 고립되었다. 카르타고 정부는 마고에게 본토로 돌아오라는 명령을 내렸다. 이에 마고는 잔존 병사들을 배에 태워 카르타고로 떠났다. 하지만 지난 전투에서 입은 중상이 낫지 않아 선단이 사르데냐 부근을 지날 때 세상을 떠나고 말았다.

---

* 오늘날 발레아레스제도에는 마온Mahón이란 도시가 있는데, 마고의 이름에서 유래된 것이다.

너무 젊은 집정관

기원전 206년 겨울, 스키피오는 스페인 전역의 방위를 2개 군단에 맡기고 오랜 시간 그곳에서 싸움을 거듭한 고참병들을 데리고 로마로 향하는 배에 몸을 실었다. 4년 만의 귀국이었다.

스키피오는 로마 시민의 열광적인 환호 속에 기원전 205년 만장일치로 집정관에 선출되었다. 그의 나이 서른이었다. 하지만 그의 아프리카 원정 계획은 원로원의 동의를 얻지 못했다. 아무리 궁지에 몰려 있다고 해도 한니발이 아직 이탈리아에 남아 있는 상황에서 아프리카를 공격하겠다는 그의 생각이 그들에게는 무모해 보였던 것이다. 반대의 선봉에 선 인물은 파비우스였다. 젊은 집정관보다 두 배 이상을 더 산 '이탈리아의 방패'는 다음과 같이 말하며 그를 말렸다.

젊은이, 자네는 그때 태어나지 않아서 모를 수도 있지만 우리한테는 1차 전쟁 당시의 집정관인 레굴루스가 아프리카 원정에 실패한 쓰라린 경험이 있네. 그때와 마찬가지로 동맹국이 하나도 없는 아프리카에서 레굴루스의 전철을 밟지 않는다고 말할 수 있나? 그리고 한니발이 이탈리아를 떠나 아프리카로 돌아간다면 어떻게 될지 생각해보았나? 보급로가 끊긴 상태에서도 이토록 끈질기게 버티고 있는 한니발이 충분한 지원을 받을 수 있는 모국에서는 어떻겠나? 의원 여러분, 우리가 젊은 나이에도 불구하고 스키피오를 집정관으로 인정한 것은 로마와 이탈리아를 위해서는 아닌 것 같소. 로마는 영웅을 필요로 하지 않는 나라요.

젊은 집정관의 대답은 이러했다.

정확히 5년 전 바로 이 자리에서 제가 스페인에 파견해달라고 요청했을 때는 두말없이 허락해주시고, 나이를 다섯 살이나 더 먹은 지금 아프리카로 보내달라는 요청에 반대하시는 건 무엇 때문입니까? 그때 제가 마주친 어려움은 지금보다 훨씬 컸습니다. 제 아버지와 백부의 전사로 궤멸된 것이나 마찬가지였던 스페인 전선에 가서 그것을 만회했을 뿐 아니라 평정하기까지 했습니다. 그 업적은 인정해주셔도 좋지 않습니까?

지금까지는 카르타고가 로마에 싸움을 걸어왔습니다. 앞으로는 로마가 카르타고에 싸움을 거는 겁니다. 한니발이 이탈리아에서 한 짓과 똑같은 일을 우리 로마인이 아프리카에서 하는 것입니다. 적의 본거지를 공격하는 것이 얼마나 효과적인지는 한니발이 실증해준 것이기도 합니다.

한니발이 소모되기를 기다린다지만 한니발은 아직 마흔두 살입니다. 앞으로도 우리는 얼마나 기다려야 합니까?

파비우스께서 충고해주셨듯이 저는 언젠가는 한니발과 대결할 것입니다. 하지만 한니발이 전쟁터로 나오기를 기다리지만은 않겠습니다. 제가 한니발을 전쟁터로 끌어내어 싸우겠습니다. 제가 한니발을 로마와 대결할 수밖에 없는 상황으로 몰아넣겠습니다. 그 싸움에서 얻는 전리품은 칼라브리아 지방의 무너진 성채 따위가 아니라 카르타고 그 자체가 될 것입니다.

패기 넘치는 젊은 집정관의 말은 원로원의 분위기를 많이 바꾸었지만 아프리카 원정이 완전히 결정되지는 않았다. 시칠리아 땅에서 지원병을 모집할 권리만 주어졌던 것이다. 이는 스키피오의 원정이 실패한다고 하더라도 원로원은 책임을 지지 않겠다는 뜻이었다. 하지만 스키피오는 이를 기꺼이 받아들였다.

재빨리 시칠리아로 들어간 스키피오는 시간을 낭비하지 않고 신속하게 군대를 편성했다. 그의 명성을 듣고 자원한 이들이 많아서 순식간에 2만 5,000명의 병사와 1만 2,000명의 선원이 모여들었다. 다른 동맹국들도 원정에 필요한 물자를 충분히 제공해주었다. 스키피오는 각지에서 모인 병사들을 강도 높게 훈련시켰다. 또한 카르타고의 정보를 꾸준히 수집하면서 누미디아와의 동맹 전략도 병행하는 등 만반의 준비를 갖추었다.

스키피오의 아프리카 상륙

기원전 204년, 스키피오는 40척의 전함과 400척의 수송선으로 구성된 선단에 2만 6,000명의 병사와 45일분의 식량과 물을 실었다. 그들은 바람이 좋지 않아 예상한 장소가 아닌 카르타고 제2의 도시 우티카 부근에 상륙했다. 물론 카르타고도 로마의 공격을 예상했고 곳곳에 망루를 설치해두었지만 이 상륙을 막지는 못했다. 공포가 전염되었고, 많은 피란민이 우티카와 카르타고 성내로 몰려들었다.

로마군의 일차 목표는 확실한 거점, 즉 항구를 확보하는 것이었고 자연스럽게 목표는 우티카가 되었다. 스키피오는 육지와 바다에서 우티카를 공략했지만 40일간 헛심만 썼을 뿐 성공하지 못했다. 카르타헤나 공략 때는 운이 많이 따라주었다고 봐야 하니 공성전은 명장이라도 힘든 일이었다.

발발한 지 15년이 되었지만 대부분의 카르타고인에게 전쟁은 먼 이야기였다. 오랜만에 로마의 대군을 목격한 카르타고인들은 당황하지 않을 수 없었다. 그러나 스키피오에게 가장 먼저 날아온 소식은 흉보였다. 그렇게 공들였던 시팍스 왕이 카르타고에 붙어버린 것이다. 당시 카르타고에는 절세미인이었던 소포니스바가 있었다(스페인에서 마지막으로 패한 기스코의 딸이었다). 그녀는 마시니사와 서로 사랑하는 관계로 미래를 약속한 사이였다. 하지만 시팍스의 지원을 기대한 카르타고 쪽에서 그녀를 동맹의 대가로 시팍스와 결혼시켜버렸다. 시팍스는 누미디아 동부를 공격하여 마시니사의 영토까지 차지해버렸다. 마시니사는 졸지에 왕국과 약혼녀를 잃은 신세가 되었다.

모든 것을 잃은 마시니사는 자신을 따르는 200명의 기병만 거느리고 스키피오 앞에 나타났다. 사막의 외로운 늑대가 된 그가 스키피오에게 말했다. "지금 나에게는 그대에게 제공할 수 있는 것이 나 자신밖에 없소." 스키피오는 속으로는 낙담했겠지만 이렇게 화답했다. "나는 그것으로 충분하오." 이 순간, 31살의 로마인과 3살 위 누미디아인 사이에 우정이 싹텄다. 스키피오는 마시니사를 200명의 기병대를 가진 외국인으로 취급하지 않았다. 그는 부사령관인 라일리우스와 함께 마시니사를 사령관급으로 대우하고 공동 작전을 구상했다. 바로 이것이 평생 동안 친구라는 것을 모르고 지낸 한니발과 스키피오의 차이점이었다.

한편 스키피오는 한니발이 이탈리아에서 한 것과 똑같은 일을 자신도 하겠다고 공언했지만 사실 전과는 빈약해서 우티카 공략전에 실패하고 그저 주변 약탈만 하고 있을 뿐이었다. 카르타고 측에서도 적극적으로 싸우려고 하지 않았다.

그사이 카르타고인들은 각지에서 도착한 용병들이 주축이 된 카르타고군과 누미디아군으로 대군을 편성했다. 3만 3,000명의 카르타고군은 기스코가 지휘하고, 6만 명의 누미디아군은 시팍스가 지휘했다. 스키피오의 병력은 2만 6,000명이었다.

양측 진영은 10킬로미터를 사이에 두고 겨울철 휴전기를 보내고 있었다. 스키피오는 이 기간을 이용하기로 하고 시팍스에게 몰래 전령을 보냈다. 카르타고와 명예로운 강화를 맺고 싶으니 그 중개 역할을 맡아달라는 것이었다. 여기에 시팍스가 넘어갔다. 시팍스는 전쟁에 끼어들고 싶지 않았지만 아름다운 아내의 간절한 요구에 어쩔 수 없이 전장에 나와 있던 것이다. 그는 아내가 보고 싶었다.

시팍스가 제시한 강화 내용은 스키피오와 한니발이 모두 철수하는 것이었다. 스키피오는 즉답을 피하고 사절을 교환하자고 했다. 시팍스는 아무런 경계 없이 정중하게 사절을 맞이했다. 하지만 정탐을 목적으로 한 장교들이 사절단에 섞여 있었고, 이들은 사절을 수행하는 하인처럼 행동했다.

스키피오는 교섭을 오래 끌었다. 사절과 시팍스가 의견을 나누는 동안 허름하게 차려입은 정탐 장교들은 자유롭게 적진을 돌아다니며 정보들을 얻었다. 마침내 원하는 정보를 모두 얻은 스키피오는 봄이 찾아올 무렵 마지막 사절을 보내 선전포고를 했다. "강화에 동의하고 싶지만 다른 지휘관들이 반대하기 때문에 어쩔 수가 없소." 로마인들은 카르타고인들을 표리부동하다고 비난했지만 로마인이 보여준 기만도 카르타고인 못지않았다.

스키피오의 포진은 우티카성을 공략하는 것처럼 보였다. 하지만 우티카성의 방어는 이전보다 강화되어 있었기 때문에 기스코 진영은 그에 대해 대수롭지 않게 여기고 주의를 기울이지 않았다.

스키피오는 적진을 야습하기 위해 은밀하게 준비를 마쳤다. 병력을 양분한 스키피오는 자신이 우측을 맡고 반대쪽은 라일리우스와 마시니사에게 맡겼다. 야습은 좌측 부대부터 시작되었다. 시팍스 진영은 갈대로 만들어져 있어서 불에 타기 쉬웠는데, 스키피오는 불길이 올라오는 즉시 기스코를 치기로 했다.

은밀하게 적진에 다가간 로마군은 신속히 포위망을 형성하고 불화살을 쏟아부었다. 순식간에 하늘이 불화살로 덮였고, 상대 진영은 화염에 휩싸여 검은 연기를 내뿜었다. 막사의 간격이 밀집된 탓에 불길은 바람보다도 빨리 번져갔다. 단순한 화재로 생각한 시팍스의 병사들은 무기도 챙기지 않고 막사에서 뛰쳐나와 울타리를 넘어 달아났다. 그러자 울타리 밖에서 기다리고 있던 로마군이 그들을 공격했다. 깜짝 놀란 병사들이 다시 진영 안으로 뛰어 들어갔지만 그들을 반긴 것은 불길이었다. 진퇴양난에 빠진 누미디아군은 혼란에 빠졌고 자기들끼리 서로 깔려 죽었다.

스키피오도 불길이 올라오는 것을 보고 기스코의 진지를 공격했다. 불구경을 하던 카르타고군도 금세 불화살의 공격을 받고 혼란에 빠져 자기들끼리 깔려 죽는 사태가 벌어졌다. 결국 카르타고 동맹군은 이날 밤 3만 명 이상이 목숨을 잃었다. 기스코와 시팍스는 겨우 목숨만 건질 수 있었다. 기스코는 카르타고성으로 도망쳤고, 시팍스는 누미디아로 도망갔다.

로마군의 사상자는 거의 나오지 않았다. 완벽한 대승이었다. 카르타고-누미디아 연합군은 그야말로 제대로 한번 싸워보지도 못하고 박살이 났다. 로마판 '적벽대전', '이릉대전'이라고 불러야 할까?

누미디아의 상실

우티카에서 대패를 당한 카르타고는 다시 3만의 병력을 모집했다. 시팍스 왕에게도 다시 참전을 요청했다. 시팍스는 정말 응하기 싫었지만 눈에 넣어도 아프지 않을 아내의 애원을 도저히 뿌리칠 수 없었다. 누미디아군의 발걸음은 무겁기만 했다. 이를 간파한 스키피오는 기다리는 것은 시간 낭비라고 생각했다. 로마군의 병력은 적들의 절반도 되지 않았지만 스키피오는 정면 대결을 하기로 했다. 정석대로라면 보병끼리의 격돌로 싸움의 실마리가 열려야 하지만 이번에는 그렇지 않았다. 난데없이 로마 기병대가 시팍스의 기병을 공격했던 것이다. 선수를 빼앗긴 누미디아군은 갑자기 기세를 잃고 후퇴했다. 이로써 카르타고군의 양 측면이 비게 되자 로마군은 곧바로 삼면에서 포위 공격했다.

카르타고군은 제대로 싸워보지도 못하고 쓰러져갔다. 기스코와 시팍스는 다시 눈물을 머금고 도망쳐야 했다. 끝장을 보기로 한 스키피오는 추격을 늦추지 않았다. 라일리우스와 마시니사가 이끄는 로마 기병은 시팍스를 따라 누미디아 영토 안으로 쳐들어갔다.

마침내 로마군에 따라잡힌 시팍스는 포로가 되었다. 하지만 왕을 붙잡은 뒤에도 두 사람은 전진을 멈추지 않았다. 이 기회에 누미디아 왕국을 되찾고 싶다는 마시니사의 소망을 들어주기 위해서였다. 누미디아 왕국의 수도 주민들은 쇠사슬에 묶인 왕을 보자 성문을 열었다.

왕궁에 들어간 마시니사 앞에 모습을 나타낸 것은 소포니스바 왕비였다. 마시니사에게는 과거의 약혼녀였다. 그는 망설이지 않고 소포니스바와 결혼식을 올렸다. 그는 이제 더 이상 왕국이 없는 왕이 아니었다. 하지만 왕비는 얻을 수 없었다. 마시니사가 로마군 진영으로 돌

●— 소포니스바의 죽음을 묘사한 유화이다. 하지만 의상은 당시의 것과는 거리가 멀다.

아오자 스키피오는 안타까운 표정으로 말했다. "적의 아내를 예외로 허용할 수는 없소. 그녀도 로마로 호송해야 하오. 하지만 나는 도저히 당신의 아내를 그런 식으로 대우하고 싶지 않소."

마시니사는 스키피오의 뜻을 이해하고 말없이 물러나왔다. 그는 아내에게 편지 한 통과 그가 늘 지니고 다니던 독약을 인편으로 보냈다. "아내를 지키는 것이 남편의 책무이지만 나는 그것조차도 할 수 없게 되었소. 나는 당신이 불행에 처하지 않도록 하고 싶소." 마시니사의 편지를 받은 소포니스바는 "남편의 선물을 기꺼이 받겠다"며 독약을 마셨다. 그녀에 대한 기록은 모두 로마인들이 쓴 것이다. 그런 만큼 그녀의 죽음은 사실이겠지만 실제 경과가 그러했는지는 알 길이 없다. 다만 조국 카르타고를 위해 최선을 다하다 결국 희생된 것만은 틀림없다.

스키피오는 실의에 빠진 친구를 위로하고 그를 로마의 동맹자로 공표했다. 시팍스는 로마로 끌려가 작은 마을에서 감시를 받으며 살다가 늙어 죽었다.

두 번이나 참패를 당한 카르타고는 공황 상태에 빠졌다. 적극파, 방어전파, 협상파로 나뉘었고 한니발을 불러들이자는 의견도 나왔다. 결론을 내리지 못한 원로원은 네 가지 방법을 모두 쓰기로 했다. 비밀문서가 한니발에게 전해졌고, 스키피오와도 강화를 협의했다.

스키피오는 합리적인 강화안을 제시하며 교섭에 응할 뜻을 내비쳤다. 그는 과감한 전술을 쓰면서도 평화를 목표로 하는 균형 잡힌 성격의 소유자였다. 한편으로는 한니발과의 정면 대결을 피하고 싶기도 했을 것이다.

한니발에게는 선택의 여지가 없었다. 사실 그는 이미 이런 사태를 예견하고 약간의 수비대를 제외한 대부분의 병력을 항구에 집결시켜놓았다. 그럼에도 적의 땅을 떠나야 하는 그의 심정은 참담했을 것이다.

한니발, 이탈리아를 떠나다!

한니발은 크로톤 항구 부근에 있는 헤라 여신 신전에 15년간 그가 이룬 업적을 기록한 동판을 박아넣으라고 명령했다. 여기에는 당연히 스페인을 떠난 이후 그가 거둔 전과가 기록되었는데, 폴리비오스를 비롯한 후세의 역사가들이 그에 대해 기록한 내용 중 상당 부분이 이 기록에 의존한 것이다. 철천지원수의 동판을 계속 보존한 로마인들의 '대인배' 기질이 놀랍기만 하다(현존하지는 않는다).

카르타고의 지도자들은 한니발의 군대를 모두 태울 만큼 충분한 배를 보내지 않았다. 한니발의 기대는 다시 한 번 무참히 짓밟혔다. 그는 언제 도착할지 모르는 추가 선박을 기다리거나, 얼마가 걸리든 직접 배를 건조하거나, 아니면 상당수의 병사와 군마를 남겨두고 귀국하는 잔인한 선택을 강요받았다. 그는 일단 배를 건조하기로 했지만 한계는 명확했다. 그가 데려갈 수 있는 병력은 1만 5,000명 정도에 불과했는데, 그중 8,000명은 15년 전 알프스를 함께 넘었던 병사들이었고, 7,000명은 그동안 한니발의 지휘를 받으며 경험을 쌓은 남부 이탈리아의 병사들이었다. 아마 지중해 세계 최고의 병사라고 해도 과언이 아니었을 것이다. 나머지 병사들도 로마의 보복을 두려워했기에 당연히 동행을 원했지만 들어줄 수 없었다. 일부는 배에 매달리기까지 했지만 동료였던 이들의 화살을 맞고 바다에 빠져 죽어야 했다. 이때 한니발의 심정은 어떠했을까? 역사는 남겨진 병사들의 운명이 어떻게 되었는지 전해주지 않지만 아프리카로 간 병사들도 비극적 최후를 맞기는 마찬가지였다. 전장에서 주인을 충실히 섬겨온 3,000필의 군마와 한니발의 작전에 필요한 군수품과 노획물을 쉬지 않고 운반해온 동물들도 희생되었다. 수송용 동물은 그렇다 치더라도 군마의 상실은 결국 카르타고에 재앙을 부르는 중요한 원인이 되고 만다.

한니발이 이탈리아를 떠났다는 소식이 전해지자 로마 시민들은 기뻐 환호했고, 신전은 감사 기도를 올리는 사람들로 가득 찼다. 그리고 한니발이 이탈리아를 떠나고 한 달 뒤, 파비우스도 자신이 할 일은 다 했다는 듯 72세를 일기로 세상을 떠났다. 그에게는 '위대하다'는 의미의 '막시무스Maximus'라는 존칭이 붙었는데, 리비우스는 한니발이 그의 적이었다는 사실만으로도 그 칭호를 받을 자격이 있다고 썼다.

한니발은 로마 해군의 방해를 피해 카르타고보다 훨씬 남쪽에 있는 하드루메툼(지금의 튀니지 수스)에 상륙했다. 무려 35년 만의 귀국이었다. 15년간 이탈리아에서 수많은 전투를 치르는 동안 진 전투가 거의 없었지만 패장이나 마찬가지인 처지가 되어 조국으로 돌아온 그의 심정은 어떠했을까? 신이 아버지와 아들에게 가한 운명은 너무도 가혹한 것이었다. 더구나 막내의 부고까지 도착해 있었다.

뮤지컬과 영화로 유명한 〈오페라의 유령〉에 극중극으로 '한니발'이란 오페라가 나온다. 조국으로 돌아온 한니발이 등장하여 거대한 코끼리 인형을 타고 아리아를 부른다. "내 사랑 조국 땅에 돌아오니, 슬프다 로마가 침범했네. 내일은 로마의 사슬을 끊으리. 기뻐하라 군대가 왔도다!"

당시 한니발과 스키피오에 운명을 건 두 강대국의 분위기는 묘하게도 두 영웅을 중심으로 일치단결해 있지 않았다. 먼저 카르타고를 살펴보면, 카르타고인의 절반은 한니발의 업적과 불패의 신화에 자신감을 회복했다. 하지만 나머지 절반은 스키피오가 사실상 홀로 스페인을 정복하고 아프리카까지 진출했다는 사실을 상기하며 그가 "카르타고를 멸망시킬 운명을 타고난 장군처럼 느껴졌기에" 낙담했다. 로마의 보수파도 부정적이기는 마찬가지였다. "최근에 죽은 파비우스 막시무스는 예전부터 이 원정의 위험을 예견하고, 한니발은 이탈리아에서보다도 그의 나라에서 더욱 무서운 적이 될 것임을 자주 말했다. 스키피오는 이제 제대로 훈련받지 못한 야만인들의 왕 시팍스나 도망의 명수인 기스코, 혹은 녹슨 무기를 들고 허둥지둥 모여든 오합지졸이 아니라 한니발을 상대해야 한다. 오직 승리를 거듭하며 스페인, 갈리아, 이탈리아를 상대로 거대한 성취의 기념비를 세운 자, 명성에 걸

맞은 군대를 거느린 자를. 그의 군대는 초인적인 인내로 단련되었고
로마군의 피로 얼룩졌던 병사들이다."

그래서인지 한니발은 바로 전투에 들어가지 않았고, 스키피오 역시
마찬가지였다. 전투를 종용하는 자들에게 한니발은 그답게 이 말만
던졌다. "다른 건 모두 정부에 맡기겠지만 무기를 결정하는 일은 나
한테 맡겨주시오. 언제 어디서 어떻게 무기를 사용할지는 내가 결정
하겠소."

한니발은 병력을 보충했다. 죽은 동생 마고의 군대는 기본이었고
카르타고에서 모집한 용병도 추가되었다. 이제 그가 지휘하는 병력은
약 5만 명이 되었다.

이때 로마는 200척의 군함과 수송선에 증원군과 군수물자를 실어
아프리카로 보냈으나 아프리카 해안이 보이는 순간 폭풍을 만났다. 그
나마 다행히 군함들은 어렵게나마 항구에 도착했지만 수송선들은 거
의 카르타고 쪽으로 휩쓸려갔다. 대부분은 카르타고항 입구에서 55킬
로미터 거리에 있는 무루스섬으로, 나머지는 카르타고 해안으로. 러
시아 역사에서 최고의 명장은 동장군冬將軍이라는 말이 있는데, 카르
타고에서 한니발과 맞먹는 장군이 있다면 '풍風장군'이 아닐까 싶다.

스키피오는 배와 군수물자의 반환을 요구했다. 하지만 한니발이 돌
아와 자신감을 회복한 카르타고는 이미 태도가 돌변한 상태였다. 스
키피오는 최악의 상황이 도래했음을 판단하고 전쟁을 재개하기로 했
다. 그는 '영원한 친구' 마시니사에게 지원을 요청했다. 마시니사는
보병 6,000명과 무엇보다 중요한 기병 4,000명을 보내주겠다고 화답
했다.

기원전 202년 한니발과 스키피오는 각기 자신들의 누미디아 동맹

세력과 합세하기 위해 바그라다스강을 따라 자마평원으로 갔다. 그리고 얼마 후, 한니발의 세 정찰병이 스키피오에게 붙잡혔다가 멀쩡하게 돌아왔다. 그들의 전언에 따르면 스키피오가 친절하게 진지를 안내해줬다고 한다. 마시니사의 지원군이 도착한 사실과, 식수가 충분하다는 상황까지 모두 전달되었다. 냉철하기 그지없는 한니발도 놀라지 않을 수 없었다.

당시 한니발군은 식수가 모자라서 고생하고 있었다. 게다가 이제 로마는 기병까지 증강된 상태였다. 스키피오의 놀라운 자신감에 한니발은 고민에 빠졌다. 이대로 언제 올지 모르는 기병을 기다렸다간 병사들이 동요할 상황이었다. 한니발은 빠른 시간 안에 협상이든 싸움이든 결말을 내야 했다. 하지만 이는 스키피오가 바라던 바였다.

자마 전투

이때쯤 한니발은 더 이상 로마와 싸움을 계속하는 것은 무의미하다는 사실을 깨달았다. 이 전투에서 승리한다고 해도 자신이 얻을 것은 별로 없고 히드라의 머리 같은 로마는 계속 싸울 것이기 때문이다. 물론 패한다면 조국은 멸망하거나 그에 준하는 상황으로 몰릴 수밖에 없었다.

한니발은 로마군 진영에 회담을 원한다는 편지를 든 사자를 보냈고 스키피오도 이를 수락했다. 인류 역사상 수많은 전투가 있었지만 한니발과 스키피오 정도의 역량을 지닌 장군들이 직접 대결한 예는 거의 없었고, 더더구나 두 장군이 전투 전날 만남을 가진 예는 전무했다. 묘한 운명이었다. 한니발과 로마의 첫 전투는 상대방의 아버지가 지휘했다. 그런데 마지막 전투를 아들과 치르게 되다니 정말 믿기 어려운 운명이었다. 그래서인지 한니발은 그 '인연'을 시작으로 회담을 시작했다.

하지만 많은 역사학자들은 두 장군의 만남 자체를 의심스러워한다. 당대 최고, 아니 역사상 손꼽히는 두 명장의 대결을 더욱 극적으로 만들기 위한 장치라는 것이다. 어쨌든 그야말로 진부하기 짝이 없는 표현이지만 회담은 결렬됐고, 그렇게 '운명의 날이 밝아왔다'.

한니발은 우선 장교들을 시켜 자신에게 배속된 신병들에게 로마에 패할 경우 아내와 자식들이 당할 고난에 대해 상기시키는 내용의 훈시를 지시했다. 그러고는 자신의 직속 부하들에게 훈시했다. "15년 동안 우리는 이탈리아 땅에서 어떤 로마군, 어떤 로마 장군과 싸움을 하더라도 진 적이 없다. 오늘의 적군을 지휘하는 자는 티키누스와 트레비아에서 우리에게 진 패장의 아들이고 칸나이에서 전사한 집정관의 사위다. 오늘도 승리하여 나와 너희들의 명성을 불후의 것으로 만들자!"*

한니발군은 보병 4만 6,000명, 기병 4,000명, 코끼리 80마리였다. 그에 비해 로마군은 보병 3만 4,000명, 기병 6,000명이었다. 한니발 쪽이 조금 우세했지만 그의 군대는 20년 가까이 그를 따랐던 백전노장들과 처음 전투에 나서는 신병, 마케도니아에서 파견한 지원군 등이 섞여 있어 정예부대라고 보기 어려웠다. 더구나 그는 자신의 전술을 마음껏 펼칠 수 있는 상황이 아니었다. 기병 전력이 절대적으로

---

* 한니발과 그의 군대는 전설이 되었다. 그것은 당대에도 마찬가지였는데, 한니발군에 종군했던 한 에트루리아인의 묘비 명문은 그러한 평가가 결코 과장된 것이 아니라는 사실을 말해준다. "라르트 레테의 아들 펠스나스는 카푸아에서 살다 106세의 나이로 사망했다. 그는 한니발 군대에서 싸웠다."

부족했기 때문이다. 이탈리아에 두고 온 군마들이 눈에 아른거렸겠지만 되돌릴 수 없는 현실이었다. 그는 대신 코끼리부대를 활용하기로 했다.

한니발은 대열 선두에 80마리의 코끼리를 배치하고 보병을 3개 대열로 세웠다. 제1선은 이탈리아 서북 지역의 리구리아인과 갈리아인으로 이루어진 중장보병이었고, 아프리카 서북부에서 온 마우레타니아인 경보병과 발레아레스 투석병이 중간중간에 배치되었다. 제2선은 카르타고에서 모병한 가장 믿기 어렵고 허약한 용병들이 주축을 이루었다. 마지막 제3선은 한니발의 직속부대로 결정적 순간에 투입할 병력이었다. 우익에는 2,000명의 카르타고 기병이, 좌익에는 카르타고의 동맹으로 남은 2,000명의 누미디아 기병이 배치되었다. 대부분의 군사 전문가들은 한니발의 포진이 주어진 환경 내에서는 최고의 작품이었다고 입을 모은다. 그러나 승부는 포진으로 결정되지 않았다.

전투는 코끼리부대의 진격으로 시작되었다. 하지만 무서운 돌진에도 스키피오는 병사의 대열을 둘로 나누어 그 사이로 코끼리부대가 지나가게 하여 한니발군의 공격을 무력화했다. 그리고 바로 주력부대 간의 전투가 벌어졌다. 하지만 카르타고의 용병들은 로마 군단의 위세에 눌려 점점 밀려나더니 결국 도주했다.

이제 로마군 앞에는 약 2만 명의 한니발 직속 노병들이 나타났다. 인류 전쟁사에서 이 정도로 오랫동안 한 장군 밑에서 강한 적들과 싸운 경우는 거의 없다. 하지만 로마군 역시 최고의 병사들이었다. 폴리비오스의 기록이다.

두 대열은 서로 격렬하게 공격을 퍼부었다. 수효나 기상, 용기, 무기에서 서로 대등하여 전투는 오랫동안 결판이 나지 않았고, 집요한 용기를 가진 병사들은 죽어 쓰러질지언정 단 한 걸음도 물러나지 않았다.

그 와중에 한니발군의 배후로 마시니사의 기병대가 등장했다. 칸나이에서 하스드루발의 기병대가 로마군 후방에 나타나면서 전투가 끝났듯이 이들의 등장으로 전투는 학살극으로 변했다. 이탈리아에서 15년, 스페인부터 치면 20년 넘게 동고동락했던 병사들이 무더기로 쓰러져가는 모습을 보는 한니발의 심정은 어땠을까? 필자 같은 백면서생은 상상하기조차 힘들다는 표현밖에는 더 할 말이 없다.

흔히들 2차 포에니 전쟁을 '한니발 전쟁'이라고 부르는데, 로마인의 입장이 반영된 것이라고 해도 인정할 수밖에 없다. 이 전쟁은 그가 시작했고 그의 패배로 끝이 났기 때문이다. 전투에서 패한 한니발이 카르타고에 도착했지만 장군들에게 가혹했던 카르타고 정부조차도 그에게 패전의 책임을 물어 십자가형에 처할 수는 없었다.

강화를 위해 자리가 마련되었다. 로마의 대표는 스키피오, 카르타고는 한니발이었다. 둘이 전쟁과 평화를 모두 결정하게 된 것이다. 둘 사이에 맺어진 강화조약의 내용은 다음과 같다.

1. 로마는 앞으로 카르타고를 독립된 동맹국으로 간주하고, 카르타고 국내의 자치권을 존중한다. 카르타고 영토 안에 로마 기지도 두지 않으며 군대도 주둔하지 않는다. 또한 2차 포에니 전쟁이 발발하기 전에 카르타고의 영토였던 아프리카 일대에 대한 영유권을 완전히 인정한다.
2. 카르타고는 시칠리아, 사르데냐, 스페인에 있는 해외 영토를 완전히 포기한다.

3. 카르타고는 마시니사가 왕위에 앉아 있는 누미디아 왕국을 공식적으로 승인한다.

4. 카르타고는 앞으로 로마의 동맹국이나 도시에 대해 전쟁할 수 없다.

5. 로마군 병사로 카르타고에 포로가 된 자는 전원 석방하고, 로마의 카르타고 포로는 강화가 체결된 후 석방한다.

6. 3단 갤리선 10척을 제외한 모든 군함과 전투용 코끼리를 로마에 양도하고 추후 보유도 금지한다.

7. 앞으로 카르타고는 아프리카 안팎을 불문하고 어디서든 로마의 승인 없이 전쟁할 수 없다.

8. 강화조약이 발효될 때까지 로마군의 아프리카 주둔 경비는 카르타고가 부담한다.

9. 카르타고는 배상금으로 1만 탈렌트를 50년 분할로 로마에 지급한다.

10. 카르타고가 강화조약을 지킨다고 확인할 수 있을 때까지, 스키피오가 지명하는 카르타고 명문가의 자제 중 14~30세 청년 100명을 로마에 인질로 보낸다.

이 중 흥미로운 내용이 여섯 번째 조항에 있는데, 이로써 카르타고는 육군의 상징인 코끼리부대를 더 이상 보유할 수 없었다. 1차 대전이 끝나자 연합국은 베르사유조약을 통해 독일이 잠수함과 전함, 전투기를 보유할 수 없게 금지했는데 이 조항이 원조인 셈이다.

카르타고 원로원에서는 강화 내용이 마음에 들지 않아 거부하는 이들도 많았다. 어찌 보면 당연했지만 그 지도자가 스키피오와 두 번 싸워 두 번 다 지고 자마에서는 모습조차 보이지 않았던 기스코였다는 사실이 쓴웃음을 짓게 한다. 한니발은 그가 반대 연설을 하려고 하자

다가가 멱살을 잡고 연단에서 끌어내렸다. 의원들은 너무나 난폭한 한니발의 행동에 질려서 아무 말도 하지 못했다.

한니발은 스키피오가 카르타고에 멸망을 요구하지 않은 것만으로도 다행이라고 생각했다. 만약 스키피오가 아닌 로마 정부가 더 가혹한 요구를 한다면 문제는 더 악화될 것이기 때문이었다. 카르타고 원로원은 스키피오의 강화 제의를 받아들였다. 굴욕적이긴 하지만 나라 자체와 주권은 지킨 것이다. 이로써 지중해 세계에서 아프리카를 기반으로 하는 제국이 탄생할 가능성은 완전히 사라졌다.

카르타고는 그렇다고 치고 한니발 개인의 신병 문제는 어떻게 되었을까? 로마 입장에서 그는 철천지원수였고, 실제로 상당수의 원로원 의원들이 그를 전범으로 잡아 재판하려고 했다. 하지만 스키피오의 관용으로 그는 살아남을 수 있었다. 카르타고 내에서도 그의 명성이 워낙 높아 십자가형은 엄두도 내지 못했다. 로마로 개선한 스키피오는 '아프리카를 정복한 자'라는 뜻의 '아프리카누스'라는 존칭을 받았다.

10장
마지막
번영

수페트 한니발

자마에서 패배한 후 5년 동안 한니발의 행적은 거의 알려져 있지 않다. 다만 자마에서의 패배에도 불구하고, 그는 실제 지휘할 병력이 없었음에도 2년 넘게 장군직을 유지했다. 물론 아무 뒷말이 없었던 것은 아니다. 반바르카 세력은 칸나이에서 생긴 전리품을 착복했다는 소문을 퍼뜨렸다. 하지만 공개 탄핵은 시도조차 하지 못했다. 그러나 기원전 200년, 로마가 마케도니아와 전쟁에 돌입하며 카르타고와 마케도니아가 동맹을 맺을 것을 두려워해 한니발의 사직을 요구하면서 그는 자리에서 물러날 수밖에 없었다.

한니발이 살아남은 부하들과 가문의 영지에서 올리브 농사를 지었다는 기록도 있다. 하지만 로마 제정 말기의 것이어서 신빙성은 낮다.* 물론 농사를 지었을 수도 있지만 분명한 것은 그때 그는 정치적으로 재기하기 위해 따로 준비하는 게 있었다는 것이다.

알렉산드로스나 카이사르 같은 고대의 명장들은 대개 정치적으로도 최고의 자리에 있었지만 한니발은 그렇지 못했다. 그에겐 카르타고의 자원을 모두 동원할 수 있는 정치적 힘이 없었다. 그래서일까? 기원전 197년, 그는 수페트에 출마했다. 군사적 영웅은 동서고금을 막론하고 본인의 의지만 있다면 어느 나라에서나 정치적으로 성공하게 마련이다. 로마의 술라나 카이사르, 우리나라의 이성계, 튀르키예의 케말, 중국 여러 왕조의 시조들, 프랑스의 나폴레옹, 미국의 그랜트나 아이젠하워, 영국의 웰링턴, 독일의 힌덴부르크 등 그 예는 수도 없이 많다. 반대로 본인의 의지가 약한 경우에는 군주와 소인배들의 제물이 되고 만다. 악비, 이순신, 벨리사리우스, 롬멜 등이 그 예라고 할 수 있다.

자마에서 패전했다지만 세계적 영웅이라고 할 수 있는 한니발의 명성은 그를 수페트로 당선시켰다. 물론 그에게는 군대도, 두 동생도, 스페인도 없었다. 하지만 정치가로 변신했음에도 야전 사령관 때의 활력과 카리스마, 지도력은 여전했다. 그는 집권하자마자 강력한 경제개혁에 나섰다. 재정이 어려워지면 증세를 통해 해결하는 것이 카르타고의 전통이었지만 한니발은 경비 절약과 정책 조정으로 경제 재건에 나섰다. 정확하게 말하면 수입과 지불 능력에 따라 조세제도를 개편하고, 세금 지출에 대해서는 정부가 책임지는 방식이었다. 이는 큰 효과를 발휘했다. 이런 점을 보면 한니발은 경제적 마인드도 뛰어났다고 할 수 있다. 15년간 적지에서 지냈으면서도 부하들을 굶어 죽

---

* 이 기록은 제정 말기 북아프리카의 상황을 투영한 것으로 보인다.

지 않게 했던 비결도 이런 점에 있지 않았을까?

그는 정치개혁에도 나섰다. 원로원의 기득권을 축소하고 매관매직을 엄벌했다. 하지만 카르타고 시민들은 그가 이끌었던 군대가 아니었다. 기록에는 없지만 한니발은 전쟁에서 진 가장 큰 요인을 로마의 국민개병제라고 생각했기에 카르타고의 군제를 로마처럼 바꾸고 싶었을 것이다. 하지만 그에게는 시간과 기회가 주어지지 않았다.

당연히 그의 정책은 기득권층에게 불리했다. 뿌리 깊은 반바르카 세력과 한니발의 경제개혁에 불만을 품은 세력은 그를 축출하려 했고, 시리아와 내통했다는 이유로 그를 로마에 고발했다. 그렇지 않아도 과거의 강적이 카르타고 권력을 장악한 사실과 카르타고의 경제력 회복에 불안해하던 로마는 쾌재를 불렀다.

한니발의 망명

스키피오는 한니발에 대한 원한과 증오 때문에 카르타고 당파 싸움에 말려드는 것은 로마의 위신을 손상시킨다고 생각해 개입을 반대했지만 그의 의견은 별 소용이 없었다. 몇 년 후 스키피오의 가장 강력한 정적이 되는 마르쿠스 포르키우스 카토(대*카토)가 집정관을 맡고 있던 로마 정부는 한니발을 심문하기 위한 전권대표를 카르타고에 파견했다.

기원전 195년, 그들의 목적을 뻔히 알고 있었던 한니발은 거의 단신으로 조국을 떠났다. 이제는 다시 돌아오지 못할 운명이었다(아프리카에서 태어나 유럽에서 인생의 절정기를 보낸 그는 말년을 아시아에서 보낼 운명이었다). 그는 자신보다도 조국의 운명을 걱정했는데 결국 역사는 그의 우려대로 되고 말았다. 이때부터 그의 삶은 '적의 적은 친

구'라는 원칙에 따라 움직였다. 그가 만나고자 하는 사람은 조상의 땅을 지배하고 있던 아시아 최강의 나라 시리아 셀레우코스 왕조의 제왕 안티오코스 3세였다.

안티오코스 3세는 비록 패배자이자 망명자가 되었지만 아직도 명성이 자자한 한니발을 환대했다. 이때쯤 한니발은 스페인의 반란군을 진압한 카토와 마케도니아의 필리포스 5세로부터 그리스를 '해방'시킨 티투스 퀸크티우스 플라미니누스의 개선식에 카르타고가 사절을 파견했다는 소식을 들었다. 이 소식은 한니발을 부끄럽게 만들기에 충분했다. 그는 로마인이 피를 흘리지 않은 동맹국들을 어떻게 취급하는지 잘 알고

● — 안티오코스 3세는 셀레우코스 왕조의 전성기를 열어 알렉산드로스 대왕을 제외하면 그리스인 가운데 가장 넓은 영토를 지배했던 제왕이다. 하지만 로마에 대패하면서 쇠락의 시작을 자초한 인물이기도 하다.

있었다. 실제로 한니발 사후에 그런 일이 벌어졌다. 카르타고는 식량 등 물자만 제공하고 로마에 공치사를 늘어놓다가 망신만 당했다.

"우리 카르타고인은 로마인과 함께 세 명의 왕과 싸웠습니다. 마케도니아의 왕 필리포스와 시리아의 왕 안티오코스, 그리고 마케도니아의 왕 페르세우스*입니다."

하지만 로마인들의 반응은 비웃음이었다.

"피도 흘리지 않고 무슨 말을 하는 거야!"

한니발은 안티오코스 3세에게 다음과 같은 전략을 제안했다. 주된 전장은 이탈리아여야 한다. 이를 위해 왕은 한니발에게 1만의 병력과 100척의 군함을 제공하고, 한니발은 이들을 이끌고 카르타고로 돌아가 정부를 설득하여 이탈리아로 진격한다. 그사이 안티오코스 3세는 주력군을 이끌고 그리스를 침공하여 정복한 뒤 이탈리아에 상륙해 양군이 로마를 포위한다. 웅대하긴 하지만 현실성은 그다지 높아 보이지 않은 전략이었는데, 사실 한니발이 진짜로 이런 제안을 했는지도 분명하지 않다. 어쨌든 안티오코스 3세는 그리스 침공을 준비했다.

시리아의 대패

그러나 50세가 된 안티오코스 3세는 마침 젊은 신부를 왕비로 맞아 신혼 기분에 젖어 출병을 늦추었다. 결국 이 '허니문 기간'이 화근이 되고 마는데, 이 시간 동안 한니발은 무척 답답했을 것이다. 그렇게 2년이 지나고 나서야 안티오코스 3세는 직접 6만 대군을 이끌고 헬레스폰트해협(다르다넬스해협)을 건너 그리스에 상륙했다.

이렇게 되자 로마도 방관할 수 없었다. 이집트와 카르타고는 많은 식량을 제공했고 누미디아는 기병과 코끼리부대를 보냈다. 심지어 마케도니아의 필리포스 5세까지 병력과 물자를 내놓았다.[**] 2만 명이

---

[*] 필리포스 5세의 아들로 로마에 도전했다가 마케도니아를 멸망케 한 장본인이다.
[**] 알렉산드로스 대왕의 후계자임을 자랑하던 마케도니아는 기원전 197년 키노스케팔라이에서 로마와 맞붙었다. 하지만 한니발 덕분에 더욱 발전한 로마군은 스키피오가 아닌 티투스 퀸크티우스 플라미니누스의 지휘를 받고도 마케도니아군을 완벽하게 격파했다. 필리포스 5세는 로마의 힘과 패권을 인정하고 종속적인 지위의 동맹국이 되었다.

넘는 로마군이 그리스로 출발했다. 하지만 결과는 '헛수고'로 끝이 났다. 덩치만 컸던 안티오코스군은 보잘것없는 마을을 공격하고 쓸데없는 곳에서 시간만 낭비하다 결국 영화 〈300〉의 무대이기도 했던 테르모필라이에서 소수의 로마군조차 이기지 못하고 오히려 박살이 나고만 것이다. 이로써 셀레우코스 왕조가 가지고 있던 유럽-그리스의 기반은 완전히 무너졌다.

한니발은 안티오코스 3세에게 조언했다. "저는 그들이 침공할 것인가를 놓고 고민하지 않고, 로마군이 이미 아시아에 와 있다고 상상합니다." 이번에는 안티오코스 3세도 그의 조언을 받아들여 해안 수비를 강화했다. 아시아는 홈그라운드였으니 아직 승부는 끝나지 않았다.

한니발의 예언대로 로마군이 처음으로 아시아 땅에 상륙했다. 쉰살이 넘은 한니발도 자마 전투 이후 10여 년 만에 지휘봉을 잡았다. 하지만 육군이 아닌 해군이었다. 해군 지휘는 난생처음이었는데 그가 함대를 편성한 곳은 티레였다. 상대는 지중해에서 가장 강한 해군을 가진 로마와 로도스였다. 익숙지 않은 해전인 데다 부하들과 손발도 잘 맞지 않은 한니발군은 참패까지는 아니었지만 패배하고 말았다.

로마는 스키피오 아프리카누스의 동생인 루키우스 코르넬리우스 스키피오가 지휘하는 4만 대군을 헬레스폰트해협 건너에 상륙시켰다. 스키피오 아프리카누스는 병에 걸려 누워 있었다. 안티오코스 3세는 로마 원정군의 2배가 넘는 군대를 모아 이에 맞섰다. 수적으로 크게 우세한 데다 이번에는 홈그라운드였으므로 안티오코스 3세는 승리를 확신했다. 전장은 지금의 튀르키예 이즈미르에서 북동쪽으로 100킬로미터 떨어진 마그네시아였다.

스키피오 아프리카누스가 병에 걸리지 않았다면 어쩌면 이 전투는 두 명장의 재대결이 될 수도 있었겠지만 아쉽게도 그렇게 되지는 않았다. 스키피오가 출전하지 않아서였을까? 안티오코스 3세도 한니발을 사령관으로 쓰지 않았다. 아마도 안티오코스 3세 휘하의 장군들이 반발했을 것이고, 안티오코스 3세도 한니발을 부릴 정도의 역량을 가지고 있지 않았기 때문이리라. 한니발 역시 전권이 없다면 역량을 발휘할 수 없는 인물이기도 했다. 물론 한니발이 전권을 가지고 지휘를 했다 해도 절정에 오른 로마군의 전투력을 이겨낼 수 있었을지는 의문이다. 다만 스키피오 아프리카누스가 지휘하지 않는 로마군이라면 또 다른 가정도 가능할지 모르겠다.

마그네시아 전투에서 시리아군은 수적으로 우세했지만 한니발을 상대하며 더욱 가공할 전쟁 기계로 변모한 로마군의 상대가 되지 않았다. 로마군은 루키우스의 지휘를 받으며 수적으로 우세한 안티오코스군을 섬멸했다. 전사자만 5만 명이 넘었다. 한니발이 칸나이에서 죽인 로마군의 수와 별 차이가 없었다. 이 전투를 지켜본 한니발이 안티오코스 3세에게 말했다. "대왕이시여, 로마군이 아무리 피에 굶주렸다고 해도 이 정도면 만족할 것입니다."

그다운 표현이었지만 중동 최강의 제국도 로마의 상대가 되지 않는다는 것을 확인한 한니발의 기분은 어땠을까? 가공할 전쟁 기계가 만들어지는 데 자신이 가장 큰 '공헌'을 했다는 사실을 모를 리 없으니 그의 심정은 더욱 참담했을 것이다.

한니발의 2차 망명

로마에게 박살이 나고서야 자신들의 힘을 깨달은 안티오코스 3세는 더 잃기 전에 로마와 강화해야 한다는 현실을 알았다. 하지만 그렇다고 한니발을 잡아 로마에 넘길 정도로 천박한 인간은 아니어서 한니발이 도망치는 것을 묵인해주었다. 한니발도 순순히 잡힐 수는 없는 일이어서 일단 에게해의 크레타섬으로 몸을 피했다.

한니발은 크레타섬 고르틴에서 아르메니아 왕 아르탁세스에게 사절을 보냈다. 아르탁세스는 안티오코스 3세를 두려워하고 있었으므로 한니발의 이름이 필요했고, 그를 초청했다. 이렇게 해서 한니발은 아르탁세스에게 잠시 몸을 의탁했는데, 엉뚱하게도 왕은 그에게 신도시 건설을 맡겼다. 앞서 스페인 시절 한니발이 도시 건설을 배웠을 거라는 설을 이야기했는데, 이 설이 맞다면 그때의 경험이 큰 도움이 되었을 것이다. 아라스 강변에 건설된 도시의 이름은 왕의 이름을 딴 아르탁사타였다. 도시의 규모나 편의성이 어느 정도였는지는 알 수 없지만 한니발이 만든 도시였으니 엉성하지는 않았을 것이다.

아르탁세스는 멋진 도시를 얻자 한니발에 대한 생각이 바뀌었는데, 이를 눈치 챈 한니발은 비티니아로 떠났다. 여기서 한니발은 오랜만에 지휘봉을 잡았다. 비티니아의 왕 프루시아스 1세는 영토 확장의 꿈을 가지고 있었고 한니발은 그 꿈을 이룰 수 있는 좋은 도구였다. 프루시아스 1세의 상대는 에우메네스 1세가 이끄는 페르가몬 왕국이었다. 두 왕은 예전에는 페르가몬의 영토였지만 지금은 비티니아의 차지가 된 무시아(프리지아라고도 한다)를 두고 싸우고 있었다. 프루시아스 1세는 군사적으로 무능했고, 그의 군대는 대부분 용병이거나 옛 셀레우코스 왕조 출신이었다. 그 덕에 한니발은 비록 남의 군대지만 거의 전권을 행사할 수 있었다.

한니발은 타국의 해군을 이끌고 마지막 전투를 익숙지 않은 해전으로 치렀다. 상대 해군이 질적으로나 양적으로 훨씬 우위에 있었지만 그는 특유의 지략을 발휘했다. 그는 투석기를 이용해 독사와 보석을 담은 항아리를 적함에 쏘아 보냈다. 적함에서는 난리가 났고, 한니발은 이 상황을 이용해 손쉬운 승리를 거두었다. 이 전투는 전쟁 역사상 처음으로 '생물 병기'를 사용한 예가 되었다. 하지만 프루시아스 1세는 이 승리에 눈이 멀어 한니발의 충고를 듣지 않고 페르가몬에 무모한 공격을 가했다가 참패를 당하고 만다.

스키피오의 재판과 죽음

카토가 이끄는 로마 원로원의 반스키피오파는 안티오코스 3세가 지불한 전쟁배상금을 횡령했다는 혐의로 스키피오의 동생인 루키우스를 고발했다. 스키피오 본인을 공격하지는 않았지만 이로써 한니발과 스키피오 두 영웅은 안티오코스 3세를 매개로 자신이 충성을 다했던 조국의 원로원에게 고발을 당하는 운명까지 공유한다. 폴리비오스는 원로원 의원들을 신랄하게 비꼬았다.

이 자리에서 푸블리우스 코르넬리우스 스키피오를 공격하는 자들이 여태껏 그럴 수 있던 것은 결국 그의 덕분이다.

스키피오는 이 고발에 너무 분개한 나머지 원로원 의원들이 보는 앞에서 동생이 작성한 해명서를 갈기갈기 찢어 던졌다. 하지만 이런 행동이 그에게 유리할 리 없었다. 원로원의 여론은 그에게 불리하게 돌아갔다. 그때 한니발 전쟁에서 해방노예 군단을 이끌다가 전사한 그라쿠스 장군의 아들이 의견을 밝히려고 일어섰다. 스키피오만이 공적을 독점한다고 생각하는 사람들이 많았으므로 그의 그늘에 가렸던 그라쿠스의 아들이 일어서자 탄핵에 찬성하는 의견일 거라고 생각했지만 그의 발언은 예상과 달랐다. "로마를 구하고 한때 최고의 집정관으로 이 나라를 다스린 분을 피고석에서 어린애의 조롱을 받게 할 수는 없습니다."

이 말에 감명받은 원로원의 양심파는 재판을 거두어들였다. 군중은 퇴장하는 스키피오를 둘러싸고 환호했다. 하지만 리비우스의 글대로 그날은 스키피오가 마지막으로 빛난 날이었다. 한니발과 달리 육체적으로 무쇠같이 튼튼하지 않았던 스키피오는 이 재판으로 정신적 타격까지 입었다. 그는 고향 캄파냐에 은거한 채 다시는 로마에 모습을 드러내지 않았다. 훗날 그 돈은 루키우스가 횡령한 게 아니라 전쟁의 승전 파티 비용으로 쓴 증거가 나왔지만 아무 의미 없는 판결이었다. 리비우스는 두 영웅의 운명에 대해 이렇게 평했다. "세계에서 가장 위대한 두 국가는 그들의 최고 지도자들에게 감사할 줄 모른다는 것을 최근에 거의 동시에 입증했다. 그러나 둘 중 로마가 더욱 감사할 줄 몰랐다. 왜냐하면 카르타고는 정복된 뒤에 패배한 한니발을 망명시켰지만 로마는 승리의 기쁨에 차 있을 때 정복자 아프리카누스를 추방했기 때문이다."

역사란 때론 짓궂기까지 하다. 한니발의 라이벌이자 '승자'였던 스키피오도 한니발이 죽던 해 캄파냐에서 세상을 떠났다. 그에게 정치판은 전쟁터보다 훨씬 잔인한 곳이었다. 그래서일까, 그의 유언은 자못 의미심장하다. "배은망덕한 조국이여, 그대는 내 뼈를 갖지 못할 것이다." 그는 아피아 가도변에 있는 가문 묘지에 묻히기를 거부했다. 그 땅은 로마의 직할 영토였다. 그의 죽음에 대한 폴리비오스의 평이 날카롭다. "로마는 구했으나 자신은 구할 수 없었던 위대한 스키피오 아프리카누스."

한니발의 최후

한니발의 비티니아 생활은 어느 정도 안정되어간다 싶었다. 하지만 마케도니아에서 승리를 거뒀던 플라미니누스가 공명심에 취해 '오버' 하면서 그 불똥이 한니발에게 튀었다.

사실 이때쯤 이르러서는 로마인도 늙은 한니발이 프루시아스 1세의 보호를 받고 있다는 사실을 알고 있었다. 하지만 이미 늙었고 추종자도 거의 없었기 때문에 방치하고 있었다. 그런데 플라미니누스가 원로원 업무로 비티니아를 방문했다가 한니발이 살아 있다는 사실을 알고 기어이 그를 죽이려고 했다. 프루시아스 1세 같은 나약한 군주가 목숨을 걸고 망명객을 지켜줄 리 없었다.

로마의 끄나풀을 선두로 일단의 병사들이 한니발이 묵고 있는 집으로 접근했다. 한니발의 저택에는 일곱 개나 되는 지하 통로가 있었다고 한다. 도시를 설계했던 그였으니 그 정도는 아무것도 아니었을 것이다. 도피가 불가능했는지는 판단하기 어렵다. 하지만 기나긴 도피와 방랑으로 지칠 대로 지친 노인 한니발은 더 이상 그러고 싶지 않았다. 그럼에도 끝도 없고 기약도 없는 도피보다 더 싫은 일은 로마로 끌려가 짐승처럼 쇠사슬에 묶여 로마 시민의 구경거리가 되는 것이었다. 누군가는 한니발이 하인들을 시켜 자신의 목을 조르게 했다지만 필자는 아무래도 그의 성격상 예전부터 준비해둔 독약을 마셨을 거라고 생각한다. 그의 유언은 이러했다. "이제 로마인들을 그 오랜 불안감에서 해방시켜주도록 하자. 이 노인의 죽음을 기다리기가 그토록 지루했던 것 같구나. 플라미니누스가 무장도 없는 한 배반당한 남자에게 거둘 승리는 훌륭하지도, 기억에 남을 만하지도 않을 것이다."

《임페리움》에서 카르타고편을 저술한 게오르크 클라페는 이런 글로 그의 넋을 기렸다. "64세를 일기로 생을 마감한 이 위대한 남자에게 어울릴 법한 문장이다. 얼마나 반어적이고 침착하고 당당한가!"

한니발의 죽음을 접한 로마 원로원은 플라미니누스가 분수에 지나친 행동을 했다고 비난했다. 늙은 한니발이 조용히 여생을 보내도록 내버려두지 않고 굳이 괴롭혔기 때문에 서둘러 그가 무덤으로 갔다고 생각한 것이다. 그들의 생각에 플라미니누스는 아무런 정치적 이유 없이 단지 자신의 명예를 위해 한니발을 잔인하게 죽음으로 몰아넣은 것이나 다름없었다. 이런 플라미니누스의 행동은 너그러운 모습을 보여준 스키피오 아프리카누스의 행동과 비교할 때 사람들을 더욱 못마땅하게 만들었다. 결국 플라미니누스는 정치적 기반을 잃었고, 설상가상으로 그의 형 루키우스 퀸크티우스 플라미니누스도 동성애 문제로 원로원의 탄핵을 받았다. 그는 정치적으로 재기하지 못하고 기원전 174년 세상을 떠났다.

지중해 세계의 중간 지점이던 카르타고에서 태어나 서쪽인 스페인에서 성장하고, 15년간 이탈리아를 휩쓸다가 조국으로 돌아간 뒤, 동부 지중해 세계를 전전하며 재기를 노렸던 위대한 사나이는 이렇게 사라졌다. 한편 한 세기 반 뒤 한니발 못지않게 유명한 인물이 로마에 도전했다가 한니발과 똑같은 이유, 즉 로마인의 구경거리가 되지 않기 위해 스스로 목숨을 끊는다. 이집트의 마지막 파라오 클레오파트라였다. 역사가 윌리엄 탄은 두 사람을 이렇게 평했다. "당시 어떤 나라와 민족도 두려워하지 않았던 로마를 공포에 떨게 한 두 사람이 있었으니 하나는 한니발이었고, 다른 하나는 가냘픈 여인이었다."

●— 루브르 박물관에 전시되어 있는 한니발의 석상. 로마의 군기를 거꾸로 잡고 있는 위풍당당한 모습이다. 한니발의 석상 바로 옆에는 카이사르의 석상이 서 있다. 서구 세계에서 한니발의 위상이 어느 정도인지 잘 보여주는 배치가 아닐 수 없다.

카르타고는 멸망해야 한다!

한니발은 떠났지만 그가 남긴 정책 덕분에 카르타고는 경제 회복에 성공했다. 그럼에도 함대와 식민지를 모두 빼앗긴 이 대도시는 군사적으로는 로마의 상대가 될 수 없었다. 하지만 두 번의 패전에도 불구하고 활기차게 돌아가는 경제력이 무서웠다. 2차 대전 후 독일과 일본이 군비 부담에서 벗어나 경제발전을 이루었던 것과 비슷해 보인다. 로마 입장에서는 카르타고가 그 경제력으로 용병을 모으고, 여기에 제2의 한니발이 나온다면 제2의 칸나이 참사가 벌어질 수도 있다는 생각을 하지 않을 수 없었다.

카르타고를 꼭 멸망시켜야 한다는 세력은 로마에 늘 존재했다. 그리고 그 세력의 리더가 바로 스키피오 탄핵에 앞장섰던 카토였다. 그는 원로원에서 발언할 때마다 늘 말미에 "그건 그렇다고 치고, 카르타고는 마땅히 멸망시켜야만 합니다"라고 했다. 정말 놀라운 집념이었다.

어느 날 카르타고를 시찰하고 돌아온 카토가 원로원 의원들에게 탐스러운 무화과 열매를 보여주었다. 그는 그 열매를 3일 전 카르타고에서 따왔다고 강조했다. 적군이 바로 로마 근처에 있다는 것과 카르타고가 풍요로운 나라라는 것을 시각적으로 보여주기 위해서였다. 사실 로마에서 카르타고로 가려면 순풍을 타도 닷새는 걸렸다. 하지만 그의 선동은 먹혀들었고, 결국 파국이 닥쳤다.

11장

포에니의 바다가
사라지다

3차 포에니 전쟁의 배경

2차 포에니 전쟁 이후 로마는 점차 동쪽으로 나아가 마케도니아, 일리리아, 아시아로 영역을 확대해갔고 스페인에서 일어난 반란도 진압했다. 그에 반해 카르타고는 스페인을 빼앗기고 매년 200탈란트의 배상금을 50년간 물어야 하는 고통을 받고 있었다.

로마 내부에서는 2차 포에니 전쟁 때 카르타고를 완전히 파괴했어야 한다는 의견이 분분했다. 특히 카토 같은 정치가는 끊임없이 카르타고 타도를 주장했다. 카르타고의 지리적 위치와 특유의 사업가적 자질 때문에 해상무역과 상업 작물 재배가 활발해 국력의 회복세가 빨랐기 때문이다. 또한 로마의 내부 사정도 있었다. 기원전 218년 호민관 퀸투스 클라우디우스의 발의로 클라우디우스법이 제정되었는데, 이 법으로 원로원 의원들의 무역업이 사실상 금지되었다. 하지만 의원들은 대리인을 내세워 계속해서 무역을 하며 이익을 챙겼는데, 카르타고의 경제적 부활은 그들 눈에 거슬리는 일이었다.

사실 카르타고는 경제력에서는 예전 못지않은 나라로 다시 부활했다. 교역과 공업은 활발했고, 평화로 인해 그들의 경제력은 더욱 힘을 발휘했다. 한니발의 개혁이 주효했던 것이다. 카르타고는 50년 분할로 되어 있는 배상금 중 아직 남아 있는 40년 치를 한 번에 갚겠다고까지 제안했다. 카르타고의 경제력이 그동안 얼마나 빨리 회복되었는지를 보여주는 증거이다. 하지만 로마는 이 제안을 거절했다. 배상금 분할 지불이 경제적 이유보다도 정치적 이유로 이루어졌다는 증거이다. 배상금 지불이 계속되는 동안 강화조약도 계속될 것이기 때문이다.

어쨌든 카르타고는 조약에 충실했고, 앞서 이야기했듯이 마케도니아, 셀레우코스 왕조와 싸우는 로마를 위해 식량도 제공했다. 따라서 로마는 카르타고를 공격할 명분이 없었다. 그 때문이었는지 로마는 카르타고의 국력을 약하게 만들고 자신들이 카르타고를 침략할 수 있는 명분을 만들기 위해 누미디아로 하여금 카르타고의 선박과 영토를 주기적으로 약탈하라는 은밀한 제안을 했다. 이를 받아들인 누미디아의 마시니사 왕은 주기적으로 카르타고 영토에 침입하여 약탈을 일삼았다. 이것이 가능했던 것은 2차 포에니 전쟁 이후 카르타고의 모든 영토 분쟁은 로마 원로원의 중재를 받아야 한다는 조약 내용 덕분이었다. 따라서 로마 원로원은 카르타고와 누미디아의 영토 분쟁에 개입할 수 있었고, 언제나 누미디아에 유리한 결정을 내릴 수 있었다. 카르타고는 계속된 누미디아의 침입에 대해 로마에게 제재를 요청했지만 로마는 누미디아 편만 들었다. 카르타고는 계속된 누미디아의 침입으로 막대한 손해를 입었다. 카르타고인들은 누미디아와 그들의 침입을 정당화하는 로마인들에 대해 강한 증오심을 품을 수밖에 없었다.

기원전 151년부터 시작된 누미디아의 침입은 2년 가까이 계속되었다. 결국 카르타고는 기원전 150년, 로마의 허락 없이 6만여 명의 용병을 조직해, 또 다른 하스드루발을 사령관으로 삼아 누미디아와의 전쟁에 돌입했다. 하지만 오로스코파에서 벌어진 전투에서 90세에 가까운 마시니사와 그의 아들 굴루사가 지휘하는 누미디아군에게 패하고, 전염병까지 돌아 극히 일부만 카르타고로 돌아갈 수 있었다.

마지막 전쟁의 시작

이 소식이 전해지자 로마는 기다렸다는 듯이 즉각 이를 조약 위반으로 간주하고 전 이탈리아에 동원령을 선포했다. 당황한 카르타고 정부는 누미디아와의 전쟁을 주장한 자들뿐 아니라 사령관 하스드루발과 카르탈로에게 사형을 선고하고 로마에 사절단을 보냈다. 하지만 때마침 그리스에서 일어난 반로마 세력의 발호에 자극받은 로마 원로원의 대세는 더 강경하게 돌아선 터라, 배상금 증액이나 누미디아에 대한 양보 같은 카르타고의 제안은 씨도 먹히지 않았다.

이때 대세가 넘어갔다고 느낀 우티카가 로마에 항복하고 모든 처분을 맡겼다. 카르타고 공격에 꼭 필요했던 최고의 요지가 로마의 손에 들어온 순간이었다. 기원전 149년, 로마 원로원은 카르타고에 선전포고하고 8만 명의 보병과 4,000명의 기병, 그리고 대함대를 동원하여 두 명의 집정관인 마니우스 마닐리우스와 루키우스 마르키우스 켄소리누스에게 지휘권을 주어 시칠리아로 파견했다. 집정관 둘에게는 카르타고를 철저하게 파괴하라는 밀명을 내렸다. 로마와 동맹도시들에서 지원병이 쇄도했는데, 이들의 목적은 보나마나 부유한 도시 카르타고의 재물이었을 것이다.

카르타고 정부는 다시 로마에 사절단을 보냈다. 그들은 로마가 군대를 거두는 조건으로 카르타고 최고의 귀족 가문 자제 300명을 인질로 보내겠다고 제안했다. 어머니들은 이들을 보낸다고 로마에서 평화를 약속하겠냐며 울부짖었다. 그들은 릴리바이움으로 떠나는 배의 닻을 품에 안거나 밧줄을 자르는 등 격렬하게 반발했지만 헛된 노력이었다. 그녀들의 항변이 옳았다는 것은 곧 증명되었다.

릴리바이움에서 인질들을 인수한 두 집정관은 바로 우티카에 상륙한 뒤 스키피오 아프리카누스가 진을 쳤던 곳에 포진했다. 그들은 높은 의자에 앉아 거만하게 모든 무기를 내놓으라고 카르타고에 요구했다. 카르타고 정부는 이 요구까지 들어주었다. 2,000대가 넘는 투석기와 20만 벌의 갑옷, 수많은 장비가 로마군의 손에 들어왔다. 무기들을 접수한 켄소리누스는 카르타고에 다음과 같은 내용의 최후통첩을 보냈다. '수도 카르타고를 파괴하고 주민은 해안에서 15킬로미터 떨어진 곳으로 모두 이주하라! 다만 신전은 그대로 두어도 좋다.'

이는 조상 대대로 상인 혹은 뱃사람으로 살아가는 것을 당연시해온 카르타고인에게 농부가 되라는 의미였다. 카르타고인들은 그들의 상상을 넘어선 요구에 격렬한 분노를 터뜨렸다. 그들의 분노는 먼저 화평을 주장하며 인질을 보내자고 한 의원들에게 향했다. 카르타고인들은 그들을 모두 처형한 뒤 그야말로 배수의 진을 쳤다. 하지만 로마의 두 집정관은 카르타고인들이 자신들의 요구를 받아들이면 최선이겠지만 설사 받아들이지 않는다고 해도 모든 무기를 내놓은 이상 카르

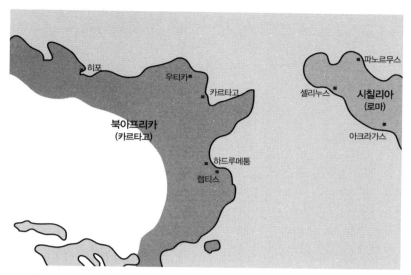

●── 카르타고와 그 주변 도시. 로마는 우티카를 확보하면서 카르타고 공격의 최고 요지를 확보했다.

타고가 얼마 버티지 못할 것이라고 보았다. 카르타고인들을 너무 얕잡아보았던 것이다.

결사항전에 나선 카르타고인들

카르타고인들은 농성전에 대비해 식량을 모았다. 또한 이미 모든 무기가 로마의 손에 넘어간 뒤였기 때문에 쇠붙이를 찾아 서둘러 새 무기를 만들어야 했다. 지붕에서 납을, 벽에서 쇠붙이를 떼어냈다. 신전과 공공건물은 모두 작업장이 되었고, 일반 시민들까지 참가하여 밤낮없이 매일 140개의 방패, 300개의 검, 500개의 창, 다수의 투석기와 돌 탄환을 만들었다. 성안의 성벽 일부를 헐어서 투석용 돌로 활용했으며, 로마군에 조금이라도 타격을 줄 수 있는 물건은 모두 모았다. 심지어 여자들까지 머리카락을 잘라 석궁의 활줄로 사용했고, 귀부인들도 무기 제작에 힘을 보탰다. 물론 남자들은 모두 무기를 잡았고, 노예도 모두 해방하여 전쟁 준비에 힘을 보태게 했다. 한니발이 그렇게 원했던 '카르타고 국민군'이 멸망 직전에야 구성되었던 것이다. 카르타고는 사형선고를 받았던 하스드루발도 사면하여 성 밖의 사령관을, 또 다른 하스드루발에게는 성안의 사령관을 맡겼다. 하스드루발은 카르타고 남쪽 29킬로미터 지점에 있는 고지대 소도시 네페리스에 근거지를 만들었다. 히밀코 파메아스가 누미디아 용병이 중심이 된 기병대의 지휘를 맡았다.

한편 또 다른 하스드루발은 놀랍게도 마시니사의 사위였다. 그의 어머니 역시 누미디아의 왕족이었다. 전쟁의 원인이 누미디아인 점을 생각하면 어떻게 누미디아 출신을 사령관으로 삼고, 누미디아인을 기병대로 쓸 수 있을까, 하는 의문이 들 수밖에 없다. 여기서 잠시 시선을 누미디아로 돌려보자.

그렇게 카르타고를 괴롭히던 마시니사였지만 로마가 사전에 그에게 상륙을 알리지 않았던 터라 그는 매우 자존심이 상해 있었다. 더구나 그는 오랜 경험을 통해 누미디아가 카르타고를 차지하지 않는 한, 카르타고의 완전한 멸망은 누미디아에게도 좋을 것이 없다고 판단했다. 그는 아마도 누미디아인이 용병으로 카르타고에 가는 것을 묵인했을 가능성이 크다. 앞에서 이야기했던 시라쿠사의 히에론도 로마와의 동맹에 충실했지만 내심으로 마시니사와 거의 비슷한 생각을 했다. 다만 후손들이 그의 뜻을 제대로 잇지 못하고 카르타고 편에 붙었다가 멸망하고 말았다. 우연일지 모르겠지만 후일 누미디아 역시 마시니사의 손자 유구르타가 로마에 반기를 들었다가 처형당하고, 결국 속주로 전락하면서 사라지고 만다. 결국 카르타고는 적어도 당분간은 누미디아가 호의적인 중립을 지킬 것이라고 보고 과감하게 또 다른 하스드루발과 누미디아 기병대를 기용한 것이다. 이제부터는 그를 '누미디아의 하스드루발'이라고 부르자.

성안의 카르타고군과 시민들은 카르타고의 운명을 건 마지막 싸움이라고 생각하고 말 그대로 죽을 때까지 싸울 각오를 보였다. 여러 전선에서 다양한 형태의 전투가 벌어졌던 지난 두 차례의 전쟁과 달리 3차 포에니 전쟁은 이렇듯 한 도시, 즉 카르타고에 대한 포위와 공성전이 거의 전부라고 할 수 있다.

카르타고의 구조와 방어

여기서 카르타고라는 도시의 구조에 대해 잠시 알아보자. 지중해 쪽을 향해 돌출한 낭떠러지 위에 자리 잡은 카르타고는 좁은 지협으로 연결되어 있었다. 도시 외곽은 37킬로미터 길이의 성벽이 세워져 있었고, 성벽 안의 총면적은 약 40제곱킬로미터였다. 공교롭게도 세르비아누스 성벽으로 둘러싸여 있던 당시 로마와 거의 면적이 같았다. 메가라라고 불린 성 북쪽은 한 겹의 성벽으로만 둘러싸여 있었는데 농촌과 도시가 혼재되어 있는 지역으로, 바르카 가문의 저택도 이곳에 있었다. 과수원과 목장 그리고 훌륭한 관개수로가 있어 신선한 식량을 공급할 수 있는 중요한 지역이었다.

카르타고의 핵심인 구시가에는 군항과 민간용 항구, 신전 등 온갖 시설이 복잡하게 들어서 있었는데, 서쪽에는 삼중 성벽이 구도심을 든든하게 방어했다. 제일 취약하다는 가장 서쪽 방벽만 해도 높이가 13.7미터에 달했으며 63미터 높이의 탑들이 세워져 있었다. 300마리의 코끼리와 4,000필의 군마를 수용할 수 있는 시설도 있었다.

신전과 원로원이 자리한 비르사 언덕은 3.4킬로미터 길이의 또 다른 성벽에 둘러싸여 있었다. 그러나 구시가 아래에 붙어 있는 혀 모양의 땅, 타이니아 쪽에는 삼중 성벽을 쌓을 수 없어 상대적으로 방어에 취약했다.

한편 카르타고령 아프리카에서 제2의 도시라고 할 수 있는 우티카와 하드루메툼 등 많은 페니키아계 도시들이 로마에 항복했지만 여전히 히포와 아프시스, 네페리스 등이 카르타고 진영에 남아 있었다.

카르타고의 승리

로마군의 상황은 어땠을까? 결론부터 말하면 이미 비무장 상태인 카르타고였기에 로마군과 그 동맹군은 방심한 나머지 싸울 준비도 제대로 하지 않고 있었다. 그들의 관심은 오직 지중해 세계 가장 부유한 도시에서 얻을 전리품에만 있었다. 게다가 지휘봉을 잡은 두 집정관도 명장과는 거리가 멀었다.

로마의 두 집정관은 병력을 나누어 카르타고 공격에 나섰다. 마닐리우스가 지휘하는 병력은 지협을 돌아 육지 쪽에서 삼중 성벽에 대한 공격을 가했다. 마닐리우스는 카르타고인들이 흥분해서 로마에 저항하려다 막상 전투가 시작되면 무기도 없는 그들이기에 얼마 버티지 못하고 무너지리라고 보았다. 그래서 그는 4만의 군대를 군단 대형으로 짜 하스타티(청년 부대)를 선두에, 프린키페스(장년 부대)를 그다음으로 하여 당당히 정면공격에 나섰다.

로마군의 선두가 성벽 가까이 오자 카르타고인들의 투석기에서 돌이 발사되었다. 대형을 짜고 진군하는 군단에 이런 공격이 어떤 효과를 불러올지는 상상하기 어렵지 않다. 머리가 깨지고 갈비뼈가 부러지는 병사가 속출했고, 대열이 붕괴되었다. 성벽 위에 포진한 카르타고 병사들은 로마인에 대한 분노와 증오를 담아 돌과 창으로 맹공을 퍼부었다.

생각지도 않은 카르타고의 맹공격에 로마군은 혼란에 빠졌고, 후퇴하지 않을 수 없었다. 카르타고인이 전의에 불타 맞서 싸우는 이상 13미터가 넘는 성벽을 공성 병기 없이 공격한다는 것은 불가능한 일이었기 때문이다.

한편 켄소리누스의 군대는 해변 쪽에서의 공격을 맡았는데, 문제는 이쪽 성벽이 바다와 너무 가까워 진영을 구축할 만한 곳이 곶의 남쪽, 즉 혀처럼 뻗어 있는 타이니아뿐이었다. 사실 이곳은 더러운 호수 물들이 모여 위생적으로 좋지 않았지만 선택의 여지가 없었다. 다만 이쪽은 돌파하기만 하면 카르타고의 중심인 비르사 언덕을 바로 칠 수 있다는 장점이 있었다.

타이니아에 진을 친 켄소리누스도 마닐리우스와 비슷한 공격을 시도했다. 그러나 카르타고 시민들의 소나기 같은 돌 세례를 받고 더 많은 사상자만 내고 실패했다. 사실 로마군은 카르타고를 무방비 상태라고 보고 방심이 지나쳐 공성 병기 등 중장비를 거의 가져오지 않았다. 하지만 이제 공성 장비가 필요했다. 켄소리누스는 호수 건너편 숲으로 2,000명의 분견대를 보내 나무를 베어오라고 명령했다. 하지만 벌목 작업을 마친 병사들이 지쳐 있을 때, 히밀코가 지휘하는 경기병대가 기습을 가해 로마군 500여 명을 쓰러뜨렸다.

그럼에도 켄소리누스는 2개의 파성추가 있는 2대의 거대한 공성탑을 만들어낼 수 있었다. 그는 거대한 공성탑이 카르타고 성벽을 공격할 수 있도록 소택지를 돌로 메웠다. 공성탑은 1대당 수천 명이 매달

●— 카르타고 공격에 사용된 로마의 공성 병기를 묘사한 작품. 왼쪽에 꽂힌 화살은 이 공성 병기가 카르타고 수비군의 집중 표적이었음을 보여준다.

려야 움직일 정도로 컸다고 한다.

준비가 끝나자 로마군의 맹공이 시작되었다. 성벽의 일부가 무너졌다. 하지만 카르타고 시민들은 밤새 남녀노소 할 것 없이 달려들어 성벽 수리를 마쳤고, 오히려 역습까지 가해 공성탑을 태워버렸다.

켄소리누스도 두고만 보지 않았다. 타이니아 쪽의 방어선이 취약하다는 사실을 알고 병력을 투입하여 기습을 가한 것이다. 하지만 카르타고군은 신속하게 반격에 나서 로마군을 궤멸시켰다. 켄소리누스도 오른팔에 부상을 입을 정도로 궁지에 몰렸다. 하지만 아프리카누스의 양손자이며 군사 호민관인 스키피오 아이밀리아누스(소⁀스키피오)의 기병대가 급히 구원에 나선 덕분에 탈출할 수 있었다.

7월이 되어 전염병이 돌자 로마군은 진영을 좁은 해변으로 옮겨야 했다. 당연히 함대가 이들을 보호하기 위해 출동했다. 지형과 풍향에 익숙한 카르타고인들은 이 기회를 놓치지 않았다. 그들은 유황과 송진을 가득 채운 작은 화공선을 로마군 진영으로 접근시켰다. 그들의 모도시 티레의 시민들이 거의 200년 전에 알렉산드로스 대왕의 마케도니아군에게 써먹었던 수법이었다. 그러나 로마군 사령관들은 그 역사를 몰랐는지 별다른 대비를 하지 않았다. 로마군이 발견했을 때는 이미 화공선에서 불길이 솟고 있었다. 화공선은 강풍을 타고 로마 함대로 돌진했다. 순식간에 불길에 휩싸인 수십 척의 군함이 잿더미가 되었다.

카르타고 공장들은 계속해서 무기를 만들어냈다. 이제 적어도 건장한 남자들은 모두 무장을 갖추게 되었다. 카르타고인들의 자신감도 점점 높아졌다. 카르타고 남쪽 튀니스 호수 건너편에 자리한 고지대 도시 네페리스에 주둔한 하스드루발은 히밀코의 경기병대를 보내 로마군의 보급선을 교란하면서 배후를 위협했다.

마시니사와 카토의 죽음

로마 집정관들은 당황하지 않을 수 없었고, 자연스럽게 누미디아의 지원을 바랐다. 당시 누미디아는 단 한 명의 병사도 카르타고에 보내지 않고 있었다. 두 집정관은 사절로 누미디아에 소스키피오(스키피오 아이밀리아누스)를 보냈다. 마시니사는 비록 양손자라지만 옛 친구의 성을 지닌 젊은이의 방문을 환영했다. 그는 소스키피오에게 세 아들

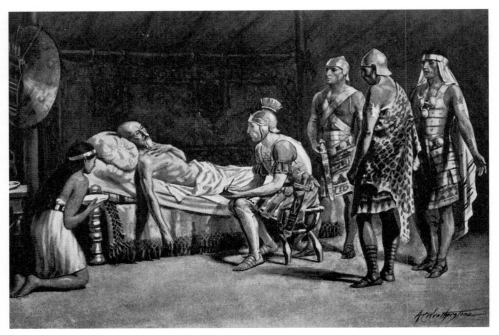

●─ 마시니사의 죽음. 누미디아는 지중해 세계에서 만만치 않은 비중을 가진 나라였지만 예술 작품의 대상이 된 경우는 드물다. 이 그림은 몇 안 되는 예외 중 하나인데, 그만큼 서구에서도 마시니사라는 인물을 비중 있게 생각했다는 증거이다.

미킵사, 굴루사, 마스타나발의 후견인이 되어달라고 부탁했다. 소스키피오는 모두에게 왕의 칭호를 주면서도 용맹한 굴루사에게는 외정과 군을, 미킵사에게는 사법권을, 마스타나발에게는 내정, 정확하게는 징세권을 주었다. 즉 로마를 위해 누미디아를 약화시켰던 것이다.

그리고 연로한 마시니사가 세상을 떠났다. 공교롭게도 같은 해에 카토도 저세상 사람이 되었는데, 한니발과 스키피오 아프리카누스가 같은 해에 죽었다는 사실을 상기해보면 역사란 참 짓궂다는 생각을 하지 않을 수 없다. 어쨌든 카르타고의 운명을 좌우했던 두 노인은 그 도시의 멸망을 보지 못하고 세상을 떠났다.

그사이 켄소리누스가 다음 해 집정관 선거 감독을 위해 로마로 떠났다. 자연스럽게 카르타고의 로마군은 마닐리우스가 혼자 지휘하는 상황을 맞았다. 그는 단기간에 카르타고 함락은 어렵지만 집정관 임기가 만료되기 전에 네페리스라도 점령하는 전과를 올리고 싶었다. 하지만 그의 공격은 참담한 실패로 돌아갔다. 전투가 들판에서 벌이는 야전이 아니었고, 하스드루발과 그의 군대는 지형에 숙달되어 있었기 때문이다. 소스키피오가 기병대를 이끌고 나가 구원하지 않았다면 로마군은 전멸할 뻔했다. 소스키피오의 활약은 여기서 멈추지 많았다. 설득을 했는지 매수를 했는지 그 자세한 내막까지는 알 수 없지만 하스드루발의 기병대장인 히밀코 파메아스를 로마군 진영으로 돌아서게 만든 것이다.

늦가을로 접어들자 마닐리우스는 정찰 외에는 거의 군사작전을 하지 않았다. 그사이 소스키피오는 현지 상황을 전하고 조영관에도 출마하기 위해 로마로 돌아갔다. 그러나 스키피오 가문이 더 강해지는 것을 바라지 않은 카토파에 견제를 받았다. 해가 바뀌자 새로운 집정관 루키우스 칼푸르니우스 피소가 육군을, 부사령관 루키우스 만키누스가 해군을 맡았다. 피소는 카르타고를 직접 공격하지 않고 아직도 카르타고에 충실한 위성도시들을 공격했다. 본곳의 아프시스가 함락되었다. 하지만 로마군의 잔인한 약탈로 다른 도시들의 반감만 사고 말았다. 히포도 공격했지만 시민들과 카르타고군에게 격퇴되었다. 전황은 여전히 지지부진했다. 수백 명의 로마 병사들이 탈영하여 카르타고 진영으로 넘어가는 일까지 벌어졌다.

그러나 카르타고인들은 치명적인 자해를 저지르고 만다. 성 밖의 하스드루발이 성안의 방어를 책임지던 '누미디아의 하스드루발'을 로마와 내통한다는 혐의로 원로원에 무고했는데, 히밀코의 배신, 누미디아의 참전 등으로 감정이 악화된 카르타고 원로원이 누미디아의 하스드루발을 반역죄로 처형해버린 것이다.

소스키피오의 등장

포위 공성전이 2년 가까이 지루하게 이어졌다. 로마인들은 점차 인내심을 잃어갔다. 그들은 압도적인 물리력에도 불구하고 2년 가까이 별다른 진전이 없는 이유는 장군의 역량이 부족했기 때문이라고 보았다. 로마 시민들은 소스키피오를 집정관에 임명하라고 강력하게 요구했다. 당시 그의 나이는 갓 서른이 넘었을 뿐이었다. 카토파의 반대가 있었지만 결국 특별법이 통과되면서 그는 집정관이 되었고, 원정군의 총사령관이 되어 카르타고로 돌아갔다.

지휘봉을 잡은 소스키피오는 우선 로마군에 기생하고 있는 매춘부와 상인들을 일소했다. 카르타고 입장에서 이들은 로마군의 전력을 약화시키고 정보를 제공하는 존재였을 테니 그 자체로 손실일 수밖에 없었다. 소스키피오는 바다로부터 카르타고를 완전히 봉쇄하기 위해 긴 제방을 쌓는 대공사를 시작했다. 제방의 폭은 아래가 31미터, 윗부분은 7미터 정도에 달했는데, 모도시 티레의 멸망 과정을 잘 아는 카르타고 시민들이었기에 공포심은 더 커져갔다.

여기에 카르타고는 또 하나의 결정타를 맞았다. 소스키피오가 성벽이 한 겹밖에 없는 북쪽의 메가라를 공격했는데, 밤을 틈타 벌인 교묘한 양동작전으로 망루 하나를 손에 넣었고, 결국 그곳을 통해 병력을 투입하여 메가라를 함락한 것이다. 이 일로 메가라 주민들 중 상당수가 카르타고 본성으로 넘어왔다. 이제 인구는 더 밀집되었고, 카르타고 시민들은 더 이상 신선한 야채와 과일을 구할 수 없게 되었다. 물론 메가라의 상실로 한정된 병력을 좀 더 집중적으로 운영할 수 있게 되었지만 카르타고가 큰 손실을 입었음은 부정할 수 없다.

로마는 제방 공사와 병행하여 서쪽 성벽, 즉 지협 부분에 두 겹의 해자를 파고 두 겹의 성벽을 쌓았다. 해자에는 뾰족한 말뚝을 박았고, 일정한 거리를 두고 망루와 요새를 구축했는데, 몇몇은 카르타고의 성벽보다 높아 성 안쪽을 내려다볼 수 있었다. 이 성벽에 쓰인 대부분의 자재는 메가라의 가옥을 헐어 조달했다. 이 역시 티레 공방전을 연상하게 하는데, 바르카 가문의 저택도 이때 부서져 조국을 공격하는 데 사용되었을 것이다.

카르타고 시민들은 로마의 강력한 포위에 대응하여 군항에서 외해로 나가는 수로를 뚫었다. 말 그대로 남녀노소 할 것 없이 공사에 참여했다. 그들은 시내의 목재를 있는 대로 긁어모아 놀랍게도 3단과 5단 노선 50척을 건조했다. 굴착한 수로를 통해 50척의 군함이 카르타고 함대가 되어 바다로 나갔다. 카르타고 함대의 존재 자체를 상상도 하지 못했던 로마군은 경악할 수밖에 없었고, 완전한 기습이었기에 로마 함대 전부를 포획할 수도 있었을 것이다. 하지만 카르타고 함대는 그 위용만 과시하고 정작 해전은 사흘 후에나 벌였다. 이 해전에서 카르타고 함대는 로마 함대에 상당한 피해를 입혔지만 한계는 명확했다. 우선 급히 뚫느라 수로가 좁을 수밖에 없었고, 배 한 척이 겨우 다닐 정도였기에 출입에 너무 많은 시간이 걸린 데다, 선원들의 숙련도도 낮을 수밖에 없었기 때문이다. 물론 로마 쪽의 기록만 남아 있기 때문일 수도 있다. 그럼에도 이 전투는 카르타고 최후의 해전, 아니 해양 민족 페니키아인이 감행한 마지막 해전으로 역사에 남았다. 카르타고인들은 바다에서 마지막 자존심은 지킨 셈이었다.

해전 다음 날, 로마군은 공성기를 옮긴 뒤 성벽에 공격을 퍼부어 일부를 파괴했다. 하지만 카르타고인들도 필사적으로 반격했다. 그들은 해가 지자 어둠을 이용하여 수영을 잘하는 병사들에게 인화 물질로 공성기를 불태우게 했다. 이 기습은 멋지게 성공했다. 하지만 거의 알몸이었던 병사들은 로마군의 반격을 받고 대부분 희생되었다. 이 기습은 로마군에게 큰 동요를 일으켰다. 이렇게까지 결사적으로 싸우는 적군과 끝까지 싸우는 것은 어리석은 짓이라는 생각이 퍼져나갔다. 소스키피오는 강압적인 수단까지 동원하여 군기를 다시 잡았지만, 카르타고 시민들도 그사이 성벽을 모두 복구했다. 하지만 카르타고의 기습은 백조의 노래, 즉 카르타고의 마지막 승리였다.

궁지에 몰린 카르타고

초겨울이 시작되자 소스키피오는 굴루사와 함께 로마-누미디아 연합군을 이끌고 네페리스 공격에 나섰다. 그는 카르타고와 네페리스를 왕복하며 진두지휘했다. 결국 네페리스는 20여 일 동안 분전했지만 카르타고군의 중추를 이루는 용병들과 농민 징집병의 사기가 낮은 데다 추위까지 겹치면서 함락되고 말았다. 수비 사령관 디오게네스는 자결했다. 다소 과장이겠지만 민간인을 포함하여 모두 7만 명이 사망했다고 한다.

네페리스가 함락되자 히포 등 몇 남지 않은 카르타고의 도시들도 로마에 항복했다. 말 그대로 카르타고는 이제 고립무원 상태에 놓였고, 어떤 물자도 입수할 수 없는 처지가 되었다. 하스드루발은 병사들에게 로마군 포로를 모두 도시 외곽 방벽 꼭대기로 끌고 가서 그들의 눈과 혀를 뽑고, 가죽을 벗기거나 사지를 자르라고 명령했다. 로마군과 겁먹은 카르타고인들에게 카르타고는 결코 항복하지 않겠다는 의지를 보여주기 위해서였다. 하지만 이런 만행은 로마군의 적개심만 북돋았을 뿐 실제적인 효과는 거두지 못했다.

겨울의 어느 날, 굴루사의 중재로 소스키피오와 하스드루발의 회담이 열렸다. 하지만 소스키피오는 도시를 포기하라는 기존의 요구에서 한 발짝도 물러나지 않았다. 역사가들은 그가 군사적 역량에 비해 양조부가 가졌던 도량이나 관대함은 없었다고 평가한다.

최후의 공격을 가해 카르타고의 숨통을 끊기로 결심한 소스키피오는 종군 신관들을 불러 거창한 종교의식을 치렀다. 카르타고의 신들이 카르타고를 버렸으니 자신들이 카르타고인을 처리하겠다는 내용이었다.

당시 카르타고 시가지는 식량 부족으로 시민들과 병사들의 체력이 바닥인 상황이었다. 로마군은 소스키피오의 지휘 아래 다시 카르타고 성벽을 향해 다가갔다. 주공은 타이니아와 접한 성벽이었다.

생지옥으로 변한 카르타고

소스키피오가 이끄는 로마군은 계속해서 맹공을 퍼부었고, 카르타고인들은 그토록 아끼던 항구와 배들을 불태우면서까지 강력하게 항전했지만 역부족이었다. 로마군은 돌과 화살, 불덩어리를 쏘아대며 부두를 점령하고, 카르타고 본성을 더욱 옥죄어 들어갔다.

그동안 바알-하몬 신은 포식을 하고 있었다. 도저히 버티기 어렵다고 본 시민들이 굶어 죽어가는 아이들을 차라리 신에게 바치겠다면서 신상 앞 불길에 던져버렸기 때문이다. 임신한 여인들은 갖가지 방법으로 낙태를 했다.

마침내 소스키피오의 사촌이자 갓 17살인 티베리우스 셈프로니우스 그라쿠스*가 사다리를 놓고 올라가면서 본성에 대한 공격이 시작되었다. 이 공격으로 카르타고 남서쪽 방벽이 완전히 무너져내렸다. 로마군은 이곳으로 물밀듯이 밀고 들어갔다. 그렇게 카르타고 대파괴와 대학살이 시작되었다.

로마군이 들이닥친 곳은 카르타고의 시장이었다. 곧이어 세상의 종말이 온 거라고 착각할 만한 광경이 펼쳐졌다. 로마군은 활활 타오르는 상점들 사이로 돌진해 들어갔다. 전사와는 거리가 멀었던 카르타고인들이 마지막 순간에 보인 행동은 용감했다. 어쩌면 카르타고인들은 공포와 허기에 미쳐버렸는지도 모르겠다.

로마군 역시 3년 동안 억눌렸던 분노, 더 정확하게 말하면 짜증을 폭발시켰다. 카르타고인이라면 남자, 여자, 아이 가릴 것 없이 손에 잡히는 대로 찌르고 목을 잘랐다. 아이는 화염 속에 내던지고 여성들은 한쪽으로 끌고 가 강간한 뒤 내장을 도려내 죽였다. 고대에는 전투에서 적에게 일말의 자비도 베풀지 않는 것이 일반적이었지만 당시 보여준 로마인의 폭력은 그 기준으로도 너무 잔인했다. 고대의 한 연대기 작가는 피를 뚝뚝 흘리면서도 언덕을 기어오르며 사람을 마구 죽이던 로마군의 모습을 인간의 모습을 한 악마나 '복수심에 불타는 신'의 형상으로 묘사했다.

로마인은 자신들의 만행을 당연하다고 여겼다. 자신들이 죽인 자들은 자기가 낳은 아이를 신에게 제물로 바칠 정도의 야만인, 상업의 신을 가장 위대한 신으로 모시면서 배신이 몸에 밴 자들일 뿐이라고 생

---

* 토지개혁을 시도했던 유명한 그라쿠스 형제 중 형이다.

●— 카르타고 함락.

각했다. 더구나 로마 포로들을 잔인하게 죽인 자들이었다. 물론 카르타고인들도 가만히 앉아 당하지는 않았다. 로마군이 건물 쪽으로 접근하면 돌과 창, 가구를 던지고 뜨거운 물과 기름을 쏟아부었다. 로마 병사들은 감히 그 좁은 거리를 뚫고 갈 엄두를 내지 못했다. 160여 년 전 보밀카르는 이런 저항에 직면하여 쿠데타에 실패했다.

로마군은 시장과 거리를 따라 이동하며 살육을 저지르다 아폴론 신전에 다다르자 살육을 멈추고 칼로 장식된 금을 긁어내는 등 파괴와 약탈을 시작했다. 이는 규율을 어긴 행동이라 소스키피오조차도 매우 분노했고, 군기를 바로잡는 데 꼬박 하루를 써야 했다.

양쪽 모두 엄청난 피를 흘린 끝에 시가지는 결국 로마군에게 장악되었다. 이때 소스키피오는 마고의 농업서를 파괴에서 구하여 로마에 가져갔는데, 이 책은 로마 공화국을 파괴하는 데 큰 역할을 한다.*

로마군이 시가지를 장악하는 동안 수만 명의 카르타고인들은 비르사 언덕 위의 성채로 달아났다. 그중에는 사령관 하스드루발과 그의 가족, 전투 중 달아난 로마 탈영병도 있었다. 항구 위쪽에 자리한 이 언덕 위에는 높은 방벽으로 둘러싸인 성채와 그들의 자랑인 에슈문 신전이 우뚝 솟아 있었다. 소스키피오는 성채를 공격하기 위한 공성기를 놓을 공간을 만들기 위해 건물들을 모두 치워버리라고 명령했다. 로마군은 건물들이 돌무더기로 변하면 그 돌을 바닥에 깔아 길을 넓혀 나갔다. 제정 시기의 로마 역사가 아피아노스는 당시 상황을 이렇게 기록했다.

---

* 라티푼디움(대농장)의 도입으로 로마 공화정의 군사적 중추였던 자작농이 몰락한다.

전투가 벌어지는 동안 수많은 남녀, 노인과 어린아이들은 집 안 옷장이나 지하 저장고에 겨우 숨어 있었다. 이들 중엔 건물이 불타오른 후에도 살아남은 사람들이 있었지만 일부는 건물 바깥으로 떨어졌다. 몸은 불타고 연기에 질식된 이들은 자기도 모르게 픽 쓰러져 창문에서 바깥 거리로 내동댕이쳐졌다. 새카맣게 탄 건물 기둥과 바스러진 석조 사이에 떨어진 사람들은 남녀노소 할 것 없이 이미 숨을 거두었든 죽어가는 중이든 모두 주변 구덩이에 묻혔다. 계속해서 다가오는 로마군에 철저히 짓밟혀 악취가 진동하고 여기저기가 불타오르는 혼란 속에서 그들의 머리나 다리가 삐죽 튀어나오기도 했다.

이러한 묘사를 고대인의 과장된 표현이라고 보기는 어렵다. 이후 고고학자들이 이 지역에서 도로포장재에 뒤섞인 사람의 뼈 조각들을 대거 발견했기 때문이다. 이 잔인한 작업을 완수한 소스키피오는 최후의 공격을 준비했다.

최후의 보루 비르사 언덕

신전으로 올라가는 세 갈래 길에는 중정이 있는 현대식 아파트 같은 6층 건물이 줄지어 있었다. 그리고 각 건물 사이사이는 좁다란 십자형 골목이 연결되어 있었다. 비르사 언덕은 중심 거리도 그 폭이 6미터 정도에 불과했다.

로마 병사들은 그 좁은 거리를 뚫고 갈 엄두를 내지 못했다. 발을 들이면 곧바로 죽게 될 것이 뻔했기 때문이다. 대신 그들은 집집마다 직접 뛰어 들어가 싸움을 벌이는 방식을 택했다. 소스키피오의 가정교사이자 당시 사태를 직접 목격한 역사가 폴리비오스는 "건물에 난

돌계단은 피로 붉게 물들고 피범벅이 되어 미끈거렸다"고 그 장면을 상세히 묘사해 후세에 남겼다.

로마군은 창문과 대문을 통해 먼저 첫 번째 집으로 들어갔다. 그러고는 맞닥뜨린 사람들을 죽이며 지붕으로 올라갔다. 현대에도 총과 수류탄으로 무장한 군인들이 벌이는 시가전이 가장 잔인하다. 병사들이 검, 돌, 창을 들고 싸우던 당시에도 크게 다를 바 없었다. 로마군은 집에서 마주친 사람이 군인인지 일반 시민인지 구분하지 않았다. 마주치면 바로 양날 검 글라디우스를 아래로 내리꽂아 내장을 찢는 방식으로 살해했다. 지붕에 오르면 긴 나무판을 이어 옆 건물로 건너가서는 계단을 따라 내려가며 광란의 살육을 반복했다.

비르사 언덕에는 이제 시내를 부수고 불태우는 소음에 죽어가는 시민들의 비명이 더해졌다. 이 무시무시한 파괴, 방화, 살육의 소음은 로마군이 학살극을 자행한 6일 내내 계속되었다.

이제 에슈문 신전만이 남았다. 이곳에 대한 최후의 공격이 막 시작되려고 할 때, 신전 문이 열렸다. 작은 무리를 지은 시민들이 문 사이로 로마군을 향해 올리브 가지를 흔들어 보였다. 소스키피오는 항복하며 목숨을 구걸하는 자들의 요청을 들어주었다. 다만 걸치고 있는 옷 외에 아무것도 소유하지 못하게 했다. 그렇게 도시 전역에서 모인 카르타고 시민, 남자, 여자, 아이들이 발을 질질 끌며 굶주린 배를 움켜쥔 채 길게 줄지어 이동했다. 승리를 거둔 로마군은 이들을 항구나 도시 외곽 인근으로 데려갔다. 그 전의 포로까지 합쳐 5만 명 정도가 모였고, 로마인들은 이들을 노예로 팔아넘겼다. 유명한 노예시장에는 카르타고인들로 넘쳐났다.

하지만 아직 끝이 아니었다. 사령관 하스드루발과 그의 아내와 자녀, 그리고 900여 명의 로마군 탈영병이 비르사 언덕 가장 높은 곳, 지금은 아스클레피오스 신전이 있는 자리에 남아 있었다. 말 그대로 최후의 보루였다. 60개의 계단 위에 있는 이 신전은 방어에 유리한 곳이었다. 하지만 절대적인 수적 열세, 그리고 기아와 수면 부족으로 지쳐 있는 그들의 저항은 결과가 뻔한 것이었다.

붙잡히면 십자가에 매달려 죽을 것을 잘 알고 있던 탈영병들은 신전에 불을 지르고 검으로 자결했다. 결코 항복하지 않겠다고 맹세했던 하스드루발은 아내와 가족을 버리고 올리브 가지를 흔들며 언덕을 한달음에 내려가, 소스키피오의 발아래 쓰러져 자비를 구걸했다. 소스키피오는 경멸 어린 눈으로 그 요청을 들어주었다. 그때 그 자리에 있던 모든 이의 머릿속에 영원히 각인된 한 장면이 펼쳐졌다. 폴리비오스도 그 사건을 기록에 남겼다. 가장 좋은 옷을 차려 입은 하스드루발의 아내가 신전 벽 꼭대기에 올라서더니, 남편을 내려다보며 비겁자, 배반자라고 소리 지르고는 품에 안고 있던 어린 두 아이를 불타는 신전 속에 던지고, 자신도 그 뒤를 따라 최후를 맞이했던 것이다. 아마도 이 장면을 모티브로 베르길리우스는 엘리사의 죽음을 묘사했던 것이리라.

이 비극을 마지막으로 끝날 것 같지 않던 대량학살도 마무리되었다. 소스키피오는 부서진 돌과 벽돌 무더기와 불에 탄 목재로 가득한 카르타고의 정복자가 되었다. 도시를 삼킨 불은 열흘 동안 계속되어 남아 있는 모든 것을 파괴했다. 소스키피오는 병사들에게 민간에 한해 며칠 동안 마음껏 약탈하도록 허락했다. 한편 이 젊은 장군은 갑자기 눈물을 흘리며 호메로스의 시 구절을 읊었다고 한다. "신성한 트로이아가 몰락하는 날, 프리아모스와 그의 사람들 모두 멸망하는 그런 날이 올 것이다." 로마가 카르타고에 저지른 것과 마찬가지로 언젠가 또 다른 누군가가 로마를 그렇게 파괴할 날이 올 수 있다는 것을 그는 알고 있었던 것이다. 폴리비오스는 놀라워하며 이 장면을 기록했다.

로마는 카르타고를 완전히 절멸하기 위한 수순을 밟아나갔다. 소스키피오는 카르타고의 금은 장식품, 보물을 모두 없애버리고, 웅장한 도시 곳곳을 채웠던 건물과 남아 있는 성벽을 모조리 파괴하라고 명령했다. 그들이 손을 대지 않은 곳은 단 하나 아이들이 많이 묻혀 있는 토펫뿐이었다. 그곳에는 악령이 있다는 두려움 때문이었는데, 그 덕분에 후대에 많은 발굴이 이루어질 수 있었다.

3차 포에니 전쟁, 특히 마지막에 벌어진 잔인한, 그리고 세계 고대사 전체로 보아도 가장 큰 규모였을 시가전에서 로마군이 얼마나 죽었는지에 대해서는 기록이 남아 있지 않다. 다만 소스키피오의 행동을 보면 엄청난 손실을 입었을 것으로 추정된다. 그러나 그가 카르타고를 저주하며 더 이상 농사를 지을 수 없게 땅에 소금을 뿌리게 했다는 유명한 이야기는 후대에 꾸며진 내용이다. 뿌렸더라도 상징적인 행위에 불과했을 거라는 게 중론이다. 어쨌든 카르타고에서 얻은 전리품이 가득 실린 첫 번째 선박이 당도하자 로마는 격렬한 기쁨으로 환호했다. 하스드루발은 개선식의 구경거리가 되었다.

로마가 카르타고를 철저히 파괴한 사건은 로마의 기존 관행과 상충하는 것이었다. 포로로 잡은 사람들을 로마 시민이 되도록 끌어들이는 것이 로마의 관례였다. 따라서 이 대도시를 파괴한 로마의 잔혹한 행위는 당시 지중해 주변 국가들 가운데 유일하게 로마와 대등한 세력을 과시했던 라이벌을 단번에 제거해버리기 위한 것이었다. 이로써 카토의 염원은 이루어졌다. 비록 그의 사후이긴 했지만 말이다. 하지만 여인들이 머리카락을 잘라 활줄을 만들 정도로 시민들이 똘똘 뭉쳐 3년간 벌인 카르타고의 항전은 역사에 길이 남았다. 이런 힘의 절반만 1, 2차 포에니 전쟁 때 보여주었다면 로마가 반대 입장이 되었을지도 모르겠다는 부질없는 생각이 들기까지 한다.

카르타고의 완전한 파괴와 학살은 1,000년 로마 역사에서 가장 어두운 부분이다. 그에

●── 폐허가 된 카르타고를 둘러보는 소스키피오와 폴리비오스.

대해 페르낭 브로델은 이렇게 탄식했다. "대카토의 '카르타고는 멸망해야 한다'와 소스키피오의 무자비한 파괴 명령에 제아무리 냉정한 역사학자라도 아쉬움을 느끼지 않을 수 있을까? 이렇게 해서 한 시대를 주름잡았던 독창적인 목소리는 침묵의 나락으로 떨어졌다."

누구보다 굳건하게 로마인을 지지했던 시오노 나나미조차 불필요한 파괴이자 학살이었다고 인정할 정도이다. 한니발은 조국을 그렇게 사랑했지만 조국의 멸망에 가장 큰 역할을 했다는 것이 역사가들의 전반적인 평이다. 심지어 그가 수페트 시절에 행한 개혁이 경제 부흥을 가능하게 했고, 그 경제 부흥이 로마의 시기심을 사 멸망까지 이르렀다고 보는 학자들까지 있을 정도다. 하지만 로마와 카르타고는 어차

피 공존이 불가능한 관계였고, 한니발이 없었다면 카르타고는 그저 장사꾼들의 나라로만 기억되지 않았을까 싶다. 어쨌든 한니발의 이름은 그의 조국과 더불어 전설적인 존재로 영원히 역사에 남았다. 그와 함께 페니키아의 바다도 카르타고의 멸망과 함께 전설 속으로 사라졌다.

뒷이야기

하지만 다른 각도로 보면, 카르타고만 몰락했을 뿐 우티카를 필두로 다른 페니키아 도시들은 살아남은 것도 사실이다. 그들은 과거와는 비교할 수 없지만 지중해 세계에 상당한 영향을 미쳤고, 로마인도 인신 공양을 제외하면 그들의 종교와 관습, 제도를 인정해주었다. 카르타고 함락 당시 로마인이 보여주었던 잔인함과 어울리지 않는 이런 관용은 그들이 카르타고로부터 많은 것을 배웠기 때문일지도 모르겠다. 앞서 이야기한 군함과 농업, 하수도뿐이 아니다. 그 악명 높은 십자가형도 원래는 페니키아-카르타고의 형벌이었다. 로마인들은 이 형벌이 마음에 들었는지 자신들의 형벌로 만들었다. 결국 예수 그리스도가 이 잔인한 형벌을 받아 죽었고, 십자가는 그리스도교의 상징이 되었다. 역사를 읽다보면 아이러니가 하나둘이 아니지만 바알신을 믿는 페니키아인들의 형벌 도구가 돌고 돌아 로마를 거쳐 그리스도교의 상징이 되었다는 것은 정말 놀라운 일이 아닐 수 없다.

아이러니는 이뿐만이 아니다. 카르타고가 멸망한 이후, 로마의 부유층들은 노예를 대규모로 사용하면서 과학적인 영농법으로 생산량을 증진하는 마고의 플랜테이션 농법을 그대로 모방했고, 그들의 영토가 된 북아프리카 농장에서 막대한 이익을 거두었다. 하지만 이 때문에 로마군의 중추를 이루는 자작농들이 대농장과의 경쟁에서 패배하고 경제적으로 몰락한다. 결국 카르타고를 멸망시킨 로마의 자작농 병사들이 로마에 들어온 카르타고 농업 기술에 의해 몰락하는 역사의 아이러니가 벌어진 것이다.

마지막 아이러니는 카토의 증손자 마르쿠스 포르키우스 카토의 죽음이다. 증조부와 구별하기 위해 소카토라고 불리는 그는 엄격함과 청렴 그리고 카이사르에 대한 반감으로 유명했다. 결국 카이사르에 패해 우티카로 피신한 그는 도저히 열세를 만회할 길이 없자 항복하는 대신 자살했다. 그의 죽음은 후세의 공화주의자들에게 깊은 영향을 주었는데, 카르타고를 멸망시키는 데 큰 역할을 했던 카토의 자손이 카르타고 땅에서 죽었다는 것도 아이러니가 아닐 수 없다.

한편 카르타고 유적은 약 한 세기 후 카이사르와 아우구스투스에 의해 그의 병사들이 은퇴 후 거주할 도시로 재건된다. 나중에는 20만 명 이상의 인구를 자랑하는 로마 제국 최대 도시 중 하나로 번영을 누렸다. 그리스도교 전파 이후에는 정통 로마-라틴 교회의 중심지 가운데 하나로도 큰 역할을 하면서 테르툴리아누스, 아우구스티누스 등의 대신학자와 모니카, 페르페투아 등의 유명한 성녀들을 배출하기도 했다.

페니키아계 도시들은 비잔티움 치하 때까지는 상당한 정체성을 유지했던 것으로 보인다. 하지만 아랍의 정복 이후로 파도처럼 밀려오는 아랍인에게 동화되면서 사라졌다.

이미 기원전에 사라져버린 페니키아-카르타고는 어느 정도 역사에 관심을 가진 이들에게는 기묘한 울림을 주는 고유명사가 아닐 수 없다. 이들은 인류 역사에 나타난—적어도 고유명사가 붙은 존재 중에서는—최초의 해양 민족이자 상업 국가였으며, 인류의 절반 이상이 상용하는 알파벳의 발명자였다. 하지만 그 글자의 혜택을 가장 많이 받은 라이벌 민족들에게 오히려 '돈만 밝히는 인류 최초의 이코노믹 애니멀'이라는 '오명'을 들었다.

흔히 서구 문명은 헤브라이즘과 헬레니즘이라는 두 뿌리에서 탄생했다고 말한다. 헤브라이즘의 창시자인 히브리인들에게 페니키아인들은 저주할 인신 공양을 자행했던 '마교'의 숭배자였다. 하지만 히브리인들은 자신들의 힘으로는 페니키아를 쓰러뜨리지 못했다. 서양 문명의 철학적, 과학적 토대를 마련한 '헬레니즘'의 원조 고대 그리스인들에게도 페니키아인들은 거의 1,000년 동안 지중해의 상권을 두고 싸운 숙적이었다. 하지만 그들 역시 자신들의 힘으로는 페니키아를 쓰러뜨릴 수 없었다. 결국 그들 대신 페니키아를 쓰러뜨린 이는 그리스 문명의 후계자임을 자처했지만 따지고 보면 '바르바로이^{Barbaroi}'*였던 알렉산드로스 대왕이었다. 그는 페니키아의 으뜸 도시 티레를 함락했다. 다만 '그답지' 않게 무려 7개월 동안 악전고투해야 했다.

하지만 페니키아인들이 건설한 카르타고는 건재했고, 번영을 누리면서 지중해를 지배했다. 그 과정에서 지금의 카메룬과 영국에 이르렀던 이들의 항해는 경외감을 안겨준다. 카르타고는 지중해 최강의 강대국 중 하나였다. 그리스인들은 그들과 여러 차례 전쟁을 벌였지만 오히려 카르타고는 더 강성해졌다. 그들을 타도할 운명을 지닌 나라는 따로 있었다. 바로 고대 유럽-지중해 세계 최후의 승자인 로마였다. 그들은 엄청난 대가를 치렀지만 결국 카르타고의 강력한 경제력과 하밀카르-한니발 부자를 물리치고 결국 로마 제국을 건설하는 데 성공한다. 하지만 카르타고가 멸망했음에도 한니발의 대원정과 멸망 당시 보여준 장렬함은 전설이 되어 지금도 수많은 사람들의 심금을 울리고 있다.

카르타고 멸망 과정에서 보여준 카르타고 정부의 무능함과 탐욕을 비난하는 것은 정당하지만 쉬운 일이다. 알렉산드로스 대왕의 유산인 마케도니아, 셀레우코스 왕조, 프톨레마이오스 왕가의 이집트는 물론이고 아르메니아, 폰토스 등 동방의 헬레니즘 왕국들이 카르타고보다 훨씬 더 무력하게 로마에 무너졌다는 사실을 상기할 필요가 있다. 그

---

* 이방인을 향한 고대 그리스인들의 멸칭.

들은 야전에서의 승리가 전무에 가까웠고, 루키우스 코르넬리우스 술라와 가이우스 마리우스가 엄청난 규모로 벌인 로마의 내분에도 전혀 승기를 잡지 못했다. 카르타고처럼 3년 동안이나 항전한 도시도 없었다. 오로지 파르티아**만이 예외였다. 다시 말하면 로마의 끈질김과 강건함이 워낙 뛰어난 것이지 카르타고가 약했던 것이 아니었다. 카르타고만이 전쟁 기간만 쳐도 반세기 동안 로마와 대등하게 싸웠고, 이탈리아 본토를 초토화시키기까지 했던 것이다.

그럼에도 그들은 패배해 사라졌다. 페니키아-카르타고는 국가의 존속에 경제력과 군사력 중 무엇이 더 중요하냐는 명제를 후세 국가들에게 남겼다. 그런 점에서도 그들이 남긴 것들은 큰 의미가 있다.

인류에 가장 많은 영향을 미친 히브리-그리스-로마 세 문명에 최고의 적이었지만 알파벳과 항해술과 교역망을 남김으로써 그들에게 최고의 공헌을 했던 민족. 하지만 패하여 사라져버린 위대한 민족이 만든 페니키아-카르타고를 위한 글을 이만 마무리한다.

** 고대 이란의 왕국.

기원전

5000~4500년경 비블로스에 정착 촌락 형성. 점차 도시로 발전.

2900년경 비블로스에 성벽이 있는 도시 형성.

20세기 전후 티레, 시돈, 우가리트 등 가나안 도시국가 형성 및 번성.

14세기 우가리트의 전성시대.

1190~1185년경 우가리트 멸망.

1100년경 카디르 건설.

1070년경 웬아문의 여행.

10세기 히람 1세와 솔로몬의 동맹.

878년 시돈과 티레의 동군연합 결성.

814년 카르타고 건국.

738년경 대부분의 페니키아 도시들이 아시리아의 속주로 전락.

580년 펜타틀로스의 시칠리아 습격과 카르타고의 반격.

550년경 마고의 군제 개혁. 카르타고 지배 시작.

540년경 알랄리아 해전.

510년경 로마와 1차 조약 체결.

497년 살라미스 해전(이오니아 반란).

494년 라데 해전.

480년 살라미스 해전. 1차 시칠리아 전쟁(히메라 전투).

410~404년 2차 시칠리아 전쟁.

398~393년 3차 시칠리아 전쟁.

383~376년 4차 시칠리아 전쟁.

368~367년 5차 시칠리아 전쟁.

348년 로마와 2차 조약 체결.

343년 6차 시칠리아 전쟁 발발.

339년 크리미소스 전투에서 참패.

338년 6차 시칠리아 전쟁 종전.

332년 알렉산드로스 대왕에게 티레 함락.

311년 7차 시칠리아 전쟁 발발.

310년 아가토클레스의 아프리카 침공.

306년 7차 시칠리아 전쟁 종전.

264년 1차 포에니 전쟁 시작.

249년 드레파눔 해전.

247년 한니발 탄생.

241년 1차 포에니 전쟁 종전.

229년 하밀카르 사망.

218년 한니발, 알프스를 넘어 로마 공격. 2차 포에니 전쟁 시작.

217년 트라시메노 전투.

216년 칸나이 전투.

215년 한니발, 시라쿠사·마케도니아와 동맹.

212년 시라쿠사 함락.

211년 카푸아 함락. 바이티스 전투(스키피오 형제 전사).

209년 타렌툼 함락.

208년 바이쿨라 전투.

207년 메타우루스 전투(하스드루발 전사).

206년 일리파 전투.

204년 스키피오의 아프리카 상륙.

203년 한니발, 카르타고 귀국.

202년 자마 전투. 2차 포에니 전쟁 종전.

197년 한니발, 수페트로 당선.

195년 한니발 망명.

183년 한니발과 스키피오 아프리카누스 사망.

150년 오로스코파 전투. 누미디아에 대패.

149년 3차 포에니 전쟁 시작. 대카토, 마시니사 사망.

146년 카르타고의 멸망.

기원후

29년 아우구스투스 황제, 카르타고 재건 시작.

170년경 테르툴리아누스, 라틴 교회를 카르타고에 설립.

1855년 시돈에서 에슈무나자르 2세의 석관 발굴.

1862년 플로베르《살랑보》발표.

1921년 토펫 발굴.

1923년 비블로스에서 아히람 왕의 석관 발굴.

1985년 튀니스와 로마 시장, 종전 문서에 서명.

국내 자료(국역 포함)

B. H. 리델 하트, 박성식 옮김, 《스키피오 아프리카누스》, 마니아북스, 1999.

귀스타브 플로베르, 김계선 옮김, 《살람보》, 지만지, 2008.

김문환, 《페니키아에서 핀 그리스 로마》, 지성사, 2014.

데이비드 아불라피아, 이순호 옮김, 《위대한 바다》, 책과함께, 2013.

도널드 케이건, 김지원 옮김, 《전쟁과 인간》, 세종연구원, 2004.

로버트 카플란, 이상옥 옮김, 《지중해 오디세이》, 민음사, 2007.

로스 레키, 이창식·정경옥·고형지 옮김, 카르타고 3부작(《한니발》/《스키피오》/
    《카르타고》), 세종서적, 2004.

마이클 스콧, 홍지영 옮김, 《기원 전후 천년사, 인간 문명의 방향을 설계하다》, 사
    계절, 2018.

마크 힐리, 정은비 옮김, 《칸나이 BC 216》, 플래닛미디어, 2007.

마틴 버넬, 오홍식 옮김, 《블랙 아테나 1·2》, 소나무, 2006.

브라이언 페이건, 최파일 옮김, 《인류의 대항해》, 미지북스, 2014.

빅터 데이비스 핸슨, 남경태 옮김, 《살육과 문명》, 푸른숲, 2002.

시오노 나나미, 김석희 옮김, 《로마인이야기 1·2》, 한길사, 1995.

시오노 나나미, 오정환 옮김,《마키아벨리 어록》, 한길사, 2002.

아드리안 골즈워디, 강유리 옮김,《로마전쟁영웅사》, 말글빛냄, 2005.

앨프리드 세이어 머핸, 김주식 옮김,《해양력이 역사에 미치는 영향 1·2》, 책세상, 1999.

요아힘 프란츠·우베 쿤츠, 최다경 옮김,《로마를 이길 수 있는 다섯 가지 원칙》, 더숲, 2011.

전윤제,〈지중해 패권 쟁탈전 1차 포에니 전쟁〉,《밀리터리 리뷰》 3~5월호, 2008.

조셉 커민스, 송설희·송남주 옮김,《라이벌의 역사》, 말글빛냄, 2009.

조지프 커민스, 제효영 옮김,《잔혹한 세계사》, 시그마북스, 2012.

최정동,《로마제국을 가다 2》, 한길사, 2009.

카가노 미하치, 오경화 옮김,《아드 아스트라 1~9》, 대원씨아이, 2015~2017.

크리스토퍼 말로, 임이연 옮김,《디도, 카르타고의 여왕》, 지만지드라마, 2019.

테오도어 몸젠, 김남우·김도훈·성중모 옮김,《몸젠의 로마사》, 푸른역사, 2013~2022.

티투스 리비우스, 이종인 옮김,《리바우스 로마사 III》, 현대지성, 2020.

파트리크 지라르, 전미연 옮김,《명장 한니발 이야기 1·2·3》, 한길사, 2001.

페르낭 브로델, 강주헌 옮김,《지중해의 기억》, 한길사, 2006.

플루타르크, 이성규 옮김,《플루타르크 영웅전 1·2》, 현대지성사, 2000.

필립 마티작, 박기영 옮김,《로마 공화정》, 갑인공방, 2004.

필립 프리먼, 이종인 옮김,《한니발》, 책과함께, 2022.

한스 크리스티안 후프 외, 박종대 옮김,《임페리움》, 말글빛냄, 2005.

한종수,《제갈량과 한니발 두 남자 이야기》, 아이필드, 2012.

헤로도토스, 천병희 옮김,《역사》, 숲, 2009.

헨드리크 빌렘 반 룬, 이덕열 옮김,《배 이야기》, 아이필드, 2016.

해외 자료

Jacob Abbot,《Hannibal》, CreateSpace Independent Publishing Platform, 2015.

John Julius Norwich,《Sicily》, Random House, 2015.

アズディンヌ·ベシャウシュ, 藤崎京子 訳,《カルタゴの興亡》, 創元社, 1994.

アラン·ロイド, 木本彰子 訳,《カルタゴ》, 河出書房新社, 1992.

グレン·E. マーコウ, 片山陽子 訳,《フェニキア人》, 創元社, 2007.

ゲルハルト・ヘルム, 關楠生 訳,《フェニキア人》, 河出書房新社, 1992.

ジョン・プレヴァス, 村上溫夫 訳,《ハンニバルアルプス越えの謎を解く》, 白水社, 2000.

ベルナール・コンベ=ハァルヌ, 石川勝二 訳,《ポエニ戦争》, 白水社, 1999.

ポンペイウス・トログス(原著), ユニアヌス・ユスティヌス 抄録, 合阪學 訳,《地中海世界史》, 京都大学学術出版会, 1998.

マリア=ジユリア・アマダジ=グツゾ, 石川勝二 訳,《カルタゴの歴史》, 白水社, 2009.

栗田伸子・佐騰育子,《通商國家カルタゴ》, 講談社, 2016.

服部伸六,《カルタゴ》, 社会思想社, 1987.

松谷建二,《カルタゴ興亡史》, 白水社, 1991.

是本信義,《經濟大國カルタゴ滅亡史》, 光人社, 2009.

長谷川博隆,《カルタゴ人の世界》, 講談社, 2000.

長谷川博隆,《ハンニバル》, 講談社, 2005.

찾아보기(지명 등)

이 책이 출간되는 데 참여해준 고려대 88동기, 역사민주올레 회원, 사마천학회 회원, 여의도청년회의소 회원 그리고 옛 노사모 동지들에게 감사드립니다.

참여하신 분들(가나다순)

강욱천, 강천기, 고경화, 권태운, 김기찬, 김상순, 김성수, 김윤희, 김인수, 김재석, 김정은, 김종곤, 김종구, 김주엽, 김직수, 김진희, 김태형, 김학민, 김학웅, 김한준, 김형민, 김홍주, 노순규, 노시훈, 류명, 문정환, 박기례, 박연현, 박영신, 박지선, 박태균, 박현식, 박효빈, 배주식, 변금연, 서충열, 손문승, 송준석, 양선, 어용선, 연대흠, 오승환, 윤대형, 이대훈, 이두관, 이명학, 이석현, 이선원, 이외련, 이재찬, 이정훈, 이주식, 이준래, 이철기, 이춘복, 이현욱, 이현준, 이혜선, 임선숙, 임헌택, 전한병, 정미화, 정승원, 정양진, 정창일, 정형두, 조성원, 조성준, 조정재, 조한경, 최영란, 최영란, 최창우, 하도겸, 한기로, 허성원, 홍경기, 홍석준, 홍영민.

페니키아
카르타고
이야기

발행일	2023년 12월 15일 (초판 1쇄)
지은이	한종수
펴낸이	이지열
펴낸곳	미지북스
	서울시 마포구 잔다리로 111(서교동 468-3) 401호
	우편번호 04003
	전화 070-7533-1848 팩스 02-713-1848
	mizibooks@naver.com
	출판 등록 2008년 2월 13일 제313-2008-000029호
편집	서재왕
본문디자인	정연남
출력	상지출력센터
인쇄	한영문화사
ISBN	979-11-90498-58-6 03900
값	22,000원

블로그 http://mizibooks.tistory.com
트위터 http://twitter.com/mizibooks
페이스북 http://facebook.com/pub.mizibooks